OLDENBOURG GRUNDRISS DER GESCHICHTE

OLDENBOURG
GRUNDRISS DER
GESCHICHTE

HERAUSGEGEBEN
VON
JOCHEN BLEICKEN
LOTHAR GALL
HERMANN JAKOBS

BAND 29

DIE USA IM 20. JAHRHUNDERT

VON

WILLI PAUL ADAMS

R. OLDENBOURG VERLAG
MÜNCHEN 2000

Die Deutsche Bibliothek – CIP-Einheitsaufnahme

Adams, Willi Paul:
Die USA im 20. Jahrhundert / von Willi Paul Adams. – München : Oldenbourg, 2000
  (Oldenbourg Grundriß der Geschichte ; Bd. 29)
  ISBN 3-486-56439-0
  ISBN 3-486-56440-4

© 2000 Oldenbourg Wissenschaftsverlag GmbH, München
Rosenheimer Straße 145, D-81671 München
Internet: http://www.oldenbourg-verlag.de

Umschlaggestaltung: Dieter Vollendorf, München
Gedruckt auf säurefreiem, alterungsbeständigem Papier (chlorfrei gebleicht).

Satz: primustype R. Hurler GmbH, Notzingen
Druck und Binden: Oldenbourg Graphische Betriebe Druckerei GmbH, München

ISBN 3-486-56439-0 (brosch.)
ISBN 3-486-56440-4 (geb.)

VORWORT DER HERAUSGEBER

Die Reihe verfolgt mehrere Ziele, unter ihnen auch solche, die von vergleichbaren Unternehmungen in Deutschland bislang nicht angestrebt wurden. Einmal will sie – und dies teilt sie mit manchen anderen Reihen – eine gut lesbare Darstellung des historischen Geschehens liefern, die, von qualifizierten Fachgelehrten geschrieben, gleichzeitig eine Summe des heutigen Forschungsstandes bietet. Die Reihe umfaßt die alte, mittlere und neuere Geschichte und behandelt durchgängig nicht nur die deutsche Geschichte, obwohl sie sinngemäß in manchem Band im Vordergrund steht, schließt vielmehr den europäischen und, in den späteren Bänden, den weltpolitischen Vergleich immer ein. In einer Reihe von Zusatzbänden wird die Geschichte einiger außereuropäischer Länder behandelt. Weitere Zusatzbände erweitern die Geschichte Europas und des Nahen Ostens um Byzanz und die Islamische Welt und die ältere Geschichte, die in der Grundreihe nur die griechischrömische Zeit umfaßt, um den Alten Orient und die Europäische Bronzezeit. Unsere Reihe hebt sich von anderen jedoch vor allem dadurch ab, daß sie in gesonderten Abschnitten, die in der Regel ein Drittel des Gesamtumfangs ausmachen, den Forschungsstand ausführlich bespricht. Die Herausgeber gingen davon aus, daß dem nacharbeitenden Historiker, insbesondere dem Studenten und Lehrer, ein Hilfsmittel fehlt, das ihn unmittelbar an die Forschungsprobleme heranführt. Diesem Mangel kann in einem zusammenfassenden Werk, das sich an einen breiten Leserkreis wendet, weder durch erläuternde Anmerkungen noch durch eine kommentierende Bibliographie abgeholfen werden, sondern nur durch eine Darstellung und Erörterung der Forschungslage. Es versteht sich, daß dabei – schon um der wünschenswerten Vertiefung willen – jeweils nur die wichtigsten Probleme vorgestellt werden können, weniger bedeutsame Fragen hintangestellt werden müssen. Schließlich erschien es den Herausgebern sinnvoll und erforderlich, dem Leser ein nicht zu knapp bemessenes Literaturverzeichnis an die Hand zu geben, durch das er, von dem Forschungsteil geleitet, tiefer in die Materie eindringen kann.

Mit ihrem Ziel, sowohl Wissen zu vermitteln als auch zu selbständigen Studien und zu eigenen Arbeiten anzuleiten, wendet sich die Reihe in erster Linie an Studenten und Lehrer der Geschichte. Die Autoren der Bände haben sich darüber hinaus bemüht, ihre Darstellung so zu gestalten, daß auch der Nichtfachmann, etwa der Germanist, Jurist oder Wirtschaftswissenschaftler, sie mit Gewinn benutzen kann.

Die Herausgeber beabsichtigen, die Reihe stets auf dem laufenden Forschungsstand zu halten und so die Brauchbarkeit als Arbeitsinstrument über eine längere Zeit zu sichern. Deshalb sollen die einzelnen Bände von ihrem Autor oder einem anderen Fachgelehrten in gewissen Abständen überarbeitet werden. Der Zeitpunkt der Überarbeitung hängt davon ab, in welchem Ausmaß sich die allgemeine Situation der Forschung gewandelt hat.

Jochen Bleicken   Lothar Gall   Hermann Jakobs

Angela gewidmet

Die Autoren von übergreifenden Geschichtswerken, die es mit allen Völkern zu tun haben, erkennen gleichsam die Ungerechtigkeit der Auffassungen der mit Teilgebieten befaßten Historiker über jene Kraft, die Ereignisse hervorruft, an. Sie erkennen diese Kraft nicht als die Macht an, die die Helden und Herrscher besitzen, sondern halten sie für das Ergebnis vieler verschiedenartig gerichteter Kräfte. Wenn ein solcher Allgemeinhistoriker einen Krieg oder eine Unterwerfung eines Volkes beschreibt, dann sucht er nach der Ursache des Ereignisses nicht in der Macht einer einzelnen Person, sondern in der Wechselwirkung vieler Personen, die mit dem Ereignis in Verbindung stehen.

Tolstoi, Krieg und Frieden, Epilog, Zweiter Teil, Kapitel 2.

INHALT

VORWORT

Dieser Band des Oldenbourg Grundriß der Geschichte skizziert die Entwicklung der Vereinigten Staaten im 20. Jahrhundert. Band 28 der Reihe behandelt die Geschichte der USA von 1600 bis 1900. Damit jeder Band für sich als Studienbuch benutzbar ist, sind Vor- und Rückgriffe vorgenommen worden, die über die künstliche Schnittstelle 1900 hinausgehen, um längerfristige Tendenzen aufzeigen zu können. Daraus ergeben sich einige beabsichtigte Wiederholungen in der Darstellung des 20. Jhs., das gerade im amerikanischen Fall nicht als ein „kurzes", 1914 einsetzendes verstanden werden kann. Auch die Einführung in die Periodisierung und „großen Themen" der Geschichte erscheint in beiden Bänden, ebenso die komplette Zeittafel und Präsidentenliste im Anhang.

In der Tradition amerikanischer nationalgeschichtlicher Synthesen wird die politikgeschichtliche Struktur mit dem gesamtgesellschaftlichen, wirtschaftlichen und kulturellen Wandel verbunden, den die Bürger mit Hilfe der politischen Institutionen und Verhaltensregeln zu steuern versuchten. Ziel ist also eine umfassend verstandene politische Gesellschaftsgeschichte: die staatliche Organisation und demokratische Selbstregierung des ersten unabhängigen Staates, den ausgewanderte Europäer in gewaltsamer Auflehnung gegen europäische Kolonialherrschaft in Übersee gründeten.

Der Forschungsbericht im zweiten Teil des Bandes erfaßt insbesondere die großen Interpretationsfragen und Kontroversen, die die amerikanische Geschichtswissenschaft seit ihrer Professionalisierung um 1880 bewegt haben. Auch im amerikanischen Fall dienten Historikerkontroversen der Vergangenheitsbewältigung und damit der Artikulation des nationalen Gedächtnisses, das die nationale Identität ebenso mit definiert wie geographische, klimatische und andere Existenzbedingungen. Der Literaturauswahl im dritten Teil liegen die Auswahlbibliographien amerikanischer Handbücher für den akademischen Unterricht und die Rezensionen in den maßgeblichen Fachzeitschriften seit 1960 zugrunde. Neuere Monographien, Sammelbände und Literaturberichte wurden bevorzugt, weil sie den Zugang auch zur historiographisch einflußreichen älteren Literatur erschließen. Hinzugefügt wurde die seit etwa 1960 an Bedeutung gewinnende deutschsprachige Fachliteratur. Die Vorbemerkung zur Literaturliste (Teil III) enthält die wichtigsten Internetadressen, um weitere und neueste Fachliteratur zu finden.

Statistische Angaben ohne Quellenangabe entstammen den zweibändigen Historical Statistics of the United States [21: United States Bureau of the Census, Historical Statistics (1975)] oder dem ebenfalls vom Bureau of the Census herausgegebenen jährlichen Statistical Abstract of the United States. Die groß geschriebenen Adjektive „Demokratisch" und „Republikanisch" verweisen auf die Parteinamen. Neuerem amerikanischem Sprachgebrauch entsprechend wird „Afroamerikaner" und „Schwarze" gleichbedeutend verwendet. Die im Deutschen wertneutrale Bezeichnung „Indianer" wird beibehalten, auch wenn in der amerikanischen Fachliteratur von „Native Americans" die Rede ist. Gruppenbezeichnungen wie „Einwanderer", „Siedler" oder „Arbeiter" werden nicht in ihrer weiblichen Form wiederholt, wenn die geschlechtneutrale Bedeutung aus dem Zusammenhang offenkundig ist.

Für kollegiale Hilfe und Rat in ihren jeweiligen Fachgebieten danke ich den Kollegen und Kolleginnen am John F. Kennedy Institut für Nordamerikastudien der Freien Universität Berlin, insbesondere Knud Krakau und Michaela Hönicke (Geschichtsabteilung), Carl-Ludwig Holtfrerich und Welf Werner (Wirtschaftsabteilung) und Heinz Ickstadt (Literaturabteilung). Peter Steinbach vom Otto Suhr-Institut und Felicitas Hentschke vom Graduiertenkolleg haben mir Auskünfte zu Hitler bzw. den Kriegsverbrecherprozessen gegeben. Manfred Knapp vom Institut für Internationale Politik der Universität der Bundeswehr in Hamburg hat mich bei der Darstellung des Marshall-Plans beraten. Dem Herausgeber des Journal of American History, David Thelen, danke ich für Angaben zur Produktion der amerikanischen Historikerzunft. Ohne die computerkundigen und weit über ihrer Tarifgruppe inhaltlich engagierten und kompetenten studentischen Helfer Kathy Alberts, Michael Steinmetz, Inka Karschies und Inga Böhlke hätte ich die Informationsmenge nicht bewältigen können; ihre unverblümt kritische erste Lektüre („Was soll das denn heißen?") kommt hoffentlich Lesern des fertigen Texts zugute. Kein einziger Historiker ist heute Experte auf allen in diesem Band angesprochenen Teilgebieten. Deshalb nehme ich Verbesserungsvorschläge von allen Sachkundigen für eine eventuelle Neuauflage dankend entgegen.

Die Reihenherausgeber, insbesondere Lothar Gall, und der Verlag haben sehr viel mehr Geduld aufgebracht, als ich jemals hätte in Anspruch nehmen dürfen. Für das kompetente Fachlektorat im Oldenbourg Verlag danke ich der Lektorin und Historikerin mit Amerika-Expertise Cordula Hubert.

Der größte Teil der genannten Fachliteratur ist zugänglich in der dem nationalen und internationalen Fernleihverkehr angeschlossenen Bibliothek des John F. Kennedy Instituts für Nordamerikastudien, Freie Universität Berlin, Lansstraße 7, D-14195 Berlin (http://www.fu-berlin.de/jfki).

Berlin, im Januar 2000   Willi Paul Adams

I. Darstellung

EINFÜHRUNG
DIE GROSSEN THEMEN DER AMERIKANISCHEN NATIONALGESCHICHTE

a) Nationalgeschichtliche Synthesen und Periodisierung

Als Teil der amerikanischen Nationalgeschichte gilt heute die gesamte Entwicklung des Territoriums der 50 Vereinigten Staaten, auch bevor die jeweilige Region von Europäern besiedelt und Bestandteil des Staatsgebiets der USA im völkerrechtlichen Sinn wurde. Auch die teilweise Jahrtausende alten Stammesgeschichten der Ureinwohner werden auf dem Weg über die Regionalgeschichte z. B. Arizonas und New Mexicos und die dazugehörigen typischen Landschaftsbilder zum Bestandteil des kulturellen Erbes und damit der nationalen Identität der seit 1776 Vereinigten Staaten gemacht. Auf diese Weise wird dem Territorium, der Landschaft, dem Klima, den natürlichen Lebensbedingungen eine prägende Kraft zugesprochen, die aus allen Menschen, die in diesem Raum leben, gleich ob sie aus Asien, Afrika, oder Europa zugewandert sind, „Amerikaner" macht. Dieser Gedanke lag auch dem „environmentalism" Frederick Jackson Turners zugrunde, dessen Essay über die „Bedeutung der *frontier* in der amerikanischen Geschichte" (1893) nachhaltig die Gesamtinterpretation der amerikanischen Geschichte beeinflußt hat. Dem Primat des Territoriums folgt auch das amerikanische Staatsbürgerrecht mit seinem *ius soli*, dem Recht des Bodens (nicht dem *ius sanguinis*, dem Recht des Blutes). Nicht die genetische Abstammungsgemeinschaft verleiht die Zugehörigkeit zum amerikanischen Staatsvolk, sondern die Siedlergemeinschaft.

Dieser vom späteren Staatsgebiet ausgehend rückwirkende Entwurf der Nationalgeschichte erfaßt auch die konkurrierenden Siedlungsversuche der nicht englischsprachigen Europäer, also auch die ersten spanischen Entdeckungsfahrten und Eroberungen. Der Rückblick auf Kolumbus nach 500 Jahren löste 1992 in den Vereinigten Staaten eine so kontroverse öffentliche Diskussion aus, wie es normalerweise nur zentrale Ereignisse der eigenen Nationalgeschichte tun. Man konnte darüber fast vergessen, daß Kolumbus das Gebiet der späteren USA nie betreten hat. Zu erklären, weshalb die spanische Krone ihren ursprünglichen Anspruch auf ganz Nordamerika nicht hat durchsetzen können und wie auch die französischen,

Rückwirkende Definition des Staatsgebiets

Primat des Territoriums

niederländischen und schwedischen Siedlungen auf dem amerikanischen Festland
dem britischen Empire vor 1763 eingefügt wurden, ist selbstverständlicher
Bestandteil der Gründungsgeschichte der amerikanischen Nation.

Die dauerhafte Ver-
bindung Nordame-
rikas und Europas

Sprache und Kultur

Die Nachfolgestaaten des britischen Empire in Nordamerika blieben auch nach
der anfänglichen Kolonialisierung Bestandteile *eines* europäisch-nordamerikani-
schen Kulturkreises, *eines* Wirtschaftskreislaufs und Arbeitskräftemarkts und
eines Einsatzgebietes militärischer Macht. Englands Sprache, Kultur und intellek-
tuelles Leben verbanden die englischsprachigen Kolonialgesellschaften untereinander und mit dem Mutterland. Der amerikanische Protestantismus ist vom Puritanismus bis zur sozialreformerischen Social Gospel-Bewegung um 1900 eine
Variante des englischen. Die gelehrten Puritaner und andere christliche Theologen
des 17. und 18. Jahrhunderts fühlten sich *einer* Glaubens-, Diskussions- und Mis-
sionsgemeinschaft mit ihren Amtsbrüdern in England, Deutschland, Holland und
der Schweiz zugehörig. Die Naturbeobachter und Experimentatoren des Zeitalters der Aufklärung – z. B. Benjamin Franklin – waren korrespondierende Mitglieder der Akademien und Wissenschaftlichen Gesellschaften in London, Stock-
holm und Paris. Die gemeinsame Sprache verband auch die Nachkommen der
Auswanderer über die Staatsgrenzen und den Atlantik hinweg mit dem Mutterland. Auf allen Kommunikationsebenen, in Bildung, Wissenschaft, Politik, Recht
und Religion, Hoch- und Populärkultur entstand eine dauerhafte *special relationship* zwischen den USA, Großbritannien und Kanada. Auch die amerikanische
Außenpolitik ist stets Bestandteil der von den europäischen Großmächten bis
1914 dominierten Weltpolitik gewesen.

Bei aller Verselbständigung und Eigendynamik der inzwischen auch um andere
ethnisch-kulturelle Komponenten bereicherten amerikanischen Gesellschaft und
trotz des Status der USA als Pazifikanrainer bleibt ihr europäischer Entstehungs-
zusammenhang und die sich seit 1949 in der NATO ausdrückende Wertegemein-
schaft immer noch prägend. Im folgenden Grundriß der amerikanischen Nationalgeschichte werden die europäischen Ursprünge, Rahmenbedingungen und
fortdauernden Verbindungen noch wiederholt aufgezeigt.

Periodisierung der
amerikanischen
Nationalgeschichte

Die Einteilung der amerikanischen Nationalgeschichte in Perioden oder Epo-
chen ist im wesentlichen nicht mehr umstritten. Kriege als nationale Anstrengungen und Katastrophen verursachten auch im amerikanischen Fall mehrfach Zäsuren, nicht nur im politischen Leben, und bestimmen deshalb Teile der konventionellen Periodisierung:

(1) Die 1607 mit der Besiedlung Virginias einsetzende englische Kolonialherrschaft in Nordamerika erreichte ihren Höhepunkt mit der Eroberung Quebecs
1759 und dem Sieg über die französische Armee und Flotte im nordamerikanischen Teil des Siebenjährigen Kriegs, genannt The French and Indian War (1754–
61).

(2) Die Amerikanische Revolution umfaßt die Phase des Widerstandes gegen die
Steuergesetzgebung von Krone und Parlament seit 1765 und den Unabhängigkeitskrieg (1775–81) und fand ihren Abschluß mit der Bundesstaatsgründung

durch die Verabschiedung der Bundesverfassung einschließlich des in ihr enthalte-
nen Grundrechtekatalogs von 1787 bis 1791. Englische Historiker beharren allerdings bis heute auf 1783, dem Jahr der diplomatischen Anerkennung der Rebellen
durch Großbritannien, als Wendemarke in der Geschichte des britischen Empire.

(3) In der Periode der „Early Republic" (1789–1837) wandelten sich die republikanischen Institutionen wie ihre Amtsträger: von der fast-royalen Distanziert-
heit und steifen Würde Präsident Washingtons (Amtszeit 1789–97) bis zum volks-
tribunähnlichen Westler Andrew Jackson (1829–37), der die Ämterpatronage
zugunsten seiner Demokratischen Partei und die Herrschaft des durch kein Zensuswahlrecht mehr gehemmten gemeinen Mannes (*common man*) zum Prinzip
erklärte. Der in dieser Phase geführte zweite Krieg gegen England (*The War of
1812*) wird trotz seines unentschiedenen Ausgangs als zweiter Unabhängigkeitskrieg und Beweis des erstarkten amerikanischen Nationalismus' gewertet.

(4) Das ansonsten kaum benutzte Fremdwort *antebellum* ist zum Etikett der
tragischen drei oder vier Jahrzehnte vor 1860 geworden, in denen der Interessen-
gegensatz der sklavenhaltenden Südstaaten und den die Ausdehnung der Sklavenhaltung in die neuen Staaten westlich des Mississippi ablehnenden Nordstaaten
unaufhaltsam aufeinanderprallten. Die territoriale Ausdehnung der USA bis nach
Kalifornien als Ergebnis des Krieges gegen Mexiko (1846–48) beschleunigte den
Konflikt.

(5) Der gewaltsamste, verlustreichste und folgenträchtigste Entwicklungs-
schritt in der nationalgeschichtlichen Evolution war der heute meist Civil War, in
den Südstaaten auch noch War between the States genannte Sezessionskrieg (1861–
65). Als Kriegsfolge, nicht als ursprüngliches Kriegsziel, wurde die Sklaverei
durch Verfassungsänderung verboten und die Machtfrage zugunsten des nord-
staatlichen Föderalismuskonzepts entschieden: kein Staat der Union kann eigen-
mächtig aus dem Bundesstaat austreten.

(6) Lincolns Ermordung 1865 hat wahrscheinlich dazu beigetragen, daß das
Jahrzehnt des nur teilweise erfolgreichen Wiederaufbaus der Union von 1865 bis
1877, die Phase der „Reconstruction" und militärischen Besetzung des Südens,
meist als eigenständige Periode beschrieben wird.

(7) In den Jahrzehnten der Hochindustrialisierung und Urbanisierung großer
Teile der Nordstaaten und der Masseneinwanderung aus Süd- und Osteuropa
wird unterschieden zwischen einer Frühphase des Laufenlassens – von Mark
Twain sarkastisch „Vergoldetes Zeitalter" (Gilded Age, ca. 1865–1880) genannt –
und der reformaktiven Progressive Era (ca. 1890–1920). Die Vertreibung Spaniens
von Kuba und den Philippinen 1898 manifestierte imperiale Außenpolitik, avan-
cierte jedoch nicht zur Epochengrenze.

(8) Nicht der Beginn des Ersten Weltkriegs 1914 in Europa, sondern die Beendigung des Krieges mit amerikanischen Truppen 1917/18 und Präsident Woodrow
Wilsons 1919 in wesentlichen Teilen gescheiterter Versuch, die Nachkriegsordnung zu gestalten, werden als Zäsur in der amerikanischen Innen- und Außenpolitik registriert.

(9) „The Twenties" hat sich als erstes der Dekaden-Etikette durchgesetzt, weil der Börsenkrach von 1929 und der folgende sich zur Weltwirtschaftskrise vertiefende Konjunktureinbruch eine Wohlstandsdekade ganz besonderen Charakters auf verheerende Weise beendete.

(10) „The Thirties" haften im nationalen Gedächtnis als Katastrophenjahrzehnt des Versagens der in den 1920er Jahren hochgepriesenen kapitalistischen Wirtschaft und als die Zeit der von Präsident Franklin D. Roosevelt (1933–45) durchgesetzten „New Deal„-Gesetze, die die Kompetenzen der Bundesregierung erstmalig zur Bekämpfung der Arbeitslosigkeit und anderen wohlfahrtsstaatlichen Maßnahmen sowie detaillierterer staatlicher Regulierung der Wirtschaft einsetzten.

(11) Mit dem Zweiten Weltkrieg (1939–45) erzwangen die Europäer wiederum einen drastischen Wandel in der amerikanischen Politik und Wirtschaft. Erst die Rüstungs- und Kriegswirtschaft beseitigte die Arbeitslosigkeit, und der Überfall Japans im Dezember 1941 auf die amerikanische Flotte in Pearl Harbor zog die USA voll in die Kriegsallianz der Westmächte hinein.

(12) „Kalter Krieg" nannten dann auch die Historiker die 45 Jahre der Abwehr des repressiven Herrschaftsanspruchs der expansiven Sowjetunion in Mitteleuropa und anderen Regionen. Nur das „Gleichgewicht des Schreckens", das atomare Vernichtungspotential auf beiden Seiten, bewirkte die kontrollierte Entspannung (*détente*), nachdem im Oktober 1962 der Versuch, sowjetische Raketen auf Kuba zu stationieren, die gefährlichste Konfrontation amerikanischer und sowjetischer Streitkräfte ausgelöst hatte. Nach weiterem massivem Wettrüsten brach die Herrschaft der Kommunistischen Parteien mit der Sowjetunion als ihrem Imperium ab 1989 in unerwartet friedlicher Weise zusammen und ermöglichte 1990 die von Präsident Bush aktiv unterstützte Vereinigung der beiden deutschen Staaten.

(13) In der inneren Entwicklung der amerikanischen Gesellschaft werden die von Wohlstand und Konservatismus geprägten 1950er Jahre (Amtszeit des Republikaners Eisenhower 1953–61) abgegrenzt von den

(14) „Turbulent Sixties", in denen die Demokratischen Präsidenten Kennedy (1961–63) und Johnson (1963–69) die Hoffnungsträger im amerikanischen Wortsinn „liberaler" Reformen waren. Insbesondere Johnson und sein konservativer Nachfolger Nixon hatten den massiven Eingriff der USA in den vietnamesischen Bürgerkrieg (1965–73) zu verantworten. Große Protestbewegungen gegen den Krieg und gegen staatliche und kulturelle Autoritäten wie z. B. Universitätsleitungen bewirkten eine bis heute nachwirkende Zäsur.

(15) Die Reaktion einer traditionsgeleiteten „schweigenden Mehrheit" und „religiösen Rechten" auf die kulturellen Umbrüche der Fünfziger und der Sechziger Jahre mobilisierten die Republikanischen Präsidenten Nixon (1968- de facto Amtsenthebung 1974), Reagan (1981–89) und Bush (1989–93) zu ihren Gunsten. Sie betrieben eine stolz als konservativ bezeichnete Wirtschafts- und Sozialpolitik und eine aktive antikommunistische Außenpolitik. Die Wahl und Wiederwahl des gemäßigt Demokratischen Präsidenten Clinton (1992, 1996) und die Wahlen eines

mehrheitlich konservativen, d. h. fiskalpolitisch sparsamen Kongresses (1994, 1996) sind bislang nicht als Wendepunkte der amerikanischen Nationalgeschichte gewertet worden. Der Versuch des konservativsten Flügels der Republikaner, Clinton wegen moralischer Verfehlung und Meineid des Amtes zu entheben (1998/99), scheiterte.

Diese Feingliederung läßt sich nach dem Maßstab europäischer Nationalgeschichten in fünf verfassungsrechtlich klar abgrenzbare Regimes oder „Republiken" zusammenfassen: Die Konföderation von der Ausrufung der Unabhängigkeit bis zum Inkrafttreten der Bundesverfassung (1776–1788); die Erste Republik bis zum Ende des Sezessionskrieges (1788–1865), der entschied, daß Sklavenhaltung und die Grundwerte von 1776 unvereinbar sind und daß Einzelstaaten die Union nicht ohne deren Zustimmung verlassen können; die Zweite Republik bis zum Zusammenbruch der von gesetzlicher Regulierung weitgehend freien Marktwirtschaft (1865–1933); die aus der politischen wie wirtschaftlichen Systemkrise hervorgegangene Dritte Republik von 1933 bis 1961, in der auf Initiative Roosevelts mit Unterstüzung der im amerikanischen Sinn seither „liberalen" Demokratischen Partei Bundesgesetze die Marktwirtschaft stärker regeln und die Wohlfahrt des einzelnen stärker und direkter schützen als je zuvor. Merkmal der Vierten Republik ab 1961 ist innenpolitisch ein Schub mehr soziale Gerechtigkeit und politische Gleichberechtigung durch den Erfolg der Bürgerrechtsbewegung der Afroamerikaner (Antidiskriminierungs-, Wahlrechts- und Sozialhilfegesetze von 1964 und 1965). Auch die Frauenbewegung verbuchte nach 1960 im Gefolge der heftigen Debatten über soziale Ungleichheiten große Erfolge in der Bildungspolitik, Beschäftigungspolitik und beim Schutz vor sexueller Belästigung am Arbeitsplatz. Von der politischen und sozialen Entwicklung vollends in die kulturellmentale Entwicklung hinein wirkte der ab 1965 zunehmende Widerstand gegen die Beteiligung der USA am Bürgerkrieg in Vietnam. Dieser Widerstand prägte das Bild der antiautoritären, idealistischen Jugend, das wir rückschauend mit der Dekade 1965–75 verbinden. Einen merklichen Wandel in der Herkunft und Anzahl der Einwanderer bewirkte das Einwanderungsgesetz von 1965 und löste damit eine erneute Diskussion um das Selbstverständnis der USA als Einwanderland aus. In der Außenpolitik gibt es um 1961 keine entsprechend eindeutige Zäsur, weil der Kalte Krieg – lediglich auf kontrollierterem Niveau – weiterging.

Bisher hat sich in der Republikanischen Partei und im Obersten Bundesgericht keine Mehrheit dafür gefunden, die Kompetenzen der Bundesregierung, insbesondere ihr wohlfahrtsstaatliches Engagement und die soziokulturelle Liberalität so stark zu reduzieren, daß eine qualitativ neue Phase des Regierungssystems erreicht worden wäre.

Die Konföderation

Erste Republik

Zweite Republik

Dritte Republik

Vierte Republik

B) DIE GROSSEN THEMEN DER AMERIKANISCHEN NATIONALGESCHICHTS-
SCHREIBUNG

1. Territorium: Die Expansion des Staatsgebiets

Kontinentale und
überseeische
Expansion

Die Expansion des Staatsgebiets – von den ersten Hütten englischer Siedler am sumpfigen Ufer des James River in Virginia (1607) zum Herrschaftsbereich der Weltmacht mit überseeischen Besitzungen, die sich von den Virgin Islands in der Karibik (seit 1917) bis Guam im Pazifik (seit 1898) erstrecken – bildet ein fundamentales Thema und Strukturelement der amerikanischen Nationalgeschichtsschreibung. Nicht die Entwicklung eines kulturell-biologisch definierten Volksstammes – wie in den meisten europäischen Nationalgeschichten –, sondern die Beherrschung und wirtschaftliche Erschließung von Territorium ist das Basismotiv der historischen Erinnerung im amerikanischen Fall.

In der nationalen Erinnerung war die Ausdehnung des Bundesstaates bis zum Pazifik *eine* kontinuierliche und im Kern unaufhaltsame Landnahme, die allein durch Nutzung und Besiedlung, eben das im 19. Jh. immer wieder beschworene gottgewollte Schicksal, das „manifest destiny" der zivilisatorisch Überlegenen, gerechtfertigt wurde. Die dabei ausgeübte Gewalt gegen die Ureinwohner und gegen rivalisierende Europäer war bedauerlich, aber unvermeidbar. Bis zur Konsolidierung der kanadischen Kolonien Englands als Dominion of Canada (1867) blieb die Aussicht auf eine mehr oder weniger gewaltsame Eingliederung in die USA ein Schreckgespenst unter kanadischen Politikern und Publizisten. Die Übergabe von Oregon an die USA geschah erst 1846 nach drei Jahrzehnten gemeinsamer englisch-amerikanischer Verwaltung und nicht immer friedlicher rivalisierender Besiedlung. Alaska gilt irgendwie als Sonderfall, der „natürlich" zu Festlandsamerika gehört. Der Erwerb überseeischer Besitzungen war hingegen ein umstrittener Akt des Imperialismus und konnte durchaus korrigiert werden, wie im Fall der Philippinen, Kubas und der für das Jahr 2000 vereinbarten Freigabe der Panamakanalzone.

Auf dem seit 1959 gleichberechtigten Unionsstaat Hawaii gibt es keine ernsthafte Unabhängigkeitsbewegung. Die Mehrzahl der Wähler des einzigartigen Commonwealth of Puerto Rico hält seit Jahrzehnten ihren Zwitterstatus als amerikanische Bürger mit nicht stimmberechtigter Vertretung in Washington und eingeschränkter Selbstregierung für vorteilhafter als die mehrfach zur Abstimmung gestellte Unabhängigkeit. Auch das journalistische Reizwort von einer „schleichenden Reconquista" durch legale und illegale Einwanderer entlang der mexikanischen Grenze bezeichnet nicht das Ziel einer nationalen Befreiungsbewegung, sondern dramatisiert die akzeptierte Überlegenheit des amerikanischen Staates: die Rückgabe New Mexicos an Mexiko wollen die mit ihrem Heimatland unzufriedenen Saisonarbeiter und Wirtschaftsflüchtlinge genau nicht, sondern bessere Lebensbedingungen in seinen bestehenden Grenzen. Das Staatsgebiet der USA ist heute durch keine separatistischen Bewegungen nach dem Muster Quebecs bedroht.

Als „den Westen" bezeichnet die amerikanische Nationalgeschichte heute meist die Staaten westlich des Mississippi. Von dieser Region zu unterscheiden ist jedoch die wiederholte *frontier*-Erfahrung im Sinn des Vorschiebens der Siedlungsgrenze der Europäer nach Westen. Diese Erfahrung begann in Nordamerika 1564 mit dem spanischen Fort St. Augustine an der Antlantikküste des heutigen Florida. Weder die spanische noch die 1607 mit Jamestown einsetzende englische oder die 1608 mit dem Handelsposten Quebec beginnende französische Besiedlung bildete jemals eine kontinuierliche *frontier*-Linie oder ununterbrochene Grenzzone, die systematisch Meile um Meile, Jahr um Jahr, von Osten nach Westen in breiter Front die Indianer zurückgedrängt und die Grenze der Zivilisation der Europäer vorgeschoben hätte. Die Rivalität der europäischen Kolonialmächte führte vielmehr zu einer sprunghaften, nicht nur von den Hafenstädtchen am Atlantik oder dem Golf von Mexiko, sondern auch von einer Vielzahl Handels-, Militär- und Missionsstationen an den Großen Seen tief im Landesinneren ausgehenden, oft unkoordinierten Ausbreitung europäischer Wohngebiete.

Die Vielfalt der örtlichen Siedlungsbedingungen und Erfahrungen bewirkte bereits in der Kolonialzeit ein stark ausgeprägtes Bewußtsein von den regionalen Eigenarten und Interessen. Seit Ende des Sezessionskriegs haben sich die klimatisch-wirtschaftlich und kulturell-historisch definierten Großregionen im öffentlichen Bewußtsein nicht mehr geändert: (1) „The South" wird meist differenziert nach den 1861 abgefallenen elf Confederate States of America, den in der Union bleibenden Border States und dem Southwest (New Mexico, Arizona, Nevada). Texas wird wechselweise beiden Großregionen zugerechnet. Die Nordstaaten nördlich der Mason-Dixon-Linie werden differenziert betrachtet nach den (2) New England States, (3) Mid-Atlantic States (insbesondere New York und Pennsylvania) und dem (4) Midwest (auch: Old North West) von Ohio bis Wisconsin. Der Transmississippi-Westen wird grob unterteilt in die (5) Prärie-Staaten (Plains States) und (6) die Pazifikstaaten vom derzeit bevölkerungsreichsten Einzelstaat Kalifornien bis Washington und dem wegen seiner Randlage und Naturschönheit beneideten Außenseiter Alaska.

Die erstaunliche Weiterwanderungsbereitschaft vieler Siedler vom 17. Jahrhundert an darf nicht über die Ausprägung und Konstanz des Regionalbewußtseins hinwegtäuschen. „The South" und „New England" sind lediglich die prominentesten Beispiele der Mehrzahl soziokultureller regionaler Identitäten, die Folgen für die politische Kultur der Nation gehabt haben und deren Ensemble die nationale Identität ausmacht, einschließlich der zu nationalen Ikonen gewordenen regionalen Wahrzeichen von der Hafeneinfahrt New Yorks bis zur Hafeneinfahrt San Franciscos. Nationalbewußtsein und Regionalismen bedingen einander wie das Ganze und seine Teile. Starkes Regionalbewußtsein bildet die dauerhafte emotionale Grundlage des ausgeprägten politischen Föderalismus.

Marginalien:
Die *frontier* und der Westen

Regionalismus und Nation

2. Bevölkerung und Gesellschaftsstrukturen: Von der kolonialen Besiedlungspolitik zur multiethnischen Gesellschaft

Siedlungsgeschichte   Die Ausdehnung des Staatsgebiets und das Wachstum seiner Bevölkerung sind nur in der analysierenden Rückschau trennbare Vorgänge. Die amerikanische Nationalgeschichtsschreibung vereint über weite Strecken beide Vorgänge zu *einer* Siedlungsgeschichte, zu *einem* nationalen Epos der Landnahme, Binnen- und Einwanderung. Die leidvollen Begleitumstände werden nicht verschwiegen, aber die Pionierleistung der Europäer, die sie zu Amerikanern machte, ist das fundamental positive Leitmotiv der nationalen Geschichte. Bestandteil der seit Jahrzehnten auch in den Schul- und Studienbüchern ungeschminkten Bevölkerungsgeschichte ist die Situation der beinahe ausgerotteten Ureinwohner und der seit 1619 auch auf den nordamerikanischen Kontinent verschleppten Afrikaner, die bis 1865 größtenteils versklavt waren. 1990 machten die Nachkommen der Sklavinnen und teils afrikanischer, teils europäischer Väter etwa 12% der Gesamtbevölkerung aus.

Einwanderungs-
geschichte   Um der raschen Bevölkerung willen öffnete die englische Krone ihre Kolonien auch deutschen und anderen Kontinentaleuropäern. Die amerikanische Regierung setzte die liberale Einwanderungspolitik bis zum Quotengesetz von 1924 fort, und die USA wurden das klassische Einwanderungsland unzufriedener Europäer. Schätzungsweise 55 Millionen von ihnen überquerten zwischen 1607 und 1930 den Atlantik, darunter etwa 7 Millionen aus deutschsprachigen Ländern. Der Zustrom schwankte mit der amerikanischen Konjunktur, und die Herkunftsgebiete wechselten je nach den erwarteten Lebenschancen und der Unterdrückung ethnisch-religiöser Gruppen in Europa. Die von 1882 bis 1965 (China bis 1943) streng regulierte asiatische Einwanderung blieb gering: ihre Nachkommenschaft machte 1990 nur 3% der Gesamtbevölkerung aus. Die „Hispanics" oder „Latinos" genannten Zuwanderer aus lateinamerikanischen Ländern, gleich welcher Rasse, machten 1990 bereits 9% der Gesamtbevölkerung der USA aus und nehmen weiter zu.

Schmelztiegel und
kultureller Pluralis-
mus   Da die Angloamerikaner eine Nation mit *einer* Sprache und Kultur sein wollten, verlangten sie als Preis für den Erwerb der Staatsbürgerschaft nach nur fünf Jahren die Akzeptanz ihrer politischen und soziokulturellen Grundnormen und rudimentäre Englischkenntnisse. Das mehrdeutige Bild vom Schmelztiegel (*melting pot*, geläufig erst seit 1908) wird seit den 1920er Jahren ergänzt und gemildert durch die prinzipielle Anerkennung der Existenz auf Dauer unterscheidbar bleibender ethnischer und rassischer Gruppen, den inzwischen als genuin amerikanisch bezeichneten kulturellen Pluralismus (s. S. 16).

Klassenstruktur   Schon lange vor Tocqueville ist europäischen Reisenden in Amerika die geringe Anzahl der Bettler und die Breite der Mittelklasse im Land ohne rechtlich privilegierten Adelsstand aufgefallen. Die Schicht der besonders erfolgreichen Kaufleute, Großplantagenbesitzer und Großunternehmer war keine nach unten abge-
Zensuswahlrecht   schottete Kaste. Die englischer Tradition entsprechenden Mindestbesitzklauseln

in den Wahlrechtsgesetzen der Einzelstaaten wurden bis 1830 abgeschafft. Präsident Andrew Jackson und seine Demokratische Partei fürchteten im Unterschied zu den Gründervätern keine Tyrannei besitzloser Wählermehrheiten mehr.

Fragen nach der „sozialen Mobilität", den Erfolgschancen von Aufsteigern bzw. der Chancenungleichheit zwischen den Generationen und ethnischen Gruppen, fehlen in keinem Kapitel der professionellen und populären historischen Erinnerung. Hinter den gleichen Zahlen sahen marxistische Historiker eine eindeutige, rigide Klassenstruktur, liberale Historiker systemimmanent reformierbare Ungerechtigkeit und konservativ-patriotische Historiker den Beweis für die Überlegenheit des amerikanischen Systems gegenüber allen anderen. Die meisten Autobiographien feiern das Ideal des *self-made man*. Kern des „amerikanischen Traums" ist der Glaube an die Erfolgschancen der Tüchtigen bei Chancengleichheit. Die unbekümmerte Formel vom „Land der unbegrenzten Möglichkeiten" hingegen projizierte erst 1903 der deutsche Wirtschaftsjournalist Ludwig Max Goldberger mit dem Titel seines USA-Reiseberichts auf das in der Hochindustrialisierungsphase befindliche Amerika.

3. Wirtschaft: Vom kolonialen Merkantilismus zur Freihandelspolitik der Weltmacht

Territoriale Expansion, schnelle Bevölkerungsvermehrung und wirtschaftliches Wachstum sind drei miteinander verflochtene Stränge der nationalen Erfolgsgeschichte. Die Ausgangsbedingungen waren günstig. Englische Kolonialherrschaft bedeutete gezielte wirtschaftliche Entwicklung unter Einsatz englischen Kapitals im umfassenden Wortsinn. Der Schutz durch die Royal Navy gehörte ebenso dazu wie der nach den Grundsätzen des Merkantilismus geschützte Markt. Als die Rechnung ab 1765 allzu eindeutig zugunsten der Metropole London aufzugehen schien, begann die lokale Elite der Peripherie von Boston bis Savannah ihre Selbständigkeit zu proben, organisierte den Widerstand und verkündete am 6. April 1776 mit der Öffnung der amerikanischen Häfen für Handelsschiffe aus aller Welt (außer britischen) ihre wirtschaftliche Unabhängigkeit. Der Anspruch auf freien Handel mit aller Welt –insbesondere auf den Absatz amerikanischer Landwirtschaftserzeugnisse – ist seither eine konstante und nachdrückliche Forderung amerikanischer Außenhandelspolitik.

Die Bundesverfassung begründete ab 1788 einen Wirtschaftsraum ohne wirtschaftlich relevante Binnengrenzen. „Interstate commerce" und Einfuhrzölle unterlagen nun zweifelsfrei und ausschließlich der Regelung durch die Bundesregierung. Die Höhe von Schutzzöllen wurde zum permanenten Streitobjekt zwischen den Parteien und war Thema vieler Wahlkämpfe. Gemeinsame wirtschaftliche Interessen lagen der Bundesstaatsgründung von 1787/88 zugrunde; divergierende wirtschaftliche Interessen der südlichen Sklavenhalterstaaten und der nördlichen freien Staaten gefährdeten sie. Bei der Entwicklung neuer Staaten im Westen prallten beide Interessen aufeinander. Jenseits des Mississippi siedelnde Südstaat-

Kolonialwirtschaft

Freihandel

Konflikte der Regionalinteressen

ler wollten auf ihre Sklaven nicht verzichten, weil ohne sie der profitable Baumwollanbau nicht möglich war. Aber die nach Westen ziehenden Farmer Neuenglands und des Mittelwestens wollten ausschließlich *free labor*, durchaus auch aus dem rassistischen Motiv, die *frontier democracy* auf Euroamerikaner zu begrenzen.

Industrialisierung   Den Sezessionskrieg als Materialschlacht entschieden die Eisenbahnlinien und Fabriken des voll in der Industrialisierung begriffenen Nordostens. 1860 waren die Vereinigten Staaten, nach England, die zweitgrößte Industrienation. Die Versuche, die von der Sklaverei befreiten Südstaaten zu industrialisieren („The New South"), mißlangen bis auf wenige Ausnahmen.

Hochindustrialisierung   Die ungeregelte Hochindustrialisierung mit ihrer Abfolge von scharfer Konkurrenz, Konzentration und Monopolbildung (Standard Oil Trust, 1879) verbilligte einerseits viele Verbrauchsartikel und Maschinen, führte jedoch auch zu brutalen Geschäftspraktiken und zu teilweise menschenunwürdigen Arbeits- und Lebensbedingungen in den Großstädten von New York bis Pittsburgh und Chicago.

Regulierung und Reformen   In Reaktion darauf wurde 1890 das erste Kartellgesetz (Anti-Trust Act) des Bundes erlassen. Es war so schwach, daß es 1914 durch ein Trustkontrollgesetz ersetzt wurde, das zugleich die Gewerkschaften davor schützte, von einem feindlich gesonnenen Obersten Bundesgericht wie Konspirateure oder Kartelle behandelt zu werden. In der Rückschau als „Progressive Movement" zusammengefaßte Sozialreformgruppen innerhalb und außerhalb der politischen Parteien kämpften um politischen Einfluß für „civic reforms" und „good government" gegen korrupte Karrierepolitiker.

Great Depression   Nach vielen kleineren, *recessions* genannten Konjunktureinbrüchen brach 1929 im Gefolge des New Yorker Börsenkrachs der staatlich kaum beaufsichtigte Aktienmarkt zusammen und löste – nun The Great Depression genannt – die größte soziale Krise seit Bestehen der USA aus. Bezugspunkte amerikanischer Wirtschaftspolitik bis heute bleiben die Weltwirtschaftskrise und die New Deal genannten Wirtschaftssteuerungs- und Sozialhilfegesetze unter Präsident Franklin D. Roosevelt (1933–45). Roosevelt praktizierte erstmalig antizyklische Staatsausgaben auf Kredit in Friedenszeiten, auch ohne die *deficit spending*-Theorie des englischen Ökonomen John Maynard Keynes im Detail zu kennen.

national debt   Den Umgang mit einer mehr oder weniger drückenden Bundesschuld (*national debt*) hatten Präsident und Kongreß seit der Finanzierung des Unabhängigkeitskrieges und des Sezessionskrieges geübt. Die Finanzierung der seit 1965 eingeführten sozialstaatlichen Bundesprogramme und der Teilnahme am Bürgerkrieg in Vietnam sowie die des Wettrüstens mit der Sowjetunion trieb die Bundesschuld unter Präsident Reagan (1981–89) in Rekordhöhe. Fiskal-Konservative fordern seither eine Verfassungsänderung, die jedes Jahr einen ausgeglichenen Bundeshaushalt verlangt. 1990 führten die USA mit einem Bruttoinlandsprodukt von 5,5 Mrd. Dollar und einem Pro-Kopf-Einkommen von 18696 Dollar die Weltwirtschaft an, und der Dollar blieb die Leitwährung der Welt.

4. Politisches System und Innenpolitik: Verfassungsnormen und Praxis der Demokratie

In der amerikanischen Unabhängigkeitserklärung verband sich die Behauptung staatlicher Souveränität mit der Beschränkung der Regierungsmacht durch Grundrechte des Bürgers. Herrschaft, die nicht dem Schutz von „life, liberty, and the pursuit of happiness" dient und die nicht auf der Zustimmung der (nicht näher definierten) Regierten beruht, darf auch gewaltsam verändert werden. Auch wenn Sklavenbesitzer diese Grundwerte republikanischer Regierung formulierten – das in den Grundrechteerklärungen der Einzelstaaten wiederholte Bekenntnis der sozialen und politischen Elite zu Volkssouveränität, Gleichheit vor dem Gesetz und verfassungsmäßig beschränkter Regierungsgewalt setzte Normen. Ihre Achtung ist seither ununterbrochen eingefordert worden. Die naturrechtlich fundierten Werte von 1776 bilden zusammen mit den 1787–91 vereinbarten Verfassungsregeln und Grundrechten den bis heute wirksamen demokratischen Gründungsmythos. Seine normative Kraft ist bis heute ungebrochen. Er konnte seine Wirksamkeit nur mit Hilfe der bereits in der Kolonialzeit weitgehend freien Presse entfalten. Ein breiter demokratischer Konsens liegt auch den Werturteilen zugrunde, die die Mehrzahl der professionellen amerikanischen Interpreten der amerikanischen Nationalgeschichte im 20. Jahrhundert in Forschung, Lehre und Publizistik vertreten hat. *[Randnotiz: Der demokratische Gründungsmythos]* *[Randnotiz: Pressefreiheit]* *[Randnotiz: Der Verfassungskonsens]*

Der demokratische Konsens, Konflikte friedlich nach den Regeln auszutragen, die die Bundesverfassung vorsieht und die die Mehrheit der Obersten Bundesrichter interpretiert, ist bislang nur einmal zerbrochen: als elf Südstaaten 1861–65 Bürgerkrieg gegen die Restunion führten und die Nordstaaten mit Waffengewalt die staatliche Einheit und ihre Verfassungsinterpretation behaupteten. Das Militär blieb den zivilen Regierungsorganen immer untergeordnet. Kein Militärputsch brachte einen Caudillo an die Macht. Auch mitten in Kriegen fanden turnusgemäß Präsidentenwahlen statt (1864, 1916, 1940, 1944, 1968). Parteien und Politiker, die den Verfassungskonsens aufkündigten – z. B. die Communist Party of the USA (CPUSA), militante Gewerkschafter wie die Industrial Workers of the World (IWW) und Malcolm X als Advokat eines gewaltbereiten *black nationalism* – haben bislang keine Wählermehrheiten mobilisieren können.

Das einfache Mehrheitswahlrecht begünstigte ein Zwei-Parteiensystem, das extremen Positionen geringe Chancen gibt. Sozialistisch-revolutionäre Ideen und Bewegungen haben daher – unabhängig vom Ausmaß sozialer Mißstände wie etwa 1896, 1912, 1932 und 1936 – im Kongreß und im Weißen Haus keinen direkten Einfluß ausüben können. Gleiches gilt für rechtsradikale Bewegungen. Mehr Schaden als die im ganzen Lande tausendfach Grundrechte verletzende und Karrieren zerstörende antikommunistische Kampagne des Senators Joseph McCarthy während des Koreakrieges 1950–54 hat bislang keine rechtsextreme Bewegung angerichtet. *[Randnotiz: Mehrheitswahlrecht, Extremismus]*

Konflikte um die Machtverteilung zwischen Regionen und Zentralregierung durchziehen die Politikgeschichte des amerikanischen Bundesstaates. Die Bun- *[Randnotiz: Föderalismus]* desregierung übernahm nicht nur die zentralen Kompetenzen der Kolonialmacht, sondern auch das traditionelle Mißtrauen und den Selbstbehauptungswillen der Regionen gegenüber der Zentrale. Die völlige Unterordnung der Regionen unter eine souveräne Zentrale wie in England oder Frankreich war in den USA nie möglich. Auch nach ihrer eindeutigen militärischen Niederlage brauchten die Südstaaten 1865 nicht etwa eine politische Schwächung durch Zusammenlegung oder durch eine langfristige Militärregierung zu befürchten. Ungebrochen galt das 1787 in der Northwest Ordinance festgelegte antikolonialistische Prinzip der Erweiterung des Staatsgebiets in Gestalt völlig gleichberechtigt in die Union aufzunehmender Einzelstaaten. Erst die Bewältigung der Wirtschaftskrise 1933–1938 entschied endgültig und eindeutig die Machtbalance zwischen Bund und Einzelstaaten zugunsten von Kongreß, Präsident und Oberstem Bundesgericht.

Sozialpolitik   Sozialpolitik im Sinn staatlicher statt privater Fürsorge für Arme und Kranke hat in den Einzelstaatsparlamenten und in Washington später als in Europa die für Gesetzgebung notwendigen Mehrheiten gefunden. Selbsthilfe war die Losung der Siedlergesellschaft. Das englische frühneuzeitliche Armenrecht überließ Hilfsbedürftige dem Mitgefühl ihrer Kommune. An erster Stelle standen die Hilfe von Familie, Nachbarschaft, Kirchengemeinde und allenfalls die Kasse eines privaten Versicherungsvereins, ergänzt durch private Wohltätigkeit. Seit etwa 1820 errichteten Einzelstaaten Waisenhäuser und *asylum* genannte Anstalten für Geisteskranke. Erst um 1900 bewirkten Initiativen des Progressive Movement zunächst in den Einzelstaaten Sozialgesetze, die Teile der privaten Wohltätigkeit ablösten. Mit dem Social Security Act übernahm erst 1935 auch die Bundesregierung Verantwortung für die Finanzierung wesentlicher Bereiche des modernen Sozialstaats, die 1965 noch einmal wesentlich ausgeweitet wurden (Medicare, Medicaid).

5. Internationale Beziehungen: Von der Kolonie zur Weltmacht

Der Wunschtraum der „Isolation"   Auch nach der völkerrechtlichen Bestätigung der Souveränität der neuen Nation mit dem Friedensvertrag von 1783 blieb die „Isolation" von Europas Konflikten und Kriegen ein schöner Wunschtraum. Denn weiterhin entschieden oder beeinflußten Konstellationen in Europa – insbesondere die Rivalität europäischer Dynastien und die Interessen von Staaten – über Krieg und Frieden, Wirtschaft, Handel und Bevölkerung in Nordamerika. Noch im Sezessionskrieg fürchtete Lincoln eine Parteinahme der Engländer zugunsten der Baumwolle liefernden Südstaaten. Das Verhältnis der USA zu den lateinamerikanischen Kolonien/Staaten war nie frei vom Einfluß europäischer Machtverhältnisse und Ambitionen – wie wäre es sonst 1823 zur Monroe-Doktrin und der späteren interventionistischen Lateinamerikapolitik gekommen? Auch die Erzwingung der „offenen Tür" in China und die übrige Ostasienpolitik der USA waren nicht das Ergebnis souveräner Selbstbestimmung, sondern Teil eines Wettlaufs mit europäischen Mächten um Märkte, Rohstoffe und militärstrategische Vorteile, dem die Hüter des amerikanischen Nationalinteresses sich nicht entziehen konnten. In die beiden das

20. Jahrhundert weitgehend prägenden Weltkriege wurden die USA widerstrebend hineingezogen.

Die wertorientierte Rechtfertigung aktiven politischen und militärischen Eingreifens der USA in europäische und andere globale Konflikte im 20. Jahrhundert formulierte Präsident Wilson 1917 in seiner Begründung der Kriegserklärung an das Deutsche Reich: „The world must be made safe for democracy." Demokratie und Freiheit blieben auch die am meisten wertbefrachteten Begriffe in der bis 1989 andauernden Systemkonkurrenz mit der kommunistischen Parteidiktatur in der Sowjetunion. Nach 1945 versuchten die USA mit Hilfe der im wesentlichen von ihnen gegründeten Vereinten Nationen und der NATO aktiver als nach dem Ersten Weltkrieg, die internationale Ordnung zu gestalten. Der unter Stalin nach 1945 expandierende Herrschaftsbereich der Sowjetunion in Mitteleuropa und Asien, die ebenfalls mit Kernwaffen bestückten sowjetischen Interkontinentalraketen und die konkurrierende Ideologie des Kommunismus wurden in Washington als weltweite Herausforderung empfunden und hielten die USA vollends davon ab, sich von der Alten Welt zu isolieren und sich in eine autonome Wagenburg Nordamerika zurückzuziehen.

Aus der britischen Kolonialherrschaft in Nordamerika sind zwei Nachfolgestaaten hervorgegangen. Da kein von Osten nach Westen verlaufendes Hochgebirge oder eine andere natürliche Grenze die beiden Staaten voneinander trennt – die Großen Seen definieren weniger als ein Fünftel der Staatsgrenze –, haben menschliche Entscheidungen und Handlungen das Territorium beider Staaten definiert. Von den ersten Eroberungsversuchen von 1775/76 bis zur staatlichen Festigung des Dominion of Canada 1867 waren die amerikanisch-kanadischen Beziehungen von einem grundlegenden Mißtrauen des kleineren Partners gegenüber dem um das etwa Zehnfache gewichtigeren Nachbarn geprägt. Die Größe des im Norden weithin menschenleeren kanadischen Territoriums fiel dabei nicht ins Gewicht. Viele englischsprachige Kanadier – von den Frankokanadiern ganz zu schweigen – definieren ihre Identität immer noch als Nicht-Amerikaner.

Interessenwahrende Abgrenzung, wirtschaftliche Dominanz und nötigenfalls militärische Intervention kennzeichneten das Verhältnis der USA gegenüber den Nachfolgestaaten des spanischen Kolonialreiches, nicht etwa selbstlose, ideologisch gerechtfertigte republikanisch-schwesterliche Hilfe. Die bereits genannte Monroe-Doktrin drückte 1823 ein weit verbreitetes und permanentes Überlegenheitsgefühl und die Bereitschaft zur Ausübung der Schutzmachtrolle auf dem gesamten Doppelkontinent aus. Die geringe Macht der erst 1948 gegründeten Organization of American States und die späte Aufnahme nur Mexikos (1992/93) in die North American Free Trade Association (NAFTA) mit Kanada entspricht dem wirtschaftlichen wie politischen und militärischen Machtgefälle zwischen anglo- und hispanisch-Amerika. Die über 2000 km lange offene Grenze mit Mexiko kann jedoch auch die Weltmacht nicht für illegale Einwanderer schließen. Die in großer Zahl Arbeit und Wohlstand suchenden Lateinamerikaner verbinden die USA auch gegen ihren Willen mit dem ärmeren Nachbarn.

Demokratische Werteorientierung

Die besonderen Beziehungen zu Kanada

Lateinamerika

6. Geistes- und Kulturgeschichte vom Puritanismus zum Kulturkampf der Religiösen Rechten um 1990

Kulturelle Unab-
hängigkeit
Im Zentrum der amerikanischen Ideen- und Kulturgeschichte steht seit der Kolonialzeit die intellektuelle Bewältigung menschlicher Existenzfragen unter spezifisch amerikanischen Daseinsbedingungen – in ständiger Auseinandersetzung mit den aus Europa mitgebrachten oder in Europa bekannten Normen und künstlerischen Ausdrucksweisen. Der unauflöslichen Verbindung des europäischen und amerikanischen Marktes für Güter und Arbeitskräfte entsprach die vielfältige intellektuelle Kommunikation. Der intensivste Austausch fand natürlich mit dem englischsprachigen Mutterland statt, griff aber ebenso wie die Einwanderung bald auf den Kontinent über. Bis um 1820 waren die kulturellen Beziehungen geprägt durch das Gefälle zwischen Metropole (London) und Provinz (Boston, Philadelphia, New York, Charleston). Die kulturelle Unabhängigkeitserklärung folgte der staatlichen seit etwa 1830 durch die Autoren James Fenimore Cooper, Ralph Waldo Emerson, Henry David Thoreau, Nathaniel Hawthorne und Walt Whitman. Im Verlauf des 20. Jahrhunderts entwickelten sich New York, Los Angeles und andere amerikanische Metropolen zu Produktionsstätten und Umschlagplätzen des modernen Kulturbetriebs, die auch Künstler aus Europa anzogen. Die amerikanischen Universitäten und Forschungseinrichtungen profitierten ab 1933 vom Exodus Tausender Geistes- und Naturwissenschaftler, die die deutsche Diktatur vertrieb. Viele junge europäische Wissenschaftler sahen nach 1945 keine Zukunft für sich in dem zerstörten Europa; der „brain drain" erreichte während der Expansion der amerikanischen Universitäten in den 1960er Jahren seinen Höhepunkt. Das Studienjahr in den USA wurde für ehrgeizige europäische Schüler und Studenten nach 1950 ebenso zur Pflicht, wie die sommerliche Europarundreise es seither für junge Amerikaner ist – und zwar nicht nur, wie im 19. Jahrhundert, für die Kinder der Reichen.

Vorbild Amerika
Die permanente Europabezogenheit der Intellektuellen unter den Kolonisten fand bereits Ausdruck in der unter den Puritanern beliebten biblischen Metapher von der „Stadt auf dem Berge" (Matthäus 5:14). Sie nahmen sich gegenseitig in die Pflicht, indem sie ihre Siedlungen am Rand der Wildnis zur Jerusalem vergleichbaren *city upon a hill* erklärten, deren Bewohner aller Welt sichtbar und zum Vorbild bestimmte Ideale menschlichen Zusammenlebens verwirklichen und deren Scheitern die Heilsgeschichte der ganzen Menschheit zurückwerfen würde.

Ab 1776 war es das weltliche Ideal der sich selbst regierenden Republik freier und gleicher Bürger, das Amerika zum letzten „Asyl der Freiheit" (Thomas Paine) machte. Im 19. und 20. Jahrhundert übernahm das Ideal der von Tocqueville analysierten „Demokratie in Amerika" die gleiche Funktion des politischen Leitwertes. Die stets öffentlich diskutierte Diskrepanz zwischen der gesellschaftlichen Wirklichkeit der Ungleichheit und den Idealen von Gleichheit und Demokratie tat den Idealen keinen Abbruch, sondern hat die Reformer angespornt.

Voraussetzung für den demokratischen Konsens in der kulturell pluralistischen

Gesellschaft war der Verzicht auf eine Staatskirche und die formale Trennung von Religiöse Vielfalt, Trennung von Staat und Kirchen
Staat und Kirchen. Jüdisch-christliche Werte und Konventionen beeinflussen die
Lebenspraxis der Mehrheit der Bürger und ihrer gewählten Vertreter; bislang ist
kein bekennender Atheist zum Präsidenten gewählt worden. Doch seit Virginias
Gesetz zur Trennung von Staat und Kirchen (1786) und dem entsprechenden Ver-
fassungsgebot im ersten *amendment* von 1791 erleichtert die weitgehende Privati-
sierung der Religionsausübung die Duldung und politische Bewältigung ethnisch-
kultureller Differenzen. Die Vielfalt religiöser Gruppen und Kirchen kennzeichnete bereits 1776 die amerikanische Gesellschaft und hat seither noch zugenommen. Heute existieren sich selbst isolierende Sekten wie die Amish mit etwa
130 000 Mitgliedern (1990) gleichberechtigt neben den großen nationalen Dach-
verbänden der protestantischen Kirchen und der katholischen Kirche. Von den
über 17 Jahre alten Amerikanern identifizierten sich 1991 mit einer der protestantischen Kirchen 56%, mit der katholischen 25%, mit einer jüdischen Gemeinde
2%, mit einer anderen religiösen Gruppierung 6%, mit keiner organisierten Religion 11%. Die Statistik unterscheidet heute nicht weniger als 72 *denominations*.
Die größte war 1991 die römisch-katholische Kirche mit 58 Millionen Mitgliedern; die Southern Baptist Convention meldete 15 Millionen Mitglieder; die United Methodist Church 8,7 Millionen; die National Baptist Convention 8 Millionen; die Evangelical Lutheran Church in America 5,2 Millionen; die jüdischen
Gemeinden zählten zwischen 4,7 und 5,9 Millionen; die Kirche Jesu Christi der
Heiligen der letzten Tage (Mormonen, konzentriert in Utah, Idaho und Arizona)
4,3 Millionen, um nur die größten Gruppierungen zu nennen.

Zum Erbe des Puritanismus der Gründungsphase gehörte ein fester Glaube an Erbe des Puritanis-mus
die Rolle eines „auserwählten Volkes", das analog zur Heilsgeschichte auch in der
weltlichen Geschichte dem Rest der Welt Vorbild ist. Hinzu kommt das span-
nungsgeladene Bewußtsein des einzelnen, auf sich selbst gestellt und nur seinem
Gewissen verantwortlich zu sein, andererseits aber von den Lebensbedingungen
in der Gemeinschaft abhängig zu sein. Daraus ergab sich eine oft rigorose Entschlossenheit, nicht nur sich selbst unaufhörlich zu beobachten, sondern auch die
gemeinschaftlichen Lebensverhältnisse detailliert zu gestalten und z. B. das
Alleinsiedeln außerhalb von Kirchengemeinden an der *frontier* zunächst zu verbieten, Unterweisung im Lesenlernen obligatorisch zu machen usw. Beides, Individualismus und Konformismus, war von Anfang an ein Erbe des Puritanismus.
Das weitgehende Alkoholverbot per Bundesgesetz von 1919 bis 1933 (*prohibition*) ist ohne diese Dialektik nicht zu erklären. Gleiches gilt für das rigorose
moralische Engagement anderer Sozialreformbewegungen des 19. und 20. Jahrhunderts von den Sklavereigegnern bis zu den um die Volksgesundheit bemühten
Gegnern der Nikotinsucht um 1990.

Auch im kulturellen Leben bedingten Regionalbewußtsein und nationale Identi- Regionale Identitä-ten
tät einander. Dem am stärksten ausgeprägten *sectionalism* der Südstaaten nahm der
Bürgerkrieg die separatistische Spitze. Bausteine des in der zweiten Hälfte des
19. Jahrhunderts zunehmenden amerikanischen Kulturnationalismus und Natio-

nalstolzes sind die als legitim anerkannten regionalen Identitäten und das sich auf den Einzelstaat, die *county* oder die Stadtregion erstreckende Zugehörigkeitsgefühl. Regionale Eigenheiten in Landschaft, Bevölkerung und erinnerter Geschichte – insbesondere der örtlichen Variante der Pionierzeit – liefern die Bilder, die zusammengenommen heute den kulturellen Kern der nationalen Identität ausmachen.

Kultureller Pluralismus   Das Konzept des *cultural pluralism* geht seit Horace Kallens Prägung des Begriffs 1924 in seinem Buch Culture and Democracy von der Tatsache aus, daß die Einwohnerschaft des amerikanischen Staates von Anfang an kulturell nicht homogen gewesen ist. Nicht kulturelle Einheitlichkeit, sondern das Nebeneinander verschiedenartiger kultureller Gruppen kennzeichnete bereits die Gesellschaft in der Kolonialzeit. Das tolerante, friedliche Miteinander der im wesentlichen ethnisch-rassisch-religiös definierten Gruppen und die Freiheit des einzelnen, sich in und zwischen diesen Gruppen zu bewegen und seine persönliche Identität zu bestimmen, kennzeichnen das Ideal des amerikanischen kulturellen Pluralismus. Der Philosoph und Gesellschaftskritiker Kallen reagierte mit seinem inzwischen von den meisten liberalen Intellektuellen akzeptierten Konzept auf die einfältige Forderung nach schneller „Assimilierung" und „Amerikanisierung" im „Schmelztiegel", die in besonders hitziger Weise während des Ersten Weltkriegs den Ruf nach Beendigung der für Europäer praktisch unbegrenzten Einwanderung begleitete – eine Forderung, die mit dem Einwanderungsgesetz von 1924

Multikulturalismus   erfüllt wurde. Seit etwa 1980 verwendeten Interessenvertreter der großen Minderheitengruppen der Indianer, Afroamerikaner, Lateinamerikaner und asiatischen Amerikaner den in Kanada seit 1971 gebräuchlichen Begriff des *multiculturalism*, um in der politischen Verteilungsdebatte Ansprüche ihrer jeweiligen ethnischen Gruppe als ein Gruppenrecht – im Unterschied zu liberalen Individualrechten – durchzusetzen und z. B. in Schulen und Universitäten Lehrveranstaltungen zu fordern, die das Eigenwertgefühl der Gruppenmitglieder stärkten. Eine Vielzahl von Ethnic Studies- oder Multicultural Studies-Programmen war die Folge. Deren Gruppenegoismus und künstlich europakritische und antiindividualistische Tendenz wird seit etwa 1980 von liberalen Intellektuellen kritisiert. Sie fordern in einer „postethnischen" Gesellschaft eine ausgewogenere Verbindung der Vielfalt ethnischer Gruppeninteressen mit der nationalen Gemeinsamkeit. Deren Basis ist seit 1776 eine politische Kultur des sich selbst bestimmenden Individuums, nicht der fürsorglichen Abstammungsgruppe.

Populärkultur   Einhundert Jahre nach Tocquevilles Aufruf, auch die europäischen Gesellschaften müßten sich auf die in Amerika bereits Wirklichkeit gewordene relative Gleichheit der Vielen und die Nivellierung der Standesgrenzen mit all ihren Begleiterscheinungen in Politik und Kultur vorbereiten, warnten konservative Kulturkritiker in Europa nach dem Ersten Weltkrieg vor dem „Amerikanismus", einer „Amerikanisierung" Europas zu einer „Massengesellschaft" mit einer „Massenkultur". In der inneramerikanischen Diskussion wies z. B. der Literatur- und Gesellschaftskritiker Van Wyck Brooks 1915 die Kassandrarufe zurück und lehnte die kategoriale Unterscheidung von *highbrow-* und *lowbrow-* Kultur als ungerechtfertigte Wertung ab. Die Diskussion um den Stellenwert der *popular culture* im Spannungsfeld von Hochkultur und Unterhaltungsindustrie als Ausdrucksform der Moderne ist seither auch in den USA nicht abgerissen. Am Ende des Jahrhunderts werden nicht nur die gemischten Folgen der wirtschaftlichen Globalisierung bilanziert, sondern auch die mögliche Verarmung oder Bereicherung regionaler Kulturen durch die weltumspannenden sofortigen Kommunikationsmöglichkeiten. Hüter traditionsorientierter Kulturen beklagen unter anderem den Einfluß der amerikanischen Unterhaltungskultur und des Lebensstils insbesondere auf Jugendliche. Die Tiefe dieses Einflusses ist schwer meßbar. In jedem Fall müssen die fremden Einwirkungen jedoch einen aufnahmebereiten Boden vorfinden, oder in der Sprache des Zeitalters der elektronischen Kommunikation gesprochen, sie müssen auf ein kompatibles Interface treffen – und das müssen andere Kräfte geschaffen haben als ein aggressiver amerikanischer „Kulturimperialismus".

1. DIE NEUE WELTMACHT IN FRIEDEN UND KRIEG, 1900–1920

Fortschrittsbegei-
sterung um 1900 Die Feiern und feuilletonistischen Betrachtungen zur Jahrhundertwende 1899/
1900 ähnelten den unsrigen anläßlich der Jahrhundert- und Jahrtausendwende
1999/2000 – mit einem Unterschied: der Fortschrittsglaube war um 1900 in
Amerika wie Europa noch ungebrochen. Ein Visionär, der die kollektiven
Gewalttätigkeiten und das Leid von Abermillionen im 20. Jahrhundert richtig
vorhergesagt hätte, wäre in der euro-amerikanischen Welt von St. Petersburg bis
San Francisco verlacht worden. Wissenschaft und Technik erkannten und kontrollierten immer größere Teile der Naturkräfte und stellten sie in den Dienst des
Menschen. Grenzen des wirtschaftlichen Wachstums waren jedenfalls in Amerika nicht abzusehen. Die große Konjunkturkrise von 1893–97 hatte sich wie
von selbst geheilt. Monopolistenverhalten von Großkonzernen, Armut und
Elend, das hatten die in den USA „Progressives" genannten Reformpolitiker
schon im Jahrzehnt vor 1900 propagiert, waren lösbare Aufgaben der Wirt-
schafts- und Sozialgesetzgebung. Die nationale Frage war seit dem Sieg des Nordens im Sezessionskrieg 1865 entschieden: der amerikanische Föderalismus war
der eines Bundesstaates, den kein Einzelstaat mehr durch einseitige Sezessionser-
klärung verlassen konnte. Die detaillierte Abgrenzung von Bundeskompetenz
und Einzelstaatskompetenz in Gesetzgebung und Rechtsprechung sollte allerdings auch im 20. Jahrhundert noch zu den Daueraufgaben des Supreme Court
gehören. Der letzte Schritt zur Dominanz des Bundes in der Wirtschafts- und
Sozialgesetzgebung sollte erst mit den New Deal-Gesetzen ab 1933 vollzogen
werden. Die seit 1776 tradierten demokratischen Ideale und Institutionen des
engagierten, durch eine freie Presse informierten Bürgers, fairer Wahlen und
unbestechlicher Vertreter des Volkswillens in Stadträten, Einzelstaatsparlamenten und Washington galten unangefochten und waren nicht durch eine nennens-
werte Fundamentalopposition bedroht, etwa in Gestalt einer einflußreichen
sozialistischen Partei mit einer weniger individualistischen Werteordnung. Der
in manchen Gebieten schockierende Abstand zwischen den Verfassungsidealen
und der politischen Praxis um 1900 bildete kein revolutionäres Potential, obwohl
die seit 1848 aktive Frauenrechtsbewegung und die 1909 gegründete National
Association for the Advancement of Colored People zunehmend die Einlösung
der demokratischen Versprechen auch für ihre Gruppen forderten. Vor allem die
ansteigende Zahl der Einwanderer löste um 1900 bei den Einheimischen Ängste
aus. Den einen bestätigte sie die offenkundige Überlegenheit Amerikas, das
zudem billige Arbeitskräfte brauchte. Die anderen, etwa die Mitglieder der seit
1894 aktiven Immigration Restriction League, befürchteten, die Einwanderer-
und Elendsviertel würden auf die Dauer ein Fremdkörper in der anglo-amerika-
nisch geprägten Gesellschaft bleiben und langfristig dessen soziokulturelle
Grundlagen zerstören.

In der internationalen Politik schließlich hatten sich die Vereinigten Staaten 1898 endgültig mit der Vertreibung Spaniens als Kolonialmacht von Kuba und den Philippinen als Weltmacht in den „Imperialismus" genannten Wettlauf der europäischen Großmächte um die politische Kontrolle und wirtschaftliche Ausbeutung überseeischer Gebiete eingeschaltet. Der 1903 zwischen den USA und Panama abgeschlossene Kanalbauvertrag ließ keinen Zweifel daran, wer bald (ab 1914) die kürzeste Handelsroute von Europa nach Ostasien kontrollieren würde. Vor Kriegen in Europa und Asien hingegen würden Atlantik und Pazifik die ihren eigenen Kontinent beherrschende neue Weltmacht schon schützen. `Weltmacht USA`

Die New York Times hatte am 31. Dezember 1899 in ihrem Rückblick auf das 19. und Ausblick auf das 20. Jahrhundert keine Zweifel an der Unaufhaltsamkeit des von Europa ausgehenden universellen Fortschritts und der zunehmend aktiven Teilnahme der Vereinigten Staaten an der Verbreitung der westlichen Zivilisation auf allen Kontinenten: `Jahrhundertaus-blick am 31.12.1899`

„Im [vergangenen] Jahrhundert haben diejenigen sichtlich an Einfluß gewonnen, die die Aufklärung der Menschheit vorantreiben, ihr Wohlbefinden verbessern und nun weiterhin Not und Unwissen beseitigen. Jetzt schreiten wir über die Schwelle des Jahres 1900 in das neue Jahrhundert und erblicken die Morgenröte einer noch großartigeren Entwicklung der menschlichen Zivilisation. Die europäischen Nationen bewirken mit all ihren Händeln und Konflikten eine schließlich harmonische Ausrichtung vieler Interessen. Sie haben Asien aufgeweckt und in den Strom des Fortschritts hineingezogen. Der „Dunkle Kontinent" wird zunehmend [von Europäern] erhellt. Amerika beginnt nun ebenfalls seine Rolle zu spielen, wendet sich westwärts und verbreitet die frohe Botschaft demokratischer Regierung bis an die Grenzen der bewohnten Erde [d. h. in die Dschungel der Philippinen]. Auch wenn die Durchsetzung des Fortschritts noch einiger blutiger Konflikte bedarf, wir erkennen immer deutlicher, daß die Vision von der Zeit Wirklichkeit wird, ‚in der die Kriegstrommel nicht mehr dröhnt, die Regimentsfahnen eingerollt sind, und das Parlament der Menschheit, die Föderation der Erde, im Namen und zum Wohl aller die Störenfriede im Zaum hält.'"

Die enge Verknüpfung der nordamerikanischen Gesellschaft mit Europa bestand um 1900 aus der Auswanderung von jährlich etwa einer Million Europäern, dem intensiven transatlantischen Handel, der Investition europäischen Kapitals in amerikanischen Aktiengesellschaften und der Rivalität um Kolonialherrschaft in Lateinamerika und im Pazifik, aber auch aus den Kontakten der kulturellen Eliten, die in New York wie in London, Paris, Rom und Berlin den großen kultur- und geistesgeschichtlichen Umbruch bewirkten, den wir rückschauend als Durchbruch zur „Moderne" bezeichnen. Als überholt kritisiert wurde das auch in Amerika „Viktorianismus" genannte Erbe der bürgerlichen Kultur des 19. Jhs., deren ästhetische Kategorien nun als sentimental und historisierend und deren Unterdrückung der Sexualität als heuchlerisch abgelehnt wurden. `Anzeichen der „Moderne" um 1900`

Radikaler noch als die Aufklärer des 17. und 18. Jahrhunderts wiesen die Wortführer der Moderne jegliche tradierte Autorität zurück und bezweifelten die Erfaßbarkeit der vermeintlich „objektiven" Wirklichkeit. Nicht nur Dichter betonten die Relativität aller mentalen Konstrukte und ihre Abhängigkeit von der

begrenzten, fragmentarischen Erfahrung des einzelnen. Die bislang für eindeutig
gehaltenen Grenzen zwischen vorgegebener „Natur" und vom Menschen willent-
lich gestalteter Umwelt und Gesellschaft einschließlich der festen Rollen des einzelnen in ihr, zwischen einzelnen Wissensgebieten und Tätigkeitsbereichen, zwischen Glauben und Wissen, zwischen Fakten und Fiktion, verloren ihre einst
angenommenen scharfen Konturen.

a) Der Schmelztiegel: Bevölkerungswachstum, Einwanderung und Urbanisierung

Urbanisierung Die Bevölkerung der USA wuchs zwischen 1900 (76 Mio.) und 1920 (105 Mio.)
um die Hälfte. Die Anzahl der Großstädte mit mehr als 100 000 Einwohnern stieg
von 38 i.J. 1900 auf 68 i.J. 1920. 1870 lebte nur ein Viertel der Amerikaner in Ortschaften mit über 2 500 Einwohnern, 1920 war es über die Hälfte. Die Konzentration von immer mehr Menschen in einem Dutzend miteinander konkurrierender
regionaler Metropolen, von denen keine die nationale Dominanz Londons oder
Paris' erlangte, bewirkte ebenso wie die neue Wirtschaftsweise vielfältigen Wandel
in allen möglichen Lebensbereichen. Ein Preis für das schnelle Wachstum und die
unkontrollierte Bewegungs- und Zuwanderungsfreiheit waren die als *slums*
bekannt werdenden Elendsviertel. In New York lebten 1900 über 1,5 Mio. Menschen in mehrstöckigen, auf engstem Raum gebauten Mietshäusern (*tenements*)
mit licht- und luftlosen, Tuberkulose-fördernden Räumen und minimalen sanitä-
ren Anlagen. In allen Großstädten siedelten sich die einzelnen Einwanderergruppen meist in bestimmten Straßenzügen oder ganzen Stadtvierteln an, was neue
Anforderungen an das öffentliche Schulwesen und die Kirchen mit ihren privaten
Süden Schulen und Krankenhäusern stellte.   Im Süden wuchsen auch die kleinen
geschlossene Siedlungen langsamer. 1910 wohnten erst 20% der Südstaatler in
Ortschaften mit mehr als 2 500 Einwohnern. Die Armut nahm auf dem Land noch
zu, aber Reformpolitiker fanden kaum das ihrer Sache günstigere urbane Milieu.
Ein weiteres Merkmal der Südstaatenbevölkerung: 90% der Afroamerikaner lebten auch 1910 noch in den Südstaaten. Ihre Abwanderung nach New York, Chicago und in andere Industriestädte des Nordens begann erst 1914, ausgelöst durch
eine Kombination von drastisch gesunkenen Erwerbschancen von Pächtern und
Landarbeitern, zunehmend brutaler Repression nervöser Weißer und dem Ausbleiben europäischer Einwanderer als billiger Arbeitskräfte in den auftragsgesät-
tigten Fabriken.

Rassen- Seit dem Rückzug der letzten Nordstaatentruppen i.J. 1877 nahm in den Süd-
diskriminierung staaten die Rassentrennung durch örtliche Apartheid-Vorschriften und Einzelstaatsgesetze, sogenannte *Jim Crow* Vorschriften, zu. Das Parlament von Florida
erließ 1887 das erste rigorose Segregationsgesetz für Eisenbahnen. Die privaten
Eisenbahngesellschaften waren nun nicht mehr frei, selbst zu entscheiden, ob sie
den Reisenden etwa nur in der ersten Klasse oder in allen Klassen getrennte

Abteile zuweisen wollten; die Freiheit der Privatwirtschaft von staatlicher Regulierung sollte in der Rassenfrage nicht gelten. Auch weißen Passagieren wurde ein Grundrecht durch das Verbot eingeschränkt, sich etwa zusammen mit ihren Dienern in ein „schwarzes" Abteil zu setzen. Andere Einzelstaatsgesetze machten Afroamerikanern die Ausübung ihres Stimmrechts seit den 1880er Jahren zunehmend unmöglich. Das Oberste Bundesgericht billigte 1896 im Fall Plessy gegen Ferguson „getrennte aber gleiche" (*separate but equal*) Eisenbahnabteile für Schwarze und Weiße als mit der Bundesverfassung vereinbar. Richter John Harlan lehnte als einziger das Gesetz als verfassungswidrig ab. Das Schicksal der beiden Rassen, erklärte er in seinem Minderheitenvotum, sei in Amerika unauflöslich miteinander verbunden: „Beider Interessen verlangen, daß die gemeinsame Regierung aller Amerikaner es nicht zuläßt, daß die Saat des Rassenhasses auch noch mit der Billigung von Recht und Gesetz gesät wird." Das Urteil rechtfertigte bis 1954 auch die Rassentrennung im Bildungswesen, in Restaurants, Theatern, Kinos, Parks, auf Badesträten etc. Der in der 14. Verfassungsänderung 1868 garantierte „gleiche Schutz der Gesetze" wurde den Afroamerikanern nicht gewährt; sie waren seit 1865 zwar amerikanische Bürger, aber bis 1954/1964 waren sie de jure und noch länger – mit großen regionalen Unterschieden – de facto Bürger zweiter Klasse.

Bescheiden ausgestattete Schulen, Colleges und Universitäten mit fast nur afroamerikanischen Schülern und Studenten in den Südstaaten wurden von philanthropischen Stiftungen aus dem Norden unterstützt. Der schwarze Wortführer und Bildungsexperte Booker T. Washington (1856–1915) propagierte *self-improvement* durch Grundschulunterricht und handwerkliche Ausbildung als notwendigen nächsten Schritt. Das Einklagen der politischen Mitwirkungsrechte hielt er nicht für vordringlich. Sein Kritiker und jüngerer Konkurrent um die Meinungsführerschaft der Afroamerikaner, der Geschichtsprofessor W. E. B. Du Bois (1868–1963; Studium in Berlin 1892–94; Ph.D. Harvard University 1895), gab sich mit Washingtons Berufsausbildungsprogramm nicht zufrieden. Die von Du Bois und anderen 1909 gegründete National Association for the Advancement of Colored People (NAACP) entwickelte sich bald zur bis heute aktiven Rechtshilfeorganisation, die meist erfolglos Musterprozesse gegen Rassendiskriminierung in allen Lebensbereichen führte. Insbesondere im privaten Bereich wie in Restaurants und Clubs, auf Sportplätzen und in Hochschulen ließ sich Gleichbehandlung nicht erklagen. Noch nicht einmal die Mobjustiz in Form der Lynchmorde wurde im Süden eingedämmt, trotz entsprechender Initiativen weißer Frauenverbände. Von den 606 zwischen 1911 und 1920 Gelynchten waren 554 Afroamerikaner.

Die insgesamt besseren Erwerbsmöglichkeiten in Amerika lockten zwischen 1900 und 1920 über 14,5 Millionen Einwanderer vor allem aus Europa ins Land. Die Hochindustrialisierung bedeutete u. a. Bedarf an ungelernten, billigen Arbeitskräften, und Urbanisierung bedeutete billige Wohnmöglichkeit unter Gleichsprachigen. Im bisherigen Spitzenjahr 1907 gingen insgesamt 1,28 Mio. Einwanderer an Land. Nach 1880 kamen anteilmäßig immer weniger Einwande-

Afroamerikanische Wortführer

Einwanderung

rer von den britischen Inseln, Skandinavien und Deutschland, und immer mehr aus dem Osten und Süden Europas: Juden, Polen und Russen aus dem kollabierenden Zarenreich, Italiener, Griechen, Kroaten, Slowenen u. a. Die billigen und schnellen Dampfschiffpassagen machten die Nordatlantikanrainerstaaten zu *einem*Arbeitsmarkt, und der Anteil der Saisonarbeiter und Rückwanderer, die statistisch nicht zu unterscheiden waren – meist ledige Männer zwischen 18 und 40 Jahren – betrug in den Jahrzehnten vor und nach 1900 in einigen Jahren über 50% der Migranten.

Ellis Island 1892   Um den anschwellenden Strom administrativ bewältigen zu können, richteten die Bundesregierung und der Commissioner of Immigration des Staates New York auf der Hafeninsel Ellis Island 1892 eine Empfangsstation ein, die bis 1938 über 12 Millionen Einwanderer registrierte. Nicht willkommen waren seit dem Einwanderungsgesetz von 1882 Geisteskranke und Personen, die wahrscheinlich der Armenfürsorge zur Last fallen würden. Hinzu kamen nach dem Gesetz von 1891 Personen mit gefährlichen ansteckenden Krankheiten, wozu seit dem Gesetz von 1907 auch Tuberkulose, Epilepsie und die zu Blindheit führende Augenkrankheit Trachom gehörte, die in Ost- und Südeuropa verbreitet war. Im Jahr 1905 blieben in diesem Sieb 12 724 Personen hängen, das war unter 1% der in diesem Jahr Einwandernden. Die Reederei, die die Einwanderungswilligen herübergebracht hatte, war zur Deportation der Unglücklichen verpflichtet. Die anderen Einwanderungshäfen (Boston, Philadelphia, Baltimore und New Orleans) fertigten die Einwanderer unter provisorischeren Bedingungen ab. In der Bucht von San Francisco diente die Insel Angel's Island als Einwandererstation für Asiaten.

Jüdische Einwanderer   Schätzungsweise zwei Millionen jüdische Auswanderer verließen zwischen 1882 und 1914 die mittel- und osteuropäischen Reiche der Habsburger, Hohenzollern und Romanoffs, um in New York, Chicago, San Francisco und kleineren amerikanischen Städten ein angstfreieres, nicht von Pogromen bedrohtes Leben unter Beibehaltung ihrer jüdischen Kultur und mit Aussicht auf einen höheren Lebensstandard führen zu können. Viele schlossen sich existierenden orthodoxen oder reformierten Gemeinden an oder gründeten eigene Tempel in den ärmeren Stadtvierteln. Die Neuankömmlinge verursachten heftige Debatten um die gottgefälligste Verbindung der Bewahrung traditionellen Glaubens, der zionistischen Bewegung und der teils als Verweltlichung kritisierten, teils als Chance zur Normalisierung gepriesenen Assimilation im Sinne der Amerikanisierung. Zurück nach Europa konnten sie nicht, und manche sensible Persönlichkeit zerbrach an der neuen Spannung zwischen wirtschaftlicher Not, neuer sozialer und politischer Freiheit und anerzogener Normen. Intensiver als die meisten anderen Einwanderergruppen nutzte die jüdische die Bildungschancen, die die amerikanischen öffentlichen Schulen auch Mittellosen bot; und Besuch der englischsprachigen Schule war der natürliche erste Schritt auf dem Weg über den Aufbau einer bikulturellen jüdisch-amerikanischen Existenz bis zur vollen Integration in die amerikanische *mainstream*-Gesellschaft.

Eine halbe Million Deutscher übersiedelte zwischen 1900 und 1920 in die USA; zwischen 1880 und 1900 waren es sogar 2 Millionen gewesen. Durch ihre örtliche Konzentration in vielen Städten des Nordostens und Mittelwestens waren sie ebenso wie die anderen großen Einwanderergruppen der Iren und Italiener unübersehbar. In den Landwirtschaftsgebieten von Pennsylvania bis Missouri und Minnesota hatten viele deutsche Familien nebeneinander Land gekauft und vererbt. Nicht selten stammten sie aus dem gleichen Dorf in Deutschland, gehörten der gleichen lutherischen, reformierten oder katholischen Gemeinde an und dominierten die Besetzung der öffentlichen Ämter der County oder des Wahlbezirks. Einzelne Sprachinseln erhielten sich bis um 1930. Anschauliche Berichte über das nicht nur wirtschaftlich aktive Leben der Deutschamerikaner um 1900 in den Städten und auf dem Land finden wir in den etwa zwei Dutzend deutschsprachigen Qualitätszeitungen wie der täglich in Chicago publizierten *Illinois Staatszeitung* (1848–1922). Sie druckte 1900 täglich über 23 000 Exemplare und konkurrierte u. a. mit der sozialistischen *Chicagoer Arbeiterzeitung* (1879–1919) um die schätzungsweise 400 000 Deutsch lesenden Einwohner des Staates Illinois. In New York City registrierte die Bevölkerungszählung von 1870 über 316 000 in Deutschland Geborene, 1890 waren es über 400 000. Die größte deutschsprachige Zeitung in den USA, die *New Yorker Staatszeitung* (1843–1954) erreichte 1900 eine tägliche Auflage von 56 000; 1914 überstieg die Auflage 250 000, die sich wegen der Kriegsberichterstattung bis 1917 um weitere 50 000 steigerte. Ebenso wie Hunderte kleinerer und kurzlebigerer deutschsprachiger Zeitungen und Zeitschriften in den meisten Einzelstaaten befriedigten sie das alltägliche Informationsbedürfnis der Eingewanderten und ihrer zum Teil noch Deutsch lesender Kinder mit einer Mischung aus Lokalnachrichten, Berichten über die Tätigkeit deutscher Vereine, Reklame, Suchanzeigen, Immobilienanzeigen und Arbeitsplatz- und Zimmervermittlung, gesamtamerikanischen Nachrichten aus Politik (einschließlich der Rolle deutschstämmiger Wähler und Kandidaten für öffentliche Ämter), Wirtschaft und kulturellem Leben. Das Schwinden der sprachlichen und demographischen Basis dieses lebendigen, oft bikulturellen Deutschamerikanertums ist bereits von stolzen Wächtern der deutschen Hochkultur um 1900 beklagt worden, lange bevor der Erste Weltkrieg auch den amerikanischen Nationalismus anheizte und zur kulturellen Repression führte. [Deutsche Einwanderer]

Gegner der unbegrenzten Einwanderung, die um Arbeitsplätze für Amerikaner und die Überfremdung des traditionellen angloamerikanischen Amerika fürchteten, organisierten sich 1894 in der von Bostoner Patrioten angeführten Immigration Restriction League. In Kalifornien hatte zuvor schon erfolgreich eine lautstarke Koalition von gewerkschaftlich organisierten Arbeitern und kleinen Geschäftsleuten den völligen Einwanderungsstopp für Asiaten und ihre permanente Entrechtung durch die Verweigerung der Staatsbürgerschaft verlangt. Als erste Nationalitätengruppe wurden daraufhin ab 1882 Chinesen, *coolies* genannte ungelernte Arbeiter, von der Einwanderung bzw. vom späteren Erwerb der amerikanischen Staatsbürgerschaft ausgeschlossen. Der Chinese Exclusion Act blieb in [Antieinwanderungsbewegung] [Chinese Exclusion Act, 1882]

Kraft, bis 1943 die Endphase des Zweiten Weltkriegs in Asien die Beendigung der Diskriminierung nahelegte.

Japaner   Der Kaiser von Japan hatte seinen Untertanen erst seit 1885 erlaubt, Arbeit im Ausland zu suchen, und japanische Arbeiter waren in den 1890er Jahren in größeren Zahlen nach Kalifornien, Oregon und Washington gekommen. Auf den Zukkerrohrplantagen Hawaiis arbeiteten seit in den 1880er Jahren über 30 000 japanische Vertragsarbeiter. Nach der Annexion Hawaiis 1898 durften sie auch auf das Festland übersiedeln. Insgesamt wanderten bis zum Quotengesetz von 1924 etwa 300 000 Japaner in die Festlandsstaaten der USA ein. Die meisten arbeiteten in der Landwirtschaft, viele kauften in Kalifornien Land und bauten Gemüse und Obst an. Um 1920 besaßen sie in Kalifornien über 450 000 *acres*, die überwiegend von Familien bewirtschaftet wurden; andere waren Markthändler und kleine Kaufleute. Die etwa 35 000 Japaner von Los Angeles beherrschten um 1930 die Gemüsemärkte der Metropole vom Hersteller bis zum Verkäufer. Auch 1940 lebten die japanischen Amerikaner (von denen zwei Drittel die U.S. Staatsbürgerschaft erworben hatten) noch etwa zur Hälfte auf dem Land und in Städten, im Unterschied zu den überwiegend in den Städten bleibenden Chinesen. Tief gedemütigt fühlte sich die Regierung des kaiserlichen Japan, der aufstrebenden Großmacht Asiens, als Präsident Theodore Roosevelt sie zwang, im sogenannten Gentlemen's Agreement von 1907/8 arbeitsuchenden Auswanderern keine Reisepässe für die USA mehr auszustellen. Familienzusammenführung blieb allerdings möglich und führte zur Erfindung vieler „Söhne auf dem Papier." Im Spitzenjahr 1907 gingen ganze 30 226 japanische Einwanderer in amerikanischen Häfen an Land. Dennoch gab die Schulbehörde von San Francisco einer gewerkschaftlich geschürten populären Stimmung nach und zwang als abschreckende Maßnahme die Kinder japanischer Herkunft, ein Jahr lang (1906/07) in ethnisch segregierte Schulen zu gehen. 1924 wurde der de facto-Ausschluß asiatischer Einwanderer im Quotengesetz festgeschrieben.

Ende der freien Einwanderung auch für Europäer   Die gesetzliche Einschränkung der bislang praktisch unbegrenzten Einwanderung auch für Europäer wurde von 1907 bis 1910 von den umfassenden Anhörungen des von Präsident und Kongreß eingesetzten Einwanderungsausschusses unter der Leitung des Senators William P. Dillingham vorbereitet. Der 42bändige Dillingham Commission Report (1911) dokumentierte die harten Arbeitsbedingungen im hochindustrialisierten Amerika und die Lebensverhältnisse in den überfüllten Einwanderergettos der Großstädte. Der Ausschuß bescheinigte den Migranten, daß unter ihnen nicht mehr Kriminelle waren als unter den Einheimischen, beklagte aber die große Zahl der zwischen Südeuropa und Amerika pendelnden ledigen Saisonarbeiter und hielt am Ideal der Familieneinwanderung mit schneller Assimilation und baldiger Einbürgerung fest. Er empfahl: (1) Erwachsene nur einwandern zu lassen, wenn sie lesen konnten (um ungelernte Tagelöhner fernzuhalten, die die Löhne drückten); (2) den baldigen Erwerb der amerikanischen Staatsbürgerschaft zu fördern; (3) der Konzentration Eingewanderter in Elendsvierteln entgegenzuwirken; (4) die jährliche Zuwandererzahl drastisch zu senken und (5) die Einwanderervisa entsprechend der ethnischen Zusammensetzung der bestehenden Bevölkerung zu verteilen. Der Kongreß folgte den Ausschußvorschlägen weitgehend und führte 1917 den (praktisch folgenlosen) Lesetest für Einwanderer ab 16 Jahren ein; 1921 und 1924 folgten die Quotengesetze (s. S. 50)

Beschleunigte „Americanization" der bereits Eingewanderten forderten ab 1914 Sozialreformerinnen ebenso wie lautstarke Patrioten und liberale Politiker im Wahlkampf. Präsident Wilson forderte insbesondere die Irisch-Amerikaner und Deutsch-Amerikaner auf, ihrem „Bindestrich-Amerikanertum" (*hyphenism*) abzuschwören. Auf die Angst vor den Loyalitätskonflikten, die dieser *hyphenism* auslösen könnte, stützten sich die Internierungen von Japanern und Deutschen während der beiden Weltkriege. Von praktischerem Wert für die nicht-englischsprachigen aus Kontinentaleuropa Eingewanderten waren sicherlich die kostenlosen Englischkurse, die Großunternehmer wie Henry Ford, städtische Abendschulen und private Sozialhilfestationen (*settlement houses*) anboten.

Amerikanisierung

b) Wirtschaftliche Grundlagen und die Grenzen der laissez-faire Wirtschaftspolitik

Am 1. Januar 1900 betitelte die New York Times ihren Rückblick auf das vergangene Wirtschaftsjahr „A Wonderful Year" und zeigte sich überzeugt, daß der stürmische Aufwärtstrend in Handel und Industrie anhalten werde. Der optimistische Kommentar war keine leere Rhetorik. Bereits das Jahr 1896 hatte einen grundlegenden Wandel in der amerikanischen Außenwirtschaft gebracht: die Handelsbilanz hatte sich zugunsten der USA verändert, weil die Europäer seither mehr amerikanische Güter kauften, die Preise stiegen und Gold zurück in die USA floß. Der hoffnungsfrohen Stimmung in der Metropole des amerikanischen Kapitals lagen Zahlen zugrunde, aber auch ein Aufatmen nach drei Jahrzehnten des Kampfes zwischen den über die Investition des Kapitals entscheidenden Unternehmern, Bankiers oder Aktionären, den Interessenvertretern der Arbeiter und Angestellten und den sich mehr oder weniger intensiv für die Regulierung der „freien" Wirtschaft verantwortlich fühlenden Politikern in den Parlamenten, Exekutivund Richterämtern.

Die Rechtsform und Geschäftspraktiken des *trust* und der *holding company* hatte nach 1880 als dominante Organisationsform der Ansammlung von Kapital und der Bildung von Kartellen und Monopolen Bedeutung gewonnen. Den ersten Konzern in Form einer *trust company* von 14 bis dahin eigenständigen Firmen hatte 1882 die Standard Oil Company unter John D. Rockefellers Leitung gebildet. Innerhalb eines Jahrzehnts war es ihm gelungen, über 90% der Erdölverarbeitung in den Vereinigten Staaten zu kontrollieren. In der United States Steel Corporation legten 1901 Andrew Carnegie, J. P. Morgan und andere Großunternehmer die Ressourcen und Kontrolle von 228 an einem der vielen Schritte der Stahlher-

Konzentration, Kartelle, Monopole, Trusts

stellung beteiligten Gesellschaften in Gestalt der größten *holding company* zusammen. Damit verfügten sie über 70% der Eisen- und Stahlerzeugung. Die Zusammenlegung der Eisenbahnen erreichte 1904 einen Höhepunkt. Über 1000 ursprünglich selbständiger Gründergesellschaften bildeten jetzt nur noch sechs Konzerne, die ihrerseits von der finanziellen Kontrolle entweder Morgans oder Rockefellers abhängig waren. Diese Eisenbahnaktienagesellschaften machten mit ihrem Kapital von etwa 10 Mrd. Dollar den größten Industriezweig aus. Sie besaßen bei Kriegseintritt der USA 1917 zwei Drittel des gesamten amerikanischen Streckennetzes. Alle amerikanische Konzerne (*corporations*) zusammen genommen beschäftigten 1920 86% der Lohnempfänger und erzeugten 87% des Wertes der *manufactured goods*.

Monopol-
mißbrauch

Drastische Senkung der Herstellungskosten und Massenumsatz durch niedrige Preise waren die Rechtfertigung für die Kartell- und Monopolbildung. Aber wenn das Monopol erst einmal erreicht war, konnte es leicht mißbraucht werden, um ohne Konkurrenzfurcht die Preise willkürlich festzusetzen. Die außerordentlichen Gewinne erfolgreicher Monopole ermöglichten den Aktienbesitzern neue Investitionen und führten durchsetzungskräftige Konzernleiter und Großaktionäre in die Versuchung, ihre Wirtschaftsmacht in politischen Einfluß bis hin zur Korruption von Abgeordneten und Senatoren auf Einzelstaats- und Bundesebene umzusetzen.

Verfassungsrecht-
sprechung zugun-
sten der
Unternehmer

Die neun Obersten Bundesrichter weigerten sich, durch ihre Rechtsprechung wirtschaftliche und soziale Fehlentwicklungen der Industriegesellschaft zu korrigieren. Seit 1873 schützten sie z. B. in mehreren Entscheidungen die Unternehmen weitgehend vor gesetzlichen „Eingriffen" der Einzelstaaten und des Bundes in die Wirtschaft, indem sie der Aktiengesellschaft als juristischer Person viele der Rechte und Freiheiten einer natürlichen Person einräumten und die Gleichbehandlung ihrer Erzeugnisse oder Dienstleistungen in allen Einzelstaaten erzwangen. Dem Staat Minnesota untersagte das Gericht 1890, auf seinem Territorium die Eisenbahnfrachtpreise durch eine staatliche Behörde festsetzen zu lassen. Dem Bundesgesetzgeber band das Gericht weitgehend die Hände, als es 1895 den „Handel" zwischen den Staaten, den der Bund laut Verfassungstext regulieren darf, von der „Herstellung" von Waren innerhalb eines Einzelstaates unterschied, für die der Bund nicht zuständig war. Das Kinderarbeitsverbot des Bundes erklärte das Gericht 1918 mit dieser Begründung ebenfalls für verfassungswidrig. Dem Staat New York untersagte der Supreme Court 1905, die Arbeitszeit von Bäckern auf 10 Stunden am Tag zu begrenzen, weil jeder Mensch frei sein müsse, einen Arbeitsvertrag seiner Wahl einzugehen. Ein vergleichbares Gesetz des Staates Oregon zur Begrenzung der Fabrikarbeitszeit von Frauen auf 10 Stunden ließ das Gericht allerdings 1908 wegen der besonderen gesellschaftlichen Rolle der Frau und Mutter gelten. Die „vertikale Integration" von Monopolen rechtfertigte das Gericht 1896, als es Eisenbahngesellschaften erlaubte, auch Hotels zu betreiben, weil dies ein „notwendiger oder praktischer" Bestandteil ihres Geschäftes sei. Die dem ungeregelt freien Markt freundliche Tendenz bestimmte bis 1937 große Teile der Verfassungsrechtsprechung des Obersten Bundesgerichts.

Es bedurfte offensichtlich des Handelns von Kongreß und Präsident. Auf den Mißbrauch wirtschaftlicher Macht hatte der Kongreß 1887 mit Einsetzung der Interstate Commerce Commission reagiert. Als erste unabhängige, d. h. vom Präsidenten zwar eingesetzte aber nicht absetzbare und nicht seiner Weisung unterstehende Bundesaufsichtsbehörde (*regulatory commission*) konnte die ICC zwar Frachtpreise für unangemessen erklären. Sie unterlag aber oft bei der gerichtlichen Durchsetzung, weil Richter die Vertragsfreiheit und die Unantastbarkeit von (Aktien-) Eigentum höherwertig einstuften als z. B. die Wirtschaftlichkeit kleiner Farmen. Die nötige Mehrheit im Kongreß, um die Bildung eines Trust als „combination in restraint of trade" zu verbieten, fand sich erst 1890 (Sherman Antitrust-Gesetz). Die Bundesgerichte wandten das Gesetz jedoch bald zugunsten der bestehenden Konzerne und zum Schaden der Gewerkschaften an. Das Oberste Bundesgericht gestand dem Bundesgesetzgeber nur die Kompetenz zur Regelung des Handels zwischen den Einzelstaaten im engen Wortsinn zu, nicht aber die der Produktion (*manufacturing*). Erst ab 1914 schuf das genauere Clayton Antitrust-Gesetz die nötige Voraussetzung für eine wirkungsvollere Aufsicht der Bundesregierung über Monopolbildung.

Eine Art des Eingriffs der Bundesregierung in die freie Weltwirtschaft war den Trusts und vor ihnen im ganzen 19. Jh. den kleineren Produzenten (außer den Farmern) stets willkommen gewesen: protektionistische Einfuhrzölle. Unter Führung der Republikanischen Partei erreichte die Schutzzollpolitik einen Höhepunkt, als 1890 ein breites Spektrum von Einfuhrgütern mit durchschnittlich 50% ihres Wertes verzollt werden mußte. Der Republikaner McKinley kandidierte 1896 erfolgreich mit dem Slogan „Peace, Prosperity, Protectionism", mit der Folge, daß 1897 der Einfuhrsteuersatz im Durchschnitt auf knapp 60% stieg. Wegen der Gegenreaktionen bei den Handelspartnern wurden die Zölle 1909 auf durchschnittlich 38% gesenkt. Ihre weitere Senkung auf 25% 1913 unter dem Demokratischen Präsidenten Wilson war wegen des Weltkrieges von kurzer Wirkung.

Die Fabrikarbeiterschaft verdreifachte sich von 1880 bis 1920. Die gesetzliche Regelung der Arbeitsbedingungen blieb minimal. Der größte Dachverband der Gewerkschaften, die American Federation of Labor (AFL), vertrat unter der Führung von Samuel Gompers (1886–94; 1896–1924) nur die in selbständigen Einzelgewerkschaften organisierten Facharbeiter. 1914 waren dies lediglich 2 Mio. der 2,6 Mio. Facharbeiter, und das waren knapp 10% der 25 Mio. außerhalb der Landwirtschaft Beschäftigten. Gompers beschränkte die gewerkschaftlichen Forderungen auf „Brot und Butter"-Fragen: Mehr Lohn, kürzere Arbeitszeit, mehr Sicherheit am Arbeitsplatz und, als Grundlage allen gewerkschaftlichen Einflusses, die Anerkennung der Gewerkschaftsvertreter als Tarifpartner. Einzelne AFL-Mitgliedsgewerkschaften verlangten auch die Begrenzung der Einwandererzahl und riefen je nach örtlicher Lage auf zum Boykott eines Unternehmens, zum Streik oder zur Stimmabgabe zugunsten eines von der Demokratischen oder auch Republikanischen Partei aufgestellten Kandidaten für Einzelstaats- oder Bundes-

Marginalien:

Interstate Commerce Commission 1887

Sherman Antitrust-Gesetz 1890

Clayton Antitrust-Gesetz 1914

Schutzzölle

Gewerkschaften

ämter. Henry Ford kam der AFL zuvor: Die Ford Motor Company erregte 1914 internationales Aufsehen mit dem Tageslohn von 5 Dollar für Monteure am Fließband – das war mehr als das Doppelte des üblichen –und mit der Begrenzung der Arbeitszeit auf 8 Stunden. Auf diese Weise verhinderte Ford bis 1941 eine starke Gewerkschaft in seinen Werkshallen.

Schwächung der Gewerkschaften durch Aufsplitterung

Geschwächt wurde die Durchsetzungsfähigkeit der Gewerkschaften durch die Aufspaltung der Arbeiter nicht nur nach Berufen und Fähigkeiten (*skilled -unskilled*), sondern auch nach Einwanderungsgruppen und in Männer und Frauen. Mit fortschreitender Mechanisierung konnten Frauen zu niedrigeren Löhnen immer mehr Aufgaben übernehmen, und zwar nicht nur in den Büros, in denen die Schreibmaschine in den 1890er Jahren ihre 100jährige Herrschaft antrat. Die Näherinnen in den New Yorker Kleiderfabriken bewiesen mit ihrer Gewerkschaft, der International Ladies' Garment Workers Union, daß sie durch Streiks (1909–1911) ihre Löhne und Arbeitsbedingungen verbessern konnten. Nur etwa 6% der außer Haus arbeitenden Frauen waren 1920 in Gewerkschaften organisiert, die meisten der Organisierten arbeiteten in der Bekleidungsindustrie. Die 1905 gegründeten militanteren Industrial Workers of the World unter „Big Bill" Haywood mit sozialistisch-revolutionärer Zielsetzung zählten auf ihrem Höhepunkt kurz vor dem Kriegseintritt der USA 1917 schätzungsweise 100 000 Mitglieder. Die „Wobblies", wie sie abschätzig genannt wurden, beschäftigten die Presse und die Polizei; eine politische Kraft wurden sie nicht.

c) Politische Parteien und Bewegungen: Die Hochzeit der Progressives

Zweiparteiensystem, Mehrheitswahlrecht

Seit dem Sezessionskrieg sind das Zweiparteiensystem und das einfache Mehrheitswahlrecht nicht mehr ernsthaft in Frage gestellt worden, weder auf Bundesebene noch in einem Einzelstaat. Die People's Party der Populisten scheiterte 1892 und 1896 als dritte Partei auf Bundesebene. Auch den Progressives gelang es nicht,

Direkte Demokratie

um 1910 Elemente des Verhältniswahlrechts einzuführen. Lediglich Kalifornien, Oregon, Washington und Wisconsin ermöglichten Einflußnahme auf die Einzelstaatsgesetzgebung durch Volksentscheide (*referendum*, *initiative*), die Abwahl der Inhaber öffentlicher Ämter (*recall*) und die Kandidatenaufstellung der Parteien (*direct primary*). Die Abgeordneten und Senatoren – seit der Verfassungsänderung von 1913 nicht mehr durch die Einzelstaatsparlamente, sondern allgemeine Wahlen bestimmt – blieben nur ihrem Gewissen verantwortlich; der Fraktionszwang war verglichen mit europäischen Parlamenten schwach.

Richtungswahl von 1896

In der Richtungswahl von 1896 gewannen die Republikaner eine eindeutige Mehrheit; ihr Wahlprogramm stand für Schutzzölle, „hartes Geld" und Beibehaltung des Goldstandards. Die Republikanische Partei stellte den Präsidenten von 1897 bis 1913 (William McKinley, Theodore Roosevelt, William Howard Taft) und verfügte über die Mehrheit in Repräsentantenhaus und Senat. Die Demokratische Partei unter der Führung des Rechtsanwalts und Abgeordneten William Jennings Bryan aus Nevada war durch innerparteiliche Interessengegensätze geschwächt: die Interessenunterschiede der Landbesitzer besonders in den Südstaaten und der Eingewanderten, der Arbeiter und der unteren Mittelklasse in den Städten hinderten die Demokraten jahrzehntelang daran, ihre Kandidaten bei den Präsidentschaftswahlen durchzusetzen. Seit Bryans Kandidatur 1896 haben Demokratische Präsidentschaftskandidaten eindeutiger als ihre Konkurrenten für den vollen Einsatz der Regierungsgewalt zur positiven Gestaltung der amerikanischen Gesellschaft plädiert; Woodrow Wilson (1913–21), Franklin D. Roosevelt (1933–45), Harry S. Truman (1945–53) und Lyndon B. Johnson (1963–68) sollten Exponenten dieser Grundhaltung werden.

Die Integration der aus Europa Eingewanderten wurde durch die Konkurrenz der beiden großen Parteien um ihre Stimmen beschleunigt. Durch Bundesgesetz war nur der Erwerb der Staatsbürgerschaft auf Antrag nach fünf Jahren Aufenthalt geregelt. Die Einzelstaatsparlamente haben laut Bundesverfassung die Kompetenz, auch für Bundeswahlen das Wahlrecht zu regeln. Einige Staaten ließen Eingewanderte als Wähler registrieren, wenn sie auch nur schriftlich die Absicht erklärt hatten, amerikanische Bürger zu werden. Dies erlaubten 1879 die Staaten Colorado, Georgia, Kansas und Nebraska. Wer sechs Monate lang einen festen Wohnsitz hatte, durfte in Alabama, Arkansas, Missouri, Florida, Indiana, Oregon, Texas und Wisconsin wählen (Congressional Record, 46th Congress, 1st Session, 82). Anschaulich schilderte die sozialistische deutschsprachige *Chicagoer Arbeiterzeitung* – niemand würde ihr unterstellt haben, den verhaßten „bürgerlichen" Schmelztiegel loben zu wollen -, wie 1896 die Republikanische Partei mit dem Präsidentschaftskandidaten William McKinley und die Demokratische Partei mit William Jennings Bryan um Stimmen warben: „Der schwedisch-amerikanische Club hat es sich zur Aufgabe gemacht, diejenigen Landsleute, die sich verpflichten, für McKinley zu stimmen, das Bürgerrecht zu verschaffen. Auf diese Weise wurden vorgestern in der City Hall nicht weniger als tausend Schweden die Bürgerpapiere ausgehändigt – das macht tausend Stimmviecher mehr" (13. 9. 1896).

Nach dem Abzug der Nordstaatentruppen gewannen die Großplantagenbesitzer und die Demokratische Partei im Süden wieder eine entscheidende Bedeutung im politischen Prozeß. Die Begriffe „Dixiecrats" und „Bourbon Democrats" erhielten ihre negative Bedeutung. Die Überbleibsel der Republikanischen Partei vermochten es nach 1877 nicht, sich auch nur zu einer wirksamen Oppositionspartei in den Südstaatenparlamenten zu entwickeln. Bis um 1960 gelang es den konservativen Südstaatendemokraten, ihre Einparteienherrschaft weitgehend zu erhalten. Der Geheimbund Ku Klux Klan, der bereits um 1870 in den meisten Südstaaten mit Morden und Brennen Angst und Schrecken verbreitet hatte, um die schwarzen und weißen Anhänger der Republikanischen Einzelstaatsregierungen zu verjagen oder einzuschüchtern und die Vorherrschaft der Weißen (*white supremacy*) zu erzwingen, wurde nach 1915 erneut aktiv.

Politische Integration Eingewanderter

Einparteienherrschaft der Demokraten im Süden

Ku Klux Klan

Sozialisten   Die sozialistischen Gruppierungen mit ihren vielen nach Sprachgruppen geteilten Einwanderer-Sektionen und Zeitschriften und ihren engen Verbindungen mit
den marxistischen, sozialdemokratischen und anderen Fraktionen in Europa
bereicherten zwar, wie bereits im Zusammenhang mit den Gewerkschaften
erwähnt, die Arbeiterkultur der Großstädte, erstarkten aber nicht zu einer das
amerikanische politische System insgesamt gestaltenden Bewegung – es sei denn
im negativen Sinn: ihr sozialistisch-kommunistisch-anarchistisches und anti-
kapitalistisches Schreckbild vereinte die bürgerlichen Gruppierungen und Parteien und Presse auf der Suche nach einem nicht-revolutionären Weg der Humani-
sierung der Industriegesellschaft. Zeitungen der anglo-amerikanischen Mittelklasse griffen „Sozialisten" an als europäische, fremdartige Revolutionäre; die
amerikanische Demokratie hingegen verlange und ermögliche den gewaltlosen
Weg der Reformen.

Keine sozialdemo-   Die langfristig bedeutsamste Folge der Zielsetzung der American Federation of
kratische Arbeiter-   Labor war die Ablehnung der Gründung einer Arbeiterpartei. Zur Vereinigung
partei   gewerkschaftlicher und sozialistischer Forderungen in Gestalt einer der englischen Labor Party oder der deutschen Sozialdemokratischen Partei entsprechenden großen Partei von nationaler Bedeutung kam es in den USA deshalb nicht. Die
Socialist Party blieb eine Randerscheinung und erhielt auf ihrem Höhepunkt 1912
mit dem Präsidentschaftskandidaten Eugene Debs lediglich 897 000 Wählerstimmen – etwa sechs Prozent der abgegebenen.

Sozialreformen der   Die sich selbst Progressives nennenden, zwischen 1890 und 1924 auf vielen
„Progressives"   Gebieten der Sozial- und Wirtschaftspolitik und öffentliche Verwaltung aktiven
Reformer arbeiteten nicht so eng zusammen, daß sie eine politische Partei bildeten. Aber die in allen Städten von der kaum gelenkten Industrialisierung verursachten sozialen Probleme lösten einander ähnliche Reformforderungen aus, so
daß in der Rückschau durchaus von *Progressivism* und einem *Progressive Movement* im ganzen Land gesprochen werden kann. Die Reformforderungen wandten
sich an die jeweils lokal regierende Partei oder wurden von ihr selbst thematisiert,
und Republikaner wie Demokraten erfüllten je nach regionaler Konstellation
bestimmte Forderungen. Die von Theodore Roosevelt im Wahlkampf angeführte
kurzlebige Progressive Party ist zwar nicht mit der breiten Reformbewegung zu
verwechseln, aber ihr Parteiprogramm von 1912 benannte in authentischer Weise
den Mängelkatalog, den die meisten Progressives beseitigen wollten. Als Haupt-
gegner prangerten die Progressives die unheilige Allianz korrupter Geschäftsleute
und korrupter Politiker an; als die heilende Kraft beschworen sie wahrhaft demokratische Selbstregierung des Volkes mit den bereits genannten Mitteln, einschließlich des Frauenwahlrechts. Die Gewerkschaften unterstützten sie mit der
Forderung nach deren Anerkennung als legale Tarifpartner, nach dem Achtstundentag und der Sechstagewoche, einem Mindestlohn und Nachtarbeitsverbot für
Frauen, dem Verbot der Kinderarbeit und der Förderung von Alphabetisierungs-
programmen. Die ebenfalls eingeforderte Unfall-, Arbeitslosen- und Altersversi-
cherung wurde erst 1935 per Bundesgesetz in Ansätzen geregelt. Immer noch

offen ist bis heute die alte Forderung nach einer gesetzlichen Krankenversicherung für alle. Ebenso wie die Arbeitskraft des Volkes wollten Progressives auch die natürlichen Ressourcen – Wälder, Kohle, Erdöl und Wasserkraft – vor privater Ausbeutung durch Einzelstaaten und Bundesregierung geschützt sehen.

Parteilich nicht organisierte Reformer beschlossen und finanzierten ihre Projekte privat, wenn Regierungen auf allen Ebenen versagten. Ein Beispiel von nationaler Signalwirkung war die erste Sozialhilfestation gewesen, die 1889 die Pfarrerstochter Jane Addams in Chicago gründet hatte. Sie wurde bald als „Settlement House" bekannt, weil Addams und zehn andere tatkräftige Damen bereit waren, in der Wildnis des Armenviertels in einer verlassenen Industriellenvilla zu „siedeln": sie leisteten Entwicklungshilfe, indem sie z. B. den italienischen Müttern der Nachbarschaft neue Erkenntnisse der Kleinkinderernährung und ärztliche Betreuung vermittelten und kostenlose Abendschule anboten. Gleichzeitig nutzten sie ihre Verbindungen zu Kirchen, der University of Chicago und der Presse, um den korrupten Bürgermeister und den City Council auf die Rattenplage, mangelnde Müllabfuhr und Kanalisation und die Gefahr von Ansteckungskrankheiten auch für die weiter entfernt wohnenden wohlhabenden Bürger Chicagos aufmerksam zu machen.

Ebenfalls unabhängig von Parteien und größeren Organisationen kritisierten Journalisten und Schriftsteller die menschenunwürdigen Elendsviertel und korrupte Kommunalpolitiker. Der Photograph Jacob Riis dokumentierte in Wort und Bild das Elend in den Slums von New York (How the Other Half Lives, 1890). Der Journalist Henry Demarest Lloyd erregte mit seiner Dokumentation der gemeinwohlgefährdenden Geschäftspraktiken der mächtigen Standard Oil Company nationale Aufmerksamkeit (Wealth against Commonwealth, 1894); die ausbleibenden Konsequenzen enttäuschten ihn, ohne jedoch seinen Glauben an die Reformierbarkeit der amerikanischen Demokratie zu erschüttern. Lincoln Steffens exponierte die Korruptheit großer Stadtregierungen und ihrer „Bosse", die weniger dem Gemeinwohl als den Geschäftsinteressen z. B. privater Straßenbahngesellschaften dienten und Steuergelder veruntreuten (The Shame of the Cities, 1904). Der gläubige Sozialist Upton Sinclair wollte mit dem Roman The Jungle (1906) über die unmenschlichen und unhygienischen Zustände in den Schlachthöfen Chicagos das kapitalistische System erschüttern; er erreichte immerhin die beschleunigte Verabschiedung des (auch verfassungsrechtlich) innovativen Pure Food and Drug-Gesetzes und des Meat Inspection-Gesetzes (1906). Die *muckraker*, Schlammaufwühler, genannten kritische Reportagen recherchierenden Schriftsteller und Journalisten und die ihre Texte mit Profit verbreitenden Verleger vermochten von 1890 bis 1917 zumindest punktuell die Aufmerksamkeit von Wählern, Repräsentanten, Gouverneuren, Präsidenten und Richtern auf Mißstände zu lenken und Reform zu beschleunigen.

In dichter besiedelten Gebieten war nicht mehr zu übersehen, wie im Gefolge der Industrialisierung und Verstädterung in den Jahrzehnten vor und nach 1900 die Verschmutzung und Vergiftung von Luft und Wasser bedrohliche Ausmaße

Sozialhilfestationen, Jane Addams

Sozialkritische Journalisten und Schriftsteller

Natur- und Umweltschutz

annahm. Den Abfluß der Abwässer konnte man nicht länger der Natur, d. h. Flüssen und offenen Gräben, überlassen; Abwasserkanäle mußten gebaut, eine städtische Müllabfuhr mußte organisiert werden. Erfahrungen der Farmer mit Bodenerosion und Einsichten von Experten an den Landwirtschaftsfakultäten, in den Regierungsbürokratien in Washington und den Einzelstaaten sowie in den Zeitungsredaktionen bewirkten eine öffentliche Diskussion über die Notwendigkeit des staatlichen Natur- und Umweltschutzes. Der bislang verschwenderische Umgang mit den natürlichen Ressourcen konnte offensichtlich nicht länger den privaten Unternehmern überlassen bleiben. Als Präsident popularisierte Theodore Roosevelt den Naturschutzgedanken durch persönliches Engagement. Er verankerte das auch ökonomisch gerechtfertigte Prinzip der *conservation of natural resources* in mehreren Bundesgesetzen, z. B. zum Schutz von Fischbeständen (1906), und richtete 1905 den U.S. Forest Service ein. Mit medienwirksamen Sprüchen – etwa, jeder Amerikaner müsse einmal den Grand Canyon gesehen haben – löste Roosevelt eine erste Tourismuswelle mit der Eisenbahn in Richtung Wildnis aus. Der National Park Service versuchte seit seiner Gründung 1916, ökologische, ökonomische und touristische Interessen – jeweils der Region wie der Nation – miteinander in Einklang zu bringen.

Zwei Sozialreformbewegungen, die um 1840 begonnen hatten, erreichten ihr Ziel erst 1919 bzw. 1920: die Alkoholverbotsbewegung und die Frauenrechtsbewegung. Sie appellierten an Kandidaten aller Parteien. Das erste und einzige Bundesgesetz gegen den Alkoholkonsum (National Prohibition Act) verabschiedete der Kongreß 1919 mit Zweidrittelmehrheit in Senat und Repräsentantenhaus gegen das Veto Präsident Wilsons. Es verbot ab Januar 1920 die Herstellung, den Vertrieb, Import und öffentlichen Konsum von Getränken, die ein halbes Prozent oder mehr Alkohol enthielten. Die Ausnahmen für medizinische und religiöse Zwecke hielten sich in engen Grenzen. Dieser tiefe Eingriff in das persönliche Leben war erst durch den 18. Verfassungsänderungsartikel ermöglicht worden, der am 29. Januar 1919 in Kraft getreten war. Die Argumente für und wider die Klugheit einer solchen Regelung waren in jahrzehntelanger öffentlicher Diskussion in allen Einzelstaatsparlamenten ausgetauscht worden. Die kleine 1869 gegründete Prohibition Party, die 1874 organisierte Womens' Christian Temperance Union und die seit 1893 aktive überparteiliche, von vielen Methodisten unterstützte Anti-Saloon League hatten mit wachsendem Erfolg in den Einzelstaaten die zerstörerischen Folgen der Alkoholsucht für das Familienleben und die Wirtschaft geprangert. Deutsche und andere Einwanderergruppen hatten mit nur begrenztem Erfolg gegen derartige Gesetze als Ausdruck eines pharisäischen „Puritanertums" und unamerikanischer Einschränkung der persönlichen Freiheit gekämpft. Bereits 26 Einzelstaaten hatten 1919 alle „saloons", nur dem Alkoholausschank dienende Kneipen, geschlossen. Innerhalb der Armee war während des Einsatzes im Ersten Weltkrieg ebenfalls der Alkoholkonsum verboten worden. In den zwölf Jahren der „Prohibition" von 1920 bis 1933 erwies sich die gut gemeinte staatliche Fürsorgemaßnahme als undurchführbar. Viele ansonsten die Gesetze

Alkoholverbot:
Prohibition 1919

achtenden Bürger mißachteten in nur leicht als „private" Clubs getarnten Kneipen guten Gewissens das Gesetz. Tausende kleiner Gangster, nicht nur Al Capone, profitierten von den Schwarzmarktpreisen. Schwarzbrennen und der Schmuggel über die kanadische und mexikanische Grenze waren nicht zu unterbinden. Die seit 1929 um sich greifende Wirtschaftskrise mit hoher Arbeitslosigkeit ließ schließlich andere Aufgaben der Bundesregierung vordringlicher erscheinen als die Alkoholismusbekämpfung. Im Wahlkampf 1932 versprachen die Demokratische Partei und ihr Präsidentschaftskandidat Franklin D. Roosevelt, das Alkoholverbot aufzuheben, was nach dem eindeutigen Wahlsieg der Demokraten 1933 auch geschah. Nur Einzelstaatsgesetze und lokale Anordnungen reglementieren heute noch Ort und Uhrzeit des Verkaufs und Verzehrs alkoholischer Getränke.

Die amerikanische Frauenrechtsbewegung erreichte ihr 1848 ausgerufenes Ziel erst 1920, als zum ersten Mal in allen Einzelstaaten Frauen an der Wahl des Präsidenten und anderer Inhaber öffentlicher Ämter mitwirkten. Zwar entfaltete die National Woman Suffrage Association seit 1869 ihre Tätigkeit im ganzen Land. Aber noch 1875 billigte das Oberste Bundesgericht die Verweigerung des Frauenwahlrechts in Wahlgesetzen der Einzelstaaten. Die Richter argumentierten einstimmig, Wählen sei kein von der Bundesverfassung auch weiblichen Bürgern garantiertes Recht. „Citizenship" bedeute nur „membership of a nation, nothing more." (Fall Minor gegen Happersett, 1875). Nur Idaho und Wyoming, Utah und Colorado ließen 1910 Frauen wählen. Die Verbitterung gebildeter aber stimmrechtloser Frauen der Mittelklasse wurde durch den Vergleich mit den seit 1865 zumindest prinzipiell wahlberechtigten afroamerikanischen Männern gesteigert. In Georgia waren 1894 von den 143 471 afroamerikanischen Wählern 116 516 Analphabeten, argumentierte Henry Blackwells 1895 in Atlanta vor der National American Woman Suffrage Association. Rassisten rechneten vor, daß die Stimmenzahl der lesekundigen erwachsenen weißen Südstaatlerinnen die Stimmenzahl der lesekundigen Afroamerikaner übertreffen und die Vorherrschaft der Weißen auf die Dauer sichern würde. Einwanderungskritiker verwiesen auf die mangelhaften Sprach- und Landeskenntnisse vieler männlicher wahlberechtigter Neubürger. Durch ihre erfolgreiche Mitarbeit in einer Vielzahl sozialreformischer Vereinigungen, in den Gewerkschaften, ihre Unverzichtbarkeit in der Rüstungswirtschaft usw., mehr noch als durch spektakuläre Einzelaktionen wie die Streikposten um das Weiße Haus 1917, demonstrierten Frauen die zunehmende Absurdität ihrer rechtlichen Diskriminierung. Erst nach Kriegsende, im August 1920, trat die 19. Verfassungsänderung in Kraft und verbot unmißverständlich die Verweigerung des Wahlrechts „on account of sex".

Frauenrechts-
bewegung

d) „STARKE" PRÄSIDENTEN: THEODORE ROOSEVELT UND WOODROW WILSON

Die amerikanische Nationalgeschichte des 20. Jhs. wurde natürlich nicht nur von Interessen und Problemen, Strukturen, Institutionen und Gruppen bestimmt, sondern auch von herausragenden Akteuren. Vor 1933 war dies z. B. das die Historiker ebenso wie die zeitgenössischen Journalisten faszinierende Präsidentenpaar Theodore Roosevelt und Woodrow Wilson – „der Krieger" und „der Priester", wie John M. Cooper sie im Titel seiner Doppelbiographie charakterisiert [437: 1983].

Theodore Roosevelt, 1901–1909

Theodore Roosevelt übernahm als Vizepräsident des ermordeten McKinley 1901 das Präsidentenamt und war ein innenpolitisch wie außenpolitisch besonders aktiver Präsident (bis 1909). Er gilt deshalb als erster in der Reihe der „starken" Präsidenten, die die moderne Präsidentschaft im Laufe des 20. Jhs. zu einem „imperialen" Machtzentrum gemacht haben. Seine Oberklassenkindheit in einer alteingesessenen New Yorker Kaufmannsfamilie holländischer Abstammung wirkte sich auf seine weit überdurchschnittliche Selbstsicherheit bei der öffentlichen Selbstinszenierung aus. Ein Merkmal der modernen Präsidentschaft war die Anerkennung der Presse als Teil der demokratischen Willensbildung und der Versuch, auf die Journalisten direkt einzuwirken. Genau dies tat Roosevelt wie kein Präsident vor ihm. Reporter brauchten ihm nicht mehr am Tor des Weißen Hauses aufzulauern. Er stellte ihnen als erster Präsident Arbeitsräume im Weißen Haus zur Verfügung. Dafür sagte er ihnen auch unmißverständlich, welche seiner Aussagen sie als den Wortlaut des Präsidenten identifizieren durften. Innenpolitisch übernahm Roosevelt Forderungen der an keine Partei gebundenen Sozialreformbewegung der Progressives. Für eine gestaffelte Einkommenssteuer fand er im Kongreß noch keine Mehrheit. Zustimmung gewann er für die Vergrößerung der Nationalparks, andere Naturschutzmaßnahmen und die Beaufsichtigung der Lebensmittelindustrie. Entgegen seiner Wahlkampfrhetorik wandte er das Anti-Trustgesetz nicht häufig an, sondern verstärkte die Kontrolle der Trusts durch ein neues Bureau of Corporations. Roosevelt betrieb seine politische Karriere mit Hilfe der Republikanischen Partei nicht als opportunistischer Anpasser, sondern als klug kalkulierendes *enfant terrible*. Als Oberst der Reitertruppe „Rough Riders" im Blitzkrieg auf Kuba gegen die spanische Besatzung eroberte er 1898 vor allem die Schlagzeilen der kriegstreibenden Boulevardblätter. Von der Position des Assistant Secretary of the Navy der Regierung McKinley aus kandidierte er noch im gleichen Jahr erfolgreich für das Amt des Gouverneurs von New York (1899–1900). Im Präsidentschaftswahlkampf von 1900 lehnte ihn der nüchterne Reformpolitiker und Wortführer der Deutschamerikaner Carl Schurz als unberechenbaren Außenseiter ab, weil er z. B. das ganze Volk körperlich ertüchtigen wolle, um zu verhindern, daß die Amerikaner ebenso degenerierten wie die Chinesen. Schurz befürchtete (zu Recht), Roosevelt werde die Glut des blinden amerikanischen Nationalismus (*jingoism*) anfachen und eine imperialistische Expansionspolitik befürworten. In der Außenpolitik hielt Roosevelt tatsächlich das Sternenbanner so hoch er konnte und vertrat offensiv amerikanische Weltmachtinteressen in Lateinamerika, z. B. beim Bau des Panamakanals, in der Venezuelakrise und im Pazifik (mehr zu Roosevelts Außenpolitik unten S. 38). In Vorbereitung des Wahlkampfs von 1912 verkündete Roosevelt bereits 1910 seine Programmatik des kapitalismuskritischen, den vollen Einsatz der Regierungsgewalt des Bundes zur Durchsetzung von Reformen zugunsten der Wählermehrheit fordernden „New Nationalism". In der weichenstellenden Rede vom 31. August 1910 in Osawatomie, Kansas, knüpfte er rhetorisch sogar an den Sieg des Nordens über die Sezession des Sklavenhaltersüdens an, um die Notwendigkeit des vollen Einsatzes der Regierungsgewalt des Bundes zur Erzwingung mancher großer Reformen zu dramatisieren.

Die Vorherrschaft der Republikaner im Weißen Haus wurde 1912 durch die Wahl des Demokraten Woodrow Wilson (41,9% der abgegebenen Stimmen) nur unterbrochen, weil Expräsident Theodore Roosevelt durch die Gründung der kurzlebigen Progressive Party das Wählerpotential der Republikaner spaltete. Die Demokraten erhielten 1912 auch in beiden Kammern des Kongresses die Mehrheit. Der reformbereite Flügel der Partei ging unter Wilsons Führung gestärkt aus der Wahl hervor. In der Republikanischen Partei überließ der Auszug der Reformorientierten unter Roosevelt nach 1912 konservativen Geschäftsleuten und Rechtsanwälten eindeutiger denn je die Kandidatenauswahl der Partei und stellte die Weichen für die Grundzüge ihrer zukünftigen konservativen Programmatik. *Der Wahlsieg Wilsons 1912*

Der in Virginia aufgewachsene Pfarrersohn, Jurist, Politikwissenschaftler, Universitätspräsident und Demokratische Gouverneur New Jerseys Woodrow Wilson gewann 1912 das Präsidentenamt mit dem glaubwürdigen Versprechen, seinen Reformeifer dem ganzen Land zugute kommen zu lassen – in die Geschichte des 20. Jhs. ging er ein als Präsident der den Ersten Weltkrieg entscheidenden Großmacht und moralische Instanz für internationale Beziehungen, die sich an den Idealen der Demokratie und Menschenrechte ausrichten. Von 1913 bis 1916 organisierte er zunächst als Parteiführer Mehrheiten für Bundesgesetze zur Bankenaufsicht, zur Einrichtung des zentralbankähnlichen Federal Reserve System (1913), zur finanziellen Förderung der Farmer und des Bildungswesens und zum Schutz der Gewerkschaften. Erstmals kassierte der Bund nach einer Verfassungsänderung 1913 Einkommensteuer. Die Senkung der Einfuhrzölle belebte den Import (Underwood-Simmons-Tariff, 1913). Wilsons großes außenpolitisches Projekt, zwischen den kriegführenden Europäern einen dauerhaften Frieden zu vermitteln und diesen mit einem Völkerbund (League of Nations) weltweit zu sichern, scheiterte (S. 43). Nach einem Schlaganfall im Oktober 1919 war Wilson halbseitig gelähmt und sein Gehirn so geschädigt, daß er die letzten 17 Monate seiner Amtszeit amtsunfähig war; seine Frau nahm eine in der Verfassung nicht vorgesehene politische Rolle ein. Wilson trat jedoch nicht etwa zugunsten seines Vizepräsidenten Thomas R. Marshall zurück, und die amerikanische Außenpolitik nahm großen Schaden. (Eine vorübergehende Vertretung des Präsidenten durch den Vizepräsidenten wegen Amtsunfähigkeit sah die Verfassung noch nicht vor; erst die 25. Verfassungsänderung von 1967 sollte diesen Fall regeln.) *Wilsons Präsidentschaft 1913–21*

e) Aussenpolitik vom Krieg gegen Spanien bis 1914

Imperialismus und
Antiimperialismus

Dem sich 1898 voll manifestierenden überseeischen Imperialismus lag die Annahme zugrunde, mit den Europäern um Einfluß und Märkte weltweit konkurrieren zu müssen. In einer rückblickenden Rechtfertigungsrede verteidigte der Wortführer der Imperialisten im Senat, der Republikaner Albert J. Beveridge aus Indiana, die amerikanische Kolonialherrschaft über die Filipinos dreifach: (1) mit dem göttlichen Auftrag der USA und „unserer Rasse", die (europäisch-amerikanische) „Zivilisation" auszubreiten; zur Selbstregierung seien die Filipinos nicht fähig, sie seien „Orientals,... not a self-governing race"; (2) mit Handelsvorteilen: der Pazifik sei „the ocean of the commerce of the future;" „China is our natural customer"; (3) mit dem militärstrategischen Vorteil des Beherrschers der Philippinen im Wettlauf mit den anderen Kolonialmächten, die alle bereit stünden, die Vormachtstellung der USA im Pazifik zu übernehmen. Gegenteiliges befürchteten so unterschiedliche Wortführer der Anti-Imperialist League (1898–1900) wie der frühere Innenminister und Republikanische Deutschamerikaner Carl Schurz und Andrew Carnegie. In der Intellektuellen-Zeitschrift Century Magazine erklärte Schurz im September 1898, die neue „imperial policy", die „policy of conquest", erschrecke nicht nur Amerikas Nachbarn und werde das Land in kostspielige außenpolitische Abenteuer verwickeln, sondern werde auch in den Vereinigten Staaten selbst die Demokratie untergraben. Carnegie befürchtete, daß diktatorisches Verhalten gegenüber zivilisatorisch unterlegenen, für die Demokratie nicht „reifen" Bevölkerungen in Kolonien die Tendenz zu diktatorischem Regieren auch in den USA verstärken werde. Die gleiche Warnung enthielt das Parteiprogramm der Demokraten 1900, als William Jennings Bryan sich den Wählern erneut und wiederum vergeblich als Alternative zu Präsident McKinley anbot: „No nation can long endure half republic and half empire" – eine offenkundige Analogie zu Lincolns effektvoller Warnung von 1858, eine Nation könne auf die Dauer nicht „half slave and half free" existieren. Ebenso klar wie die Alternative artikuliert wurde, votierten die Wähler: Bryan und andere Imperialismuskritiker verloren. Auch viele Progressives gaben ihre Stimme den Republikanern McKinley und Roosevelt und den Senatoren und Abgeordneten, die das neue diplomatische und militärische Engagement in Übersee und Lateinamerika befürworteten.

Chinas „offene
Tür" 1899–1900

Präsident McKinley und sein kompetenter Außenminister John Hay wollten nicht zulassen, daß die europäischen Kolonialmächte und Japan China untereinander als Markt und Einflußgebiet aufteilten. Durch diplomatische Noten erreichten sie 1899–1900 die – z. T. nur halbherzig und unter Vorbehalten gegebene – Zusage der Regierungen Großbritanniens, Frankreichs, Deutschlands, Italiens, Rußlands und Japans, sich zu einer Politik der „offenen Tür" in China zu verpflichten, d. h. auf Handelsmonopole innerhalb ihrer jeweiligen „Interessensphäre" – konkret meist ein gepachteter Hafen mit einer Eisenbahnlinie ins Hinterland – zu verzichten und die territoriale Integrität Chinas zumindest rhetorisch zu respektieren. Das Freihandelsideal wurde jedoch von keiner der Regierungen, einschließlich der amerikanischen, voll in die Praxis umgesetzt.

Die beiden kurzen Flottenbesuche 1853 und 1854 des Commodore Matthew Perry in der Bucht von Tokyo bzw. Yokohama führten zu einem bescheidenen Freundschafts- und Handelsvertrag (1855), bewirkten aber noch keine wirkliche „Öffnung" Japans. Japans politische Führung blieb auch in der Phase des Imperialismus stark genug, um nie wie China zum Spielball europäisch-amerikanischer Interessen zu werden. Spätestens seit 1898, als die Vereinigten Staaten die Zuckerinseln von Hawaii mit vielen japanischen Plantagenarbeitern annektierten, war die japanisch-amerikanische Rivalität um Einfluß und schließlich um Vorherrschaft im Pazifik offenkundig. Sie steigerte sich in mehreren Stufen bis zum japanischen Überfall auf die U.S. Navy im Hafen von Pearl Harbor auf Hawaii 1941. Bereits im Ersten Weltkrieg nutzte die japanische Regierung 1914/15 die Gelegenheit, um sich den chinesischen Wirtschaftsraum mit Gewaltandrohung zu sichern. Präsident Wilson bekräftigte daraufhin am 11. 5. 1915 das amerikanische Festhalten am Prinzip der Offenen Tür und der territorialen Integrität des chinesischen Kaiserreichs. Während des Weltkrieges hatten die amerikanischen Exporte nach Japan einen beträchtlichen Umfang.

Die Eroberung der spanischen Kolonien Kuba und Philippinen innerhalb von vier Monaten des Jahres 1898 feierte die nationalistische Boulevardpresse von New York bis San Francisco als Befreiung der Kubaner und Filipinos vom Joch der Kolonialherrschaft. Spanisches Militär hatte in der Tat kubanische Selbstbefreiungsversuche grausam unterdrückt. Hinzu kamen langfristige wirtschaftliche und geostrategische Interessen. Investoren, insbesondere die Zuckerindustrie, änderten ihre Meinung. Sie waren zunächst nicht die Kriegstreiber, weil sie sich auch friedlich mit der schwachen Kolonialmacht Spanien arrangieren konnten. Doch bereits 1896 warf das Parteiprogramm der Republikaner, die sich als „the party of business enterprise" anboten, der spanischen Regierung vor, amerikanisches Leben und Eigentum auf Kuba nicht zu schützen. Damit waren über 50 Mio. Dollar auf Kuba investiertes Kapital und ein jährliches Handelsvolumen von etwa 100 Mio. Dollar gemeint. Als die kubanischen Unabhängigkeitskämpfer radikaler wurden und ihrerseits amerikanische wirtschaftliche Interessen langfristig zu gefährden schienen, wurde die Besetzung der Insel zur Alternative. Auch Präsident McKinley änderte seine Meinung. Zunächst waren ihm die vermutlichen Kriegskosten zu hoch und eine eventuelle Annexion Kubas mit seiner ethnisch gemischten, nicht englischsprachigen Bevölkerung mehr Belastung als Bereicherung der USA. Den Ausschlag gab schließlich der Wert der Philippinen als zusätzlicher Kriegsbeute: als Stützpunkt für amerikanische Handels- und Kriegsschiffe würden sie die Position der USA als Handels- und Ordnungsmacht im Pazifik erheblich verbessern. Im Friedensvertrag gab Spaniens Krone 1898 ihren Herrschaftsanspruch über Kuba, Puerto Rico, Guam und die Philippinen auf.

Die Befürchtungen der idealistischen Antiimperialisten wurden bald noch von der häßlichen Wirklichkeit des Guerillakrieges übertroffen. Die einheimischen

Japanisch-amerikanische Rivalität

Der Krieg gegen Spanien um Kuba und die Philippinen

Widerstand auf den Philippinen

Rebellen, die bereits gegen die Herrschaft der Spanier gekämpft hatten, riefen noch im Juni 1898 die Unabhängigkeit der Philippinen aus und wandten sich nun auch gegen die amerikanische Fremdherrschaft. Über 20 000 Filipinos und über 4000 Amerikaner starben in den Dschungelkämpfen von 1898–1901. Ein vom amerikanischen Präsidenten ernannter Gouverneur regierte das Land ab 1902; unter Präsident Wilson erhielten die Filipinos 1916 wenigstens eine beratende gesetzgebende Versammlung; vollständige Unabhängigkeit erlangte die Republik der Philippinen erst 1946.

Puerto Rico   Die 1493 von Kolumbus betretene Insel Puerto Rico wurde 1898 de facto zur amerikanischen Kolonie. Der Supreme Court nannte den Zustand minderen Rechtes 1901 „unincorporated territory". Die Einwohner wurden ab 1917 individuell Bürger der Vereinigten Staaten mit freiem Zugang zum Festland und wählten ihre eigene Zweikammerlegislative; den Gouverneur aber ernannte bis 1948 der Präsident der USA. Die Verfassung des „Commonwealth of Puerto Rico" bzw. „Estado Libre Asociado" von 1952 gewährte auch die Wahl des Gouverneurs und eines Vertreters Puerto Ricos im Repräsentantenhaus in Washington, der jedoch kein Stimmrecht hat. In drei Volksabstimmungen 1967, 1993 und 1998 optierte die Mehrheit sowohl gegen die Unabhängigkeit als auch gegen die volle Integration als 51. Staat der Union; die Beibehaltung des einzigartigen Sonderstatus schien den überwiegend spanischsprechenden 27 Millionen Puerto Ricanern (1993) finanziell vorteilhafter, weil sie keine Einkommensteuer zahlen, aber an einigen Sozialhilfeprogrammen teilnehmen.

Panamakanal   Fast noch als Konsequenz der kontinentalen Expansion rechtfertigte Roosevelt den Anspruch auf einen Kanal durch die mittelamerikanische Landenge, um die Ostküste und die Westküste der USA für die Handels- und Kriegsflotte leichter erreichbar zu machen. Roosevelt entschied sich 1901 für den Kanalbau durch eine 15 km breite und 65 km lange vom Marionettenstaat Panama gepachtete Zone. Das erste Schiff fuhr im August 1914 durch den allen Handelsschiffen offen stehenden Kanal, zwei Wochen nach der deutschen Kriegserklärung an Rußland. Zur Beruhigung der Seekriegsstrategen in Washington war nun auch die Pazifikflotte schnell im Atlantik einsetzbar. Präsident Carter vereinbarte 1977 die vollständige Rückgabe der Kanalzone an Panama am 31.12.1999.

Roosevelts Erweiterung der Monroe-Doktrin 1904   Direktere Formen der Intervention in lateinamerikanischen Ländern rechtfertigte Roosevelt 1904 mit einer seither „Roosevelt corollary" genannten Weiterentwicklung der Monroe-Doktrin. Um zu verhindern, daß britische, deutsche oder andere europäische Kanonenboote die Hafenzollämter der verschuldeten Dominikanischen Republik kontrollierten, um Staatsschulden einzutreiben, erklärte Roosevelt die amerikanische Bundesregierung zum zuständigen Gerichtsvollzieher auf dem Doppelkontinent: „Langjähriges Fehlverhalten und Unfähigkeit, die zur Auflösung der Ordnung einer zivilisierten Gesellschaft führen, kann in Amerika wie andernorts schließlich den Eingriff einer zivilisierten Nation erfordern. Auf dem amerikanischen Kontinent kann das Festhalten an der Monroe-Doktrin die Vereinigten Staaten zwingen, auch wenn sie es nicht wollen, in offenkundigen

Fällen des Fehlverhaltens oder der Unfähigkeit eine internationale Polizeigewalt auszuüben". (Jahresbotschaft des Präsidenten an den Kongreß, 6.12.1904).

Aus dem Interventionsverbot für Europäer machte Roosevelt eine Interventionspflicht der Vereinigten Staaten. Der nach einer Abfolge von Militärdiktaturen bankrotte Kleinstaat, der von Zuckerrohr, Kaffeebohnen und Bananen lebte, übertrug Roosevelt 1905 tatsächlich die Zolleinnahmen und Schuldenverwaltung gegenüber den Europäern. Auf diese Weise blieb der amerikanische Präsident bis 1941 der Schuldenverwalter der Dominikanische Republik. Von 1916–42 besetzten U.S.-Marinesoldaten die Inselhälfte. Ähnlich erging es dem Staat auf der anderen Inselhälfte, Haiti: hier richteten die Vereinigten Staaten 1915 ein Protektorat ein.

Wilson weigerte sich 1913, ebenso wie sein Amtsvorgänger Taft, den durch Mord an die Macht gekommenen General Victoriano Huerta als Mexikos Präsidenten anzuerkennen. Mit dem Postulat, eine anerkennungswürdige Regierung müsse auf der Zustimmung der Regierten beruhen, versuchte Wilson, eine kurzlebige Neuerung in die diplomatische Praxis einzuführen. Den amerikanischen Investoren in Mexiko sagte Wilson, die Zeit der „Dollar-Diplomatie" sei vorüber, und er werde auch keinen Fußbreit Boden zusätzlich durch amerikanische Truppen erobern lassen. Tatsächlich erweiterte Wilson auch die Selbstregierungsrechte der Filipinos und Puertoricaner. Sein moralisches Engagement führte Wilson allerdings zu kurzfristigen militärischen Interventionen. Um ein Embargo gegen Waffenimporte aus Europa zu erzwingen, besetzte die U.S. Navy 1914 den mexikanischen Hafen Vera Cruz, und 1916–1917 ließ Wilson den mexikanischen Rebellenführer Pancho Villa von 15 000 Mann aus New Mexico über die Grenze bis auf mexikanisches Gebiet verfolgen, was Mexikos Präsidenten und Öffentlichkeit gegen die USA aufbrachte.

> Wilsons Interventionen in Lateinamerika
>
> Mexiko

F) Die Vereinigten Staaten und der Erste Weltkrieg

Wenig Zustimmung in der Bevölkerung und im Kongreß hätte 1914 ein militärisches Eingreifen der USA in den als zunächst rein europäischer Konflikt wahrgenommenen Krieg gefunden. Ebenso klar war jedoch, daß die Sympathie des größten Teils der öffentlichen Meinung England und Frankreich galt. Die Versenkung des britischen Passagierdampfers „Lusitania" mit 1198 Menschen (darunter 128 amerikanische Bürger) am 7. Mai 1915 durch deutsche Torpedos schien das Bild vom skrupellosen preußischen Militarismus zu bestätigen und auch die Sicherheit amerikanischer Bürger zu bedrohen. Die *New York Times* beschrieb am 1. Juni 1915 nicht nur den Vormarsch der Armee des Kaisers durch Belgien als barbarisch, sondern das deutsche Volk als friedensstörenden Außenseiter, „a people who stand apart from other nations, distrusted and feared, disturbers of the peace, a menace to the general security."

Zugleich war die zunehmende wirtschaftliche Verknüpfung der USA mit Großbritannien und Frankreich nicht zu übersehen. Der Wert der nach Großbritannien

> „Isolationistische" Ausgangsstimmung
>
> Exporte nach England und Frankreich

exportierten Güter vermehrte sich von knapp 600 Mio. Dollar 1913 auf 1,5 Mrd. im Kriegsjahr 1916; der Wert der nach Frankreich gelieferten Güter stieg von 145 Mio. auf 628 Mio.; die Exporte nach Deutschland sanken von 331 Mio. auf 288 Mio.

Deutschamerikaner für Neutralität der USA

Der politisch aktive Teil der Deutschamerikaner machte sich die mißverständlicherweise meist „isolationistisch" genannte Grundstimmung zunutze. Die deutschsprachigen Mitglieder des Repräsentantenhauses Richard Bartholdt (Republikaner aus St. Louis) und Henry Vollmer (Demokrat aus Davenport in Iowa) – beide aus Deutschland eingewandert – legten dem Repräsentantenhaus am 7. Dezember 1914 ein Waffenembargogesetz vor, das jedoch vom Vorsitzenden des Auswärtigen Ausschusses noch nicht einmal dem Plenum zur Abstimmung vorgelegt wurde.

Viele der deutschsprachigen Zeitungen forderten echte Neutralität der USA, ergriffen aber ihrerseits Partei für Kaiser und Reich. Um der propagandistisch-einseitigen Berichterstattung entgegenzuwirken, die oft einfach die Artikel der britischen Presse übernahm, veröffentlichte z. B. der Deutschamerikaner George Sylvester Viereck in New York die englischsprachige Wochenschrift *The Fatherland* vom 10. August 1914 bis Januar 1933. Der Untertitel verlangte *Fair Play for Germany and Austria-Hungary.* In der ersten Nummer präsentierte der Herausgeber sein eigenes Gedicht „Wilhelm II, Prince of Peace" mit der Aufforderung an den Monarchen: „Crush thou the cossack arms that reach/ To plunge the world into the night!/ Save Goethe's vision, Luther's speech,/ Thou art the Keeper of the Light." Die Reichsregierung und deutsche Mäzene subventionierten die Fatherland Corporation während der Kriegsjahre mit über 100 000 Dollar. Kaum zu messen ist das Ausmaß der Zustimmung deutschstämmiger Amerikaner und der vielfältigen deutschsprachigen Zeitungen und Zeitschriften in den USA zu den in Berlin von den zivilen und militärischen Beratern des Kaisers getroffenen Entscheidungen über den uneingeschränkten U-Bootkrieg und die ebenfalls die Amerikaner unmittelbar betreffende Kriegsdiplomatie.

Wilson

Fast drei Jahre lang versuchte Wilson als Präsident einer völkerrechtlich neutralen Macht erfolglos, einen Verhandlungsfrieden unter den Europäern herbeizuführen. Seinen nur knapp erfolgreichen Kampf um die Wiederwahl im Herbst 1916 führten er und die Demokratische Partei noch mit dem Slogan: „He kept us out of war." Noch im Januar 1917 schlug Wilson ohne Erfolg den europäischen Mächten eine Nachkriegsordnung vor, die auf einem „Frieden ohne Sieger" beruhen und in der eine „League of Nations" – eine nüchternere Bezeichnung als „Völkerbund" – unter Mitwirkung der Vereinigten Staaten Interessen ausgleichen und den Frieden sichern sollte.

Zimmermann Telegramm 1. 3. 1917

Am 1. März 1917 ließ das State Department ein vom britischen Geheimdienst abgefangenes Telegramm veröffentlichen, in dem der deutsche Außenminister Arthur Zimmermann der mexikanischen Regierung allen Ernstes vorschlug, Krieg gegen die USA zu führen und sich als Belohnung die einstmals mexikanischen Gebiete (Texas, New Mexiko, Arizona) wiederzuholen; auch Japans Zugriff auf China (den die USA abzuwehren versuchten) solle aktiviert werden. Die Auswirkung dieser Kombination von Unwissen und Unklugheit auf die öffentliche Meinung hätte kein Propagandist überbieten können. Das Zimmermann-Telegramm und die Wiederaufnahme des uneingeschränkten U-Boot-Kriegs ab 1. 2. 1917 bewirkten schließlich den Umschwung in der öffentlichen Meinung, der es dem Kongreß am 6. April 1917 ermöglichte, auf Vorschlag des Präsidenten Deutschland den Krieg zu erklären. 82 Senatoren stimmten dafür, 6 dagegen; 373 Mitglieder des Repräsentantenhauses dafür, 50 dagegen. Die Kriegserklärung an Österreich-Ungarn folgte am 7. 12. 1917. In die englisch-französische Kriegsallianz ließen sich die Amerikaner jedoch nicht völlig einbinden, sondern blieben eine „assoziierte" Macht. Kriegserklärung 6. 4. 1917

Nach der Kriegserklärung konnte der Präsident ab April 1917 auch den nötigen inneramerikanischen publizistischen Werbefeldzug institutionalisieren: das Committee on Public Information wurde die erste Propagandabehörde der amerikanischen Bundesregierung. Mit vorgefertigten, an die Zeitungsredaktionen im ganzen Land verteilten Berichten über Kriegsverbrechen der deutschen Armee usw. zeichnete sie ein klares Feindbild, dessen Kern der aggressive preußische Militarismus bildete. Das kostenlos verteilte *Official Bulletin* des CPI (1917-März 1919) kann als erste amerikanische Regierungszeitung gelten. Das Handelsgesetz vom 6. Oktober 1917 (Trading with the Enemy Act) zwang die nicht-englischsprachigen Zeitungen, alle den Krieg betreffenden Artikel vor der Publikation in englischer Übersetzung einem Zensor vorzulegen. Diese zusätzliche Belastung bedeutete das Aus für den größten Teil der deutschsprachigen Tageszeitungen. Das Spionagegesetz vom 15. Juni 1917 und das Aufruhrgesetz (Sedition Act, 16. Mai 1918) erleichterten die Verfolgung der überwiegend imaginären Sabotageakte. Propaganda Unterdrückung nicht-englischsprachiger Zeitungen Spionagegesetz 1917, Aufruhrgesetz 1918

Im Frieden bestanden die Streitkräfte der USA aus 200 000 Mann. Nun verlangte das Wehrpflichtgesetz vom 18. Mai 1917 zum ersten Mal in der amerikanischen Geschichte die Registrierung aller Männer im Alter von 21 bis 30 Jahren. Freistellung vom Militärdienst aus Gewissensgründen sah das Gesetz ebensowenig vor wie die amerikanische Bundesverfassung. Auch Mitglieder pazifistischer Konfessionen wie Quäker und Mennoniten mußten Dienst leisten, wo nicht geschossen wurde. Das Oberste Bundesgericht bestätigte die Verfassungskonformität dieser harten Linie (Selective Draft Law Cases, 1918; und United States gegen MacIntosh, 1931). Wehrpflicht

Als Wilson die Kriegserklärung begründete, hatte in Rußland der autokratische Zar bereits abgedankt, aber Lenin und seine Bolschewisten hatten die Macht noch nicht übernommen. Wilson konnte daher am 2.4.1917 als idealistisches Kriegsziel verkünden:„The world must be made safe for democracy. Its peace must be planted upon the tested foundations of political liberty.... We desire no conquest, no dominion." Da die englischen und französischen Vertreter sich auf der Alliiertenkonferenz in Paris im Dezember 1917 immer noch nicht auf die Veröffentlichung einer gemeinsamen Erklärung der Kriegsziele hatten einigen können, präsentierte Wilson seinerseits am 8. Januar 1918 beiden Häusern des Kongresses seinen Vier- Kriegsziele 1917 Wilsons 14-Punkte-Plan 1918 zehn-Punkte-Plan, der schließlich auch zur Grundlage der Friedensverhandlungen wurde: Das neue Zeitalter des friedlichen Miteinander der Völker dulde keine aggressive nationale Ausdehnung und Geheimverträge. Die Weltmeere müßten immer allen Handelsschiffen offen stehen; den Freihandel behindernde nationale Barrieren müßten abgebaut werden. Die nationalen Streitkräfte müßten bis auf ein Minimum abgebaut werden. Ansprüche auf Kolonialgebiete und andere Territorialfragen sollten unter Beachtung der Interessen der betroffenen Bevölkerung geregelt werden. Elsaß-Lothringen müsse wieder zu Frankreich gehören, Polen wieder ein unabhängiger Staat werden. Ein Verbund der Nationen (*association of nations*) solle kleinen wie großen Staaten ihre Sicherheit garantieren. Die englischen und französischen Regierungen lehnten Wilsons Vorschlag ab und bestanden zumindest auf hohen Reparationen und einer klaren Kriegsschuldzuweisung.

Ablehnung in Europa

Der amerikanische Kriegsbeitrag

In der Materialschlacht, zu der der Weltkrieg sich entwickelt hatte, erwies sich der amerikanische Beitrag – vor wie nach der Kriegserklärung – als wahrscheinlich kriegsentscheidend. Rußland fiel seit der November-Revolution 1917 und endgültig mit dem Separatfrieden von Brest-Litowsk am 3.3.1918 als Streitmacht aus. Schon vor Kriegseintritt der USA hatten sich mehrere tausend Amerikaner und Amerikanerinnen privat als Ambulanzfahrer, Sanitäter oder auch als Fremdenlegionäre auf französischer Seite am Krieg beteiligt. Etwa 4,8 Millionen Amerikaner dienten 1917 und 1918 als Soldaten in allen Waffengattungen. Über zwei Millionen von ihnen wurden mit insgesamt 7,5 Millionen Tonnen Fracht nach Frankreich verschifft. Die 42 Infanteriedivisionen der American Expeditionary Force unter General John J. Pershing trugen ab Oktober 1917 wesentlich zum Aufhalten und ab Juli 1918 zum Zurückrollen der deutschen Front in Frankreich bei; die Marine unterstützte die englische Blockade. In den Kämpfen an der Front wurden von 1917–18 über 48 000 Amerikaner getötet und 230 000 verletzt. Zum Vergleich: Die russische Armee verlor im Krieg 1,7 Mio. Soldaten, die deutsche 1,6 Mio., die französische 1,3 Mio. und die britische 900 000.

Kriegswirtschaft

Die amerikanischen Streitkräfte waren am Tag der Kriegserklärung für den Ernstfall nicht wirklich gerüstet, auch wenn ein aus Vertretern der Industrie und der Bundesministerien bestehender Council for National Defense seit 1916 Pläne für kriegswirtschaftliche Maßnahmen wie die Zuteilung von Lebensmitteln und die Ankurbelung der Eisenproduktion entworfen hatte. Die Mais- und Weizenernten reichten 1917 nicht mehr aus, um ohne Einschränkung die amerikanische Bevölkerung, die eigenen Truppen und die Alliierten in Europa zu versorgen. Um mehr Schweinefleisch nach Europa verschiffen zu können, rief die patriotische Propaganda zu fleischlosen Tagen und ähnlichen Opfern im Alltag auf. Erst im August 1917 schuf ein Lebensmittelgesetz (Lever Food Control Act) die nötige Kompetenzbündelung auf Bundesebene zur Lösung dieser vorhersehbaren Probleme. Das vom Präsidenten eingesetzte War Industries Board zur Koordination der Rüstungsindustrie war geschwächt durch die Experten, die er aus der Privatwirtschaft holen mußte und die die Interessen ihrer bisherigen und zukünftigen Arbeitgeber nicht vergessen konnten. Die hohen Gewinne rüstungsrelevanter

Unternehmen wurden diesen „merchants of death" nach dem Krieg in Anhörungen von Kongreßausschüssen vorgehalten. Die dabei dokumentierten Fälle rechtfertigten allerdings nicht die von marxistischen Historikern vertretene These von der kriegsgewinnlerischen Kapitalistenklasse. Die Kriegswirtschaft mußte offensichtlich eine Kommandowirtschaft sein und sogar zum Mittel der Preisgarantie greifen, wie z. B. für Kohle, die in unwirtschaftlichen, schon still gelegten Bergwerken gefördert wurde. Erst im April 1918 erhielt die Bundesregierung auch die gesetzliche Grundlage zur vorübergehenden Übernahme der privaten Eisenbahngesellschaften und der Telegraphenlinien. Seit April 1918 vermittelte das von Wilson eingesetzte War Labor Board in Arbeitskonflikten, um keine Streiks in der Rüstungsindustrie aufkommen zu lassen. Die Stellung der Gewerkschaften wurde durch ihre Beachtung in den Rüstungsaufträgen gestärkt. Etwa 40 000 Frauen übernahmen Arbeitsplätze in Fabrikhallen, die ihnen zuvor verschlossen waren. Der durchschnittliche Reallohn der Fabrikarbeiter (*blue-collar labor*) stieg 1917 und 1918 zwar um etwa 20%, aber die Teuerungsrate stieg noch steiler (um 31% bzw. 59%, bezogen auf 1913).

Diese Inflation, die Kriegsanleihen und die neue Einkommensteuer waren die wesentlichen inneramerikanischen Finanzierungsinstrumente. Der Einsatz der amerikanischen Truppen kostete 35,5 Mrd. Dollar (die Jahresausgaben des Bundes hatten um 1910 unter 700 Mio. Dollar gelegen). Die Bürger zeichneten Kriegsanleihen für die Freiheit (*Liberty Bonds*) zu 3,5 bis 4,25% Zinsen. Für Materiallieferungen aller Art hatten die USA zu Kriegsende bei allen Alliierten zusammen über 10 Mrd. Dollar Schulden ausstehen; Großbritannien schuldete 4,2 Mrd. Dollar, Frankreich 3,4, Italien 1,6, Belgien 0,3, Rußland 0,19 [FAULKNER, Amerikan Economic History, (1960) 596]. Die Rollen des Gläubigers und Investors verbanden die USA ab 1917 erst recht eng mit Europa, wie laut auch immer „isolationistische" Journalisten und Politiker die Breite des Atlantik beschwören sollten.

Finanzierung des Krieges

Wilson ließ sich nicht davon abhalten, an den Friedensverhandlungen in Paris persönlich teilzunehmen. Seine Idealvorstellung prinzipiengeleiteter, öffentlich gerechtfertigter Außenpolitik – im Gegensatz zu opportunistischer Realpolitik – ging zwar als „Wilsonianism" in die Diplomatiegeschichte ein, und er erhielt auch den Friedensnobelpreis für 1919. Aber einige wichtige Prinzipien konnte er 1919 im Friedensvertrag nicht durchsetzen, z. B. Selbstbestimmungsrecht der Bevölkerungen bei Gebietsabtretungen bzw. Annexionen und den Verzicht auf Reparationen, die den Charakter einer Bestrafung hatten. Weil die deutschen Unterhändler bei den Waffenstillstandsverhandlungen im November 1918 erwartet hatten, daß die Prinzipien der 14 Punkte Wilsons in Zukunft eingehalten würden, wurde Wilson nach Abschluß des Versailler Friedensvertrags, in dem von diesen Prinzipien nicht viel übriggeblieben war, von der deutschen Presse als Verräter bezeichnet. Polen feierte ihn zu Recht als Retter der wiedererstandenen Nation. Wilsons größte Leistung war zweifellos die Aufnahme der Errichtung des Völkerbundes in den Friedensvertrag; sein tragisches Scheitern bestand in der teils gesundheitlich bedingten Unfähigkeit, auch sein eigenes Land in den Völkerbund einzubringen.

Friedensverhand-lungen

Am 19. 3. 1919 lehnte der Senat den gesamten Friedensvertrag wegen der Völker-
bundsbestimmungen ab, die die Souveränität der USA in Frage stellen und sie in
„entangling alliances" und die Kriege der Europäer verwickeln könnten, vor
denen schon die Gründerväter der Nation gewarnt hätten. Erst der Freund-
schafts- und Handelsvertrag von 1925 (paraphiert 8. 12. 1923, vom U.S. Senat am
10. 2. 1925 und vom Reichstag am 12. 8. 1925 ratifiziert) beendete im völkerrechtlichen Sinn den Kriegszustand zwischen den USA und Deutschland; er enthielt
keinen Kriegsschuldartikel. Der Senat behielt sich vor, die Deutschland gewährte
Meistbegünstigungsklausel eventuell zu suspendieren und bekräftigte das Recht
der USA, die Einwanderung (auch aus Deutschland) gesetzlich zu beschränken.

*Vertrag mit
Deutschland 1925*

g) Gesellschaftstheorien

Sozialdarwinismus

Die um 1900 politisch wirksamsten Gesellschaftsvorstellungen hatten sich mit der
zunehmenden Industrialisierung nach dem Sezessionskrieg entwickelt. Unter der
Überschrift „The Modern Pace" feierte der Publizist Herbert Kaufman 1909 auf
der Leitartikelseite des *San Francisco Call* die Schnelllebigkeit der „neuen Ära" der
Maschinen, Wolkenkratzer und unaufhörlichen Erfindungen und Neuerungen.
Die Erde drehe sich heute viermal schneller als früher und biete den Tüchtigen
eine neuartige Chancengleichheit, denn: „Gesellschaftliche Stellung und Status
werden nicht mehr vererbt." Ein Maschinennieter könne die Arbeit von zwanzig
Handnietern übernehmen, aber wenn er nicht mehr den neuesten Stand der Technik beherrsche, werde er vom Nächstbesseren abgelöst, „für Versager gibt es keine
Gnade." Kaufmans kritischer Unterton blieb verhalten, naiver Optimismus dominierte – wahrscheinlich in einer von vielen seiner Leser in Kalifornien und den
übrigen Vereinigten Staaten um 1900 geteilten Weise. Kaufmans Leitartikel aktivierte jahrzehntealte Vorstellungen über das Verhältnis des einzelnen zur Gesellschaft, die wir heute „Sozialdarwinismus" nennen, eine Gesellschaftstheorie, die
im Namen der Freiheit des einzelnen den weitgehenden Verzicht auf eine regulierende Wirtschafts- und Sozialpolitik rechtfertigte. Amerikanische Gesellschafts-
theoretiker und Publizisten hatten Ideen des englischen Philosophen Herbert
Spencer übernommen, der seinerseits Charles Darwins 1859 veröffentlichte
naturwissenschaftliche Beobachtungen über die Evolution der Arten durch Selektion auf die Industriegesellschaft übertragen hatte und zum Schlagwort vom
Überleben der Tüchtigsten (*survival of the fittest*) vereinfacht hatte. Insbesondere
der Soziologe der Yale University und episkopalische Geistliche William Graham
Sumner hatte mit seinem extremen ökonomischen Indvidualismus nationale Aufmerksamkeit erlangt. Er warnte vor der langfristigen Schädlichkeit philanthropi-
scher Abschwächung der Folgen individuellen Versagens; die Gesellschaft über-
nehme sich, wenn private Wohltätigkeitsvereine oder Regierungen aus eigener
Schuld Verarmte behandle wie ein Vormund sein Mündel (What Social Classes
Owe to Each Other, 1883). Die Personifizierung des Kapitalismus, Andrew Car-

negie, hatte sich 1889 in einem nicht gerade bescheiden betitelten Zeitschriftenartikel „The Gospel of Wealth" gerechtfertigt: Der erfolgreiche Geschäftsmann habe alles Recht, ja die Pflicht um des weiteren Fortschritts willen, sein Kapital weiter für sich arbeiten zu lassen; zugleich verpflichte sein Talent ihn aber auch zum klugen Verteilen und Stiften von Geld zur Förderung des Allgemeinwohls. Dieses auf der Überlegenheit des freien Unternehmertums über die Politik beruhende Gesellschaftsbild verlor seine Überzeugungskraft erst mit der großen Wirtschaftskrise von 1929–39.

Andere Publizisten übertrugen das Recht des Überlegenen auf die Weltpolitik und Weltwirtschaft und rechtfertigten die Kolonialherrschaft europäischer Mächte und der USA in Asien und Afrika. Zusätzliche Argumente in der Rechtfertigungsrhetorik waren der grenzenlose Missionsdrang der christlichen Kirchen und pseudo-wissenschaftliche Vorstellungen von europäischen „Rassen" und „Völkern". Kolonialismus

Auf die sozialdarwinistischen Vorstellungen reagierten seit den 1880er Jahren Geistliche aller großen christlichen Kirchen, indem sie die soziale Verpflichtung der christlichen Botschaft, die „social gospel", betonten und Hilfsbedürftige nicht mehr als versagende Sünder hinstellten. Kirchlich nicht gebundene Intellektuelle wie der New Yorker Publizist Herbert Croly reagierten mit der Rückbesinnung auf den Kern der 1776 verkündeten demokratischen Werteordnung und ihrer Neuinterpretation in nicht nur wirtschaftsliberalem Sinn. Crolys programmatische Reflexionen in The Promise of American Life (1909) hätten das Manifest eines Umorientierungsparteitags der Demokratischen Partei werden können, die dem „Pionier Individualismus" abschwört und die entschlossene Kontrolle der Konzerne durch eine starke Bundesregierung als im 20. Jh. nötige Wirtschaftspolitik begreift, um auch „wirtschaftliche Demokratie" und sozialstaatliche Maßnahmen zu ermöglichen. Nachhaltig konnte Croly die zentralen Reformforderungen der Progressives ab 1914 in der von ihm herausgegebenen Zeitschrift The New Republic vertreten, die bis heute ein Forum des seriösesten amerikanischen politisch-kulturellen Journalismus geblieben ist. Eine eigenwilligere, einsame kritische Stimme gegen die optimistische Wirtschaftswissenschaft und Soziologie, die um 1900 an den Universitäten gelehrt wurden, erhob 1899 Thorstein Veblen mit The Theory of the Leisure Class. Seine Evolutionstheorie der Verschwendung und Prunksucht („conspicuous consumption") widersprach dem liberalen Glauben an zunehmend rationales Wirtschaften und friedliches Zusammenleben der Menschen. Heute gilt der einstige Außenseiter Veblen als einer der kreativsten Begründer der amerikanischen Soziologie. Progressive Publizisten und Gesellschaftstheorien
Herbert Croly
Thorstein Veblen

Die langfristig folgenträchtigste Innovation in der amerikanischen Philosophie, Psychologie und Gesellschaftstheorie um die Jahrhundertwende war der „Pragmatismus", den insbesondere William James von seinem Lehrstuhl an der Harvard Universität aus vertrat. In dem programmatischen Vortrag „Philosophical Conceptions and Practical Results" schlug er 1898 vor, die Wahrheit unserer Vorstellungen eines Objekts zu überprüfen, indem wir deren praktische Auswirkungen Pragmatismus feststellen. In seinem Hauptwerk Pragmatism (1907) definierte er: „The true is the name for whatever proves itself to be good in the way of belief, and good, too, for definite and assignable reasons". (S. 42). Diese Absage an den Ableitungszwang von a-priori definierten Werten, wie sie z. B. die dominante idealistische Philosophie verlangte, wurde als befreiend, die „modernen" Zweifel an absoluten Wahrheiten berücksichtigend interpretiert. Auch , Philosoph und Psychologe, aber vor allem Reformpädagoge an der Universität von Chicago, trug durch seine Essays und Bücher über konkrete Reformprojekte viel zur Verbreitung der Ideen des Pragmatismus bei. In seinem bis heute nachgedruckten The School and Society (1899) berichtete er von den seit 1896 an seiner eigenen Reformschule gesammelten Erfahrungen mit der natürlichen Lernfähigkeit von Kindern, wenn sie nur die Gelegenheit zum eigenen Experimentieren erhalten („learning by doing"). In Democracy and Education (1916) betonte Dewey den Platz der Schule mitten in der demokratischen Gesellschaft, deren mündige Bürger sie heranwachsen läßt und die deshalb auch selbst schon demokratische Strukturen haben muß. Heute gilt der Pragmatismus als ein herausragender Beitrag der demokratischen, multikulturellen, schnell zum Experimentieren mit Neuem bereiten amerikanischen Gesellschaft zu den gesellschaftlichen Leitvorstellungen des 20. Jahrhunderts.

John Dewey

2. DIE 1920ER JAHRE: SCHEINBARER WOHLSTAND UND ILLUSIONÄRER ISOLATIONISMUS

Beschleunigter Wandel und soziale GegensätzeEs war dem amerikanischen Präsidenten zwar nicht gelungen, die Nachkriegsordnung allein nach seinem Willen zu gestalten. Dennoch war offenkundig, daß die Vereinigten Staaten wirtschaftlich und militärisch in eine Weltmachtrolle hineingewachsen waren, aus der sie sich auch einer „isolationistischen" Wählerstimmung zuliebe nicht wieder zurückziehen konnten. Hunderte europäischer Journalisten, die das Land der Zukunft von New York über Chicago bis San Francisco in den 1920er Jahren besichtigten, sahen zugleich, daß die für ihre Wolkenkratzer, Autofabriken, mechanisierte Großflächenlandwirtschaft, Schlachthäuser, Börsen und Unterhaltungsindustrie bewunderte Gesellschaft nicht alle ihre sozialen Probleme lösen konnte: Die Familienfarmen des Mittelwestens litten unter den niedrigen Preisen für ihre Erzeugnisse; die Armenviertel der Eingewanderten und aus dem Süden gekommenen Afroamerikaner bildeten zusammen mit dem Geschäftsviertel das Stadtzentrum; Straßenbahnen, Vorortzüge und billige Autos von Ford brachten die in die Mittelklasse aufgestiegenen Facharbeiter und Büroangestellten in ihr industriell gefertigtes Holzhaus mit Garage und Grillrasen in die karree- oder schleifenförmigen neuen Siedlungen am Stadtrand – *suburban America*, wie es in den 1920er Jahren entstand.

Wirtschaftliches Wachstum war zu organisieren, Umverteilung zwischen den ungleich Prosperierenden wurde vermieden. Die zur Geschäftsleutepartei gewandelte Republikanische Partei unter Calvin Coolidge fand mehr Zustimmung als die im Norden mit der unteren Mittelklasse, Arbeitern und Eingewanderten assoziierte Demokratische Partei. Afroamerikaner stimmten in Erinnerung an Lincoln immer noch disproportional häufig für die Republikaner. Die sich von der ferngesteuerten Communist Party wacker abgrenzende Socialist Party unter Eugene Debs und Norman Thomas erreichte in Präsidentenwahlen zwischen 3,4% (1920) und 2,2% (1932). Die Koalition der sozialreformerischen Progressiven, die in den verschiedenen Bürgervereinigungen und in beiden großen politischen Parteien aktiv gewesen waren, verlor rasch an Bedeutung. Der als publizistisches Gewissen der Nation über die Parteigrenzen respektierte Philosoph und Pädagoge John Dewey beklagte 1927 den im „Maschinenzeitalter" zunehmenden Einfluß technischer Experten zugunsten der Sonderinteressen von Gruppen und Regionen, zum Nachteil der gesamtamerikanischen Bevölkerung; die Gesellschaft der vereinzelten Egoisten müsse zur Gemeinschaft der miteinander über ihre gemeinsamen Ziele und Werte beratenden Bürger werden (The Public and Its Problems, 1927). Auch die schärfsten Kritiker des politisch kaum gezügelten Kapitalismus und der unsolidarischen Erwerbsbürgergesellschaft sahen das jähe Ende der „Roaring Twenties" unter Führung der bewunderten Industriekapitäne nicht voraus, wie es der Börsenkrach ab Oktober 1929 und die anschließende Weltwirtschaftskrise herbeiführen sollten.

A) RÜCKKEHR ZU KONSERVATIVER ‚NORMALITÄT‘:
INNENPOLITIK VON HARDING BIS HOOVER

Zurück zu
konservativer
„Normalität"

Das Wahlergebnis von 1920 ließ keinen Zweifel am Willen der Wähler und – erstmalig auf Bundesebene – Wählerinnen: Repräsentantenhaus, Senat und Weißes Haus wurden von den Republikanern übernommen. Der farblose Berufspolitiker Warren G. Harding, Senator Ohios, wurde Präsident mit dem Versprechen, wieder die „Normalität" des amerikanischen Alltags einkehren zu lassen. In der gleichen Wahlkampfrede im Mai 1920 warnte er vor zu viel Regierung: „The world needs to be reminded that all human ills are not curable by legislation." Der neue Präsident war kein moralischer Eiferer mehr, der seine Mitbürger und die Welt von amerikanischen Idealen überzeugen wollte. Hardings kurze Präsidentschaft (1921–23) ist in den Annalen der Nationalgeschichte mit der skandalösen Duldung eines korrupten Innenministers verbunden, der Ölvorkommen auf Bundesland in Wyoming und Kalifornien gegen 300 000 Dollar Schmiergeld Privatunternehmen zum Abbau freigab (Teapot Dome Skandal 1922–24). Sein Amtsnachfolger, der schweigsame Rechtsanwalt, strenge Haushälter und *law-and-order*-Gouverneur von Massachusetts, Calvin Coolidge (1923–29), wurde zum Inbegriff konservativer laisser-faire-Politik zugunsten eines freien Unternehmertums, dessen natürliches Regulativ die Konkurrenz auf dem Marktplatz war. Europäische Konkurrenz hielt er allerdings mit Hilfe der Republikanischen Mehrheiten im Kongreß durch Schutzzölle fern. Künstliche Preiserhöhungen zugunsten der notleidenden Farmer durch Exportförderung der Überproduktion von Weizen usw. lehnte er mit seinem Veto zweimal ab (McNary-Haugen Bill, 1927, 1928). Kürzung der Staatsausgaben und Senkung der Einkommens- und Verbrauchersteuern steigerten die Beliebtheit des nicht korrumpierbaren schlichten Gemüts.

Wahlen, Politische
Parteien und Bewegungen

Für das Parteiensystem bedeutete Coolidges Wahl 1924 mit 54% der abgegebenen Stimmen (bei nur 48,9% Wahlbeteiligung) das endgültige Aus für die Progressives, die als dritte Partei noch einmal unter Wisconsins Senator Robert La Follette angetreten waren. Die programmatischen Forderungen nach direkter Präsidentenwahl (d. h. ohne den Umweg über das Elektorenkolleg), nach dem Verbot der Kinderarbeit durch Bundesgesetz, nach Anerkennung der Gewerkschaften als Tarifpartner, nach mehr Umweltschutzmaßnahmen und nach Verstaatlichung der Eisenbahngesellschaften überzeugten nur 16,6% der Wählenden. Die Republikaner behielten auch die Mehrheit in Repräsentantenhaus und Senat. Der konservative Trend setzte sich 1928 mit der Wahl des Republikaners Herbert Hoover fort; er erhielt 58% der abgegebenen Stimmen. Die Öffentlichkeit kannte ihn seit einem Jahrzehnt als zuverlässigen Administrator der Lebensmittelhilfe für Europa nach dem Krieg und als Coolidges Handelsminister. In Wahlkampfreden stellte Hoover sein Ideal der weitgehenden Selbstverantwortung des einzelnen (*rugged individualism*) als uramerikanisch den fremden „sozialistischen" Ideen der Demokraten entgegen. In dem Alkoholverbot, das die Republikaner trotz der großen Umsetzungsprobleme beibehalten wissen wollten, erkannte Hoover keine Verletzung der Freiheit zur Selbstbestimmung. Hoovers Herausforderer war New Yorks Demokratischer Gouverneur Alfred E. Smith, der als erster Katholik eine Präsidentschaftskandidatur wagte und prompt Argumente aus dem Arsenal des Antipapismus des 19. Jhs. aktivierte. Smith erhielt immerhin 40% der abgegebenen Stimmen. Die Republikaner kontrollierten auch weiterhin Repräsentantenhaus und Senat.

Das einfache Mehrheitswahlrecht und die Entscheidungsregeln der Verfassung sorgten für klare, von der politischen Mitte bestimmte Mehrheiten in den Legislativen der Einzelstaaten und des Bundes. Dennoch gab es Extremisten: die am linken Rand des politischen Spektrums wurden massiv eingeschüchtert, die am rechten (vor allem im Süden und Westen) geduldet. 38 Briefbomben, die 1919 an John D. Rockefeller, den Justizminister und andere Repräsentanten der herrschenden Ordnung geschickt wurden, über 3 000 Streiks während der Konjunkturkrise und die Agitation der 1919 gegründeten und von der Dritten Internationale aus Moskau gesteuerten CP USA zur Beschleunigung des Zusammenbruchs des Kapitalismus betrachtete Justizminister A. Mitchell Palmer als *eine* große Verschwörung gegen die demokratische Verfassungsordnung. 1919–20 ließ er über 6 000 streikende Gewerkschafter und des Kommunismus oder des Anarchismus Verdächtigte von Agenten des neu gegründeten Federal Bureau of Investigation (FBI) festnehmen und verhören. Die Grundrechte zahlreicher Unschuldiger wurden verletzt und keine Konspiration entdeckt (*Palmer Raids*). Von den 249 in die Sowjetunion deportierten Russen waren die meisten weder Kommunisten noch Gesetzesbrecher. Auch Emma Goldman, die 1886 aus Litauen eingewanderte Anarchistin, die während des Krieges gegen die Wehrpflicht und für Geburtenkontrolle agitiert hatte, wurde 1919 des Landes verwiesen. Vor dem Hintergrund der hysterischen Anarchistenfurcht wurden 1921 in Boston zwei mit dem Anarchismus sympathisierende italienische Einwanderer, der Schuster Nicola Sacco und der Fischverkäufer Bartolomeo Vanzetti, eines Raubmordes bezichtigt, aufgrund zweifelhafter Indizien zum Tode verurteilt und trotz vehementer Proteste im ganzen Land und in Europa 1927 hingerichtet. Der Protest richtete sich gegen die vorurteilsgeleitete Prozeßführung, die die Weltanschauung der Angeklagten als Verbrechen zu verfolgen schien.

Ein Maßstab des Rechtsextremismus in den 1920er Jahren war der wiederbelebte Ku Klux Klan, insbesondere in Indiana, Oklahoma, Oregon, Georgia und den Staaten des tiefen Südens. Die etwa vier Millionen Mitglieder, die der Geheimbund 1924 hatte, wähnten sich bedroht durch Katholiken (die angeblich Waffen horteten und die gewaltsame Machtübernahme in den USA vorbereiteten), jüdische Bankiers (die angeblich die Weltpolitik zu ihren Gunsten manipulierten) und die Afroamerikaner (die angeblich nur mit Gewalt in der ihnen angemessenen untergeordneten Stellung in der amerikanischen Gesellschaft gehalten werden konnten). Überproportional viele verschuldete Farmer, kleine Geschäftsleute, professionelle Selbständige und mittlere Angestellte fanden sich unter den Mitgliedern des Klan. Sie alle fühlten sich durch die Wirtschaftskrise nach Kriegsende

Kommunisten- und Anarchistenfurcht: Red Scare 1919/20

Rechtsextremismus, Ku Klux Klan

und die Arbeitskämpfe verunsichert. Zu den Feindfiguren des Klan gehörte auch die gleichzeitig für unfähig und machthungrig erklärte Bundesregierung. Ab 1925 ging der Einfluß, den Klansmitglieder in einigen Einzelstaatsregierungen im Mittelwesten erlangt hatten, wieder zurück; die Organisation blieb aber als immer wieder aufflackernde Bedrohung der Rechte der Afroamerikaner bestehen.

Einwanderungsbe-schränkung   Die Verunsicherung der amerikanischen Gesellschaft durch den Ersten Weltkrieg und die sozialen Unruhen der Nachkriegsjahre nutzten die Gegner der freien Einwanderung auch der Europäer. 1917 beschloß der Kongreß gegen Präsident Wilsons Veto, von Einwanderern ab dem 16. Lebensjahr die Lesefähigkeit in irgendeiner Sprache zu verlangen. Die erhoffte drosselnde Wirkung blieb aber aus. Im Haushaltsjahr 1921 ließen die Einwanderungsbehörden insgesamt 800 000 Personen passieren. Die Einwanderung verweigert wurde 13 799 von ihnen
Quotengesetz 1924 (1,5%); Analphabetismus war der Grund für die Abweisung in 1 450 Fällen. Die erhoffte Langzeitwirkung des Quotengesetzes benannte Senator David Reed aus Pennsylvania in der New York Times am 27.4.1924 ohne Umschweife: (1) Es würde die unfaire Konkurrenz der Billiglohnarbeiter reduzieren, (2) die „foreign colonies" in den Armenvierteln der Großstädte abbauen und (3) die Neuankömmlinge würden „a miniature America" sein: „The ‚melting pot' is no longer necessary, for each year's immigration that reaches our shores will be but a counterpart of the population that it finds on arrival. The racial composition of America at the present time thus is made permanent.". Der völlige Ausschluß arbeitsuchender Chinesen, Japaner, Inder, Afghanen, Burmesen und anderer asiatischer Völker beruhe auf der Erkenntis ihrer „fundamental dissimilarity".

b) Formaler Isolationismus: Außenpolitik 1920–33

Im Wahlkampf 1920 versprach Harding, sich vom Internationalismus Wilsons abzuwenden, seine Priorität sei „not submergence in internationality, but sustainment in triumphant nationality" (Rede 14.5.1920), und in seiner Amtsantrittsrede im März 1921 verkündete er rundheraus: „We seek no part in directing the destinies of the world." Dennoch luden Harding und sein aktiver Außenminister
Abrüstungskonfe-renz in Washington 1921–22 Charles Evans Hughes bereits im November 1921 zu einer großen Abrüstungskonferenz nach Washington ein, um das neue Wettrüsten im Schlachtflottenbau zu bremsen und Konflikte im Pazifikraum zu regeln. Geladen waren aus Europa Großbritannien, Frankreich, Italien, Belgien, die Niederlande und Portugal (Deutschland hatte keine Flotte mehr), aus Asien die beiden Rivalen Japan und China. Die von den USA bis 1933 diplomatisch nicht anerkannte Sowjetunion fehlte. Das in Washington ausgehandelte Flottenabkommen vom Februar 1922 schrieb die Obergrenze der gesamten Schlachtschiffkapazitäten in Bruttoregistertonnen fest: USA 500 000; Großbritannien 500 000; Japan 300 000; Frankreich 175 000; Italien 175 000. Die Anzahl kleinerer Schiffe, auch von U-Booten, blieb unbegrenzt. Andere Abkommen bekräftigten die Unabhängigkeit Chinas und das

Prinzip der Offenen Tür, hoben, sehr zur amerikanischen Beruhigung, den britisch-japanischen Verteidigungspakt von 1902 auf, akzeptierten aber Japans Oberherrschaft in der südlichen Mandschurei. Insgesamt stärkten die Absprachen die amerikanische und japanische Präsenz im Pazifikraum. Die Reaktion der Weltöffentlichkeit auf das erste internationale Abrüstungsabkommen der Seemächte war euphorisch. Es wurden tatsächlich 70 Schiffe abgewrackt. Da es sich um Selbstverpflichtungen ohne Sanktionen handelte, erwies sich der praktische Wert des Abkommens jedoch bald als gering. Die von Coolidge angeregte, aber schlecht vorbereitete Seeabrüstungskonferenz mit Großbritannien und Japan in Genf, die einen ähnlichen Proporz auf die kleineren Schiffe übertragen sollte, endete 1927 ergebnislos im Streit selbst zwischen Engländern und Amerikanern.

Zum Klischee der „isolationistischen" Außenpolitik paßt auch nicht die aktive Rolle der USA bei der Regelung der deutschen Reparationen (siehe unten Dawes-Plan und Young-Plan). Die Grenze des internationalen Engagements unter Coolidge zeigte sich in der amerikanischen Reaktion auf den Vorschlag des französischen Premierministers Aristide Briand (der einen erneuten Krieg mit Deutschland befürchtete und eigentlich einen Verteidigungspakt mit den USA wollte), die USA und Frankreich sollten in einer gemeinsamen Erklärung Krieg als Mittel der nationalstaatlichen Politik „ächten". Außenminister Frank Kellogg fing den Ball auf, warf ihn aber in veränderter Form zurück: um den Anschein einer besonderen Verpflichtung der USA gegenüber Frankreich zu vermeiden, sollten alle Regierungen aufgefordert werden, das Manifest, das Konfliktlösung durch Verhandlungen forderte, einen reinen Verteidigungskrieg aber billigte, zu unterschreiben – was im August 1928 in Paris auch zunächst 15 und schließlich 62 Regierungen taten. Für Deutschland unterschrieb Außenminister Stresemann. Der amerikanische Senat ratifizierte den zahnlosen Pakt im Januar 1929 mit 85:1 Stimmen, nachdem ein Zyniker erklärt hatte, guten Vorsätzen zum Neuen Jahr müsse man doch zustimmen.

Kellogg-Briand-Pakt 1928

Als Japaner 1931 den Süden der Mandschurei besetzten, rief die chinesische Regierung den Völkerbund an und verwies auf den Kriegsächtungspakt, aber nichts geschah. Auch Präsident Hoover war zu keinen Sanktionen bereit und ließ Außenminister Henry Stimson eine diplomatische Note nach Tokyo und Peking schicken: die Vereinigten Staaten würden die gewaltsame Eroberung von Territorien und sonstige Verletzungen der Integrität der Republik China nicht anerkennen (Stimson-Doktrin). Auch dieser Appell hatte keine Wirkung.

Stimson-Doktrin 1932

Die interventionistische Anwendung der Monroe-Doktrin gegenüber Lateinamerika gab erst Präsident Hoover auf. Nach seiner Wahl und vor seinem Amtsantritt im März 1929 kündigte er auf einer mehrwöchigen Rundreise durch Mittel- und Südamerika eine neue Politik des „guten Nachbarn" an. (Sein Amtsnachfolger Roosevelt übernahm die freundliche Formel.) Hoover brach mit dem Vormachtverhalten, demzufolge um 1925 von den 20 lateinamerikanischen Ländern 16 von den U.S.-Marines oder U.S.-Bankiers oder beiden dominiert wurden [243: La Feber, American Age, 358]. Im Unterschied zu Wilson war Hoover bereit, alle

Lateinamerika

de facto Regierungen anzuerkennen, ohne nach ihrer demokratischen Legitima-
tion zu fragen. Nicaragua, wo Coolidge und Hoover den konservativen Präsidenten Adolfo Diaz gegen den Revolutionär Augustino Sandinos stützten, verließen
die letzten Marinesoldaten erst 1933, am Ende der Amtszeit Hoovers.

c) Wirtschaftspolitik der Nachkriegszeit, partielle Prosperität, Börsenkrach und Weltwirtschaftskrise

Gläubiger Europas Die Finanzierung des Ersten Weltkrieges verband die amerikanische Wirtschaft
noch enger mit der europäischen. Bei Kriegsende schuldeten die europäischen
Regierungen und Privatunternehmen den Vereinigten Staaten insgesamt 12,6 Mrd.
Dollar. Ein historisches Novum war 1917 erreicht: ehemalige Kolonien der Europäer waren zum Gläubiger der selbstzerstörerischen Großmächte Europas gewor-
Lateinamerika den. Mit Lateinamerika verbanden die USA in diesem Jahrzehnt hohe Investitionen
von Privatunternehmen, z. B. der in Venezuela Öl fördernden und in Chile Kupfer
abbauenden amerikanischen Aktiengesellschaften. 1924 erreichten sie einen
Gesamtwert von 1,5 Mrd. Dollar, 1929 über 3,5 Mrd. In Europa hatten amerikanische Firmen zu diesem Zeitpunkt weniger als die Hälfte dieser Summe investiert.

Umstellung auf   Die befürchtete Nachkriegsdepression mit Deflation und hohen Arbeitslosen-
Friedenswirtschaft zahlen trat 1920/21 ein. Die im Krieg auf Hochtouren gefahrene Industrieproduk-
tion und Landwirtschaft fand nicht mehr den nötigen Absatz in Europa, und acht
Millionen Veteranen suchten Arbeit. Die durch Mechanisierung, Standardisierung
und effizientes Management gesteigerte Produktivität blieb aber erhalten, und der
Bedarf an Arbeitskräften stieg nicht. Die Weizenfarmer ernteten weiter große
Überschüsse. Der Preis für Landwirtschaftserzeugnisse auf dem Weltmarkt fiel in
Schutzzölle den beiden ersten Jahren nach Kriegsende durchschnittlich um die Hälfte. Deshalb hielt der mehrheitlich Republikanische Kongreß ab 1921 durch hohe Einfuhrzölle die inneramerikanischen Preise insbesondere für Landwirtschaftsprodukte, Metalle und Chemieprodukte hoch (Fordney-McCumber-Zölle). Den
Höhepunkt markierte das Einfuhrzollgesetz von 1930, das nicht weniger als 3 218
zu verzollende Waren aufführte (Smoot-Hawley-Zölle). Der Zoll auf Wein und
andere Alkoholika wurde z. B. von 36% auf 47% erhöht; auf Wolle und Woll-
stoffe von 50% auf 60%. Da viele Waren mit einer festen Summe unabhängig vom
Verkaufspreis zu verzollen waren, wirkten sich die Einfuhrzölle in der Weltwirtschaftskrise für den Welthandel um so schädlicher aus. Ganze Handelsströme, die
für einzelne Länder wichtig waren, kamen zum Erliegen, z. B. der Import von
Seide aus Japan, von Zigarren und Zucker aus Kuba, von Oliven aus Italien. Der
Wert der Importe aus Deutschland sank von 1929 bis 1932 um 181 Mio. Dollar.
Die hohe Zollmauer erschwerte es den europäischen Schuldnern in den 1920er
Jahren, ihre Schulden durch Warenlieferungen abzutragen. Zugleich versuchten
amerikanische Unternehmen ihre Exporte zu steigern, u. a. durch hohe Investitio-
nen in Deutschland und anderen europäischen Ländern.

Die Regierung und Wirtschaft der USA hatten ein fundamentales Interesse daran, sich Europa als Absatzmarkt zu erhalten. Als das Deutsche Reich 1923 seine Reparationszahlungen nicht erfüllte und die deutsche Währung ihren Wert verlor, setzte Präsident Coolidge eine Expertenkommission unter Vorsitz des Haushaltsexperten Charles Dawes ein. Sie arbeitete den 1924 von der Reparationenkommission akzeptierten Dawes-Plan (der dem Hauptautor 1925 den Friedensnobelpreis und die Vizepräsidentschaft unter Coolidge einbrachte) aus. Der Plan erleichterte der deutschen Regierung die jährlichen Reparationszahlungen und gewährte einen Kredit von 110 Mio. Golddollar. Hauptziel war es, den für die amerikanischen Gläubiger entscheidenden Kapitalfluß in Gang zu halten: von Deutschland nach Frankreich und England in Gestalt der Reparationen, von Frankreich an England, und von England als Schuldentilgung zurück in die USA. Etwa vier Fünftel der deutschen Zahlungen gelangten schließlich in die USA. Der Kreislauf mußte abbrechen, wenn die amerikanischen Investitionen in Europa ausblieben. Als das Deutsche Reich auch den Dawes-Plan nicht erfüllte, entsandte Präsident Hoover 1929 eine zweite Expertenkommission unter Vorsitz des Industriellen und früheren Kommissionsmitglieds Owen D. Young und unter Einschluß des Bankiers J. P. Morgan nach Paris. Der Young-Plan verminderte die deutschen Zahlungen weiter und streckte sie auf 58 1/2 Jahre. (Auch der Young-Plan wurde nicht erfüllt; die Konferenz von Lausanne strich 1932 schließlich über 90% der deutschen Verpflichtungen.) Dawes- und Young-Plan waren augenfällige Beweise der aktiven Rolle, die das Nichtmitglied des Völkerbundes USA in der internationalen Wirtschaftspolitik spielte.

Den 1922 einsetzenden und bis 1929 anhaltenden Konjunkturaufschwung trugen nur bestimmte Wirtschaftsbereiche, insbesondere die Autoindustrie, die Elektroindustrie und die Bauwirtschaft. Im vorläufig letzten Boomjahr der Autoindustrie, 1929, rollten 26,7 Mio. Autos auf amerikanischen Straßen. Die Jahresproduktion an PKWs hatte von 1,7 Mio. (1917) auf 4,5 Mio. (1929) zugenommen. Von allen technischen Neuerungen in den 1920er Jahren veränderte die schnelle Verbreitung des Automobils das tägliche Leben am meisten: die Wahl des Wohnorts und der Schule (in *suburbia*), das Einkaufs- und Freizeitverhalten (Reiseferien, *camps* in den Nationalparks usw.) und die Industrieproduktion. Noch nie wurde so viel Geld für den Straßen- und Landstraßenbau ausgegeben bzw. als Steuern auf allen Ebenen eingenommen. Stadt und Land wurden enger verbunden als je zuvor. Die Farmer stiegen auf Dieseltraktoren um. Die Stagnation der Autoindustrie mit allem, was an Zulieferern und Infrastruktur daran hing, hatte ab 1930 katastrophale Konsequenzen und trug zur schnellen Vertiefung der Wirtschaftskrise bei. Die Entwicklung der zivilen Luftfahrt wurde seit 1926 von der Bundesregierung gefördert (Air Commerce Act); wirtschaftliche Bedeutung erlangten vor 1945 aber nur die transkontinentalen und schließlich transatlantischen Fracht- und Postflüge. Zu den auch wirtschaftlich bedeutsamen Innovationen gehörte die Ausbreitung des Radios. Die Anzahl der Haushalte mit einem Rundfunkempfänger sprang von 60 000 (1922) auf 1,2 Mio. (1924); sie wurden 1922 von 500 kom-

Außenhandel und deutsche Reparationen

Dawes-Plan 1924

Young-Plan 1929

Autoindustrie

Luftfahrt

Rundfunk, Elektroindustrie

merziellen Privatsendern bedient, die sich z. T. per Telefonleitung zusammen-
schlossen. Den ersten nationalen Zusammenschluß bot 1926 die National Broadcasting Corporation (NBC). Ohne Werbung finanzierte sich eine Minderheit von
Sendern, die von Universitäten, Gewerkschaften und Kirchen betrieben wurden.
Das Rundfunkgesetz von 1927 regelte erstmalig die Lizenzvergabe und Frequenz-
zuweisung und setzte die Federal Radio Commission als Aufsichtsbehörde ein.
Die werbungsfinanzierten Privatsender setzten sich durch. Die von der British
Broadcasting Corporation mit ihren hohen Ansprüchen an Bildung und umfassender Information inspirierten Rundfunkreformer um 1930/35 unterlagen.
Arbeit und Gewinne für die Elektroindustrie brachten in noch größerem Umfang
die elektrischen Kühlschränke und die Klimaanlagen für Privathaushalte, die um
1930 bereits zum Standardwohnkomfort der Mittelklasse gehörten, ebenso wie
Bügeleisen, Staubsauger und Waschmaschinen. Entsprechend verdreifachte sich
der Stromverbrauch von Privathaushalten zwischen 1917 und 1929.

Werbung, Raten-
zahlung   Die Vermarktung dieser teuren, nicht täglich angeschafften Konsumgüter war
begleitet von intensiver Werbung in Presse, Rundfunk und auf Plakaten, deren
professionelle Aufbereitung den neuen Berufszweig des Werbefachmanns
begründete. Nicht nur das Produkt war zu preisen, auch die bequeme Bezahlung
in kleinen Raten (mit entsprechenden Zinsen) war dem zögernden Käufer nahezu-
legen, der noch nicht gelernt hatte, Geld auszugeben, bevor er es verdient hatte.

Bauindustrie   Nachholbedarf an Wohn- und Büroraum löste einen Bauboom aus. Viele der
großen Mietshäuser und der Siedlungen mit Einfamilienhäusern aus Holz oder
aus Stein, die heute noch das Bild amerikanischer Städte und Vororte bestimmen,
entstanden in den 1920er Jahren. Als das Empire State Building in New York 1931
eingeweiht wurde, war es mit seinen 86 Stockwerken das höchste Gebäude der
Welt. Die Verbreitung des Autos und der Bauboom verstärkten einander gegenseitig. Autos verlangten nicht nur Straßen, sie machten auch das Wohnen am Stadtrand, das amerikanische *suburbia* möglich. Die Erschließung des neuen Baulandes
trieb die Grundstückspreise auch in den stadtnahen Gebieten in die Höhe.

Stagnierende
Branchen   Keinen Anteil an der Hochkonjunktur zwischen 1922 und 1929 hatte der Schie-
nen- und Schiffsverkehr – und dazu gehörten Eisenbahnwaggonbauer ebenso wie
Werften –, weil er als Teil der Kriegswirtschaft maximal ausgebaut worden war;
Landwirtschaft ebensowenig die Leder- und Textilbranche und die Kohlebergwerke. Am meisten
litt die überproduzierende Landwirtschaft. Die schnelle Verbreitung des Diesel-
traktors ab 1918 verdoppelte nicht nur die Leistungsfähigkeit einer Person im
Ackerbau, sondern die nun nicht mehr für Pferdezucht und -futter benötigte
Anbaufläche stand jetzt auch noch für den Getreideanbau zur Verfügung. Der
Preis für Weizen, Mais und Baumwolle sank zwischen Dezember 1919 und
Dezember 1920 auf weniger als die Hälfte. Der Großhandelspreisindex für Landwirtschaftsprodukte insgesamt veranschaulicht die Berg- und Talfahrt ab 1914
(=100): 1918=208; 1920=211; 1921=121; 1923=138; 1928=149; 1932=68. Die Kaufkraft der Farmer fiel entsprechend, aber die Preise für Maschinen und andere Fer-
tigwaren, die Farmer kaufen mußten, stiegen, und die Hypothekenzinsen blieben

hoch. Die Anzahl der jährlichen Zwangsversteigerungen stieg dramatisch von 12 je 1000 Farmen (1921) auf 21 (1926) bzw. 54 (1933). Banken und Großunternehmen nutzten die Chance und kauften sich Flächen zusammen, um sie von einer *corporation* effizient wie eine Fabrik bewirtschaften zu lassen. In dieser Zeit entstanden z. B. in Südkalifornien Obstplantagen von 15 000 Hektar Größe.

Dem Börsenkrach von 1929 lag eine mehrjährige illusionäre Wertsteigerung amerikanischer Aktien zugrunde, und diese wiederum beruhte auf der unbegründeten Hoffnung, das Wirtschaftswachstum und der Wohlstand seien in den USA auf absehbare Zeit stetig und grenzenlos. Nach der Wahl Hoovers im November 1928 verselbständigte sich die Börsenhausse zum spekulativen Spiel. Der Preis einer Aktie hatte immer weniger mit dem tatsächlichen Wert des bezeichneten Anteils an einem Unternehmen zu tun. Unlautere Unternehmensvorstände nutzten die Stimmung und legten neue Aktien auf (1928 für 3 Mrd. Dollar, 1929 für 6 Mrd.), ohne das erhaltene Kapital auch langfristig gewinnbringend zu investieren. Ahnungslose Kleinaktionäre vertrauten auf einen unaufhaltsamen Wertzuwachs ihrer Aktie oder der nächsten, auf die sie nach einem Kursgewinn umstiegen. Etwa in jedem vierten Haushalt besaß jemand Aktien. Ein auf seinen Bankkredit vertrauender Spekulant – der die Zinsen aus Kursgewinnen zu bezahlen hoffte -, wurde vom nächsten kreditabhängigen Spekulanten überboten. Die wenigen Warnungen aus der Bankierszunft wie die Paul Warburgs und Bernard Baruchs wurden nicht ernst genommen. Auch der Vorsitzende des Federal Reserve Board, Roy Young, warnte öffentlich im Februar 1929, und das Board erhöhte am 9.8.1929 den Notenbankzins auf 6%; mehr tat es nicht. Die Aufwärtsspirale geriet ins Stocken, als die erhofften hohen Dividenden 1929 schon im zweiten Jahr ausblieben. Ab Juni 1929 nahmen die Entlassungen bei nicht ausgelasteten Großunternehmen zu. Am 14. Oktober begannen die Aktienpreise zu fallen. Innerhalb von zwei Wochen wollten oder mußten viele der auf Kredit Spekulierenden gleichzeitig verkaufen, und das Kartenhaus brach zusammen. Am 24. Oktober brach die Panik an der New Yorker Börse offen aus ("Schwarzer Donnerstag"), und eine Bankiersgruppe versuchte, mit Stützungskäufen den Markt zu stabilisieren. Am 29. Oktober ("Schwarzer Dienstag") erfolgte der endgültige Absturz mit 16,5 Mio. zum Verkauf angebotenen Aktien und Kursverlusten von 20 bis 50%. In den nächsten beiden Wochen verloren die in New York gehandelten Aktien insgesamt einen Wert von 30 Mrd. Dollar (bis Juli 1932 sollten es 75 Mrd. werden).

Die Baisse erreichte ihren Tiefpunkt aber erst am 8. Juli 1932, als der Dow-Jones-Index nur noch 41,22 Punkte notierte. Der Börsenkrach hatte sich zur Weltwirtschaftskrise, der Great Depression, von katastrophalen Dimensionen vertieft. Über 6 000 Banken – etwa ein Viertel – waren an ihrer Börsenkreditvergabe und den folgenden *runs* gescheitert. Über 85 000 Firmen, deren Aktien wertlos geworden waren, gingen in Konkurs. Die Arbeitslosigkeit erreichte 1932 ein Viertel der Arbeit Suchenden (*labor force*) – und damit einen höheren Anteil als in Deutschland. Millionen Amerikaner auf dem Land wie in Großstädten lebten binnen kur-

Börsenkrach 1929

The Great Depression

zem an oder unter dem Existenzminimum. Der Kaufkraftverlust beendete den Konsumrausch der 1920er Jahre.

Ursachen: Struktu-
relle Schwächen der
amerikanischen
Wirtschaft
Auch die Finanzexperten des Federal Reserve Board hatten sich 1931–32 mit ihrer Geldpolitik in der Rückschau klar erkennbar falsch verhalten. Sie verkannten ebenso wie der Präsident die Ernsthaftigkeit der Rezession, denn bisher waren alle der etwa ein Dutzend ernsthaften Konjunkturkrisen seit Beginn der Industrialisierung wieder in eine Wachstumsphase übergegangen, ohne daß es zum völligen Kollaps gekommen war oder die Bundesregierung als Krisenmanager hätte eingreifen müssen. Nun aber brach der Wirtschaftskreislauf völlig zusammen. Die Prosperität war, wie beschrieben, ungleich verteilt. Auch 1924 hatte es schon einmal über 2 Mio. Arbeitslose gegeben, und die Kaufkraft der Menschen in der Landwirtschaft war erschöpft. Als Mindesteinkommen einer Durchschnittsfamilie mit gerade noch akzeptablem Lebensstandard („basic necessities" genannt) galten 1929 2 500 Dollar. Die Auswertung der Bevölkerungszählung von 1930 ergab, daß 1929 71% der amerikanischen Familien über ein geringeres Einkommen verfügten. Die Durchschnittslöhne der Arbeiter stiegen von 1923 bis 1929 um 11%, die Gewinne in den prosperierenden Wirtschaftszweigen und damit die Dividenden um über 60%. Das Bankwesen war zudem so schwach organisiert und reguliert, daß es sich nicht für Krisenmanagement eignete. Von den 28 000 Banken im Jahr 1925 waren nur 9 500 Mitglieder des Federal Reserve System. Auch in dem Jahrzehnt vor dem Börsenkrach hatten über 5 600 Banken bankrott gemacht, häufig in ländlichen Gebieten im Zusammenhang mit dem Wertverlust der beliehenen Farmflächen. Das laxe Aktien- und Aufsichtsrecht erleichterte die Ausgabe von Aktien, die nicht dem Wert des Unternehmens entsprachen. Die Korruption der Firmenvorstände und Makler traf auf eine irrationale Spekulationsbereitschaft von Kleinaktionären. Die inneramerikanischen strukturellen Schwächen wurden durch den drastischen Rückgang des Außenhandels noch verschärft. Der Wirtschaftshistoriker Harold Underwood Faulkner erkannte vier Faktoren, die einander so negativ verstärkten, daß aus der amerikanischen Konjunkturkrise die Weltwirtschaftskrise wurde: „(1) der Rückgang der Kaufkraft nicht nur in den USA, sondern auch in anderen Ländern; (2) nach 1929 die Einstellung der amerikanischen Kredite, die einen Teil des internationalen Handels ermöglicht hatten; (3) der im internationalen Tausch teure Dollar, der vom Kauf amerikanischer Produkte abschreckte; und (4) die Schutzzölle der USA, auf die andere Länder ihrerseits mit Einfuhrzöllen und speziell amerikanische Güter treffenden Quoten und Vorschriften reagierten. Der Zusammenbruch in Amerika hat zweifellos auch in Europa eine Depression ausgelöst, die hierher zurückwirkte und den Niedergang der Wirtschaft beschleunigte" [American Economic History (1960) 647].

d) Kultur, Medien und Unterhaltung in den „Goldenen Zwanzigern", dem „Zeitalter des Jazz"

Die krasse Geschäftsleutekultur und die Verlogenheit des Alkoholverbots mit den vielen offen geduldeten Ausnahmen lösten den Spott der Intellektuellen und Künstler aus. Als kritischer Begriff für konformistisches und verlogenes Spießbürgertum ging 1922 *Babbittry* in den amerikanischen Sprachschatz ein: der sozialkritische Schriftsteller Sinclair Lewis prangerte in seinem Roman *Babbitt* die Figur des nur um Reputation und Geld bemühten kulturlosen kleinen Aufsteigers, des Geschäftsmannes George F. Babbitt, an, den Dummheit und Egoismus auch zum organisierten Rassenhaß des Ku Klux Klan treiben. Nicht weniger Kritik an geistlosem Mittelklassenwohlstand enthielt das Etikett *booboisie*, das der Literatur- und Kulturkritiker H. L. Mencken zur gleichen Zeit in Verballhornung von „Bourgeoisie" den dümmlichsten und philisterhaftesten seiner Zeitgenossen anheftete.

Babbitt und *booboisie*

Der wachsende Einfluß eines christlichen Fundamentalismus, der Darwins Entwicklungslehre von der Vielfalt der Arten durch natürliche Selektion ablehnte und auf der Lehre der Schöpfungsgeschichte der Bibel auch im Biologieunterricht beharrte, errang regional politische Mehrheiten. Der Staat Tennessee z. B. verbannte den Darwinismus per Einzelstaatsgesetz aus dem Biologieunterricht. Die private Bürgerrechtsorganisation American Civil Liberties Union fand einen mutigen Biologielehrer, John Scopes, und führte 1925 den Musterprozeß vor einem Schöffengericht in Dayton, Tennessee. Presse und Rundfunk machten ihn unter dem Etikett „Monkey Trial" zum nationalen Ereignis. Für die ACLU trat ein Staranwalt auf, für die Fundamentalisten William Jennings Bryan, der Präsidentschaftskandidat von 1896. Die erstklassige Rhetorik brachte den Zusammenprall der hinter den Protagonisten stehenden Kräfte zum Ausdruck: Es ging nicht nur um wörtlichen Bibelglauben gegen Naturwissenschaft, sondern auch um die verbliebenen Gegensätze zwischen Süden und Norden und zwischen gottesfürchtigem, traditionsorientiertem Landleben und modernem, sündhaftem Großstadtleben vermeintlich ungebundener Individuen. Lehrer Scopes mußte zwar 100 Dollar Strafe zahlen, aber die öffentliche Meinung erfuhr einen u. a. von Prozeßberichterstatter H. L. Mencken gefeierten Aufklärungsschub.

Christlicher Fundamentalismus

Der Affenprozeß 1925

Amerikanische Stummfilme, meist in Hollywood gedreht, befriedigten den Unterhaltungsbedarf des städtischen amerikanischen und europäischen Millionenpublikums. Charlie Chaplins Figur des kleinen leidenden wie listigen Tramp eroberte sich auch die Sympathie des europäischen Massenpublikums (The Kid 1920, The Gold Rush 1924, The Circus 1928). Der erste Tonfilm, The Jazz Singer, wurde 1927 in Hollywood produziert. Der Tod des 31jährigen Stummfilmschauspielers Rudolph Valentino löste 1926 auch in Europa eine Hysterie der Trauer aus. Der italienische Einwanderer war in Hollywood durch Filme wie The Four Horsemen of the Apocalypse und The Sheik (beide 1921 uraufgeführt) zum Inbild des *Latin Lover* gemacht worden.

Film

Lindberghs
Atlantikflug 1927   Ein hartes Männlichkeitsideal hingegen verkörperte der Pilot Charles Lindbergh, dessen Flug von New York nach Paris in 33 Stunden und 30 Minuten von der Presse in Wort, Bild und Film gleichzeitig auf beiden Seiten des Atlantik verfolgt und gefeiert und zum ersten fast globalen sportlichen Medienereignis des 20. Jhs. gemacht wurde. Der einsame Held und seine Maschine wurden zum Symbol für die Leistungsfähigkeit eines willensstarken Einzelnen gegenüber der Natur und die Überlegenheit der amerikanischen Technik. Lindbergh blieb fortan Objekt der öffentlichen Aufmerksamkeit. Der Unterhaltungswert von Nachrichten auch über sein Privatleben nahm ihm jegliche Privatsphäre und gipfelte 1932 in der internationalen Anteilnahme an der Entführung seines Sohnes.

3. DIE USA IN DER WELTWIRTSCHAFTSKRISE, 1930–1941

Die dreißiger Jahre haben einen festen Platz als nicht nur numerisch definierte *The Thirties* Periode in der amerikanischen Nationalgeschichte. Nach dem Sezessionskrieg wird die Krise der 1930er Jahre als zweitgrößte Herausforderung des politischen Systems gewertet, die – wie der Sezessionskrieg – mit großen Opfern unter der Führung eines großen Präsidenten gemeistert wurde. Das krisenhafte Ausmaß des Zusammenbruchs der Wirtschaft und seine katastrophalen Auswirkungen auf den Lebensstandard und das Selbstbewußtsein vieler Amerikaner bewirkten ein Umdenken: Da weder die Privatwirtschaft noch die Gemeinden und Einzelstaaten imstande waren, die Wirtschaft wiederzubeleben und die Not zu lindern, richtete sich die Erwartung auf die Bundesregierung, insbesondere auf den Präsidenten. Zu einer das demokratische Regierungssystem bedrohenden Radikalisierung der Wähler wie in Deutschland kam es nicht, weil Franklin D. Roosevelt und die ab 1933 den Kongreß dominierende Demokratische Partei den Glauben an die Funktionsfähigkeit des Regierungssystems in ausreichendem Maß aufrechterhielten, trotz heftiger öffentlich diskutierter Zweifel an der Überlebensfähigkeit des kapitalistischen Wirtschafts- und Regierungssystems. Ob die stark regulierende, aber nicht konsequent planende und Schulden vorübergehend in Kauf nehmende Wirtschaftspolitik Roosevelts ausgereicht hätte, werden wir nie wissen. Denn die Folgen des in der Wahlkampfsprache „New Deal" genannten Gesetzgebungsprogramms von 1933–39 konnten wegen des Zweiten Weltkriegs nicht abgewartet werden. Die Arbeitslosigkeit betrug 1938 immer noch 15%. Erst die Rüstungswirtschaft und ab Dezember 1941 die direkte Beteiligung am Weltkrieg mit einer Wehrpflichtigenarmee beendeten die elfjährige Wirtschaftsdepression. Durch sie konnten eine in Friedenszeiten für die meisten Amerikaner nicht akzeptable Kommandowirtschaft und Ausgabenpolitik gerechtfertigt werden, die bald zu dem im Frieden vergeblich erhofften Konjunkturaufschwung und der Vollbeschäftigung führten.

a) Hoovers unzureichende Reaktionen, Roosevelts Wahl 1932

Der Republikaner Herbert Hoover hatte 1928 ein überwältigendes Wählervotum Hoovers Innen-
politik erhalten. Als Handelsminister unter seinem Amtsvorgänger Coolidge hatte er sich den Ruf eines kompetenten Administrators erworben. Im Wahlkampf hatte er unter anderem das Alkoholverbot als sozial fortschrittlich verteidigt und an den „unerschütterlichen Individualismus" (*rugged individualism*) als bewährte amerikanische Grundhaltung appelliert (Rede in New York am 22. Oktober 1928). Die Republikanische Partei gewann auch in Repräsentantenhaus und Senat die Mehrheit der Sitze. Nach dem Börsenkrach reagierte Hoover durchaus auf die Wirtschaftskrise, nur glaubte er in Verkennung der Tiefe des Einbruchs, an der primären Verantwortung der Privatwirtschaft für die Bewältigung der Krise festhalten zu können. Im Unterschied zu seinem Amtsnachfolger setzte er nicht die volle Autorität der Bundesregierung zur Krisenbewältigung ein. Um den verschuldeten Farmern zu helfen, schlug Hoover im Juni 1929 dem Kongreß mit Erfolg das Agricultural Marketing-Gesetz vor, das u. a. landwirtschaftlichen Verkaufsgenossenschaften billige Kredite zur Verfügung stellte, um Preisfluktuationen entgegenzuwirken. Da die Farmer aber ihren Anbau nicht verringerten und die Mechanisierung der Landwirtschaft die Produktivität der Farmer schnell steigerte, erwiesen sich diese Preisstützungsversuche als wirkungslos. Ebenfalls zugunsten der Farmer belegte das Smoot-Hawley-Einfuhrzollgesetz ab 1930 Landwirtschaftsprodukte mit dem bislang höchsten Einfuhrzoll von 49%. Auch die Zuckerraffinerien und die Textilindustrie wurden durch 34% Einfuhrzoll vor der Weltmarktkonkurrenz geschützt. Weil bei den Konkursen großer wie kleiner Banken auch die Einlagen der Kleinsparer in Milliardenhöhe verlorengingen und es noch keine wirksame Bankenaufsicht gab, tat Hoover einen Schritt in die richtige Richtung, als er im September 1931 die Einrichtung eines Selbsthilfefonds der Banken, der National Credit Corporation, anregte. Die privaten Banken zahlten aber weniger als die nötigen 500 Mio. Dollar in die Kasse, und es kam nicht zu der erhofften Stabilisierung. Warenproduktion und Handel nahmen immer mehr ab und die Arbeitslosenzahl zu. Hoovers Verfassungsverständnis, daß für Arbeitslosenunterstützung die Gemeinden und die Einzelstaatsregierungen zuständig seien, änderte sich auch nicht, als die Arbeitslosenquote 1932/33 die 25%-Marke erreichte. Ab Januar 1932 tat Hoover zumindest einen weiteren Schritt über die von ihm immer wieder beschworene Grenze zwischen den Verantwortungsbereichen Wirtschaft und Regierung und betrieb im Kongreß die Errichtung der Reconstruction Finance Corporation, deren Kasse vom Bund mit 500 Mio. Dollar gefüllt wurde. Ihre Aufgabe war es, den örtlichen staatlichen Organisationen, z. B. den Stadträten, aber auch privaten Vereinigungen wie Farmerverbänden, Banken und Bausparkassen, Eisenbahngesellschaften und Versicherungsgesellschaften bis zu 2 Mrd. Dollar an billigen Kredite zu geben, um „public works", d. h. öffentliche Arbeitsbeschaffungsmaßnahmen, zu finanzieren und damit Arbeitsplätze zu schaffen und die Kaufkraft zu vergrößern. Um den Häuserbau anzuregen und Zwangsversteigerungen von Farmen abzuwehren stellte das Federal Home Loan Bank-Gesetz 1932 den Banken und Bausparkassen weitere 125 Mio. Dollar zur Verfügung. Hoovers Kritiker benutzten schon damals das Bild vom Heruntersikkern und stellten zu Recht fest, daß der von Hoover erhoffte „trickle down"-Effekt bei weitem nicht zur Linderung der Arbeitslosigkeit ausreiche.

Hoovers Außen-
politik   Bereits als Handelsminister unter Coolidge und Organisator der Lebensmittelhilfe für die hungernden Europäer nach dem Ersten Weltkrieg hatte Hoover sein internationales Engagement bewiesen. Als Präsident ließ er verschiedene Aktivitäten des Völkerbundes auf der Arbeitsebene, d. h. ohne Vollmitgliedschaft der USA, unterstützen. Angesichts der sich ausbreitenden Wirtschaftsdepression ließ er 1931 den Schuldnern der USA, also auch Großbritannien und Frankreich, für

ein Jahr die Rückzahlung ihres Kredits stunden (Hoover Moratorium). Den auf der Abrüstungskonferenz in London ausgehandelten Marine-Abrüstungsvertrag ließ Hoover noch am 22. April 1933 von der amerikanischen Delegation unterschreiben, in der Hoffnung, dadurch den Frieden sicherer zu machen. (Zur Lateinamerikapolitik Hoovers S. 51–52).

Hauptwahlkampfthema waren 1932 natürlich die dramatischen Auswirkungen der Wirtschaftskrise. Der amtierende Republikaner Hoover glaubte, ohne neue Rezepte auskommen zu können, und wurde als „herzloser Ingenieur" angegriffen. New Yorks als entscheidungsfreudig und sozial gesinnt ausgewiesener Gouverneur, der Demokrat Franklin D. Roosevelt, beklagte die Vernachlässigung der notleidenden kleinen Leute durch die konservative Bundesregierung und die Macht der Monopole. Das Demokratische Parteiprogramm versprach „a drastic change in economic governmental policies". Was genau die neue Politik, der „new deal", sein würde, wußte Roosevelt allerdings selbst noch nicht. Er versprach sogar noch, wie auch das Parteiprogramm, einen ausgeglichenen Haushalt. Mit 57%:39% der abgegebenen Wählerstimmen war Roosevelts Sieg eindeutig. Nur vier der Neuenglandstaaten und Pennsylvania gingen an Hoover. Alle anderen Parteien spielten mit zusammen 2,9% der Stimmen keine Rolle: Die Sozialisten unter Norman Thomas und die Kommunisten unter William Foster hatten noch nicht einmal als Empfänger potentieller Proteststimmen von 1932 bis 1944 eine Chance. Präsidentschaftskandidat Thomas erhielt 1932 881 000 Stimmen, Foster 102 000. Die Mitgliederzahl der Kommunistischen Partei erreichte auch während der Wirtschaftskrise nur knapp 100 000.

Roosevelts Wahl 1932

b) Roosevelts „New Deal", Verfassungswandel

Der Einfluß Roosevelts auf die wesentlichen innen- wie außenpolitischen Entscheidungen zwischen 1933 und 1945 kann nicht nur mit dem amerikanischen Präsidentenamt als Verbindung von Staatsoberhaupt und Regierungchef erklärt werden. Die Persönlichkeit des Amtsinhabers prägte vielen Zeitzeugen zufolge den Regierungsstil, und dieser war vom Inhalt des Regierungshandelns nicht zu trennen. Der Stimmungsumschwung hin zu mehr Zuversicht und Glauben an einen baldigen Konjunkturaufschwung wurde durch das Charisma eines Präsidenten beschleunigt, der guten Mutes Gesetze in rascher Reihenfolge vorschlug und die *can-do*-Mentalität der Amerikaner beschwor. Ohne das kommunikative Temperament des Präsidenten ist auch sein Umgang mit der Presse nicht zu erklären. Roosevelt ging auf ihre Arbeitsbedingungen ein, schmeichelte den Journalisten durch Benutzung der Kategorie der Hintergrundinformation (*off the record*) und versuchte durch häufige Pressekonferenzen, die Multiplikatoren von seiner Politik zu überzeugen. Er akzeptierte es als Zeichen der Popularität, daß die Presse ihn als zweiten Präsidenten nach seinem Vetter „T.R." platzsparend mit seinen Initialen bezeichnete, und „FDR" wurde zum Vorbild für nur zwei weitere popu-

Franklin D. Roosevelt als Person

läre Präsidenten vor Ablauf des 20. Jhs.: JFK (John F. Kennedy) und LBJ (Lyndon B. Johnson).

Eleanor Roosevelt   Auch die Präsidentenfrau spielte ab 1933 erstmals in der amerikanischen Geschichte öffentlich eine aktive politische Rolle. Wie schwierig auch immer das Verhältnis des Präsidenten zu Eleanor gewesen sein mag – seine emotional engste Lebensgefährtin war sie im Weißen Haus bereits nicht mehr -, das Zweckbündnis der beiden starken Charaktere kam dennoch der amerikanischen Politik zugute, weil Mrs. Roosevelt sich einer zutiefst verunsicherten Bevölkerung als zusätzliche Identifikationsfigur anbot, die Selbstvertrauen, Kompetenz und mitmenschliche Wärme ausstrahlte. Was die Situation verlangte, konnte die Persönlichkeit leisten, und Eleanor Roosevelt schuf die neue Rolle der auch politisch äußerst aktiven *First Lady*. Sie machte Erkundungsfahrten quer durchs Land – selbst zu Bergleuten unter Tage -, berichtete dem Präsidenten, schrieb regelmäßig Zeitungsartikel unter eigenem Namen und hielt ihre eigenen Pressekonferenzen ab. Sogar bei innenpolitischen Krisen vermittelte sie. Ein Beispiel: Als 1941 der Vorsitzende der weitgehend afroamerikanischen Gewerkschaft der Schlafwagenschaffner, A. Philip Randolph, mit einem Marsch auf Washington drohte, um die Gleichbehandlung afroamerikanischer Arbeiter in der boomenden Rüstungsindustrie einzufordern, bahnte Mrs. Roosevelt durch ein Vorgespräch in New York ein Treffen des Präsidenten mit Randolph im Weißen Haus an. Als Gegenleistung für den Verzicht auf den Marsch wies Roosevelt am 25.6.1941 die Rüstungsindustrie und Behörden der Bundesregierung an, jegliche Diskriminierung wegen „Rasse, Glaube, Hautfarbe oder nationaler Herkunft" zu unterlassen.

„New Deal"   Nur langsam und experimentierend überwanden Präsident und Kongreßmehrheit die Systemkrise unter beispielloser Ausdehnung der Kompetenzen der Bundesregierung. Die 1932 von Wahlkämpfer Gouverneur Roosevelt benutzte Phrase vom „New Deal", dem neuen, gerechteren Verteilen der Karten, war zunächst nicht mehr als ein suggestives Etikett, wie es in Präsidentschaftswahlkämpfen seit 1912 üblich war. (Siehe Wilsons „New Freedom", Theodore Roosevelts „New Nationalism"). Ein von Journalisten zündend *brain(s) trust* genannter Zirkel politischer Berater und Wissenschaftler erarbeitete mit Roosevelt während des viermonatigen Interregnums bis zur Amtsübernahme am 4. März 1933 eine Palette von Vorschlägen für Gesetzesinitiativen. Viele von ihnen griffen Ideen der People's Party von 1892 und des Progressive Movement auf bzw. entwickelten Ansätze Hoovers entschlossener fort. Zu der Theorie von den kontrazyklischen Defizitausgaben der öffentlichen Haushalte, die der Engländer John Maynard Keynes seit 1930 veröffentlicht hatte, bekannte Roosevelt sich nicht, aber er und die Demokratische Mehrheit im Kongreß verabschiedeten defizitäre Haushaltsgesetze.

brains trust

Keynesianismus

Die „Ersten 100 Tage"   In den publizistisch erstmalig als solche dramatisierten „Ersten 100 Tagen" eines Präsidenten überließen beide Kammern des Kongresses dem Präsidenten die Initiative. Die Tatsache, daß Roosevelt dieses Vakuum in blendendem Zusammenspiel mit dem Kongreß und der Presse ausfüllte, war bereits an sich ein Schritt hin zur psychologischen Krisenbewältigung. Von März bis Ende Mai 1933 verabschiedete der Kongreß in einer Sondersitzung mit wenig eigener Beratung ein Bündel von Gesetzen, die sowohl die Notlage kurzfristig lindern als auch Entscheidungsstrukturen langfristig ändern sollten:

1. Das Bankengesetz vom 9.3.1933 stabilisierte das Bankwesen; es ermächtigte den Präsidenten zu nie dagewesener Reglementierung und dem Anlegen strenger Kriterien bei der Wiederzulassung der am 6. März geschlossenen Banken.

2. Das *Economy*-Gesetz vom 20.3.1933 beschwor das traditionelle Ideal vom ausgeglichenen Staatshaushalt, kürzte die Pensionen der Kriegsveteranen und die Gehälter der Bundesbediensteten um 15% und senkte also die Kaufkraft.

3. Das Bier- und Weinsteuergesetz vom 22.3.1933 beendete das Zeitalter der Prohibition (1920–33) und erschloß dem Bund eine neue Einnahmequelle.

4. Das am 31.3.1933 beschlossene Civilian Conservation Corps bot 18- bis 25jährigen Männern Arbeitslager in Nationalparks und weniger malerischen Gegenden an, wo man für 30 Dollar im Monat Bäume pflanzen und Straßen, Brükken und Dämme bauen konnte. Über 2 Millionen ansonsten Arbeitslose nahmen das Angebot bis zum Kriegseintritt 1941 an.

5. Die am 12.5.1933 geschaffene Federal Emergency Relief Administration stellte den Einzelstaaten und Gemeinden, deren eigene Kassen für Armen- und Arbeitslosenunterstützung geleert worden waren, 500 Mio. Dollar zur Verwendung in eigener Regie zur Verfügung. Viele Gemeinden organisierten daraufhin öffentliche Bauprojekte wie das Anlegen von Parks, Wegen, Kanalisation und Wasserreservoiren, um Arbeiter vorübergehend beschäftigen zu können.

6. Das ebenfalls am 12.5.1933 beschlossene Landwirtschaftsgesetz (Agricultural Adjustment Act) erfüllte die schon 1890 von den Populisten erhobene Forderung nach gesetzlicher Stabilisierung der Preise für Getreide, Baumwolle, Tabak, Milch, Schweinefleisch usw. durch eine Kombination staatlich organisierter Lagerung und Beleihung der Ernten vor ihrem Verkauf. Von 1929 bis 1933 waren die Preise für Landwirtschaftserzeugnisse noch einmal um die Hälfte gefallen, und die Getreidespeicher waren überfüllt. (Zugleich hungerten Arbeitslose in den Großstädten.) Zur Anhebung der Preise wurde die Überproduktion durch Nichtanbauprämien gesenkt. Die neu geschaffene Farm Credit Administration – und nicht etwa Privatbanken – stellte ab 1934 den verschuldeten Farmern die billigen Kredite zur Verfügung, die sie zur Abwendung von Zwangsversteigerungen brauchten. Als das Oberste Bundesgericht das Landwirtschaftsgesetz 1936 für ungültig erklärte, weil die zur Finanzierung der Nichtanbauprämie erhobene Steuer auf Verarbeitung von Landwirtschaftsprodukten (z. B. in Konservenfabriken) verfassungswidrig sei, verabschiedete der Kongreß 1938 eine verbesserte Auflage des Landwirtschaftsgesetzes. Beibehalten worden ist bis heute die Verantwortung der Bundesregierung für die Rahmenbedingungen der Preise für Landwirtschaftsprodukte, mit manchen Konsequenzen für die Außenhandelspolitik der USA.

7. Die von der Bundesregierung weitgehend unabhängige Regionalplanungs- und Naturschutzbehörde Tennessee Valley Authority (13.5.1933) entwickelte sich

zu einem bis heute bestehenden Vorzeigeobjekt des New Deal: Die Bundesbehörde regelte, wozu sich die sieben Staaten, durch die der Fluß sich windet, nicht verständigt hatten. Dämme (z. T. während des Ersten Weltkriegs mit Bundesgeld begonnen) regulierten den Wasserstand und produzierten billigen Strom für die Aluminium- und Nitratherstellung und für die Elektrifizierung von ländlichen Regionen, die von den privaten Elektrizitätswerken bisher vernachlässigt worden waren. Naturschutzexperten demonstrierten den Farmern u. a., wie mit bestimmten Pflügemethoden Bodenerosion verhindert werden konnte. Die offenkundige Nützlichkeit des Gesamtprojekts ließ schließlich die orthodoxen Warnungen vor „der Regierung" als unfairem Konkurrenten von Privatunternehmen verstummen.

8. Das Aktiengesetz vom 27.5.1933 verlangte die Registrierung der Ausgabe neuer Aktien unter Angabe wirtschaftlicher Daten des Unternehmens (ab 1934 bei der Securities Exchange Commission).

9. Das zur Wiederbelebung der Industrie wichtigste Gesetz, der National Industrial Recovery Act vom 16.6.1933, nutzte die Erfahrung mit dem War Industries Board im Ersten Weltkrieg und ersetzte für die Dauer der Krise Konkurrenz der Unternehmer durch Absprachen, die in schließlich 550 „codes of fair competition" für ganze Industriezweige festgehalten wurden. Die Produktions- und Preisabsprachen suspendierten die Antitrust-Vorschriften. Bei ihrer Vereinbarung saßen Unternehmensvertreter, Gewerkschaftsvertreter und Vertreter des Präsidenten in Gestalt von Mitarbeitern der National Recovery Administration an einem Tisch. Dies war der Gestalt gewordene „organized capitalism", den orthodoxe Klassenkämpfer seither unermüdlich angeprangert haben. Für die organisierten Arbeiter besonders wichtig war Artikel 1, Abschnitt 7a des NIRA, der Betriebsgewerkschaften legalisierte und ihnen das Recht garantierte, für alle ihre Mitglieder Tarifverhandlungen mit den Unternehmen zu führen. Erst seit dieser gesetzlichen Billigung der Industriegewerkschaften gelang dem nicht auf Facharbeiter beschränkten Congress of Industrial Organizations (CIO) der große Durchbruch.

Konzertierte Aktion

Der Leiter der National Recovery Administration, ex-General Hugh Johnson, beschrieb als Kern des gesamten New Deal „das Prinzip der konzertierten Aktion in Industrie und Landwirtschaft mit dem Ziel, unter Aufsicht von Regierungsvertretern eine ausgewogene wirtschaftliche Lage herbeizuführen". Denn Schuld an der Katastrophe sei das Gegenteil gewesen: „die mörderische Doktrin des unerbittlichen, wölfischen Wettbewerbs" nach dem gnadenlosen Motto „den letzten beißen die Hunde" [265: HUGHES, American Economic History (1990) 474].

Zweiter Schub von New Deal-Gesetzen 1935–37

Roosevelt wollte mehr als nur Symptome kurieren: Zusätzlich zur kurzfristigen Linderung der Not (relief and recovery) sollte es auch dauerhafte soziale und wirtschaftliche Reformen geben. Es gebe immer noch zu viel „undue private power over public affairs", stellte er in seiner Bestandsaufnahme vor dem Kongreß im Januar 1935 fest. Das amerikanische politische System mit seinen „tested liberal traditions" und „that republican form of representative government first given to a troubled world by the United States" könne die Krise meistern. Erschwerend wirke jedoch die globale Verflechtung der Wirtschaft im „Maschinenzeitalter" mit seiner weltweit schnellen Kommunikation („universal and rapid communication"). Ab 1935 setzte Roosevelt Entwürfe für längerfristig wirksame Reformgesetze durch.

Dazu gehörte vor allem das Gesetz zur Sozialen Sicherheit von 1935. Zusätzlich zu den privaten und in mehreren Einzelstaaten bereits bestehenden gesetzlichen Sozialversicherungsprogrammen beschloß der Bund mit dem Social Security Act erstmalig (a) eine gesetzliche Alters- und Arbeitsunfähigkeitsrente, (b) eine gesetzliche Arbeitslosen- und Unfallversicherung und (c) Sozialhilfe für Blinde und notleidende Kinder. Die Demokratische Kongreßmehrheit war nur zu dieser Minimallösung bereit und gewährte z. B. den Beschäftigten in der Landwirtschaft und in den privaten Haushalten keinen Schutz. Beide Kategorien betrafen viele Afroamerikaner. (a) Mit der Altersrente ab 65 (und seit 1939 auch der Hinterbliebenenrente) sicherte der Bund Millionen von Amerikanern zum ersten Mal ein regelmäßiges Basiseinkommen im Alter. Finanziert wurde das Programm nicht aus den allgemeinen Steuern, sondern aus den Beiträgen der Versicherten und ihrer Arbeitgeber in Höhe von 1% des Lohnes. (b) Arbeitslosenversicherung hatten vor 1935 nur vier Einzelstaaten eingeführt. Nun überwies der Bund in die Einzelstaatskasse Arbeitslosenhilfe zur Auszahlung nach Maßgabe des jeweiligen Einzelstaatsarbeitslosengesetzes. Sein Geld zog der Bund von den Arbeitgebern mit vier und mehr Angestellten in Höhe von 3% des jeweiligen Gehalts ein. Aus dem Entwurf des Social Security Act von 1935 strich Präsident Roosevelt nach heftigen Protesten des Ärzteverbandes American Medical Association die gesetzliche allgemeine Krankenversicherung – die als „socialized medicine" diffamiert wurde -, um wenigstens eine Mehrheit für die Arbeitslosenversicherung und die Rentenversicherung zu bekommen. (c) Wieder anders von Bund und Einzelstaaten gemeinsam finanziert wurde die Sozialhilfe für Blinde, notleidende Alte und in Armut lebende Familien mit Kindern (Aid to Families with Dependent Children).

Kurz nachdem das Oberste Bundesgericht im Mai 1935 den National Industrial Recovery Act von 1933 für verfassungswidrig erklärt hatte, weil die Legislative darin angeblich einen zu großen Teil ihrer eigenen Kompetenzen delegiert hatte, verabschiedete der Kongreß das Gewerkschaftsgesetz von 1935. Es übernahm die vom Gericht nicht beanstandeten Teile des 1933er Gesetzes, insbesondere die Stärkung der Industriegewerkschaften, und richtete als kompetente Schiedsinstanz und Vermittler das National Labor Relations Board ein (Wagner Act oder National Labor Relations Act). Im letzten großen New Deal-Gesetz, dem Fair Labor Standards Act, übernahm der Bund 1938 vollends die Regelung der Höchstarbeitszeit und Mindestlöhne. Die Landwirtschaft und einige kleinere Wirtschaftsbereiche blieben allerdings noch ungeregelt. Erst als die Aura der Illegalität 1935 überwunden wurde, erhielten die Industriegewerkschaften großen Zulauf. Die Weltwirtschaftskrise hatte zunächst die Gewerkschaften geschwächt. Der Dachverband der Facharbeitergewerkschaften American Federation of Labor

Social Security Act 1935

Gewerkschaften, Arbeitsbedingungen

(AFL) hatte 1919 etwa 5 Millionen Mitglieder, 1933 nur noch 3 Millionen. Die vorübergehende Spaltung der Arbeiterorganisationen in AFL und den sich aktiv um die Organisation auch ungelernter Fabrikarbeiter jeweils eines ganzen Betriebes bemühenden Congress of Industrial Organizations schwächte die Arbeiterbewegung zusätzlich. Die Mitgliederwerbung und Organisation von Betriebsgewerkschaften wurde oft gegen den Willen der Unternehmer und z. T. mit Gewaltanwendung auf beiden Seiten betrieben. Als die Gewerkschaft der Automobilarbeiter mit über 300 000 Mitgliedern 1936 für die 150 000 Arbeiter des Autoherstellers General Motors in Flint/Michigan Tarifverhandlungen führen wollte, wurde sie nicht als Verhandlungspartner akzeptiert. Erst der folgende große erste Sitzstreik zwang die Firmenleitung nach 44 Tagen zum Einlenken, weil Michigans Gouverneur Frank Murphy sich standhaft weigerte, das Werksgelände mit Gewalt durch die Miliz räumen zu lassen und statt dessen Vermittlungsgespräche organisierte. Vom Sieg der Automobilarbeitergewerkschaft profitierte 1937 auch die Stahlarbeitergewerkschaft, als der Konzern U.S. Steel sie als Verhandlungspartner anerkannte und die 40-Stundenwoche und eine zehnprozentige Lohnerhöhung gewährte. Die Mitgliederzahl der im Dachverband CIO zusammengeschlossenen Gewerkschaften stieg zu einem Hoch von 3,7 Millionen Ende 1937. Weitere Streiks, die teilweise von Polizei und Miliz nach richterlichen Anordnungen unterdrückt wurden, folgten.

Gegner des New Deal

Der neuartig extensive Einsatz der Gesetzgebungskompetenz des Bundes und die daraus folgende Bundesbürokratie hatten von 1933 an auch ihre Kritiker, nicht nur in Gestalt der oppositionellen Republikaner im Kongreß und der Sozialistischen und Kommunistischen Parteien außerhalb. Unternehmer, denen die Gewerkschaftsfreundlichkeit der New Dealer zu weit ging, taten sich zu einer pathetisch „American Liberty League" genannten Lobbygruppe zusammen, um die Freiheit Amerikas und seiner Unternehmer gegen Roosevelts „Sozialismus" und „Diktatur" zu verteidigen. Wer rückblickend bedauert, daß die New Deal-Reformen nicht weit genug gegangen seien, muß u. a. die unversöhnliche Härte des konservativen Widerstandes ab 1934 berücksichtigen. Im politischen Spektrum nicht eindeutig links oder rechts anzusiedeln waren drei politische Bewegungen, die New Deal-Befürwortern überall im Land Stimmen kosten konnten. In Kalifornien gründete der Arzt Francis Townsend politische Clubs, deren Patentrezept gegen Arbeitslosigkeit und mangelnde Kaufkraft es war, alle Arbeitnehmer mit 60 Jahren zu pensionieren und ihnen aus dem Steueraufkommen eine Volksrente von 200 Dollar zu zahlen, die sie bis Monatsende ausgeben mußten. Ein anderes Patentrezept predigte wöchentlich der von Roosevelt enttäuschte katholische Priester Charles Coughlin aus Detroit über eine nationale Kette von Radiosendern: Die Verstaatlichung der Banken und die Einführung des Silberstandards würden die Wirtschaft aus der Krise führen. Ebenfalls über den Rundfunk schuf sich der populistische Senator Huey Long aus Louisiana eine nationale Anhängerschaft mit der Forderung, den vorhandenen nationalen Reichtum durch 100%ige Besteuerung aller Einkünfte über einer Million Dollar zu verteilen; davon sei jeder

Familie ein Jahresmindesteinkommen von 2 500 Dollar zu garantieren. Roosevelt befürchtete, daß seine Wiederwahlchancen 1936 sänken, wenn eigentlich Demokratische Wähler wegen Longs, Coughlins und Townsends Kritik ihm die Stimme verweigerten. Diese Furcht bewirkte wahrscheinlich die stärker sozialstaatlichen Komponenten der Gesetze des „Zweiten New Deal" und die Wiederwahl mit verstärktem Mandat.

Eine besondere Art des Widerstandes leistete die Mehrheit von fünf der neun Obersten Bundesrichter, indem sie von 1933 bis 1936 mehrere bereits genannte Bundesgesetze für verfassungswidrig und damit null und nichtig erklärte. Ihre enge Verfassungsinterpretation gewährte Kongreß und Präsident nicht den in der Krise nötigen Handlungsspielraum. Die Handelsklausel in Artikel 1, Sektion 8 der Bundesverfassung gibt dem Kongreß das Recht „to regulate commerce with foreign nations, and among the several States, and with the Indian tribes". Konservative Richter verweigerten deshalb dem Bund seit 1918 die sozialreformerische Reglementierung der lokalen Produktion von Waren (*manufacturing*) etwa durch das Verbot von Kinderarbeit. Als schließlich ein Oberster Richter seine Meinung änderte und die Richtermehrheit ab 1937 die Handelsklausel umfassender interpretierte, womit sie die Unterscheidung von Handel und Herstellung praktisch aufgab (Fall National Labor Relationsboard gegen Jones and Loughlin Steel Corporation), wurde sie zur Grundlage der Bundeskompetenz auch in anderen Rechtsbereichen, z. B. dem der Gleichbehandlung der Rassen, wie sie etwa das Bürgerrechtsgesetz von 1964 verlangte.

Ohne zu wissen, daß der Meinungsumschwung im Obersten Bundesgericht bereits eingeleitet war, schlug der durch die Wahlen 1936 in seinem Kurs bestärkte Präsident dem Kongreß 1937 ein Gesetz zur Verjüngung des Gerichtes vor. Es hätte ihm die Möglichkeit eröffnet, für jeden der unbefristet ernannten Richter, der den 70. Geburtstag überschritten hatte, einen zusätzlichen Richter zu nominieren und vom Senat bestätigen zu lassen. Das durchsichtige Manöver stieß als „court packing plan" sofort auf heftigen Widerspruch, auch bei New Deal-Befürwortern, die die Unabhängigkeit der Justiz gefährdet sahen. Konservative New Deal-Kritiker und die American Bar Association sahen sich in ihren schlimmsten Prophezeiungen bestätigt und setzten eine massive öffentliche Debatte über die Gefährdung der Gewaltenteilung in Gang. Ohne daß er in Repräsentantenhaus oder Senat auch nur zur Abstimmung kam, gab Roosevelt den Plan auf. Doch auch ohne Änderung des Supreme Court-Gesetzes erhielt er bereits ab August 1937 Gelegenheit, Richter für das Oberste Bundesgericht zu nominieren, weil die ältesten und konservativsten der Richter zurücktraten, als ihre Mehrheit einmal gebrochen war. Das neu zusammengesetzte Gericht erhielt bald die Bezeichnung „Roosevelt Court".

Bis 1939 schafften Roosevelt und die reformbereiten Demokraten im Repräsentantenhaus und im Senat es nicht, die Arbeitslosigkeit wirklich zu beseitigen. Neun Millionen Arbeitslose wurden nach der Rezession von 1938 i.J. 1939 registriert. Zu einem nennenswerten sozialen Wohnungsbau in den Armenvierteln der

Das Oberste Bundesgericht als Kritiker des New Deal

Roosevelts gescheiterte Gerichtsreform 1937

Rezession 1938, Ende des New Deal

Großstädte war es trotz der National Housing-Gesetze von 1934 und 1937, die Bundeskredite für diesen Zweck zur Verfügung stellten, nicht gekommen. Keine Bodenreform, kein Kreditprogramm hatte den nahe dem Existenzminimum lebenden Landpächtern im Süden und Westen dauerhaft geholfen und sie etwa aus dem Teufelskreis von Überproduktion und zu niedrigen Preisen für ihre Ernten bei steigenden anderen Preisen befreit. Das hochgelobte Sozialversicherungsgesetz von 1935 (Social Security Act) war ein Schritt in die richtige Richtung, ließ aber z. B. die Vielzahl der Landarbeiter und Pächter ungeschützt und bot keine allgemeine gesetzliche Krankenversicherung. Die meisten afroamerikanischen Wahlberechtigten wurden in den Südstaaten nach wie vor mit Manipulation und Terror von der Wahlurne ferngehalten. Die Macht der Großunternehmen war ungebrochen, auch wenn ihre Reputation unter dem totalen wirtschaftlichen Zusammenbruch gelitten und die Anzahl der gewerkschaftlich organisierten Arbeiter im Schutz mehrerer New Deal-Gesetze zugenommen hatte.

c) Internationale Beziehungen: Von der formalen Neutralität zur faktischen Allianz

Primat der Innenpolitik bis 1941 Von ihrem ersten Amtstag an hatten Roosevelt und sein Außenminister Cordell Hull (1933–44) zwar ein globales Krisenszenario vor Augen, aber trotz aller Aufmerksamkeit für die wirtschaftlich wie militärisch instabile Weltpolitik folgte Roosevelts Handeln von 1933 bis 1941 dem Primat der Innenpolitik, d. h. der Bewältigung der Wirtschaftskrise und ihrer sozialen Folgen. Die Suche nach ausländischen Absatzmärkten gehörte in diesem Sinn zur Innenpolitik. Die Weltwirtschaftskonferenz in London im Juni 1933, die noch sein Amtsvorgänger mit vorbereitet hatte, ließ Roosevelt platzen, weil er die Abkoppelung des Dollar vom Goldstandard wollte; ein abgewerteter Dollar verbesserte die Exportchancen amerikanischer Firmen. Das wirtschaftliche Nationalinteresse ging ihm über die Stabilisierung der Währungen.

Anerkennung der Sowjetunion 1933 In der Sowjetunion regierten Stalin und die KPdSU mit Terror. Im Zuge der Kollektivierung der Landwirtschaft waren seit 1929 über 10 Millionen Bauern ermordet worden. Von Wilson bis Hoover hatten alle amerikanischen Präsidenten die diplomatische Anerkennung des revolutionären Regimes abgelehnt. Der Realpolitiker Roosevelt beschloß nun im November 1933 gegen den Rat der Experten im Auswärtigen Amt, daß den USA reguläre Beziehungen zu Stalin mehr nutzten als schadeten, und leitete die diplomatische Anerkennung der Sowjetunion ein. Der erhoffte Absatz amerikanischer Waren in der Sowjetunion trat allerdings nicht ein. Das Mißtrauen zwischen den Führern der unvereinbaren Regierungs- und Wirtschaftssysteme blieb bestehen.

Lateinamerika In Lateinamerika konnte Roosevelt die von Hoover eingeleitete Politik der guten Nachbarschaft fortsetzen. Die 1934 eröffnete Export-Import-Bank half insbesondere lateinamerikanischen Ländern, den Kauf U.S.-amerikanischer Waren bis hin zu ganzen Stahlwerken zu finanzieren. Das Gesetz über den gegenseitigen Handel von 1934 (Reciprocal Trade Act) erleichterte dem Präsidenten den Abschluß von Handelsverträgen und führte von 1932 bis 1938 zu einer Steigerung insbesondere des U.S.-Anteils an den Einfuhren der lateinamerikanischen Ländern von etwa einem Drittel auf etwa die Hälfte. Insgesamt verdoppelte sich der Außenhandel der USA mit lateinamerikanischen Ländern zwischen 1930 und 1940 in beiden Richtungen. Auf mehreren „panamerikanischen" Konferenzen von 1933 bis 1940 beschworen Delegierte von Diktatoren wie Demokratien die gute Nachbarschaft, die Vorteile von Kooperation statt Invasion und Intervention, die Schiffahrtsrechte Neutraler und, 1940 in Havanna, die Verteidigungsbereitschaft des ganzen Kontinents. Die Vertrauensbildung in der Panamerikanischen Union zahlte sich 1941 aus, als die meisten lateinamerikanischen Länder, wie die USA, aktiv in den Weltkrieg eingriffen.

Die Senatsmehrheit lehnte 1935 sogar den vom Präsidenten vorgeschlagenen Beitritt der USA zum Internationalen Gerichtshof in Den Haag ab. Dem gleichen Wunsch nach Distanzierung von internationalen Verpflichtungen und Verwicklungen, die die USA erneut – wie 1917 – in einen Krieg der Europäer hineinziehen würden, entsprang das Neutralitätsgesetz von 1935, das Waffenverkäufe an beide Gegner in einer Konfliktregion verbot. Das Neutralitätsgesetz von 1937 erlaubte kriegführenden Ländern zumindest den Kauf „nichtmilitärischer" Güter und verlangte Barbezahlung und Abtransport auf eigenen Schiffen. Im Spanischen Bürgerkrieg 1936–37 verweigerten die USA ebenso wie Frankreich und Großbritannien Militärhilfe an die verfassungsgemäße Republikanische Regierung. *Neutralitätspolitik*

Über die von der nationalsozialistischen Diktatur ausgehende Gefahr hegte Roosevelt keine Illusionen. Seine „Quarantäne Rede" vom 5.10.1937 benannte zwar nicht ausdrücklich eine Nation, in der „the epidemic of world lawlessness" bereits ausgebrochen sei und die daher unter Quarantäne gestellt werden müsse. Japan war aber ein offenkundiger Adressat, und an Hitlers Deutschland werden auch viele gedacht haben. Aber die Rede löste in den USA mehr „isolationistischen" Widerstand als Kampfbegeisterung aus, und Roosevelt kehrte zu stillerer Diplomatie zurück. Der Anschluß Österreichs im März 1938 und das Münchener Abkommen Hitlers mit der französischen und englischen Regierung im September 1938, das Erpressung belohnte und die Tschechoslowakei zwang, das Sudetenland abzutreten, löste in Washington keinen von Hitler ernstzunehmenden Widerspruch aus. Auch die vertragswidrige Besetzung der restlichen Tschechoslowakei im März 1939 nahm Roosevelt hin. Als Hitler ab April 1939 Polen bedrohte, waren nur Großbritannien und Frankreich zum Beistandspakt bereit, den sie auch erfüllten, als am 1.9.1939 deutsche Truppen die polnische Grenze überschritten und den Zweiten Weltkrieg auslösten. *Roosevelt und Hitler* *appeasement 1938*

Nun wurde die amerikanische Reaktion eindeutiger. Die immer noch „Neutralitätsgesetz" genannten Beschlüsse des Repräsentantenhauses (243:181 Stimmen) und des Senats (63:30 Stimmen) vom 4.11.1939 erlaubten Kriegführenden den Kauf aller Waffen gegen Barzahlung und bei Abtransport auf eigenen Schiffen. Seit *Kriegsvorbereitungen* dem 11.10.1939 wußte Roosevelt durch ein Gespräch mit Albert Einstein von der theoretischen Möglichkeit der Entwicklung einer Atombombe in Deutschland oder andernorts. Im Mai 1940 erhöhte der Kongreß den Verteidigungsetat um 1,18 Mrd. Dollar, und der Präsident forderte die Serienproduktion von 50 000 Flugzeugen. Die Obergrenze der Nationalschuld erhöhte der Kongreß auf 49 Mrd. Dollar. Die *special relationship* Roosevelts mit Churchill nahm im September 1940 handfeste Formen an, als er der Royal Navy 50 eingemottete Zerstörer und brandneue Kampfflugzeuge für das Versprechen überließ, in Zukunft amerikanische Militärstützpunkte auf Neufundland und anderen Inseln im Commonwealth einrichten zu dürfen. Kongreßmehrheit und Regierungsbürokratie demonstrierten ihre Handlungsbereitschaft und diffusen Ängste im September 1940 mit dem Beschluß, allen noch nicht eingebürgerten Einwanderern einen Fingerabdruck abzunehmen (Alien Registration Act, auch Smith Act genannt). Das Wehrpflichtgesetz vom 16. September 1940 ließ alle 21–35jährigen registrieren und sah vor, 1,2 Mio. Soldaten eine einjährige Ausbildung zu geben. Dennoch redete Roosevelt als Kandidat für eine historisch erstmalige dritte Amtszeit, die ihm im November 1940 auch gewährt wurde, von der Entschlossenheit, keine amerikanischen Jungs in Uniform nach Europa zu schicken. In seiner Rundfunkrede zum Jahresende 1940 verteidigte er die Rüstungshilfe an Großbritannien aus dem „great arsenal of democracy" der USA als nationales Interesse. Bis zur vollen Kriegserklärung der USA sollten aber noch über 11 Monate vergehen. Dem finanziell längst erschöpften Großbritannien (später auch anderen, z.B. der Sowjetunion) gab das mit schwärzestem Humor „Verleih- und Pachtgesetz" genannte Militärhilfeprogramm vom 11. März 1941 einen notwendigen Nachrüstungsschub. Statt die Schiffe, Panzer, Flugzeuge u.ä. zu bezahlen, so die todernste präsidentielle Rhetorik, sollte England sie nach dem Krieg wieder zurückgeben. Die New York Times sprach die wahre Bedeutung offen aus: Die USA hatten nun ein doppeltes Interesse daran, daß das Schiffeversenken durch deutsche U-Boote aufhörte – die Schlacht um den Atlantik mit amerikanischer Beteiligung („neutrality patrols" genannt) hatte de facto begonnen. Im Juni 1941 ließ Roosevelt auch bereits die Waffenforschungsbehörde einrichten, die schließlich das kriegsentscheidende Radar und Sonar entwickelte und in dem separaten Projekt „Manhattan District" 1945 die erste Atombombe baute. Noch bevor die USA förmlich in den Krieg eingetreten waren, vereinbarten Roosevelt und Churchill bei einem Geheimtreffen auf See vor Neufundland am 14.8.1941 idealistische Grundsätze der Friedensregelung, die die Fehler des Friedensvertrages nach dem Ersten Weltkrieg vermeiden sollten: Gebietsabtretungen und Zwangsumsiedlungen sollte es nicht geben, Freiheit der Regierungswahl, die Freiheit der Meere und die Freiheit von Not und Angst sollten garantiert sein.

Nachrichten über die Judenverfolgung in Deutschland motivierten amerikanische Wähler und Politiker nicht zum militärischen Eingreifen in Europa. An Informationen über die zunehmende Brutalität des nationalsozialistischen Polizeistaats mangelte es nicht. In der deutschsprachigen jüdischen New Yorker

Marginalien:

lend-lease 1941

Atlantik-Charta 1941

Informationen über die Judenverfolgung in Deutschland

Wochenschrift „Aufbau-Reconstruction" konnten die Experten des State Department z. B. am 1.10.1935 nachlesen, daß die krass antijüdischen „Nürnberger Gesetze" eine neue Qualität der Unterdrückung und Verfolgung dokumentierten. Die Herausgeber sahen keinen Raum mehr für Kompromisse: „Es gibt nur noch ein Entweder – oder. Entweder: die Ideologie, die diese Gesetze diktiert hat, die Ideologie des Faschismus schlechthin, durch Stillschweigen gutzuheissen, oder: sie offen und entschieden zu bekämpfen." Am 15.2.1939 warnte der „Aufbau" richtig: „Der Nationalsozialismus ist konsequent in seinem Vernichtungswillen und kennt keine Hemmungen." Bereits am 15.7.1939 erschien ein erster „Bericht aus der Hölle" über die Zustände in einem Konzentrationslager (s. a. S. 75–76).

Japans Militärmacht hatte seit 1932 ihre Überlegenheit in mehreren Pazifikanrainerstaaten demonstriert. Im Juli 1941 hatte es auch französisch-Indochina besetzt. Seit der Kabinettsumbildung in Tokyo im Oktober 1941, die den aggressiven General Tojo zum Premierminister machte, hatte der amerikanische Botschafter in Japan vor einem Schlag gegen die amerikanische Pazifikflotte gewarnt. Dennoch kam der Bombenhagel auf die im Hafen von Pearl Harbor ankernde Flotte am Sonntagmorgen des 7.12.1941 völlig überraschend. Der Tod von 2 335 Soldaten und die Zerstörung von 19 Schiffen und 150 Flugzeugen in zwei Stunden in einem nicht erklärten Krieg versetzte der Nation den Schock, den Präsident und Kongreß brauchten, um den überwältigenden Teil der öffentlichen Meinung hinter sich zu wissen, als sie am nächsten Tag, dem 8.12.1941, Japan mit nur einer Gegenstimme den Krieg erklärten. Am 11.12.1941 erklärten Hitler und Mussolini von sich aus den Kriegszustand mit den USA.

Japanischer Überfall auf Pearl Harbor 7.12.1941

4. DIE USA IM ZWEITEN WELTKRIEG UND IM KALTEN KRIEG BIS 1960

Der japanische Überfall auf Pearl Harbor am 7.12.1941 und die Kriegserklärung der USA an Japan am 8.12.1941 kamen plötzlich, aber nicht unerwartet. Dennoch ist es eine zählebige Legende, Präsident Roosevelt habe kurzfristige Warnungen ignoriert, um in Reaktion auf einen japanischen Angriff endlich zuschlagen zu können. Richtig ist, daß die Nachricht vom Überfall weitere Argumente überflüssig machte und das Fundament für die Opferbereitschaft schuf, die dem Land in der folgenden viereinhalb Jahre dauernden Materialschlacht im Pazifik, auf dem Atlantik und in Europa abverlangt werden würde. In kurzer Zeit wurde das kriegsentscheidende Wirtschaftspotential der „Rüstkammer der Demokratie" organisiert. Roosevelts Kriegsdiplomatie gestaltete zusammen mit Churchill und Stalin wesentliche Teile der Nachkriegsordnung in Europa und Asien.

Für die Wohlstandsgesellschaft der 1950er Jahre, deren politischer Repräsentant der zum onkelhaften Präsidenten „Ike" mutierte siegreiche Heerführer Eisenhower wurde, waren die Depressionsjahre nur noch Erinnerung an eine gemeisterte Krise: Das amerikanische System hatte sich in Frieden und Krieg bewährt und würde auch aus der weltweiten Konkurrenz mit dem kommunistischen System siegreich hervorgehen, wenn Amerika, die freie Westliche Welt und ihre NATO nur wachsam genug sein würden.

a) Die Heimatfront

Der Zweite Weltkrieg veränderte die amerikanische Gesellschaft, auch wenn die Kriegshandlungen nicht wie im Sezessionskrieg das eigene Land verwüsteten. Die Breite des Atlantik und des Pazifik schützte New York und San Francisco vor deutschen und japanischen Bomben und Raketen. Deutsche U-Boote versenkten allerdings amerikanische Transportschiffe unweit der amerikanischen Küste, und japanische U-Boote beschossen am 24. Februar 1942 die Ölraffinerie an der Pazifikküste vor Santa Barbara bei Los Angeles. Aber für die verbreitete Angst vor japanischamerikanischen Amateurspionen, die U-Bootlandungen an Kalifornièns Stränden organisierten, gab es in der Wirklichkeit keinen Grund.

Allgemeine Wehrpflicht
Die Umsetzung des Wehrpflichtgesetzes von 1940 erhöhte bis zum Sommer 1941 die Truppenstärke auf 1,4 Mio. Zwischen 1940 und 1945 dienten insgesamt 16,3 Millionen Männer und Frauen in den Streitkräften, entweder als Freiwillige oder als Wehrpflichtige. Die Anzahl der Frauen in Uniform war mit 240 000 relativ gering. Die Erfahrung des Wehrdienstes mit seiner Einschränkung der persönlichen Freiheit und dem spartanischen Leben, auch für diejenigen, deren Leben nie durch Kampfhandlungen gefährdet wurde, verband in nie dagewesener Form eine Generation junger Amerikaner aus allen Landesteilen und sozio-ökonomischen

Gruppen. Die Anzahl der Wehrdienstverweigerer aus Gewissensgründen war mit 42 000 oder 0,1% der Gemusterten außerordentlich gering. Sie hatten allerdings nur die Wahl zwischen Nicht-Kombattantenstatus in der Armee oder zivilem Ersatzdienst in einem der Public Service Camps, die die Quaker und andere anerkannte sogenannte „Friedenskirchen" betrieben. Die 5 500 Männer, die auch das nicht wollten, gingen z. T. für mehrere Jahre ins Gefängnis. Es gab und gibt in den USA kein in der Verfassung garantiertes Grundrecht auf Kriegsdienstverweigerung aus Gewissensgründen.

Den Diktaturen in Europa und in Japan stellte die präsidentielle Rhetorik die freiheitliche amerikanische Demokratie gegenüber. Präsident Wilson hatte 1917 in der Kriegserklärung an Deutschland verkündet, die Welt müsse „für die Demokratie sicher gemacht" werden; Roosevelt beschwor in seiner Jahresbotschaft an den Kongreß am 6.1.1941 – also schon elf Monate vor Kriegseintritt – als höchstes zu verteidigendes Gut die demokratische Lebens- und Regierungsform:

Innere Propaganda, idealistisches Kriegsziel der vier Freiheiten

> „Wir wollen dafür sorgen, daß in Zukunft in aller Welt vier für den Menschen essentielle Freiheiten gesichert sind: Die erste ist die Rede- und Meinungsfreiheit – überall in der Welt. Die zweite ist die Freiheit eines jeden, Gott auf seine eigene Art und Weise zu verehren – überall in der Welt. Die dritte ist die Freiheit von Not, und das heißt für die Weltpolitik: Absprachen, die jeder Nation ein gesundes, friedliches Auskommen für die gesamte Bevölkerung garantieren – überall in der Welt. Die vierte ist die Freiheit von Angst, und das heißt für die Weltpolitik weltweite Abrüstung so lange, bis keine Nation mehr in der Lage ist, ihre Nachbarn anzugreifen – überall in der Welt."

Die Freiheit von Not und Angst in Roosevelts Grundrechtekatalog erweiterte die politischen Mitwirkungsrechte von 1776 und 1791 zu Teilhaberechten an sozialer Sicherheit, deren Bedeutung die überstandene große Wirtschaftskrise auch für Amerikaner demonstriert hatte. Dieses universelle Verständnis von Grundrechten lag 1945 dann auch der von Roosevelt betriebenen Gründung der Vereinten Nationen und deren „Allgemeiner Erklärung der Menschenrechte" von 1948 zugrunde.

Der so eloquent die Grundrechte aller Menschen einfordernde Präsident ließ aber innerhalb seiner eigenen Streitkräfte Rassendiskriminierung zu. Die Marine wies noch 1941 afroamerikanische Freiwillige ab – selbst wenn sie promovierte Absolventen der Harvard Universität waren. Nur als Schiffsküchenpersonal waren sie willkommen. Frustriert trat der afroamerikanische Rechtsanwalt William Hastie im Januar 1943 als ziviler Berater des Kriegsministeriums in Rassenfragen zurück. Seine Integrationsvorschläge wurden von der Leitung der Marine und der Luftwaffe noch als utopisch belächelt. Erst 1944 ordnete Roosevelt als Oberkommandierender ernsthafte Integrationsmaßnahmen an. Nach dem mutigen Einsatz afroamerikanischer Piloten 1944 über Italien begann die Luftwaffe ihre diskriminierenden Praktiken abzubauen. Die meisten der in Europa eingesetzten schwarzen Amerikaner entluden Schiffe und fuhren Lastwagen. Nur während der letzten Kriegsmonate bestanden 1945 einige rassisch integrierte Verbände an der Front, d. h. weiße und schwarze *platoons* kämpften nebeneinander. Bei

Rassentrennung in Uniform

Kriegsende wurden die Einheiten wieder nach Rassen getrennt, bis Präsident Truman 1948 befahl, alle Mitglieder der Streitkräfte ohne Beachtung von „Rasse, Farbe, Religion oder nationaler Herkunft" gleich zu behandeln (Executive Order 9981, 26.7.1948). Im Inneren wie vor der Weltöffentlichkeit war es unglaubwürdig, gegen den Rassenwahn des nationalsozialistischen Deutschland zu kämpfen bzw. nach 1945 die Unfreiheit der Menschen unter der Knute von Stalins KP und KGB anzuprangern, während Bürger des eigenen Landes, insbesondere Afroamerikaner, in aller Öffentlichkeit von staatlichen Behörden, Wirtschaftsunternehmen und Mitbürgern diskriminiert wurden. Das schlechte Gewissen gegenüber der größten ethnischen Minderheitengruppe, den Afroamerikanern, nahm zu. In Philadelphia streikten 1944 die euroamerikanischen Busfahrer, weil eine private Busgesellschaft acht Afroamerikaner eingestellt hatte. Die Rassisten gaben erst nach, als die Armee 8 000 Soldaten und Lastwagen zur Verfügung stellte, um den öffentlichen Personenverkehr in der für die Rüstung besonders wichtigen Stadt auch ohne sie aufrechtzuerhalten.

Gleichbehandlung in der Rüstungsindustrie Nachdem der Marsch der Schlafwagenschaffner auf Washington 1941 hatte abgewehrt werden können (s. S. 62), wurde das Fair Employment Practices Committee eingerichtet, um in Rassendiskriminierungsfällen einzugreifen. Auch wenn der Ausschuß noch zu wenige Kompetenzen hatte, wird er von afroamerikanischen Historikern als die erste bedeutsame Anordnung eines Präsidenten zugunsten der Afroamerikaner seit Lincolns Emanzipationsproklamation gewertet. Die Mitgliederzahl der von Afroamerikanern und Euroamerikanern gebildeten Rechtshilfe- und Lobbyorganisation NAACP stieg zwischen 1940 und 1946 von 50 000 auf 450 000. Der Krieg gegen Rassismus in Europa hatte auch in Amerika das Protestpotential so vergrößert, daß es kein Zurück zur Apartheid der 1930er Jahre mehr geben konnte.

Internierungslager für Japanischamerikaner 1942–45 Das Entsetzen über die Versenkung eines großen Teils der amerikanischen Pazifikflotte im scheinbar sicheren Hafen von Pearl Harbor ließ in der amerikanischen Öffentlichkeit plötzlich auch die Bombardierung der Städte an West- und Ostküste möglich erscheinen. New Yorks Bürgermeister Fiorello La Guardia verlangte Bundesmittel für die Einrichtung von Luftschutzbunkern und die Verstärkung der Feuerwehr. Vor dem Hintergrund einer stark verunsicherten, Sabotage fürchtenden Öffentlichkeit ließ der Präsident als Oberbefehlshaber der Streitkräfte am 19.2.1942 etwa 110 000 nahe der Pazifikküste in Kalifornien, Oregon und Washington wohnende japanischamerikanische Männer, Frauen und Kinder in zehn großen behelfsmäßigen Lagern fern der Pazifikküste internieren. Ein japanischer Großelternteil genügte für die ohne jeglichen konkreten Verdacht der Spionage oder Sabotage vorgenommene Selektion. Zwei Drittel der Internierten waren bereits amerikanische Staatsbürger. Die hastig Deportierten (nur Handgepäck war erlaubt) konnten gegen die angebliche Notstandsmaßnahme kein Gericht anrufen. Das Oberste Bundesgericht erkannte im Dezember 1944 mit 6:3 Stimmen keine Grundrechteverletzung und billigte die Internierung unter Verweis auf die weitgehenden Vollmachten des Präsidenten als *commander in chief*, weil nicht nur

Soldaten, sondern auch Zivilisten generell unter Krieg zu leiden hätten. Den Begriff „concentration camps" wiesen die Richter pikiert zurück. Daß ein Drittel der Bevölkerung Hawaiis ebenfalls japanischer Herkunft war, aber nicht interniert wurde – weil es praktisch unmöglich war – überging das Gericht schweigend (Fall Korematsu gegen United States, 1944). Internierte wurden allerdings freigelassen, wenn sie ihre Loyalität gegenüber den Vereinigten Staaten durch Eintritt in die Armee oder die Annahme eines Arbeitsplatzes fern der Pazifikküste bewiesen. Es dauerte bis 1988, ehe der Kongreß jedem der 60 000 noch lebenden Internierten 20 000 Dollar Entschädigung gewährte (Civil Liberties Act); Präsident Reagan schrieb jedem Betroffenen einen Entschuldigungsbrief.

Die Verhöre und meist kurzfristige Internierung von möglicherweise 2000 bis 10 000 überall in den USA lebenden Bürgern des Deutschen Reiches während des Krieges betraf einzelne Schicksale schwer, hatte aber dennoch eine andere Qualität als die Deportation und Masseninternierung der japanischstämmigen amerikanischen Bürger einer bestimmten Region ohne Einzelfallprüfung. Die Deutschen wurden nach Denunziationen oder mutmaßlich verdächtigem Verhalten durch das FBI oder örtliche Polizei festgenommen, verhört, mit oder ohne Auflagen freigelassen, oder z. T. jahrelang – auch in *camps* – inhaftiert. Gesetzliche Grundlagen waren im Fall der Deutschen und auch Italiener (*Axis aliens*) der Alien Registration oder Smith Act von 1940 und Nachfolger des Enemy Alien Act von 1798 sowie davon abgeleitete Anordnungen des Präsidenten.

Internierung Deutscher

Roosevelt hob die den amerikanischen Arbeitsmarkt abschirmende strenge Anwendung der seit 1924 geltenden Einwanderungsquoten auch nicht auf, als Informationen über die systematische Vernichtung jüdischer Deutscher und anderer Europäer in Konzentrationslagern 1941 zur Gewißheit wurden. Ein Asylrecht für sie gab es in den USA nicht. Die von Roosevelt 1938 im französischen Evian-les-Bains organisierte internationale Flüchtlingskonferenz brachte den von Deutschlands nationalsozialistischer Diktatur akut bedrohten Juden wenig Hilfe. Von 32 vertretenen Ländern erklärten sich nur die Niederlande bereit, eine beträchtliche Anzahl Flüchtender aufzunehmen. Der Pogrom am 9.11.1938 in vielen deutschen Städten (zynisch „Reichskristallnacht" genannt) schockierte Roosevelt, aber er ließ lediglich die Aufenthaltsgenehmigung von 15 000 mit einem Besuchervisum bereits eingereisten Juden verlängern. Im Folgejahr 1939 vergaben die amerikanischen Konsulate die volle gesetzlich erlaubte Jahresquote von 25 957 Visa für Einwanderer aus Deutschland und 1 413 aus Österreich. Nicht ausgeschöpft wurde die Quote für Deutschland und Österreich von 1933–38 und von 1940–45. Als New Yorks Senator Robert Wagner 1939 vorschlug, per Sondergesetz 20 000 jüdischen deutschen Kindern die Einwanderung außerhalb der Jahresquote zu gestatten, lehnte die Senatsmehrheit ab. Ein Schiff aus Hamburg mit 930 jüdischen Flüchtlingen ohne Visum mußte 1939 zuerst vor Havanna und zuletzt vor Miami mit allen Passagieren umkehren. Ein Emergency Committee to Save the Jewish People of Europe tat sein Bestes, um die amerikanische Öffentlichkeit aufzuklären und Präsident und Kongreß zur Hilfeleistung zu

Unterlassene Hilfeleistung für die jüdischen Europäer

bewegen. Das vom Präsidenten schließlich im Januar 1944 eingesetzte War Refugee Board hat schätzungsweise 200 000 jüdischen und 20 000 nicht-jüdischen Europäern das Leben gerettet – durch Einrichtung von Flüchtlingslagern in der Schweiz, Schweden, Ungarn, Italien, Marokko und Palästina, nicht in den USA. Hunderte prominenter jüdischer und nicht-jüdischer von den Nationalsozialisten verfolgter Wissenschaftler und Künstler wie Albert Einstein, Walter Gropius und Thomas Mann fanden in den USA Zuflucht; die auf private Intitiative zurückgehende „University in Exile" an der New School for Social Research in New York bot einigen Dutzend vertriebenen Sozialwissenschaftlern Zuflucht. Aber ungezählte Tausende Opfer der Vernichtungspolitik und Regimegegner konnten den amerikanischen Konsuln nicht die entscheidende eidesstattliche Verpflichtung eines amerikanischen Bürgers vorlegen, notfalls für ihren und ihrer Familie Lebensunterhalt aufzukommen. Eine andere Art von Hilfeleistung hätte die Luftwaffe erbringen können: ihre Langstreckenbomber konnten ab 1944 Auschwitz überfliegen, aber der Befehl zur Bombardierung der Bahngeleise, über die die Transporte in dieses und in andere Vernichtungslager rollten, wurde trotz eines entsprechenden Vorschlags nicht gegeben.

Arbeitsplätze für Frauen
Die auf Hochtouren laufende Rüstungsindustrie bot mehr Frauen außerhäusige Arbeitsplätze als je zuvor. Bei Kriegsende stellten sie ein Drittel der Gesamtzahl der Arbeitskräfte, und zwar zum Teil in früher Frauen verschlossenen industriellen Arbeitsbereichen wie Motoren- und Schiffsbau. „Rosie the Riviter", Rosie die Nieterin, wurde die attraktive Hauptdarstellerin eines Werbefeldzuges zur Steigerung der Bereitschaft von Frauen, in Mangelberufen tätig zu werden. Die Folgen für die tradierte Rollenverteilung zwischen Frauen und Männern, für Ehen und die Kindererziehung waren gemischt. Die einen verteidigten die im 19. Jh. definierten Ideale der Mittelklassenfamilie und bedauerten die vielen Scheidungen, die Schlüsselkinder, die gestiegene Jugendkriminalität und den Krieg als Ausnahmezustand. Andere begrüßten die befreiende Wirkung eines gesteigerten Selbstwertgefühls hart arbeitender Frauen, die endgültig bewiesen, daß die viktorianischen Vorstellungen von der männerabhängigen Hausfrau und Mutter nicht naturgegeben seien. Nach dem Krieg sollte sich noch einmal etwa zwei Jahrzehnte lang die traditionell eingeschränkte Lebensform der amerikanischen Mittelklassefrau als Hausfrau und Mutter behaupten, bevor ab etwa 1963 eine nächste Phase der Frauenemanzipationsbewegung einen tiefergreifenden und dauerhaften Wandel bewirkte.

b) Der amerikanische Beitrag zum Kriegsverlauf; Kriegskonferenzen

Kriegsanstrengungen der USA
Die amerikanische Kriegsleistung begann in den Fabriken und Forschungslaboren. Die Materialschlacht an der Front beruhte auf den technischen Leistungen zu Hause. Zu den von 1940 bis 1945 erfundenen oder verfeinerten Waffentechniken

gehörten das Radar und Sonar, tragbare Funkgeräte und Antipanzerwaffen, komplexe Waffensystem wie Flugzeugträger und der Langstreckenbomber B-29 und als Gipfel die Atombombe. Die zweite Art der Kriegsleistung bestand in der Logistik. Tausende von Seemeilen zwischen der amerikanischen Atlantik- bzw. Pazifikküste waren zu überwinden, um Menschen und Material an die Front oder in Depots in England bzw. auf pazifischen Inseln zu bringen. Daher die Bedeutung der U-Boote für die deutsche und japanische Seite. Um die große Nachschublinie zu unterbrechen, versenkten z. B. 93 deutsche U-Boote von Januar bis November 1942 im Atlantik 878 britische und amerikanische Schiffe mit über 4,5 Mio. Bruttoregistertonnen. Die Gegenwehr war ein immer umfänglicheres Konvoisystem mit Flugzeugträgern, deren ausschwärmende Flugzeuge mit verbessertem Radar und Wasserbomben ab 1943 langsam die Kontrolle über den Nordatlantik gewannen. Die ersten amerikanischen Bodentruppen waren bereits im Januar 1942 in Nordirland gelandet, und ab Juli 1942 hatten amerikanische Piloten von England aus die ersten Angriffe gegen deutsche Industrieanlagen geflogen. Ab November 1942 verfügte Dwight D. Eisenhower als Kommandeur der Alliierten Invasion Nordafrikas über ein Hauptquartier in Englands Festung Gibraltar, von wo aus er die gemeinsame Invasion in Algerien, Marokko und Tunesien zur Befreiung französisch-Nordafrikas vorbereitete (8.11.1942–14.2.1943). Am 13. Mai 1943 waren die deutschen und italienischen Truppen aus Nordafrika vertrieben oder entwaffnet. Gemeinsam besetzten bzw. befreiten daraufhin englische und amerikanische Truppen Sizilien und, bis September 1943, das restliche Italien. *Invasion französisch-Nordafrikas*

Italien 1943

Der Landung alliierter Truppen in der Normandie ab 6.6.1944 (*D-Day*) gingen anderthalb Jahre intensiver gemeinsamer britischer (das hieß auch kanadischer) und amerikanischer Vorbereitungen voraus, um die historisch bislang einmalige Invasionsstreitmacht unter *einem* Kommando, dem Eisenhowers als Supreme Commander of the Allied Expeditionary Force in Western Europe, bereitzustellen. Die logistische Herausforderung war immens. Zunächst einmal mußten aus den USA über 1 000 Lokomotiven und 20 000 Güterwaggons nach England gebracht und 163 Flugplätze gebaut werden. Schließlich standen 2,8 Mio. Soldaten aller Waffengattungen (darunter 1,2 Mio. Amerikaner), 2 Panzerschiffe, 6 Schlachtschiffe, 22 Kreuzer, 93 Zerstörer und Hunderte kleinerer Transportschiffe, 2 000 Bomber und ebenso viele Aufklärungs- und Jagdflugzeuge bereit. Der Preis für die Bildung des ersten Brückenkopfes in der Normandie betrug allein am ersten Tag, dem 6. Juni 1944, auf alliierter Seite über 8 700 Menschenleben, davon etwa die Hälfte Briten und Kanadier. Als nach den brutalsten verlustreichen Kämpfen auf allen Seiten am 24. August 1944 amerikanische Truppen vor Paris standen, erwies Eisenhower wieder einmal seine diplomatischen Qualitäten und überließ General Philippe Leclercs Panzerdivision den Vortritt zur Befreiung seiner Hauptstadt. Der bittere Rest der Kriegsgeschichte von Paris bis Berlin im Mai 1945 braucht hier nicht berichtet zu werden. Hitler kannte kein Einsehen, dem gescheiterten Offiziersattentat vom 20. Juli 1944 folgten keine weiteren Versuche des Tyrannenmordes, und die Generäle der Wehrmacht an der *Befreiung Frankreichs, D-Day 6.6.1944*

Front versuchten weiterhin zu erfüllen, was „der Führer" aus seinem Bunker in Berlin ihnen befahl.

Churchill und Roosevelt koordinierten die Kriegsführung so eng wie möglich. Churchills bombensichere Telefonzelle, von der aus er jederzeit das Weiße Haus erreichen konnte, ist heute als Außenstelle des Imperial War Museum in London zu den Klängen der Luftschutzsirenen und des Heultons der V-2 zu besichtigen. Die Generalstäbe waren in ständigem Kontakt. Churchill und Roosevelt trafen sich zu zehn Besprechungen (vor Neufundland im August 1941, in London im April 1942, in Washington im Juni 1942, in Casablanca im Januar 1943, wieder in Washington im Mai 1943, in Quebec im August 1943, in Kairo und Teheran im November 1943, wieder in Quebec im September 1944, auf Jalta im Februar 1945 und in Potsdam im Juli 1945). Sie koordinierten nicht nur militärische Entscheidungen, sondern besprachen lange bevor der Sieg abzusehen war auch die Nachkriegsordnung. Anders als die Führer des Ersten Weltkrieges wollten sie deren Gestaltung nicht *einer* großen Friedenskonferenz am Ende überlassen.

Stalin kam als dritter Alliierter erstmalig in Teheran (28.11.-1.12.1943) hinzu, nachdem sein Pakt mit Hitler (Deutsch-sowjetischer Nichtangriffspakt vom 23.8.1939) die Sowjetunion nur bis zum 22.7.1941 vor der deutschen Invasion geschützt hatte. In Teheran begegneten sich Roosevelt und Stalin zum ersten Mal. (Mit Churchill und Tschiang Kai-schek hatte Roosevelt sich bereits auf der Anreise vom 22.-26.11.1943 in Kairo getroffen und Kriegsmaßnahmen gegen Japan bis zu dessen bedingungsloser Kapitulation vereinbart.) Stalin versprach, in den Krieg gegen Japan einzutreten und eine weltweite Nachkriegsordnung auf der Basis der auf den demokratischen Grundwerten fußenden Atlantikcharta von 1941 zu unterstützen. Stalin erhielt die Zusage, daß die mehrfach besprochene und von Stalin dringend geforderte Eröffnung einer zweiten Front auf dem Kontinent durch die Landung amerikanischer und englischer Truppen in Frankreich nun endgültig für den Mai 1944 geplant sei. Roosevelt konzedierte Stalin – z. T. gegen Churchills Warnung – die Besetzung der baltischen Staaten und die Annexion des östlichen Polen bei gleichzeitiger Annexion der deutschen Provinzen östlich der Oder und Neiße durch Polen. Ob Roosevelt Stalins Interessen 1943 zu weit entgegenkam und dessen Entschlossenheit zur Ausbreitung seiner Diktatur über Ost- und Mitteleuropa aus Ignoranz und Selbstüberschätzung verkannte, wird von seinen Biographen unterschiedlich beurteilt.

Inwieweit das Bestehen der Alliierten auf der in Jalta bekräftigten „bedingungslosen" Kapitulation den Kampf der Wehrmacht bis zum letzten provoziert hat, ist umstritten. Von Japan akzeptierte Roosevelts Nachfolger Truman im August 1945 sehr wohl die mit einer Bedingung – dem Verbleiben des Tenno – versehene Kapitulation. Am 7. Mai 1945 nahm Eisenhower die bedingungslose Gesamtkapitulation der deutschen Wehrmacht in seinem Hauptquartier in Reims entgegen, nachdem er sich ergebenden deutschen Truppen noch zwei Tage gewährt hatte, aus dem russischen in das amerikanische und englische Besatzungsgebiet überzuwechseln. Die beiden letzten Kriegskonferenzen galten bereits zu einem wesentlichen Teil

Churchill und Roosevelt

Stalin

„Bedingungslose Kapitulation"

der Gestaltung der Nachkriegsordnung. In Jalta, einem alten Kurort auf der Halb- Konferenz von
insel Krim im Schwarzen Meer, vereinbarte Gastgeber Stalin mit Churchill und Jalta Feb. 1945
dem bereits schwer kranken Roosevelt vom 4.-11.2.1945 die Strategie der letzten
Kriegsphase und das künftige Besatzungsregime. Veröffentlicht wurden die
Geheimabkommen erst nach dem Krieg: (1) Stalin sagte zu, spätestens drei Monate
nach der Kapitulation der deutschen Armeen noch in den Krieg gegen Japan einzugreifen, um die USA bei der Entwaffung der zum äußersten Widerstand entschlossenen Japaner zu unterstützen; dafür würde die Sowjetunion die seit 1905 japanischen Kurilen und Südsachalin erhalten und die Kontrolle über die Äußere Mon-
golei und Teile der Mandschurei und Koreas. (2) Von Deutschland forderte Stalin
Reparationen im Wert von 20 Mrd. Dollar zum Wiederaufbau der zerstörten
sowjetischen Wirtschaft; mehr als die Überweisung an eine spätere Reparationenkommission erreichte er aber nicht, weil Roosevelt und Churchill kein durch
soziales Elend politisch radikalisiertes Deutschland wollten, sondern ein nach
westlichem Muster prosperierendes und demokratisch regiertes. Der radikale Ent-
industrialisierungsplan des Finanzministers Henry Morgenthau hatte 1944 nur
einige Wochen lang das Interesse Präsident Roosevelts gefunden; dann hatte die
Einsicht gesiegt, daß die Deutschen sich ohne Industrie nicht selbst würden ernähren können und daß eine Mittelklasse mit Aussicht auf Wohlstand am ehesten die
Basis einer dauerhaft demokratischen Gesellschaft sein würde. (3) Das bis zur
Oder und Neiße reduzierte Deutschland sollte zunächst einmal in vier Besatzungs-
zonen (einschließlich einer französischen) und Berlin in vier entsprechende Sektoren aufgeteilt werden. Wie lange die Teilung dauern sollte, blieb offen. (4) Kriegsverbrecher sollten vor ein Gericht gestellt werden. (5) Unvereinbar waren die
Absichten der Westmächte und Stalins in Polen: Churchill und Roosevelt wollten
die 1918 mit Wilsons Hilfe geschaffene Republik Polen von den Deutschen
befreien und vor einer Diktatur der Kommunisten bewahren; Stalin hingegen
wollte Polen zum Schutz vor einem abermaligen deutschen Angriff auf Rußland als
kommunistischen Pufferstaat behalten. Da die Rote Armee Polen beherrschte,
konnte Stalin gefahrlos versprechen „so bald wie durchführbar" freie, allgemeine
und geheime Wahlen abzuhalten. Er brach diese Zusage ebenso wie die verspro-
chene Mitwirkung von Mitgliedern der nach London geflohenen bürgerlichen
Exilregierung an Polens Regierung. Churchill und Roosevelt nahmen auch hin,
daß Polen im Osten Gebiete bis zur Curzon-Linie an die Sowjetunion verlor und
dafür im Westen die deutschen Gebiete bis an Oder und Neiße erhielt. (6) Als wichtigen Erfolg empfand Roosevelt Stalins Zustimmung zur Zusammensetzung des
Sicherheitsrats der Vereinten Nationen und zur Einberufung der Gründungsver-
sammlung der UNO am 25.4.1945 in San Francisco. (7) Eine gegenseitige Anerkennung zweier „Interessensphären", über deren Staaten die Sowjetunion bzw. die
Westmächte herrschten, hat es in Jalta nicht gegeben, auch wenn Stalin dies später
behauptete.

Von den „Großen Drei" der Kriegskonferenzen nahm nur noch Stalin ganz an Konferenz von
der Potsdamer Konferenz (17.7.-2.8.1945) teil. Präsident Roosevelt war nach des- Potsdam Juli 1945

sen Tod am 12.4.1945 sein Vizepräsident Harry S. Truman ins Amt gefolgt; Churchill wurde nach einer Wahlniederlage am 28.7. von Clement Attlee abgelöst. Erst in Potsdam wurde das volle Ausmaß des Herrschaftsanspruchs der siegreichen Sowjetunion in Mittel- und Osteuropa und Ostasien deutlich. Aus Waffenbrüdern waren bereits Gegner mit unvereinbaren weltpolitischen, ideologischen und wirtschaftlichen Interessen geworden, bevor Japan besiegt war. Truman und Churchill forderten erneut und wiederum folgenlos freie Wahlen in Polen. Sie akzeptierten die Oder-Neiße-Linie als Westgrenze Polens, ohne auch nur den Versuch, die bereits begonnene gewaltsame Vertreibung von über 6 Mio. Deutschen aus Pommern, Schlesien und dem polnisch gewordenen Teil Ostpreußens in geordnete Bahnen zu lenken. Restdeutschland, darin waren sich die Drei einig, sollte wirtschaftlich als eine Einheit behandelt und vorübergehend gemeinsam von ihren Militärbefehlshabern, die als „Alliierter Kontrollrat" in Berlin tagten, mit einstimmigen Beschlüssen regiert werden.

Der Krieg in Asien gegen Japan   Die Japan regierenden Militärs glaubten, sich alle Nachbarterritorien mit wertvollen Rohstoffen, die sie selbst nicht hatten (Eisen, Erdöl, Gold und Kautschuk), unterwerfen zu können, ohne daß die in der Region präsenten westlichen Kolonialmächte – insbesondere die USA, der britische Commonwealth of Nations mit Australien und Neuseeland und die Niederlande – dies würden verhindern können. Sie hatten sich auf den Überraschungsschlag zur Vernichtung der Pazifikflotte der USA in der Bucht von Pearl Harbor gut vorbereitet und verfügten im Dezember 1941 über 2,4 Mio. Mann unter Waffen, 7 500 Flugzeuge und 230 große Kriegsschiffe, darunter 12 Schlachtschiffe und 9 Flugzeugträger. Nach dem spektakulären Anfangserfolg mit der Versenkung des größten Teils der amerikanischen Pazifikflotte hofften die japanischen Strategen unter Premierminister und General Hideki Tojo, ihre Herrschaft über weite Teile Südostasiens so lange behaupten zu können, bis die amerikanische Öffentlichkeit ihre Opferbereitschaft für einen Krieg im fernen Pazifik verlor. In Wirklichkeit wurde der Gegenschlag durch das amerikanische Engagement in Europa aber nur verzögert. Von Marinestützpunkten auf Hawaii und von Australien aus wurden die japanischen Streitkräfte schließlich unter größten Anstrengungen auf ihre Heimatinseln zurückgedrängt.

Seeschlacht vor Midway 1942   Die Wende im Ostpazifik brachte im Juni 1942 die Seeschlacht vor der amerikanischen Insel Midway 2 200 km nordwestlich von Hawaii. Eine japanische Armada von 5 Flugzeugträgern, 11 Schlachtschiffen, 14 Kreuzern und 58 Zerstörern mit 5 000 Soldaten wollte Midway als ersten Schritt zur Eroberung Hawaiis besetzen. Da die U.S. Navy den japanischen Funkcode entziffert hatte, war sie bestens vorbereitet und versenkte vier der fünf Flugzeugträger schon 750 km vor Midway.

Seeschlacht im Golf von Leyte 1944   Aber Japans Seeherrschaft wurde erst im Oktober 1944 mit der Schlacht im Golf von Leyte vor den Philippinen gebrochen. Der vorletzte Akt auf dem pazifischen Kriegsschauplatz war eine Materialschlacht sondergleichen: Von April bis Juni 1945 verloren die angreifenden Amerikaner 368 Kriegsschiffe (darunter 11 Flugzeugträger) und 763 Flugzeuge. Die Japaner verloren über 8 000 Flugzeuge und

Besetzung Okinawas 1945   den wesentlichen Teil ihrer Flotte. Eine strategisch wichtige Rolle spielte die als

„Türschwelle" zu den japanischen Hauptinseln bezeichnete, dicht besiedelte, 105 km lange Insel Okinawa. Als die ersten 50 000 Amerikaner am 1.4.1945 an einem 13 km breiten Strand auf Okinawa landeten, stürzten sich 350 Selbstmord-piloten mit Flugzeugen voller Sprengstoff auf sie. Die Eroberung kostete 11 000 Amerikanern das Leben, über 33 000 wurden verwundet. Schätzungsweise 130 000 der die Festung verteidigenden Japaner starben. Hohen Symbolwert für die Verbissenheit und Kampfbereitschaft auf beiden Seiten erlangte der Kampf um die kleine Felseninsel Iwo Jima 1200 km südlich von der japanischen Hauptinsel Honshu. Ihr strategischer Wert für die Amerikaner bestand aus dem Flugplatz, auf dem nach Angriffen auf Tokyo und andere Städte zurückfliegende Langstrecken-bomber auftanken konnten. Von August 1944 bis März 1945 starben 21 000 der 23 000 japanischen Soldaten, die die 8 km lange Insel in eine Festung verwandelt hatten. Auf amerikanischer Seite starben 20 538 Soldaten. Das Iwo-Jima Marine Corps Denkmal in Arlington, Virginia, vor Washington D.C., im Stil des patrioti-schen Realismus mit hochgehaltenem Sternenbanner, wurde aus verständlichem Grund zu einer Ikone der Veteranengedenkkultur.　*Iwo Jima 1945*

Japans Führung erhielt am 27. Juli 1945 die Potsdamer Beschlüsse Trumans, Sta-lins und Attlees mit der Aufforderung zur „bedingungslosen Kapitulation der japanischen Streitkräfte". Diese Formulierung ließ die Fortdauer der Herrschaft des Gott-Kaisers offen. Die Alternative sei „sofortige und völlige Zerstörung" (*prompt and utter destruction*). Am 28. Juli verkündete Premierminister Kantaro Suzuki die Entscheidung zum Weiterkämpfen. Truman und seine Militärberater standen nun vor der Alternative, die seit der erfolgreichen Testexplosion am 16. Juli 1945 zur Verfügung stehende Atombombe erstmalig einzusetzen oder aber die japanischen Hauptinseln auf konventionelle Weise zu besetzen. Zur Ver-teidigung der Hauptinseln standen General Tojo noch etwa 2 Mio. Soldaten und etwa 8 000 Flugzeuge zur Verfügung. Für die ab November vorgesehene Invasion plante der amerikanische Generalstab den Einsatz von ebenfalls 2 Mio. Soldaten, von denen groben Schätzungen zufolge möglicherweise 500 000 getötet oder ver-wundet werden würden.　*Kriegsende im Pazifik 1945*

Hätte 1945 nicht auch die totale Vernichtung der japanischen Handelsflotte oder der Kriegseintritt der Sowjetunion am 8.8.1945 Japan zur Kapitulation bewe-gen und eine verlustreiche Besetzung der Hauptinseln und die beiden Atombom-benabwürfe überflüssig machen können? Tatsache ist, daß die Besetzung Okina-was und die verheerende Bombardierung Tokios mit Brandbomben die japanische Regierung nicht zur Aufgabe bewegt hatten. Truman mußte mit hohen Kosten an Menschenleben bei der Besetzung der Hauptinseln der offenbar zum Widerstand um jeden Preis entschlossenen Japaner rechnen. In dieser Situation wurde ihm die Einsatzbereitschaft der neuen Waffe gemeldet. Er folgte der einstimmigen Emp-fehlung seiner Berater und befahl von Potsdam aus, nach dem 3. August eine Atombombe auf ein japanisches Rüstungszentrum abzuwerfen. Am 6. August 1945 zerstörte die erste Atombombe Hiroshima, Japans zweitgrößtes militäri-sches Zentrum, und tötete 70 000 Einwohner auf der Stelle. Japans höchster　*Atombomben auf Hiroshima und Nagasaki 1945*

Kriegsrat blieb jedoch zum Weiterkämpfen entschlossen. Eine zweite Atom-
Kapitulation bombe auf Nagasaki tötete am 9. August 65 000 Menschen. Am 10. August bot die
japanische Regierung – nach der persönlichen Entscheidung Kaiser Hirohitos –
die Kapitulation an, unter der Bedingung, daß der Kaiser im Amt bleibe. Am
14. August stimmte Truman der Bedingung zu. Die gefürchtete gewaltsame Besetzung der japanischen Hauptinseln (etwa bis zum Häuserkampf in Tokio, so wie
die Rote Armee ihn in Berlin hatte kämpfen müssen) blieb den Truppen beider Seiten – und auch der von den Bombenangriffen bereits gequälten Zivilbevölkerung
– erspart.

Bilanz der Toten   In einer Bilanz des Grauens am Ende des Krieges stehen die USA mit „nur"
292 131 in Kampfhandlungen getöteten Soldaten, 115 187 an Krankheiten gestor-
benen Soldaten, 671 801 überlebenden Verwundeten und 139 709 Gefangenen
oder Vermißten. Andere alliierte Armeen verloren z. T. viel mehr und z. T. weniger
Soldaten an der Front, z. B. die Sowjetunion 7,5 Mio., China 2,2 Mio., Polen
320 000, Großbritannien 244 723, Frankreich 210 671, Kanada 37 476 und die Niederlande 6 238. Die beiden Aggressoren opferten 3,5 Mio. (Deutschland) und
1,2 Mio. (Japan) Männer auf dem Schlachtfeld. Insgesamt wurden im Verlauf des
Zweiten Weltkriegs 60 Millionen Menschen getötet, die Mehrzahl von ihnen
waren Zivilisten.

China und die USA   Während der erbitterte Kriegsgegner Japan nach 1945 zum wichtigsten Verbün-
um 1945   deten der USA in Ostasien wurde, entwickelte sich das von Japan seit 1937 grausam bekriegte China zur kommunistischen Großmacht, die nach 1949 zusammen
mit der Sowjetunion dem Einfluß der USA in Asien entgegentrat. Der von den
USA unterstützte antikommunistische Nationalist General Tschiang Kai-schek
verlor den Bürgerkrieg gegen die von Stalin unterstützte kommunistische Bewegung unter Mao Tse-tung. Mao proklamierte 1949 in Peking die Volksrepublik
China, die die USA erst 1972 diplomatisch anerkannten. Tschiang Kai-schek zog
sich mit seiner Armee 1949 auf die Insel Taiwan (auch Formosa genannt) zurück,
gab auf Geheiß Präsident Trumans 1950 den Bürgerkrieg auf und rief 1950 die
Nationale Republik China aus, deren erster Präsident er wurde. In der parteipoli-
tischen Diskussion der 1950er Jahre ist Roosevelt und Truman vorgeworfen worden, sie hätten China an den Kommunismus „verloren". Die Kritik beruht jedoch
auf der irrigen Annahme, die USA hätten vorher Festlandschina unter ihrer Kontrolle gehabt.

c) Innenpolitik und Gesellschaft 1945–1960: Wohlstand, Konsens, „Counterculture"

Finanzielle und   Bei Kriegsende trugen über 12 Millionen Amerikaner und Amerikanerinnen Uni-
wirtschaftliche   form, neun Monate später waren es noch drei Millionen. Die gefürchtete Nach-
Konsequenzen des   kriegsdepression trat nicht ein, obwohl die über den Bundeshaushalt abgewickel-
Krieges   ten direkten Kriegskosten von 1941–45 über 281 Mrd. Dollar betrugen. Davon

standen bei Kriegsende noch 252,5 Mrd. als Staatsschuld des Bundes aus. Knapp die Hälfte der Kriegskosten (43%) trieb die Bundesregierung durch Steuern ein. Auch der Konsumverzicht während des Krieges trug wesentlich zur Bezahlung des Krieges bei. Hinzu kamen die festverzinslichen Kriegsanleihen (*securities,* propagandistisch *Victory Loan* genannt), von denen das Finanzministerium von 1941–46 über 185 Mrd. Nennwert verkaufte. Käufer waren zu zwei Dritteln Industrieunternehmen, nur zu einem Drittel patriotische Individuen. Auch nach Kriegsende beschloß der Kongreß hohe Militärausgaben und stellte für das Haushaltsjahr 1947 über 9 Mrd. Dollar, für die Umsetzung der militärischen Folgen der Truman-Doktrin, im Haushaltsjahr 1949 sogar 13,3 Mrd. Dollar bereit. Die Rüstungsausgaben fanden also anders als nach dem Ersten Weltkrieg kein jähes Ende, das zu einer Konjunkturkrise hätte führen können. Am Ende seiner Amtszeit im Januar 1961 warnte Eisenhower seine Mitbürger vor den Kosten und der Macht des seit Kriegsende gewachsenen „military-industrial complex", der Verknüpfung von Militär und Rüstungsindustrie, die sich die vom Kalten Krieg geschürten Ängste finanziell zunutze machten. „military-industrial complex"

Die breite Mittelklasse genoß in den 1950er Jahren einen nie dagewesenen Wohlstand. Der Durchschnittslohn stieg, inflationsbereinigt, von 1945 bis 1960 um 35%. Viele Frauen gaben ihre außerhäusigen Arbeitsplätze auf und kehrten in die traditionellen Rollen der Hausfrau und Mutter zurück. Amerikaner aller Regionen, Bildungsstufen und ethnisch-kultureller Gruppen hatten als Soldaten einander und ihr Land besser kennengelernt und waren mobiler als je zuvor. Eine unerwartete Kriegsfolge für die amerikanischen Universitäten war der Zustrom Tausender von Veteranen, denen die Steuerzahler durch die „GI Bill" (Servicemen's Readjustment Act, 1944) ein Studium auch an den besten privaten und staatlichen Universitäten bezahlten. Zudem stellte das Gesetz billige Hypotheken für Eigenheime, Ackerland und Firmengründungen zur Verfügung. Der große Erfolg des GI-Gesetzes demonstrierte auch früheren Gegnern des New Deal die Berechtigung aus Steuern finanzierter wohlfahrtsstaatlicher Angebote zur persönlichen Lebensplanung. Trumans Versuch, den New Deal fortzusetzen, scheiterte jedoch. Im Wahlkampf für die Kongreßwahlen 1946 verlangte der Präsident vom Kongreß die Verbesserung des Lebensstandards vieler Amerikaner durch Erhöhung des Mindestlohns, durch eine allgemeine gesetzliche Krankenversicherung und die Verbesserung des sozialen Wohnungsbaus und der öffentlichen Schulen. Auch Gesetze gegen die Diskriminierung afroamerikanischer Wähler, Arbeiter und Schüler forderte der Präsident (Rede vom 23.3.1946). Die Kongreßmehrheiten nach den Wahlen von 1946 und 1948 waren jedoch Republikanisch-konservativ, und die Gesetzesvorschläge des 1948 entgegen den meisten Voraussagen wiedergewählten Präsidenten fanden in der Legislative keine Unterstützung. Der nächste Schub von Sozialreformgesetzen sollte erst 1964 unter Lyndon Johnson von einem mehrheitlich Demokratischen Kongreß verabschiedet werden.

Das erste Nachkriegsjahrzehnt brachte der Bürgerrechtsbewegung lediglich symbolische Erfolge. So galt es als Durchbruch im Sport, daß ab 1947 Jackie

Gesellschaft und Sozialpolitik in der Nachkriegszeit

„GI Bill of Rights" 1944

Trumans gescheiterter „Fair Deal" 1946

Bürgerrechte der Afroamerikaner

Robinson als erster schwarzer Baseballspieler (und Kriegsveteran) in einem der 16 Bundesligavereine (*major league*), den Brooklyn Dodgers, spielen durfte. Wirkungsvoller als jedes Gerichtsurteil zerstörte er das Stereotyp von den unsportlichen Afroamerikanern. Die National Association for the Advancement of Colored People (NAACP) gewann 1954 ihren Musterprozeß gegen die Rassendiskriminierung in öffentlichen Schulen. Das Oberste Bundesgericht, seit 1953 unter dem Vorsitz des früheren liberalen Gouverneurs von Kalifornien Earl Warren, erklärte einstimmig, öffentliche Schulen nur für afroamerikanische Kinder seien per Definition nicht gleichwertig und daher verfassungswidrig (Fall Brown gegen Board of Education von Topeka, Kansas). Obwohl die Entscheidung anglo-amerikanischem Fall-Recht entsprechend explizit nur Schulen betraf, war nun klar, daß die Mehrheit des Obersten Bundesgerichts bereit war, die Garantie des „gleichen Schutzes des Gesetzes" aus der 14. Verfassungsänderung auch einzelstaatlichen und kommunalen Apartheidsvorschriften entgegenzuhalten. Der Widerstand der weißen Südstaatler war heftig. Einhundert Mitglieder des Repräsentantenhauses und des Senats der USA aus den Südstaaten sprachen 1956 in ihrem „Southern Manifesto" dem Gericht die Zuständigkeit ab und forderten ihre Wähler zur Mißachtung des Urteils auf. Präsident Eisenhower tat so wenig, daß 1960 kein schwarzes Kind in die noch bestehenden „weißen" öffentlichen Schulen Alabamas, Georgias, Louisianas, Mississippis und Virginias ging. Gleiches galt für die Universitäten dieser Staaten. In den Staaten des tiefen Südens bedienten um 1960 die meisten Restaurants keine Afroamerikaner; es gab noch Krankenhäuser, Taxis usw., die „nur für Weiße" reserviert waren. Die Bürgerrechtsgesetze von 1957 und 1960 ermöglichten mit der Einsetzung einer Civil Rights Commission jedoch den Anfang 1964 zum Erfolg führenden Kampf um die Ausübung des Stimmrechts der Afroamerikaner in den Südstaaten.

Gerichtsurteil gegen Rassentrennung, 1954

Innenpolitik und Gesellschaft der „Fifties"

Die konservative Republikanische Partei stellte mit dem politisch moderaten General Dwight D. Eisenhower von 1953–61 erstmalig seit 1933 wieder den Präsidenten. Er erhielt 55% der abgegebenen Stimmen, bei der Wiederwahl 1956 über 57%. Vizepräsident Richard M. Nixon, ein für seinen Antikommunismus bereits bekannter und umstrittener Berufspolitiker aus Kalifornien, sprach insbesondere den rechten Rand des Wählerpotentials an. Auch in Repräsentantenhaus und Senat erlangten die Republikaner 1952 die Mehrheit. Die Mehrheit der Gewählten vertrat eine Stimmung sowohl der Selbstzufriedenheit und des nationalen Stolzes der prosperierenden Mittelklasse als auch ein von der Konfrontation mit der Sowjetunion ausgehendes Gefühl der Unsicherheit, der irrationalen Kommunistenfurcht. Die Republikaner versuchten trotz ihrer Mehrheit jedoch nicht, die sozialstaatlichen Maßnahmen der Demokraten seit 1933 rückgängig zu machen. Um den Konjunkturrezessionen von 1953 und 1957 entgegenzuwirken, griffen sie vielmehr selbst zum inzwischen bewährten Mittel des vorübergehenden Schuldenmachens per Haushaltsgesetz.

Auch im privaten Konsumverhalten reizten ab 1950 die ersten Kreditkarten und geringe Ratenzahlungen zum Kaufen über das Sparguthaben hinaus. Mit dem

Autobahngesetz (Interstate Highway Act, 1956) finanzierte die Bundesregierung die bislang umfassendste Bundeshilfe für die Infrastrukturentwicklung: 31 Mrd. Dollar für 65 000 km Autobahn. Die Grundlage für einen weiteren Schub der die USA seit den 1920ern kennzeichnenden Autokultur konnte gelegt werden. Bereits drei von vier Haushalten besaßen 1960 mindestens ein Auto. Die kontinuierliche Flucht der wirtschaftlich Erfolgreichen aus den Innenstädten in neugebaute Vorstadtsiedlungen (*suburbs*) und die zunehmend luxuriöse Freizeitgestaltung setzten das private Auto in jeder Familie als Transportmittel voraus. Eisenbahn, Busse und öffentlicher Nahverkehr verloren dementsprechend an Bedeutung und öffentlicher Förderung. Das im Krieg entwickelte Fernsehen löste nach 1950 den Rundfunk als dominantes nationales Massenkommunikationsmittel ab. 1960 verfügten bereits 87% der Haushalte über einen Fernsehapparat. Etwa ein Jahrzehnt früher als in Westeuropa bewirkte das Fernsehen einen tiefgreifenden kulturellen Wandel, der das soziale Verhalten von Erwachsenen und Kindern in Stadt und Land und in allen Einkommensschichten, die Unterhaltungsindustrie und Presse, die Gottesdienste, den Zuschauersport und die Wahlkämpfe vom Präsidenten bis zum Bürgermeister nachhaltig beeinflußte. General Eisenhowers breites Lächeln und kurze Reden halfen ihm 1952, den ersten mit Hilfe des Fernsehens geführten Wahlkampf zu gewinnen. Meist unter dreißig Jahre alte Kritiker des bürgerlichen „American way of life" taten sich ab etwa 1955 in einigen Großstadtvierteln, besonders in San Francisco und New York, zusammen und führten ein weniger diszipliniertes, weniger auf Arbeit, Gelderwerb und die anderen Tugenden von *mainstreet*-Amerika ausgerichtetes, freieres Leben als ihre Eltern. Sie suchten mehr Harmonie mit der Natur, mehr Spontaneität und Steigerung des Lebensgefühls durch Bewußtseinserweiterung, sei es durch rauschhafte Lyrik, Musik, psychodelische Drogen oder hemmungslose Sexualität. Die zurückgewiesene Elterngeneration nannte die in den Tag hinein lebenden, Militärdienst und 9–5 Uhr-Jobs verweigernden, Haare und Kleider lang tragenden jungen Leute belustigt bis verächtlich „Blumenkinder" und „Hippies". Allen Ginsbergs Verlesung seines rhapsodischen Gedichtes „Howl" 1955 in San Francisco gilt als Auftakt der „beat poetry" junger Dichter, die die Befreiung von den Fesseln bürgerlicher Anstandsnormen und repressiver Sexualmoral in neuen spontanen Lebensgemeinschaften besangen. Jack Kerouacs autobiographischer Roman *On the Road* (1957) feierte den Ausstieg aus der Mittelklasseroutine als Befreiung. Einen weniger radikalen, aber weiter verbreiteten Protest gegen die gesittete Unterhaltungsmusik der Elterngeneration drückten der ab 1954 in kurzer Zeit zum internationalen Jugendidol aufsteigende *Rock-and-Roll*-Sänger Elvis Presley und konkurrierende Musikergruppen mit stampfenden Rhythmen und sexuell aufreizender Körpersprache aus.

Zur Welt, für die sie ihre Eltern verantwortlich machten, gehörte auch die berechtigte Furcht vor der Atombombe, über die seit 1949 auch Stalin verfügte. Militärstrategen im Pentagon zählten die Raketen und Sprengköpfe; die wissenschaftliche Diskussion über Strahlenverseuchung wurde aber auch von der Presse

Autokultur

Fernsehen

Jugendliche *counterculture*

Bedrohung durch die Atombombe

aufgegriffen, der Verlauf radioaktiver Wolken nach Atombombentests im Pazifik wurde auf der ersten Seite der Tagespresse verfolgt, und in hunderten von Seminaren dokumentierten Psychologen und Theologen ihre unamerikanische Hilflosigkeit angesichts der Fähigkeit der Menschheit, sich selbst zu vernichten. Das Verteidigungsministerium forderte allen Ernstes zum Bau von „strahlensicheren" Einfamilienunterständen im Garten mit Wasserkanistern und Konservendosen auf. Die öffentlichen Schulen mußten zusätzlich zum vierteljährlichen Feueralarm den Atombomben„drill" üben.

Antikommunismus, McCarthyismus

Trotz des Wohlstandes der breiten amerikanischen Mittelklasse konnte ein einziger scharlatanhafter Senator, Joseph McCarthy, über vier Jahre lang im ganzen Land eine bösartig-hysterische Kampagne gegen kommunistische Staatsfeinde entfachen, die es nicht gab. „*McCarthyism*" wurde zum Synonym für die demagogisch-rufmörderische Anschuldigung Unschuldiger, die eine sensationsgierige Presse verbreitete, weil auch unbewiesene Behauptungen des prominenten Anklägers als Nachricht galten. Joseph McCarthy war ein für die amerikanische Politik durchaus typischer Aufsteiger aus kleinen Verhältnissen, ein *self-made man*, eines von neun Kindern eines armen irisch-katholischen Farmers im ländlich-isolierten Wisconsin mit minimaler Bildung. Nach einer knappen Rechtsanwaltsausbildung fand er Erfolg in der Politik, zuerst als Kandidat der Republikanischen Partei für das Amt des gewählten Landkreisrichters und dann ab 1946 im Alter von 31 Jahren als Senator für Wisconsin in Washington. McCarthys Kampagne hatte seit seiner Rede am 9. Februrar 1950 über die angebliche Unterwanderung des Außenministeriums durch Kommunisten nur ein Ziel: die Säuberung der Regierungsbürokratien, des Militärs und der Unterhaltungsindustrie von New York bis Hollywood von angeblichen Kommunisten. Ein amerikanischer Kommunist war für ihn per Definition ein Vaterlandsverräter; „loyalty" oder „disloyalty" waren die Grundkategorien in McCarthys politischem Katechismus. Er glaubte an die große Verschwörung, deren Fäden in Stalins Hand zusammenliefen. Der Koreakrieg, entlarvte Atomspione usw. lieferten ihm Argumente. Eine eigene politische Bewegung brauchte er nicht zu gründen. Er konnte die weit verbreitete Kommunistenfurcht mobilisieren. Tausende von Regierungsangestellten – genaue Zahlen gibt es nicht – und Hunderte von Freischaffenden in Presse und Filmstudios verloren ihre Stellungen oder zogen sich freiwillig zurück, um den meist haltlosen Anschuldigungen zuvorzukommen. McCarthys Kampagne hat nicht ein einziges Mitglied der CPUSA in Regierungsdiensten entlarvt. Presse und Fernsehen ließen sich von McCarthys Schauspielerei mit pseudo-dramatischen Nachrichten versorgen und vernachlässigten die Überprüfung des Wahrheitsgehalts. Kritisch gegenüber McCarthy äußerten sich von den überregionalen Zeitungen nur die Washington Post und die New York Times. Die meisten gewählten Amtsinhaber, von Präsident Truman und Eisenhower an bis zu seinen Kollegen im Kongreß, hatten Angst davor, selbst zur Zielscheibe einer Rufmordkampagne zu werden. Die Republikanische Partei machte sich McCarthys Zugkraft 1952 zunutze, um die Wahl Eisenhowers sicherzustellen. Aber auch nach seiner Wahl wagte der Präsident es nicht, den Agitator in die Schranken zu weisen. McCarthys politischer Untergang begann erst, als er im April 1954 behauptete, nicht nur die ahnungslosen und arroganten Intellektuellen im Außenministerium seien von Kommunisten unterwandert, sondern auch besonders verletzliche Einrichtungen der Armee, wie etwa das zentrale Radar-Labor an der Atlantikküste von New Jersey. Von April bis Juni 1954 sahen täglich bis zu 20 Millionen Fernsehzuschauer McCarthys brutales Vorgehen mit falschen Anschuldigungen usw. Erst nach dieser Selbstbloßstellung tadelten seine Kollegen im Senat ihn förmlich im Dezember 1954. Der Bann war gebrochen und McCarthys Einfluß beendet.

d) Weltmacht, Besatzungsmacht, internationale Beziehungen im Kalten Krieg mit der Sowjetunion 1945–60

Die internationale Politik der Nachkriegszeit war in mehrfacher Weise durch den epochalen Einschnitt des Zweiten Weltkriegs geprägt. Die Vereinigten Staaten blieben nach Kriegsende mit der ihnen zugewachsenen Führungsposition aktiv in der Weltpolitik präsent, nicht nur in der Außenwirtschaftspolitik wie nach dem Ersten Weltkrieg. Roosevelt gelang, was Wilson mit dem Völkerbund vergeblich versucht hatte: die Schaffung eines Forums der weltweiten friedlichen Interessenvertretung und -vermittlung. Auf Roosevelts Initiative hatten schon im Januar 1942 die Vertreter von 26 Ländern einschließlich der Sowjetunion und Chinas in Washington eine „United Nations Declaration" unterschrieben, die eine gewaltlose und für alle wirtschaftlich vorteilhafte Weltpolitik forderte, deren Leitwerte die Atlantik-Charta Roosevelts und Churchills vom 14.8.1941 formuliert hatte (siehe S. 70). Nach entsprechenden Vorarbeiten von Roosevelt, Churchill und Stalin unterzeichneten die Repräsentanten von 50 Ländern am 26.7.1945 in San Francisco die Charta der Vereinten Nationen. Als ein Preis des abzusehenden Sieges wurde den Großmächten USA, Sowjetunion und Großbritannien, aber auch Frankreich und dem zunächst durch Formosa (Taiwan) vertretenen China je ein permanenter Sitz mit absolutem Veto im Sicherheitsrat zugebilligt. Der Senat der USA stimmte dem amerikanischen Beitritt zur UNO am 28.7.1945 mit 89:2 Stimmen zu, aber nicht ohne daß kritische Stimmen vor dem Verlust an „Souveränität" für die USA gewarnt hatten. Zwei ebenfalls noch 1945 gegründete Unterorganisationen der UNO, die Weltbank und der Internationale Währungsfonds, beide mit Sitz in Washington, erwiesen sich als langfristig unverzichtbare Instrumente der Weltwirtschafts- und Entwicklungspolitik.

Sofort nach Kriegsende schickte die private New Yorker Stiftung Cooperative for American Remittances to Europe (CARE) Lebensmittelpakete nach Europa, auch in das Land der besiegten Aggressoren. Die Abkürzung ist natürlich auch ein Wortspiel mit dem englischen Wort für „sich kümmern um". (Heute steht das E in CARE für „Everywhere" – überall.) Die Regierung der USA spendete über die United Nations Relief and Rehabilitation Administration (UNRRA) von Kriegs-

Gründung der Vereinten Nationen 1945

CARE-Pakete, UNRRA 1945–50

ende bis zum Frühjahr 1947 insbesondere im befreiten Osteuropa Hilfsgüter im Wert von über 11 Mrd. Dollar. Zusätzlich bewilligte der Kongreß im Mai 1947 für Polen, Österreich, Ungarn, Griechenland und Italien Hilfe im Wert von 350 Mio. Dollar. Speziell den von der U.S. Army besetzten Gebieten Deutschlands und Österreichs kam von 1945 bis 1950 Government Aid and Relief in Occupied Areas im Wert von 1,6 Mrd. Dollar zugute.

Besatzungsmacht in Japan

Das Besatzungsregime der USA in Japan war einfacher als in Deutschland, weil es zwar einen Viermächterat der Alliierten gab, der sowjetische Vertreter aber nur eine beratende Stimme besaß und der oberkommandierende Amerikaner, Douglas MacArthur, mit dem Gestus des siegreichen Feldherrn alleine regierte. Sein Stab entwarf Japans Grundrechteerklärung vom 4.10.1945, die ein demokratisches politisches Leben ermöglichte, und die japanische Verfassung von 1947, die den Kaiser zwar als „Symbol der Einheit des Volkes" respektierte, ansonsten aber der Struktur des parlamentarischen und unitarischen Modells Englands folgte, nicht dem präsidentiellen und föderalistischen der USA. Die Japaner verzichteten auf eigene Streitkräfte und gewährten der Besatzungsmacht großzügige Militärstützpunkte.

Kriegsverbrecherprozesse in Nürnberg und Tokio 1945–48

Die persönliche Schuld an Kriegsverbrechen von 24 führenden Nationalsozialisten untersuchte ein in seiner Art erstmaliges internationales Militärtribunal in Nürnberg 1945/46. Die Regierungen der USA, Großbritanniens, Frankreichs und der Sowjetunion stellten die Richter, Ankläger und Verteidiger. Zwölf der Angeklagten wurden hingerichtet. Der Völkerrechtspraxis wurde als neue Dimension die Bestrafung der persönlichen Verantwortung Regierender und Kriegführender für „Kriegsverbrechen" und für „Verbrechen gegen die Menschheit und Menschlichkeit" (*humanity* heißt beides) hinzugefügt. Der Kriegsverbrecherprozeß von Tokyo 1946–48 folgte dem Muster des Nürnberger Prozesses. General und Premierminister Tojo und sechs weitere Offiziere wurden 1948 hingerichtet, 16 weitere Kriegsverbrecher zu lebenslanger Haft verurteilt. Die Prozesse gegen Kriegsverbrecher in weniger herausragender Stellung überließen die Besatzungsmächte deutschen und japanischen Gerichten.

Besatzungspolitik in Deutschland

Am 10. Mai 1945 befahl Präsident Truman General Eisenhower, vier Ziele durch die Militärregierung in Deutschland verfolgen zu lassen: (1) Den Deutschen sei klarzumachen, daß sie selbst die deutsche Wirtschaft zerstört und die gegenwärtige Notlage verschuldet hätten; (2) Deutschland sei nicht wie die „befreiten Nationen" zu behandeln, sondern als besiegter Feind: ohne Unterdrückung, aber mit fester Hand, auf Abstand, ohne „Fraternisierung"; (3) Deutschland dürfe nie wieder den Frieden der Welt bedrohen können; deshalb müßten Nationalsozialismus und Militarismus ausgerottet, Kriegsverbrecher gefaßt und Deutschland industriell abgerüstet und entmilitarisiert werden. Der Wiederaufbau des politischen Lebens auf demokratischer Grundlage sei langfristig vorzubereiten; (4) Reparationen und Rückgaben seien auszuführen, den von den Nazis verwüsteten Ländern sei zu helfen und die befreiten Kriegsgefangenen und *displaced persons* seien zu versorgen. Dieser strenge Kurs wurde aber nicht lange beibehalten.

In der amerikanischen Zone wurden Industriedemontage und Entnahmen aus der Produktion 1946 eingestellt und mit der Vereinigung der amerikanischen und britischen Zone zur „Bizone" den Westdeutschen wieder ein gewisses Maß an Selbstregierung ermöglicht. Zu den geistigen Reparationen, die sich die amerikanische Regierung aus Deutschland holte, gehörten beschlagnahmte Patente und etwa 500 der deutschen Techniker und Wissenschaftler, die unter Leitung Wernher von Brauns die V2-Rakten gebaut hatten und nun von 1945/46 bis 1952 zunehmend freiwillig in den USA Raketenbau und Raumfahrt vorantrieben („Project Paperclip").

Die Umerziehung der Deutschen zu Bürgern einer Demokratie wurde seit dem 5. Juni 1946 von der amerikanischen Militärregierung als Bestandteil der Wiederherstellung einer stabilen und friedlichen deutschen Wirtschaft und des Fernziels „der nationalen Einheit und Selbstachtung" betrachtet. Die von der Diktatur der Nationalsozialisten mißachteten politischen Rechte des einzelnen – gleich welcher Rasse oder Nation – müßten wieder geachtet werden. Alle Bürger seien mitverantwortlich für die Politik ihres Landes und hätten deshalb das Recht und die Pflicht zur Mitbestimmung. Nur Toleranz kultureller Vielfalt, nicht erzwungene Uniformität ermögliche Verständnis und Frieden innerhalb einer Nation und zwischen Nationen. Kulturelle Kontakte mit anderen Nationen sollten Deutschland bald in die Gesellschaft der friedfertigen Nationen zurückführen. Der Verwirklichung dieses hohen Zieles dienten anfänglich Pressezensur und Propagandafilme, aber bald auch die reichhaltig mit Büchern, Zeitungen und Zeitschriften bestückten „Amerikahäuser" und Amerikastipendien für Studenten und Schüler.

Umerziehung zur Demokratie

Der Wille zur aktiven Gestaltung der internationalen Nachkriegsordnung führte in Washington auch zu einer aktiven internationalen Kulturpolitik. Sie wurde nicht dem klassischen Ressort für Außenpolitik, dem Department of State, überlassen, sondern ab 1953 der unabhängigeren United States Information Agency übertragen. Auch die in deutschen und österreichischen Städten seit Kriegsende breitenwirksamen „Amerika-Häuser" mit warmen Leseräumen und neuesten Filmen sowie die bereits seit 1942 weltweit und in vielen Sprachen sendende Radiostation Voice of America wurden der USIA unterstellt. Statt staatlicher Propaganda auf eigener Erfahrung beruhendes gegenseitiges Verstehen anzubieten, war auch die Maxime des Senators aus Arkansas, J. William Fulbright, der 1952 den Kongreß und Präsident Truman davon überzeugte, Bundesmittel aus dem Verkauf überschüssiger Armeegüter für den Austausch von Wissenschaftlern und Studierenden zwischen den USA und Dutzenden von Ländern zur Verfügung zu stellen, die nicht von der Sowjetunion daran gehindert wurden, am „Fulbright-Programm" teilzunehmen. Private gemeinnützige Organisationen wie der American Field Service und kirchliche Vereinigungen begannen zur gleichen Zeit, Schüler und Studenten aus der ganzen Welt für ein Jahr nach Amerika zu holen und amerikanische Schüler und Studenten in deren Heimatländer zu entsenden, um das Verständnis zwischen den Eliten zu verbessern und inter-nationale Konflikte weniger wahrscheinlich zu machen.

Auswärtige Kulturpolitik

Anfänge des „Kalten Krieges"

Die gewaltsame Verhinderung freiheitlich demokratischer Politik in den von der Naziherrschaft befreiten Ländern Mittel- und Osteuropas von Estland bis Albanien durch Stalins Herrschaftsapparat griff Ex-Premierminister Winston Churchill bei einem Amerikabesuch am 5. März 1946 rhetorisch wirksam an: „Ein eiserner Vorhang ist quer durch den Kontinent, von Stettin an der Ostsee bis Triest an der Adria, heruntergegangen." Dahinter übe Stalin mit seiner kommunistischen Partei „totalitäre Kontrolle" aus. Das Scheitern der Zusammenarbeit mit Stalins Repräsentanten im Alliierten Kontrollrat in Berlin verkündete Trumans Außenminister James Byrnes in Stuttgart am 6. September 1946: Das Potsdamer Abkommen von 1945 sehe vor, daß Deutschland genügend Industrie behalte, um „ohne Hilfe anderer Länder einen durchschnittlichen europäischen Lebensstandard zu erlangen". Zweck der Besetzung sei die Entmilitarisierung und Entnazifizierung Deutschlands, nicht die künstliche, unnötige Behinderung des deutschen Volkes auf dem Weg zurück zu einem Wirtschaftsleben in Frieden und Demokratie. Der Alliierte Kontrollrat hat aber nicht dafür gesorgt, „daß die deutsche Wirtschaft als eine wirtschaftliche Einheit funktionieren kann. Die notwendigen zentralen deutschen administrativen Behörden sind bislang nicht geschaffen worden. (…) Die Vereinigten Staaten sind der festen Überzeugung, daß Deutschland als eine wirtschaftliche Einheit verwaltet werden sollte und daß die Zonengrenzen in Bezug auf das Wirtschaftsleben in Deutschland völlig verschwinden sollten." Das deutsche Volk solle jetzt auch Gelegenheit erhalten, die Einrichtung einer demokratischen Regierung vorzubereiten: „Wir wollen nicht, daß Deutschland der Satellit einer anderen Macht oder anderer Mächte wird oder daß es unter einer deutschen oder auswärtigen Diktatur lebt." Auch nach Kriegsende seien die amerikanischen Interessen weiterhin eng mit Europa verbunden.

Der Marshall-Plan 1947

Im April 1947 hatten sich die Außenminister der Siegermächte in Moskau nicht über die weitere Entnahme von Reparationen und eine föderale Regierungsform für das zukünftige Deutschland einigen können. Daraufhin stimmte Präsident Truman denjenigen seiner Berater zu, die durch massive Förderung eines baldigen wirtschaftlichen Aufschwungs in (West-) Europa der Ausdehnung kommunistischer Parteien und der Vorherrschaft der Sowjetunion unter der Führung Stalins entgegenwirken wollten. Außenminister George Marshall beklagte am 5. Juni 1947 in einer Rede den Zusammenbruch der Handelsstrukturen Europas und erklärte die Bereitschaft der amerikanischen Regierung zur Hilfe. Voraussetzung sei, daß die Europäer gemeinsam Vorschläge zur Überwindung der Krise erarbeiteten. Wirtschaftliche Gesundheit sei die Grundlage politischer Stabilität, des Friedens und freier demokratischer Politik. Überwindung der verhängnisvollen Nationalismen und Stärkung der eine europäische Einigung beschleunigenden Faktoren waren ebenfalls Ziele der amerikanischen Nachkriegspolitik. Die später „European Recovery Program" genannte einmalige Wirtschaftshilfe wurde am 2. April 1948 nach dreimonatiger Debatte im Kongreß gebilligt. Stalin lehnte nach einiger Bedenkzeit das auf eine liberale Weltwirtschaftsordnung abzielende Angebot als imperialistische Einmischung in die inneren Angelegenheiten anderer Staaten ab – so Außenminister Molotow am 2. Juli 1947 beim Rückzug von den Verhandlungen in Paris. Stalin untersagte auch der Tschechoslowakei und den übrigen von der Sowjetunion beherrschten Ländern und Finnland die Annahme von ERP-Krediten. Die zentral gesteuerte sowjetische Planwirtschaft war unvereinbar mit dem von den USA verlangten Freihandel, mit der schrittweisen wirtschaftlichen Integration Europas und vor allem mit einer mehr oder weniger freien oder sozial verpflichteten Marktwirtschaft. Die Aufnahme der drei Westzonen des besetzten Deutschland in das European Recovery Program war auch gegen Widerstände in Paris und London von Anfang an vorgesehen; die wirtschaftliche Westintegration sollte die spätere politische Westintegration der Bundesrepublik unter Adenauer vorprägen. Sechzehn westeuropäische Länder (mit Ausnahme Franco-Spaniens) und die Türkei erhielten von 1948 bis 1952 Kredite im Gesamtwert von 13,3 Mrd. Dollar. Die westdeutsche Bundesrepublik nahm insgesamt 1,56 Mrd. Dollar in Anspruch. Bereits 1966 hatte die Bundesrepublik die daraus entstandenen Rückzahlungsverpflichtungen gegenüber den USA getilgt. Die Hälfte des deutschen Kredits (725 Mio. Dollar) ermöglichte die Lieferung von Basis-Rohstoffen (u. a. Baumwolle) für die im Westen Deutschlands zu etwa 80% unzerstörten Industriebetriebe. Weitere 684 Mio. Dollar finanzierten amerikanischen Farmern die Lebensmittel-, Tierfutter- und Saatgutlieferungen an die hungernden Europäer. Für nur 36 Mio. Dollar wurden amerikanische Maschinen geliefert. Die empfangenden Betriebe zahlten den Gegenwert in ihrer Landeswährung nicht der amerikanischen Regierung, sondern einer jeweiligen Landesbank für Wiederaufbau, die das sich ansammelnde Kapital – die *Counterpart Funds* – erneut als billige Kredite vergab.

Als die sowjetische Armee den Landweg aus Westdeutschland in den amerikanischen, englischen und französischen Sektor Berlins vom 24. Juni 1948 bis 12. Mai 1949 sperrte, brachte die U.S. Airforce in 190 000 Flügen über 1,6 Millionen Tonnen lebensnotwendige Güter – vom Milchpulver bis zur Kohle – in die Stadt. Auch britische und französische Militärflugzeuge beteiligten sich an der „Luftbrücke". West-Berlin wurde so zu einem der symbolträchtigsten Orte für das amerikanische Engagement im Kampf gegen die weitere Expansion der Vorherrschaft der Sowjetunion unter Stalin in Mitteleuropa. Als 1958 die sowjetische Führung unter Chruschtschow ultimativ die Beendigung des Viermächtestatus für Berlin zugunsten der 1949 gegründeten Deutschen Demokratischen Republik forderte, bekräftigten 1959 die Regierungen Großbritanniens, Frankreichs und der USA unter Führung Präsident Eisenhowers ihre Kriegsfolgerechte in Gestalt des bis zum Ende der DDR 1990 verteidigten Status West-Berlins.

Berliner Luftbrücke 1948

Die USA gingen mit dem Nordatlantikpakt (NATO = North Atlantic Treaty Organization) vom 4. April 1949 zum ersten Mal in Friedenszeiten ein uneingeschränktes Verteidigungsbündnis ein. Zu den 12 Gründerländern von Kanada bis Italien kamen im Verlauf des Kalten Krieges Griechenland und die Türkei (1952), die Bundesrepublik Deutschland (1955) und Spanien (1982) hinzu. Da ab 1949 auch die Sowjetunion über einsatzfähige Atombomben verfügte, war die

Gründung der NATO 1949

Abwehr des bis 1990 theoretisch möglichen Vordringens der Roten Armee über die Elbe der Kern der verschiedenen Militärstrategien (u. a. „massiver" oder „flexibler" Gegenschlag, „Gleichgewicht des Schreckens") und des politischen Zusammenhalts der NATO.

Der Krieg in Korea 1950–53

Ebenso wie Deutschland wurde auch Korea 1945 geteilt. Sowjetische Truppen besetzten den Norden bis zum 38. Breitengrad, amerikanische den Süden. Die von den Vereinten Nationen im Mai 1948 angesetzen freien Wahlen fanden nur in Südkorea statt. Stalin brach sein in Potsdam gegebenes Versprechen und verwehrte den UNO-Beauftragten die Einreise in die sowjetische Besatzungszone. Als mit sowjetischen Waffen ausgerüstete nordkoreanische Truppen am 24. Juni 1950 überraschend in Südkorea einmarschierten, rief der Sicherheitsrat der UNO auf Antrag der USA die Mitgliedstaaten zur Abwehr der Invasion auf. Präsident Truman entsandte noch im Juni 1950 – ohne eigene amerikanische Kriegserklärung – die ersten amerikanischen Truppen, um in Asien und Westeuropa keine Zweifel an der Bereitschaft der USA zur Abwehr kommunistischer Expansionsversuche aufkommen zu lassen. Nordkorea konnte seine Besetzung im November 1950 nur mit Hilfe von 400 000 chinesischen Truppen abwehren. Um China nicht zum noch massiveren Eingreifen zu reizen, untersagte Truman dem eigenmächtigen und als Republikaner politisch ehrgeizigen General Douglas MacArthur China gegenüber provokante Strategien, mußte ihn aber schließlich im April 1951 wegen Mißachtung des Präsidenten als Oberkommandierenden seines Kommandos entheben. Unter anderem wegen der festgefahrenen Kriegssituation verzichtete Truman 1952 auf eine erneute Kandidatur, und erst sein Amtsnachfolger Eisenhower erreichte nach Stalins Tod am 5. März 1953 und nach Kompromissen beim Kriegsgefangenenaustausch im Juli 1953 einen Waffenstillstand etwa entlang des 38. Breitengrades. 54 000 amerikanische Soldaten starben im Koreakrieg, 103 000 wurden verwundet.

Die USA im Nahen Osten, Unterstützung Israels

Ein Fixpunkt des weltweiten Engagements der USA nach Kriegsende war im Nahen Osten die Unterstützung des um seine Existenz kämpfenden Staates Israel. Als erster Staat erkannten die USA Israel 1948 an. Der Kalte Krieg prägte bis 1990 auch die amerikanisch-israelischen Beziehungen. Denn die Sowjetunion versuchte ihren Einfluß auf einen Teil der arabischen Staaten auszudehnen, und die USA unterstützten aus militärstrategischen und aus wirtschaftlichen Interessen den anderen Teil (z. B. Saudi-Arabien und Jordanien) und Israel. Von 1948 bis 1975 erhielt Israel von den USA Militär- und Wirtschaftshilfe im Wert von 1,5 Mrd. Dollar; seit 1976 folgten jährlich weitere 3 Mrd. Dollar. Gegen den sowjetischen Einfluß in Ägypten, Syrien, Jordanien und benachbarten arabischen Staaten wandte sich auch die Präsident Eisenhower vom Kongreß im Januar 1957 erteilte Vollmacht, jeder Nation im Nahen Osten militärische und andere Hilfe zu leisten, „um die bewaffnete Aggression eines Landes abzuwehren, das vom internationalen Kommunismus kontrolliert wird". Eisenhower berief sich auf diese Vollmacht, als er im Juli 1958 14 000 Marinesoldaten zum Schutz der pro-westlichen Regierung vor irakischen Aufständischen in den Libanon entsandte.

Eisenhower-Doktrin 1957

Einen „Marshall-Plan" für die nichtindustrialisierten lateinamerikanischen   Castros Revolution
auf Kuba 1959
Länder hat es nicht gegeben. Im Gegenteil, Großkonzerne wie die United Fruit
Company, Zucker- und Ölraffinerien beuteten nach anfänglichen Investitionen
die Ressourcen (Boden und Klima, billige Arbeitskräfte und Bodenschätze) aus,
ohne an den Aufbau prosperierender, sich selbst demokratisch regierender Gesellschaften zu denken. Auf Kuba duldete seit 1952 der Militärdiktator Fulgencio
Batista die weitgehende wirtschaftliche Dominanz amerikanischer Unternehmen
bis hin zur Kontrolle der Mafia über die Unterhaltungsindustrie in Havanna. 1959
stürzte ihn der populäre „Befreiungskämpfer" Fidel Castro und machte Ernst mit
der Verstaatlichung ausländischen Eigentums (z. B. der amerikanischen Ölraffinerien) und einer Landreform nach sowjetischem Vorbild. Mit der Sowjetunion vereinbarte er den Tausch von Industriegütern gegen Zucker. Eisenhower brach im
Januar 1961 die diplomatischen Beziehungen zu Castro ab. Dulles sah den Kommunismus ante portas, und Eisenhower ließ den CIA Pläne entwerfen, wie mit
Hilfe der Exilkubaner Kuba vom Castro-Kommunismus gewaltsam befreit werden könne. Auch Handel und Verkehr wurden bald eingefroren und bis heute
nicht wieder normalisiert. Nur die vor Castros sozialistischer Einparteiendiktatur
bis heute nach Florida fliehenden Kubaner lassen die natürliche, aber nun illegale
Verbindung zwischen der Insel und dem 100 km nördlich gelegenen Festland
nicht abreißen.

Insgesamt hatten der zum Präsidenten aufgestiegene Berufssoldat Eisenhower
und sein aktiver Außenminister John Foster Dulles von 1953 bis 1961 zwar das
politische und militärische Engagement der USA global – von Lateinamerika über
Europa und den Nahen Osten bis nach Südostasien (z. B. in Vietnam) erweitert,
heiße Kriege wie in Korea aber beendet oder vermieden.

5. DIE VEREINIGTEN STAATEN SEIT 1960

A) PERIODEN UND THEMEN

The Sixties

Die Periodisierung nach Dekaden als inhaltlich definierte Zeitabschnitte hat sich seit den „Fifties" behauptet, weil sie mit den Wechseln in der Präsidentschaft grob übereinstimmt. Die große Ausnahme ist der Umbruch von 1973/74. Die 1960er Jahre werden meist als *The Turbulent Sixties* charakterisiert, weil sich in der Zeit der Demokratischen Präsidenten John F. Kennedy (1961–63) und Lyndon B. Johnson (1963–69) außerordentliche innenpolitische, außenpolitische und soziokulturelle Umbrüche vollzogen: die Kuba-Krise (1962), Kennedys Ermordung (1963), die Bürgerrechtsbewegung und der „Krieg gegen die Armut", der massive Einstieg in den vietnamesischen Bürgerkrieg (1965–1973) und die wirkungsvolle

Nixon 1969–74

Protestbewegung dagegen. Die Regierungszeit des Republikanischen Präsidenten Richard M. Nixon (1969–74) kann als eigenständige Periode des moralisch-politischen Verfalls gewertet werden. Auch der von Nixon noch einmal forcierte und dann beendete Krieg in Vietnam trug zu dieser negativen Wertung bei. Positiv anzusehen sind Nixons Fortsetzung der unter Kennedy begonnenen Entspannungspolitik mit der Sowjetunion und die Aufnahme diplomatischer Beziehungen mit dem kommunistischen China 1972. Nixon stürzte das Präsidentenamt in seine bislang größte Krise, als er die Aufdeckung krimineller Aktivitäten zugunsten seiner Wiederwahl 1972 behinderte (Watergate-Krise). Als die Amtsenthebung 1974 unmittelbar bevorstand, trat Nixon als erster Präsident der USA von

Ford (1974–77) und Carter (1977–81)

seinem Amt zurück. Die Amtszeiten der als schwach angesehenen Präsidenten Gerald R. Ford (Republikaner 1974–77) und James Earl („Jimmy") Carter (Demokrat 1977–81) gelten als Phase der innen- und außenpolitischen Beruhigung und Heilung und der Beschränkung des seit 1933 ununterbrochenen Machtzuwachses der schließlich „imperialen" Präsidentschaft durch den Kongreß. Die ausgiebigen öffentlichen Feiern und Erinnerungen in allen Medien anläßlich der Amerikanischen Revolution und Unabhängigkeitserklärung zweihundert Jahre zuvor brachten die Nation 1975–76 nach den Zerreißproben des Vietnamkrieges und dem Amtsmißbrauch Nixons jedenfalls publizistisch wieder zusammen und stärkten das kollektive Selbstwertgefühl. Als reinigender Akt galt die Wahl des vom Regierungsbetrieb in Washington unbefleckten, betont frommen Demokratischen Gouverneurs von Georgia, Carter, anstelle des ins Präsidentenamt nachgerückten Republikaners Ford, der den gestürzten Nixon durch seine umstrittene Begnadigung vor weiterer Strafverfolgung geschützt hatte. Die de facto Amtsenthebung des gesetzebrechenden Präsidenten und die Nichtwahl seines Begnadigers

Konservative Wende unter Reagan (1981–89) und Bush (1989–93)

bewiesen, daß das demokratische Regierungssystem letzten Endes doch funktionierte. Die Wahl des konservativen Republikaners Ronald Reagan zum Präsidenten (1981–89) war eine kritische Reaktion der Arbeiter- und Mittelklasse auf den kostspieligen Sozialstaat mit seinen Förderquoten für benachteiligte Minderheiten und den permissiv-hedonistischen Lebensstil der als „hippies" und „beatniks" beschimpften Protestler-Generation der vergangenen Jahrzehnte. Eine klare Wählermehrheit bestätigte 1984 mit Reagans Wiederwahl die konservative Sozial-politik (die aber die rechtliche und faktische Gleichstellung der Frauen seit dem Bürgerrechtsgesetz von 1964 nicht wieder einschränkte) und die aktive Welt-machtpolitik gegen den Einfluß der Sowjetunion in Europa, Asien und Afrika. Die Beendigung des Kalten Krieges durch den wirtschaftlichen Niedergang der Sowjetunion und das Auseinanderbrechen des diktatorisch von den kommunisti-schen Parteien regierten Vielvölkerimperiums 1989/91 wurde von amerikanischen Leitartiklern der Härte Reagans und der Besonnenheit seines ihm im Amt nach-folgenden Vizepräsidenten George Bush (1989–93) als Verdienst zugeschrieben und als endgültiger Sieg der von den USA angeführten NATO über den War-schauer Pakt gefeiert und – grob verallgemeinert – als Sieg der kapitalistischen Marktwirtschaft über die sozialistische Planwirtschaft angesehen.

Ende des Kalten Krieges 1989/91

Zentrales Thema der Wirtschaftspolitik wurde ab 1965 die Doppelbelastung des Bundeshaushalts durch die steigenden Militär- und Sozialausgaben. Da die Steu-ern nicht entsprechend erhöht, sondern unter Reagan noch gesenkt wurden, stie-gen die Haushaltsdefizite und addierten sich unter Präsident Reagan zu einer ein-malig hohen Gesamtverschuldung des Bundes. Erst in der Amtszeit Clintons ab 1993 wurde der Trend umgekehrt. Der Versuch fiskalpolitisch konservativer Poli-tiker, durch eine Verfassungsänderung einen jährlich ausgeglichenen Bundeshaus-halt zu erzwingen, fand keine Mehrheit. Mit dem Ölpreisschock von 1973 endete die seit 1940 durch Konjunkturschwankungen nur vorübergehend unterbrochene Mehrung des Wohlstands der Mittelklasse. Seit 1970 sank das Bruttosozialpro-dukt, ab 1971 übertrafen die Importe den Export (Handelsbilanzdefizit), und von 1973 bis 1995 folgte eine Phase stagnierender Realeinkommen. Die naive Erwar-tung unbegrenzter Verfügbarkeit der Basisrohstoffe und eines im Prinzip unbe-grenzten wirtschaftlichen Wachstums war erschüttert.

Verschuldung des Bundes

b) Kennedy: Aufbruchstimmung, internationale Konflikte, Reformansätze, 1961–1963

Die kurze Präsidentschaft Kennedys (1961–63) ist in der öffentlichen Erinnerung verknüpft mit dem – werbungsmäßig gepflegten – Bild des jugendlich-idealisti-schen, dem intellektuellen und künstlerischen Leben verbundenen und zugleich die nationalen Interessen in einer feindlichen Welt entschlossen verteidigenden aktiven Präsidenten. Der ehrgeizige 43jährige Präsident war über das Kürzel „JFK" in der Zeitungssprache erfreut, weil damit das jungenhafte „Jack" vermie-den und ständig an sein anspruchsvolles Vorbild FDR erinnert wurde. Eleganz, Kunstsinn und Lebensstil seiner Frau Jacqueline Bouvier und im Weißen Haus spielende Kinder wurden fernsehwirksam eingesetzt. Die öffentliche Meinung in

Innenpolitik unter Kennedy

Amerika und der Welt waren beeindruckt von dem Bild einer vorbildlichen Familie, einer weiblichen und zugleich politisch versierten, etwa als Sonderbotschafterin entsendbaren First Lady und von einem Herrschaftsstil, der Menschlichkeit und Wertegebundenheit, die Pflege von Kunst, Kultur und Wissenschaft und die technische Gestaltung der Zukunft mit der Durchsetzung militärischer und wirtschaftlicher Weltmachtinteressen überzeugend verband. Die vom Kennedy-Glamour unbeeindruckte Bilanz der Historiker verzeichnet nur bescheidene innenpolitische Erfolge des mit sehr knapper Mehrheit gewählten Millionärssohns und Senators aus dem irisch-katholischen Boston. Er war der erste katholische Präsident und verdankte seinen Sieg u. a. katholischen Wählern. Um dem jahrhundertealten Antikatholizismus in Britisch-Nordamerika entgegenzuwirken, hatte er schon im Wahlkampf beteuert: „Welcher Religion man auch immer in seinem Privatleben angehört, für den Inhaber eines öffentlichen Amtes geht nichts über den Eid, die Verfassung in allen Details zu bewahren, einschließlich der Ersten Verfassungsänderung und der strikten Trennung von Kirche und Staat." (Interview in Look, 3. März 1959). Das Parteiprogramm der Demokraten hatte 1960 „starke, aktive und überzeugende Führung" des Präsidenten zur Lösung der Rassenfrage angemahnt. Aber der von konservativen Republikanern und Südstaaten-Demokraten beherrschte Kongreß hätte keine vom Präsidenten vorgeschlagenen Sozialreformen gebilligt. Der auf seine Wiederwahl bedachte Präsident wartete daher ab und reagierte erst auf Initiativen der afroamerikanischen Bürgerrechtler. In seiner Fernsehansprache am 11. Juni 1963 verurteilte er erstmals öffentlich als Präsident die Rassentrennung und kündigte eine Gesetzesvorlage mit Maßnahmen zu ihrer Abschaffung in Schulen und anderen öffentlichen Räumen an.

Die afroamerikanische Bürgerrechtsbewegung   In den Südstaaten war 1960 nur ein Drittel der erwachsenen Afroamerikaner als Wähler registriert. Afroamerikanische Studenten begannen 1960 in North Carolina, die Rassentrennung in Cafeterias, Kinos, Kirchen, an Stränden usw. zu ignorieren und riskierten Leib und Leben. Die auf seiten der Protestierenden gewaltlose Form der *sit-ins* und die späteren *freedom marches* und *freedom rides* erwiesen sich als erfolgreich, weil die Fernsehnachrichten brutale Reaktionen weißer Südstaatler – auch in Sheriffs- und Polizeiuniform – zum nationalen Ereignis machten und das schlechte Gewissen der Nation vertieften. Das verfassungswidrige Verhalten des Gouverneurs Ross Barnett von Mississippi zwang den Präsidenten im Oktober 1962 schließlich zum Handeln. Als erster schwarzer Bürger Mississippis erschien James Meredith mit einer bundesgerichtlichen Anordnung für seine Einschreibung als Student an der University of Mississippi in Oxford. Als der Gouverneur persönlich Meredith vor laufenden Kameras am Betreten des Immatrikulationsgebäudes hinderte, setzte Kennedy die National Guard und schließlich sogar reguläre Truppen ein und verschaffte dem Bundesrecht auch in Mississippi Geltung – um den Preis zweier Toter und Hunderter Verletzter.

Marsch auf Washington 1963   Auf Einladung der großen politischen und kirchlichen Organisationen der Afroamerikaner, der Southern Christian Leadership Conference, der zunächst zögerlichen NAACP, CORE und anderer afroamerikanischer Interessenverbände (und gegen den Wunsch des Gewalttätigkeiten fürchtenden Präsidenten Kennedy) kamen am 28. August 1963 über 250 000 Afroamerikaner zur bislang größten Protestversammlung zum Lincoln-Denkmal in Washington. Kongreß und Präsident sollten endlich zum Handeln, zum Einsatz der Macht des Bundes gegen das Apartheidsystem der weißen Rassisten in allen Staaten, für einen höheren Mindestlohn und mehr Arbeitsplätze im öffentlichen Dienst für Schwarze im ganzen Land bewegt werden. Einige Redner beklagten das Zögern der „Kennedy liberals". Als Hauptredner lieferte der Baptistenpfarrer Dr. Martin Luther King Jr. eine rhetorische und politische Glanzleistung, indem er die eigentlich selbstverständliche Verwirklichung der amerikanischen Grundwerte seit 1776, Freiheit und Gleichheit, für *alle* Menschen in Amerika als seinen Traum für die Zukunft beschwor. Kings emotionaler Refrain „I have a dream..." sprach das schlechte Gewissen vieler Weißer an und wurde zum Fanal gewaltfreier Protestaktionen. Martin Luther King

Die von Kennedy 1961 vorgefundene außenpolitische Konstellation war geprägt von der weltweiten ideologischen, wirtschaftlichen und militärischen Konkurrenz mit der zweiten atomaren Supermacht, der Sowjetunion. Der erste fußballgroße Satellit, den die Sowjetunion am 4. 10. 1957 in eine Erdumlaufbahn geschossen hatte, wurde von amerikanischen Technikern und Politikern als unerhörte Herausforderung empfunden („Sputnik-Schock"). Im Januar 1958 zogen die Amerikaner gleich; das Raumfahrtrennen (*space race*) hatte begonnen. Kennedy beanspruchte den Weltraum als *new frontier* der Menschheit und begann das Apollo-Programm, das nach neun Jahren Arbeit von 400 000 Menschen sein Ziel erreichte: Am 20. Juli 1969 betrat der erste Mensch die Mondoberfläche und brachte Gesteinsproben mit –die Überlegenheit der amerikanischen Raumfahrttechnik war erwiesen. Außenpolitik
Weltraumfahrt

Zwei Wochen vor Kennedys Amtsantritt widmete die Wochenzeitschrift Time ihre Titelgeschichte dem Tätigkeitsfeld des bei Pearl Harbor auf Hawaii residierenden Admirals, der die Pazifikflotte „zwischen San Francisco und Bangkok" befehligte. Im Tonfall des ungebrochenen Stolzes wurde aufgezählt, welche Mittel dem „größten militärischen Oberbefehl der Welt" zur Verfügung standen: 81 000 Armeesoldaten, 61 000 Mann und 1000 Flugzeuge der Luftwaffe, die Erste und Siebte Flotte der Marine mit 400 Schiffen, 1 800 Flugzeugen und 231 000 Mann. Der Zuständigkeitsbereich des Admirals erstreckte sich von Burma Richtung Südwesten bis zum Südpol, von dort nach Norden entlang der Küste Asiens bis zum Nordpol, und zurück in östlicher Richtung bis zur Küste Alaskas. Die auf einer Doppelseite abgedruckte Karte des Pazifik zeigt oben links und rechts zwei gegeneinander gerichtete dreiecksförmige Landmassen: oben links mit „U.S.S.R." und „Red China", oben rechts mit „Canada" und „U.S." beschriftet. In der Mitte des Pazifik symbolisiert ein breiter Pfeil in östlicher Richtung die Siebte Flotte mit vier Flugzeugträgern und 130 anderen Schiffen. Im Text wurde hinzugefügt, daß Bangkok von San Francisco 9 000 Meilen oder 60 Versorgungsschifftage entfernt ist und Korea 5 500 Meilen oder 45 Transporttage. Über Vietnam heißt es nur, daß 350 000 gut ausgerüstete Truppen des Nordens Südvietnam bedrohen. Zur Erklä- Pazifischer Raum rung der amerikanischen Verteidigungsstrategie im Pazifik verwies die Reportage auf den amerikanischen Seemachtstrategen Admiral Alfred Thayer Mahan (1840–1914), der gelehrt hatte, die USA müßten das Meer und die Küstenstreifen einer Region beherrschen, in der sie die Ordnung aufrechterhalten und den freien Handel sichern wollten. Am Ende eines Rundumblicks auf mögliche Unruheherde von Taiwan bis Laos hieß es pathetisch, der oberkommandierende Admiral stehe bereit, in der Stunde der Not den Frieden zu erhalten oder nötigenfalls einen Krieg zu gewinnen [Time, 6.1.1961, S. 11–16].

foreign aid   Die z. T. echte, z. T. vermeintliche Bedrohung von Frieden und Freiheit durch die von dem polternden Nikita Chruschtschow rhetorisch aggressiv geführte Sowjetunion erleichterte es Kennedy, im Kongreß Mehrheiten zu gewinnen für die Finanzierung von Atomwaffen und Raketen, militärisch nutzbarer Weltraumfahrt, weltweit verfügbaren Eingreiftruppen und für Wirtschaftshilfe in Entwicklungsländern, die sich andernfalls kommunistische Entwicklungshelfer ins Land holen würden. Ein nicht teures „Friedenscorps" Tausender junger Idealisten half bald in unterentwickelten Regionen Lateinamerikas, Afrikas und Asiens beim Aufbau von Krankenhäusern, Brunnenbohren, landwirtschaftlichen Experimenten usw. Aber auch Entwicklungshilfe durch Kapital und auch für Waffenkäufe verwendbare *foreign aid* oder *foreign assistance* der USA nahm in Konkurrenz mit der Sowjetunion nach 1960 weiter zu und erreichte 1985 die Gesamtsumme von 9,4 Milliarden Dollar. Mit Zunahme der Rohstoffknappheit nach 1973 wuchs auch die Bedeutung der Auslandshilfe als Instrument der Sicherung des Zugangs zu Öl und anderen Rohstoffen. Speziell für Lateinamerika vereinbarte Kennedy 1961 mit der Organisation der Amerikanischen Staaten (OAS) bei der gesamtamerikanischen Konferenz von Punta del Este in Uruguay das Wirtschaftshilfeprogramm „Allianz für den Fortschritt", dessen Ziel des friedlichen sozialen Wandels mit demokratischen und kapitalistischen Mitteln schon von Präsident Johnson zugunsten strategischer und rein kommerzieller Interessen aufgegeben wurde.

Mauerbau in Berlin 1961   Im August 1961 mußten Kennedy und die Regierungen Großbritanniens und Frankreichs es um des Friedens in Europa willen hinnehmen, daß Chruschtschow der DDR-Regierung gestattete, die Grenzlinie zwischen den westlichen Sektoren und dem sowjetischen Sektor quer durch Berlin und um West-Berlin herum in eine undurchlässige Mauer mit Todesstreifen zu verwandeln. Die massive Flucht unzufriedener Ostdeutscher in den freien Teil Berlins war damit gestoppt. Zum „essential" hatte Kennedy kurz zuvor nur den freien Zugang zu den amerikanischen, britischen und französischen Sektoren Berlins vom Westen her erklärt.

Kubakrise 1962   Zu Kennedys brennendstem außenpolitischen Problem entwickelte sich unerwarteterweise die Zuckerinsel Kuba. Seit 1959 hielt dort der ehemalige Befreiungskämpfer Fidel Castro mit seiner sozialistischen Revolutionspartei seine Herrschaft nach staatssozialistischen Grundsätzen aufrecht, mit militärdiktatorischen Mitteln und sowjetischen Subventionen durch Zuckerkäufe und die Lieferung von Erdöl und anderen Gütern, die der amerikanische Handelsboykott fernzuhalten versuchte. Eine von Kennedy gebilligte aber nur halbherzig unterstützte

Invasion Kubas im April 1961 durch in Florida lebende Flüchtlinge aus Kuba scheiterte kläglich. Erfolgreich wehrte Kennedy hingegen im Oktober 1962 den Versuch der sowjetischen Führung ab, Raketen auf Kuba zu stationieren. Am 22. Oktober 1962 zeigte der Präsident einer schockierten Nation am Fernsehschirm Aufklärungsphotos von im Bau befindlichen Raketenabschußrampen und erklärte die „Quarantäne" Kubas: Schiffe mit „offensiven Waffensystemen" an Bord würden zur Umkehr gezwungen; die bereits aufgestellten Raketen müßten von der sowjetischen Führung zurückgenommen werden. Die amerikanische Alarmbereitschaft ging so weit, daß B-52-Bomber mit Atombomben aufstiegen. Nach einer Krisenstabsitzung am 27./28. Oktober, auf der über den möglichen Tod von Millionen Menschen durch Atombomben auf beiden Seiten diskutiert wurde, folgte der Präsident dem auf Entspannung bedachten Rat seines Justizministers und Bruders, Robert F. Kennedy, und versicherte Chruschtschow telegraphisch, er werde Kuba nicht besetzen, wenn die Raketen abgezogen würden. Nur mündlich ließ der Präsident durch seinen Bruder dem sowjetischen Botschafter in Washington zusichern, er werde der Forderung Chruschtschows entsprechend die amerikanischen Raketen aus der Türkei abziehen. Chruschtschow ließ sich überzeugen, hörte nicht mehr auf Castro und teilte Kennedy am 28. Oktober seine Entscheidung zum Abzug mit. Beide Seiten lösten ihre Versprechen ein. Der militärische Höhepunkt des Kalten Krieges war – wie erst in der Rückschau voll erkennbar – überstanden. Der beidseitige Schrecken überzeugte Kennedy und Chruschtschow von der Nützlichkeit einer stets einsatzbereiten Telexverbindung zwischen dem Weißen Haus und dem Kreml. Als sie im Juni 1963 geschaltet wurde, machten Journalisten daraus das einprägsamere „rote Telefon".

Im gleichen Jahr taten beide Seiten auch einen allerersten Schritt auf dem noch langen Weg zum kontrollierten Atomwaffenabbau: Im August 1963 stimmten sie dem von Experten der Vereinten Nationen seit längerem vorbereiteten Vertrag zu, mit dem sie und andere Staaten darauf verzichteten, Atombombenversuche in der Atmosphäre und im Meer durchzuführen. *Erster Atombombenteststopp 1963*

Die Ermordung John F. Kennedys durch einige Gewehrschüsse bei der Rundfahrt im offenen Wagen durch Dallas am 22. November 1963 hat fantastische Spekulationen über weitreichende Verschwörungen ausgelöst. Trotz aller Schwächen des offiziellen Untersuchungsberichts und zahlloser privater Recherchen ist bis heute keine andere Darstellung bewiesen worden: Wahrscheinlich der alleinige Schütze war Lee Harvey Oswald, ein vierundzwanzigjähriger früherer Marinesoldat, dessen psychische Instabilität bekannt war, der bereits andere Personen des öffentlichen Lebens bedroht hatte und der Mitglied einer kleinen Gruppe „Fair Play for Cuba" zur Unterstützung Castros war. Viele Amerikaner akzeptieren bis heute die mögliche Banalität des Bösen auch in diesem Fall nicht und lassen sich in Fiktion und Film emotional befriedigendere Komplotts vorgaukeln, in denen dem gefallenen Helden zumindest gleichwertigere Feinde (im Kreml, in Havanna, in der Mafia, in der CIA, im eigenen Weißen Haus usw.) gegenüberstehen. Die weltweite Erschütterung über die Ermordung des Präsidenten lag u. a. an dem Kon- *Kennedys Ermordung 1963*

trast zwischen dem Kennedy-Mythos vom strahlenden, zukunftsgerichteten, sie-
gessicheren Gestalter der amerikanischen und der Weltpolitik und der Verletzbar-
keit und dem jähen Ende auch dieses mächtigen Menschen.

c) Johnsons Innenpolitik 1964–1968

Sozialpolitik Bald nach seiner automatischen Amtsübernahme noch am 22. November 1963,
dem Tag der Ermordung Kennedys in Dallas, machte sich der grobschlächtige,
aber gerissene Berufspolitiker Lyndon B. Johnson aus Texas die Erschütterung
der Nation durch Kennedys Ermordung zunutze und präsentierte dem Kongreß
Sozialreformgesetze, auf die sein Idol Franklin D. Roosevelt stolz gewesen wäre
und die Kennedy z. T. bereits vorbereitet hatte. Im Januar 1964 kündigte Johnson dem Kongreß in seiner Ansprache zur Lage der Nation einen „Krieg gegen
die Armut" an, den zu verlieren die reichste Nation der Welt sich nicht leisten
könne. Das im August 1964 von Repräsentantenhaus und Senat mit klaren
Mehrheiten verabschiedete Gesetz zur Förderung wirtschaftlicher Chancen
(Economic Opportunity Act) bündelte Hilfsmaßnahmen im Wert von 962 Mio.
Dollar zur Verbesserung der Kindergärten und Vorschulen in armen Stadtvierteln (Head Start Program), zur beruflichen Qualifizierung Jugendlicher (ohne
freilich Berufsschulen und Lehrlingsausbildung nach deutschem Vorbild einzu-
führen), für die Tätigkeit als Entwicklungshelfer im eigenen Land (Volunteers in
Service to America, VISTA) und zur Bereitstellung billiger Kredite für Studie-
rende, Farmer und Kleinbetriebe. Alle Maßnahmen dienten dem Prinzip der
„Hilfe zur Selbsthilfe". Zur Durchsetzung und Koordination dieser Programme
wurde das Amt für wirtschaftliche Chancen (Office of Economic Opportunity)
„Community geschaffen. Ein neuartiges, bald umstrittenes „Community Action"-Programm
Action" stellte 300 Millionen Dollar zur Verfügung, mit denen z. B. Nachbarschaftsgrup-
pen in den Armenvierteln Mieterräte gründeten, Kandidaten für die Wahl des
Schulbeirats aufstellten oder andere Aktionen zur Vertretung ihrer örtlichen
Interessen vorbereiteten. Einer Reihe neuer sozialer Bewegungen der 1960er
Jahre wurde auf diese handfeste Weise von der Bundesregierung eine Chance
zum Experimentieren gegeben.

Das erste umfassende Sozialhilfegesetz des Bundes, der Social Security Act von
1935, hatte wesentliche Lücken gelassen. Sie wurden erst geschlossen, nachdem
Präsident Johnson 1964 mit 61% der abgegebenen Stimmen nach einem rein
innenpolitischen Wahlkampf wiedergewählt worden war. Um 1965 die Zustimmung des Kongresses zu gewinnen, erklärte er die gesetzliche Krankenversicherung für die über 64jährigen (genannt „Medicare") zum Erbe des ermordeten
Medicare, Medicaid John F. Kennedy. Das „Medicaid"-Gesetz fügte 1965 eine Krankenversicherung
1965 für Sozialhilfeabhängige ohne Altersbeschränkung hinzu. Die Durchsetzung der
folgenträchtigen Sozialgesetze von 1964 und 1965 durch Johnson und seinen Vizepräsidenten Hubert Humphrey gilt als bisheriger Höhepunkt sozialstaatlichen

Engagements der Bundesregierung und Hochzeit „liberaler" Reformbereitschaft im amerikanischen Wortsinn.

Ziel des epochemachenden Bürgerrechtsgesetzes (Civil Rights Act) vom Juli 1964 war es, über die Chancengleichheit hinaus den Afroamerikanern und anderen ethnischen Minderheiten zu einer größeren, kompensatorisch herbeigeführten sozialen Gleichheit zu verhelfen. Zu diesem Zweck mußte die Bundesbürokratie die von den Verfassungsinterpreten bis dahin gerühmte formale „Farbenblindheit" der Verfassung aufgeben und erstmalig Ansprüche einzelner mit ethnisch-rassisch definierten Gruppenrechten begründen. Das Gesetz verbot jegliche Rassentrennung im umfassend definierten öffentlichen Verkehrswesen (einschließlich Hotels und Restaurants) und stellte Bundesmittel für die schnellere Beseitigung der Rassentrennung in den öffentlichen Schulen bereit. Verstöße gegen das Bundesgesetz konnten nun durch Staatsanwälte des Bundes vor Bundesrichter gebracht werden statt vor Einzelstaatsrichter, zu denen Schwarze in den Südstaaten aus guten historischen Gründen wenig Vertrauen hatten. Am Arbeitsplatz verbot das Gesetz Diskriminierung aufgrund von „Rasse, Religion, nationaler Herkunft oder Geschlecht". Von nun an konnten sich zusätzlich zu den Afroamerikanern auch andere ethnische Minderheiten und Frauen in Gerichtsverfahren gegen Arbeitgeber auf das Diskriminierungsverbot berufen.

Bürgerrechtsgesetz 1964

Der Meinungsumschwung zugunsten der Bürgerrechtsgesetze wurde durch weitere mutige Protestaktionen zahlreicher Afroamerikaner beschleunigt. Zwischen 1965 und 1968 kam es zu schweren Rassenunruhen (*race riots*) in einem Dutzend von Elendsvierteln von Los Angeles (34 Tote, 30 Millionen Dollar Sachschaden) bis Newark in New Jersey (25 Tote). Allein im Jahr 1967 starben dabei 84 Personen, über 7 000 Randalierer wurden verhaftet, über 100 Mio. Dollar Sachschaden wurde angerichtet. Ein Beispiel, das die öffentliche Meinung aufrüttelte, war im März 1965 der friedliche Marsch von sechshundert Schwarzen unter der Führung von Geistlichen der Southern Christian Leadership Conference. Ihr Ziel war die Landstadt Selma in Alabama, wo die Apartheid nach wie vor das tägliche Leben bestimmte und Terror und Schikane schwarze Wahlberechtigte an der Teilnahme an Kommunal-, Einzelstaats- und Bundeswahlen hinderten. Noch vor Erreichen der in den Ort führenden Brücke trieb der Sheriff die Prozession mit berittenen Polizisten, die Schlagstöcke und elektrische Rinderstachel schwangen, auseinander. Die Fernsehbilder entsetzten ein nationales und internationales Publikum. Die Brutalität des Polizeieinsatzes von Selma erwähnte Präsident Johnson, als er den Entwurf des Wahlrechtsgesetzes von 1965 begründete. Es ermöglichte ausreichend Bundespräsenz, um den Terror zu bekämpfen, mit dem der Ku Klux Klan immer noch Afroamerikaner vom Eintragen in Wählerlisten abzuschrecken versuchte. Seit das Oberste Bundesgericht 1966 auch untersagte, die Zahlung der örtlichen Kopfsteuer (*poll tax*) zusätzlich zum Nachweis des festen Wohnsitzes für die Eintragung ins Wählerverzeichnis zu verlangen, gewannen die Stimmen der Afroamerikaner in den Südstaaten echtes politisches Gewicht –

Fortsetzung der afroamerikanischen Proteste

Wahlrechtsgesetz 1965

zum ersten Mal seit den wenigen Jahren der „Reconstruction" nach dem Sezessionskrieg. Damit war die rechtlich sanktionierte Apartheid beendet.

Black Power Martin Luther Kings mutige Gewaltlosigkeit fand zur großen Erleichterung der
Weißen mehr Gehör unter den Afroamerikanern als Malcolm X (geb. Little), der
zu kompromißloser Militanz und umgekehrtem rassisch definierten Separatismus
aufrief. Die kurz vor seiner Ermordung 1965 publizierte *Autobiography of Mal-
com X* wurde bald zu einem inspirierenden Text der separatistischen „Black
Power" Bewegung. Den Schlachtruf „Black Power" benutzte im Jahr 1966 erstmalig Stokeley Carmichael, der Vorsitzende des Student Nonviolent Coordina-
ting Committee (SNCC), während der „Freiheitsmärsche" durch Mississippi. Die
„Partei" der Black Panthers trat ab 1967 in fernsehwirksamen schwarzen Leder-
jacken auf, voll bewaffnet und überzeugend gewaltbereit. Die kleine, 1966 in Oak-
land bei San Francisco gegründete Gruppe junger Aussteiger wollte ihr Schicksal
endlich selbst in die Hand nehmen und ahmte für kurze Zeit in den Großstadtgettos den Gestus lateinamerikanischer Dschungelkämpfer nach und forderte u. a.
Autonomie für eine „Black colony of Afro-America".

Subtiler ging Martin Luther King jr. vor, als er 1967 eine Mobilisierungskampa-
gne zugunsten schwarzer Wähler mit einer Serie von Plakaten unter dem schnell
akzeptierten Slogan „Black is beautiful" begann. Die Integrationsfigur der meisten der 20 Millionen Afroamerikaner und der um gewaltlose Verständigung
bemühten Mehrheit der Euroamerikaner blieb eindeutig Martin Luther King.
1964 erhielt er den Friedensnobelpreis. FBI-Direktor J. Edgar Hoover hingegen
versuchte jahrelang, ihn mit erpresserischen Mitteln durch permanentes Abhören
Ermordung Martin bloßzustellen und zum Schweigen zu bringen. Kings Ermordung – wie Kennedys
Luther Kings 1968 wahrscheinlich durch Gewehrschüsse eines einzelnen – 1968 löste Rassenkrawalle
in mehreren Großstädten aus. Als Geste der Versöhnung zwischen den Rassen im
Rahmen der *ethnic politics* wurde King eine einzigartige Ehrung zu Teil: 1986
erklärte die Bundesregierung seinen Geburtstag, den 15. Januar, als Martin Luther
King Day zum Feiertag. (Selbst Washingtons und Lincolns Geburtstage sind von
der Bundesregierung zum Presidents' Day am 18. Februar zusammengelegt worden.) Ein Denkmal in Washington ist geplant.

Einwanderungs- Das schon von Präsident Kennedy vorbereitete und von Johnson durchgesetzte
gesetz von 1965 Einwanderungsgesetz von 1965 beendete die 1924 eingeführte Bevorzugung der
Nordeuropäer und teilte die Welt in eine westliche Hemisphäre (d. h. den amerikanischen Doppelkontinent, für den es bislang keine zahlenmäßige Einwanderungsbeschränkung gab) mit 120 000 Einwanderervisa im Jahr und den Rest der
Welt mit 170 000 Visa, die nach Warteliste vergeben wurden. Allerdings durften
aus keinem Land außerhalb des amerikanischen Kontinents mehr als 20 000 Personen im Jahr kommen. Dieses ohne große Debatte und ohne realistische Einschätzung der Folgewirkung verabschiedete Regelung sollte die ethnische Zusammensetzung der Bevölkerung in den kommenden Jahrzehnten in unerwarteter
Weise beeinflussen. Die Befürworter der Gesetzesvorlage des Präsidenten im
Kongreß sprachen von insgesamt etwa 350 000 im Jahr zu erwartenden Einwande-

rern. Aber die Familienzusammenführungsbestimmungen erwiesen sich als so großzügig und das Interesse in Lateinamerika und Asien als so groß, daß die Zahl der legalen Einwanderer viel stärker anstieg. Ein als Student eingereister Taiwanese z. B., der als Wissenschaftler eine Aufenthaltsgenehmigung erhalten hatte, ließ innerhalb von zehn Jahren unter Ausschöpfung aller seit 1965 legalen Möglichkeiten 19 Familienmitglieder nachkommen. Zählt man die durch Sondergesetze aufgenommenen Flüchtlinge und Asylsuchenden hinzu, so vervierfachte sich die Anzahl der legal Einwandernden von 1,1 Mio. im Jahrfünft 1960–64 auf knapp 4 Mio. im Jahrfünft 1990–94. Experten schätzen, daß ebenso viele Personen illegal einwanderten. Ihre Konzentration in Kalifornien, Texas und New York führte ab 1986 zu zunehmend restriktiven gesetzlichen Regelungen. Aber die USA bleiben nach wie vor in ihrem Selbstverständnis ein Einwanderungsland und ein Einbürgerungsland, wo seit 1804 der Erwerb der Staatsbürgerschaft nach nur fünf Jahren legalen Aufenthalts möglich ist.

Die kleinste der vier von der Bundesregierung als besonders förderungswürdig anerkannten ethnischen Minderheitengruppen waren die nun meist Native Americans genannten Nachkommen der Ureinwohner. Die Bevölkerungszählung von 1890 hatte den Tiefstand von 248 000 Indianern registriert; ein Jahrhundert später waren es 1,87 Mio. (Die Anerkennung als Indianer durch Einschreibung in die *tribal roll* beschließt der jeweilige Stamm nach eigenen Kriterien; manche Stämme geben sich mit einem geringen Anteil indianischer Vorfahren zufrieden.) Die zehn größten Stämme waren 1990 die Cherokees (369 000), Navajo (225 000), Chippewa (106 000), Sioux (107 000), Choctaw (86 000), Pueblo (55 000), Apachen (53 000), Irokesen (53 000), Lumbee (51 000) und die Creek (46 000). In den 287 von der Bundesregierung anerkannten und vom Bureau of Indian Affairs betreuten Reservaten lebten 1990 dauerhaft nur 437 000 Personen, also ungefähr ein Fünftel der Angehörigen aller etwa 550 unterscheidbaren *tribes* oder *bands*. Die Anzahl der Stadtindianer war 1990 gering: in New York lebten 27 000, in Phoenix/Arizona 18 000, in Tulsa/Oklahoma 17 000 und in Los Angeles etwa 16 000. Die Armut der Indianer war 1990 ablesbar an ihrem mittleren jährlichen Familieneinkommen von 21 750 Dollar – im Vergleich zu den 35 225 Dollar der Gesamtbevölkerung der USA. Nur die Hälfte der in den Reservaten Lebenden verfügte über ein Einkommen oberhalb der offiziellen Armutsgrenze. Da seit 1988 der Bundesgesetzgeber Glücksspiele in Reservaten erlaubt, auch wenn der sie umgebende Einzelstaat sie verbietet, haben einige Stämme von Connecticut bis Kalifornien ihr Einkommen erheblich durch die Einrichtung von Spielkasinos für gelangweilte, oft pensionierte Bleichgesichter aus benachbarten Städten verbessert. Die Selbstregierungsbefugnisse der Reservate sind seit der neuen Reservatepolitik des Bureau of Indian Affairs von 1964 gestärkt worden (Indian Civil Rights Gesetz 1968, Indian Self-Determination and Education Gesetz 1975, Indian Tribal Government Gesetz 1982). Die Gesetze waren u. a. eine Reaktion auf das militante, 1968 gegründete American Indian Movement (AIM), das mit medienwirksamen Aktionen die Landnutzungsrechte, Fischereirechte und Wiedergutma-

Indianer

Reservatepolitik

chung für gebrochene Verträge einforderte. Zu weit ging dem Supreme Court 1988 jedoch der Anspruch eines Indianerstammes, der Holzfällen in einem Nationalwald auf ihm heiligen Gebiet verhindern wollte: Sechs der neun Richter ordneten den ethnischen Gruppenanspruch auf eine bestimmte religiöse Handlung dem wirtschaftlichen Nutzungsrecht der größeren staatlichen Gemeinschaft unter (Fall Lyng gegen North Western Cemetery Protective Association, 1988). Als erster Indianer wurde 1986 der Cheyenne Ben Nighthorse Campbell in Colorado in das Repräsentantenhaus der USA gewählt.

Die für sorgfältige Recherchen bekannte Wochenschrift *The New Yorker*, die eine breite Leserschaft im ganzen Land erreicht, veröffentlichte am 8. August 1994 ein Plädoyer für die Errichtung eines längst fälligen nationalen Denkmals, das ebenso würdig an die Indianerkriege erinnere wie das Schlachtfeld von Gettysburg an den Bürgerkrieg und die schwarze Marmorwand in Washington an den Vietnamkrieg. Besonders geeignet sei dafür die Stelle in den Bear Paw Mountains in Montana, wo 1877 Häuptling Joseph der Nez Percés zur Rettung der kläglichen Überreste seines Stammes vor dem Erfrieren sein Gewehr einem Oberst der ihn umzingelnden U.S. Army übergab und erklärte: „The little children are freezing to death.... I am tired; my heart is sick and sad. From where the sun now stands I will fight no more forever." Der *New Yorker* ließ keinen Zweifel am Schuldbewußtsein der Befürworter eines solchen Mahnmals: „After slavery, the greatest moral failing in this nation's history is its treatment of the American Indians."

d) DER KRIEG IN VIETNAM, 1960–1975

Der Krieg in Vietnam

Präsident Johnson führte die Weltmacht in einen nicht zu gewinnenden Bürgerkrieg in den Sümpfen und Dschungeln von Vietnam – um eine vermeintlich weltweite Ausbreitung des Kommunismus zu stoppen. Das Verhängnis begann spätestens 1961 bei der Amtsübergabe von Eisenhower an Kennedy, als der scheidende Ex-General seinen Nachfolger warnte: Falls er Laos oder Vietnam preisgebe, würde bald auch der Rest Südostasiens kommunistisch werden („Dominotheorie"). Kennedy ließ die CIA im August 1963 in Saigon bei der Vorbereitung des Militärcoups gegen Südvietnams Diktator Ngo Diem direkt eingreifen, und er vermehrte die Zahl der amerikanischen „Militärberater" in Südvietnam von 700 auf 16 000. Dabei blieb die Schlüsselfrage unbeantwortet, was amerikanische Hilfe überhaupt ausrichten könne, solange die Regierung Südvietnams es nicht schaffte, in dem Bürgerkrieg die Loyalität des überwiegenden Teils der Bevölkerung zu mobilisieren und die von Nordvietnam unterstützten Guerillas zu kontrollieren. Wendepunkt hin zu einer vollen Kriegsteilnahme der USA ohne förmliche Kriegserklärung war der Golf-von-Tonkin-Beschluß vom 7.8.1964, den der Senat mit 88:2 und das Repräsentantenhaus mit 416:0 Stimmen faßte. Weil angeblich ein oder zwei nordvietnamesische Patrouillenboote einen amerikanischen Zerstörer 25 Meilen vor der Küste angegriffen hatten, ermächtigte der Kongreß den Präsidenten als Oberkommandierenden der Streitkräfte, „alle notwendigen Schritte zu unternehmen, einschließlich des Einsatzes militärischer Gewalt", um jedem Mitgliedstaat des Südostasiatischen Verteidigungsbündnisses (Southeast Asia Collective Defense Treaty) beizustehen, der dies zur Verteidigung seiner Freiheit wünsche. Johnson betrachtete den Beschluß als Ersatz für eine nie erfolgte verfassungsgemäße Kriegserklärung. Am 8. März 1965 landeten als erste Kampftruppen zwei Bataillone U.S. Marines zur Verteidigung des Flughafens von Danang; am Höhepunkt waren 550 000 amerikanische Soldaten in Vietnam. Die Mehrzahl der Senatoren und Abgeordneten übernahm die Mitverantwortung für das Vorgehen des Präsidenten, als sie in der Folgezeit die nötigen Finanzierungsgesetze (*appropriation bills*) billigten. Der Krieg kostete den amerikanischen Steuerzahler über 150 Milliarden Dollar. Die U.S. Airforce warf von 1965 bis 1968 dreimal so viele Bomben über Nordvietnam ab, wie alle Kriegsparteien während des Zweiten Weltkrieges über Europa abgeworfen hatten. Die Atombombe schloß der Präsident entgegen dem Vorschlag einiger Generäle als Option aus. Der Krieg am Boden war auf beiden Seiten an Grausamkeiten nicht zu überbieten. Kriegsberichterstatter durften bei den Kämpfen filmen, und realistische Reportagen in Wort und Bild weckten Zweifel an den Durchhalteparolen des Präsidenten. Verteidigungsminister Robert McNamara erkannte zwar bereits im November 1965 die Unmöglichkeit, den Krieg militärisch zu gewinnen, legte seine Bedenken jedoch erst siebzehn Monate später dem Präsidenten vor (Memorandum vom 19. Mai 1967).

Jahrelanger heftiger öffentlicher Protest insbesondere an den Universitäten gegen die amerikanische Beteiligung am selbstzerstörerischen vietnamesischen Bürgerkrieg entzog der amerikanischen Kriegsanstrengung die Unterstützung der mutmaßlichen Wählermehrheit. Dennoch war der Weg bis zum Rückzug lang und kostspielig. Bürgerrechtsbewegung und Antikriegsbewegung überschnitten sich. Martin Luther King predigte in New York am 4. April 1967 sehr zum Ärger Präsident Johnsons: Die Kriegskosten untergrüben den Krieg gegen die Armut unter weißen wie schwarzen Amerikanern; er fragte, wozu junge Schwarze sich in Vietnam töten lassen sollten in einem Kampf um Freiheiten, die ihnen selbst zu Hause in Harlem noch nicht gewährt würden? Seine Schlußfolgerung lautete: „A nation that continues year after year to spend more money on military defense than on programs of social uplift is approaching spiritual death.... We must not engage in a negative anti-communism, but rather in a positive thrust for democracy." Auch im Kongreß wuchs die Kritik. Im Senat artikulierten ab 1965 einflußreiche Senatoren, unter ihnen der spätere Präsidentschaftskandidat George McGovern aus South Dakota, ihre Ablehnung. Der Vorsitzende des Senatsausschusses für Auswärtige Angelegenheiten, J. William Fulbright aus Arkansas, verurteilte 1966 in einer weltweit Aufsehen erregenden Rede und einem Buch „die Arroganz der Macht" und verlangte eine rationalere Bestimmung des wirklichen nationalen Interesses der USA. Die Finanzierung des Krieges hätte eine Steuererhöhung verlangt, die Johnson gegen den Rat seiner Economic Advisors aber ablehnte. Schon Ende 1965

Ablehnung des Krieges in den USA

begann die Inflationsrate zu steigen. Erst 1973 machte der Kongreß von seiner Haushaltshoheit Gebrauch und begann, Gelder für die Kriegführung in Vietnam gezielt zu verweigern.

Kriegsende   Als Teil seines Wiederwahlkampfes gab Nixon im August 1972 bekannt, er werde als Präsident darauf verzichten, das im Juni 1973 auslaufende Wehrpflichtgesetz durch den Kongreß verlängern zu lassen; eine Freiwilligenarmee von 2,3 Millionen reiche aus. Seit Januar 1973 verzichtete dann auch das Verteidigungsministerium auf die Musterung Wehrpflichtiger. Nixon zog erst 1973 nach einer Steigerung des Luftkrieges in Südostasien und vehementen Antikriegsdemonstrationen in den USA und Westeuropa die amerikanischen Kampftruppen aus Vietnam zurück und überließ Südvietnam der Besetzung durch Nordvietnam. Das von Nixons späterem Außenminister Henry Kissinger ausgehandelte Bündel von Absprachen mit der Regierung Nordvietnams vom 24.1.1973 erwies sich noch nicht einmal als wirksames Waffenstillstandsabkommen. Es diente nur als Feigenblatt für den Abzug der amerikanischen Truppen, der am 23.3.1973 erfolgte. Die nordvietnamesische Armee besetzte 1975 Südvietnam. 58 000 amerikanische Soldaten waren im vietnamesischen Krieg gestorben, 303 000 verwundet worden. Schätzungsweise 2 Millionen Vietnamesen, Soldaten und Zivilisten, verloren ihr Leben. Die amerikanische Gesellschaft mußte auch mit den psychischen Kosten, mit den Problemen der über 2,3 Millionen Veteranen fertig werden, die z. T. drogenabhängig geworden waren und sich mit ihren körperlichen und seelischen Verletzungen in der amerikanischen Alltagswelt nicht mehr zurechtfanden. Langfristigste Konsequenz des gescheiterten Eingriffs in Südostasien war das in der Folgezeit immer wieder beschworene kollektive „Vietnam-Trauma", die gesteigerte Vorsicht amerikanischer Präsidenten, militärische Verpflichtungen in anderen Ländern einzugehen, deren Einlösung das Leben amerikanischer Soldaten kosten könnte. Spätere Militäreinsätze im Ausland sind daher viel flüchtiger Art gewesen (Grenada 1983, Libanon 1983/84, Irak 1991, Jugoslawien 1999).

e) Nixons Erfolge und Scheitern, 1969–1974

Vertreter der „schweigenden Mehrheit"   In den Präsidentschaftswahlkampf 1968 schickte die Republikanische Partei erneut Richard M. Nixon, weil er eine eindeutig konservative „law and order"-Alternative zum liberal-sozialdemokratischen Kandidaten der Demokraten anbot, Johnsons Vizepräsident Hubert Humphrey. Nixon benannte seine knappe Wählermehrheit, als er zwei Jahre später beim Gedanken an seine Wiederwahl eine neue Koalition der einfachen Leute beschwor, der „schweigenden Mehrheit von Arbeitern im Blaumann (*blue collar workers*), Katholiken, Polen, Italienern und Iren". Keine besonderen Versprechen wollte er hingegen, so eine interne Anweisung, zugunsten der Juden und Schwarzen abgeben [830: Haldeman, Diaries, Eintrag 8.1.1970]. Im Unterschied zu den extremen Konservativen billigte Nixon den Ausbau einiger Sozialhilfeprogramme, den die nach wie vor Demokra-

tische Mehrheit in Senat und Repräsentantenhaus verlangte. Auch dem Umwelt-
schutzgesetz von 1970 stimmte Nixon zu und richtete das Bundesamt für
Umweltschutz (Environmental Protection Agency) ein.

Viel konnte Nixon für die Bezieher unterer und mittlerer Einkommen nicht   Wirtschaft
tun. Die wirtschaftlichen Grundlagen der amerikanischen Gesellschaft waren bis
1971 von fast stetiger Einkommenszunahme gekennzeichnet. Eine Wende hatte
schon mit der ab 1965 zunehmenden doppelten Belastung des Staatshaushalts
durch den kostpieligen Krieg in Vietnam und die neuen Sozialhilfeprogramme
begonnen. Wesentliche Steuererhöhungen wagten weder die Präsidenten Johnson,
Nixon und ihre Nachfolger, noch der Kongreß. Statt dessen wuchs das jährliche
Haushaltsdefizit stetig, und die Produktivität und das Durchschnittseinkommen
sanken. Die sogenannte *stagflation* (hohe Inflationsrate bei niedrigem Wirtschaftswachstum) ab Ende 1972 faszinierte die Wirtschaftswissenschaftler, entzog
sich aber haushaltspolitischer Steuerung. Die Arbeitslosigkeit stieg zwischen 1973
und 1982 von unter 1% auf über 9%, danach sank sie jedoch in mehreren
Abschwüngen auf 4,1% (1999).

Eine große zusätzliche Belastung brachte das fünfmonatige Ölembargo nach   Ölschock 1973
dem Arabisch-israelischen Krieg (Jom Kippur-Krieg) ab Oktober 1973 durch die
arabischen Erdölländer und die drastische Verteuerung des Erdöls durch das
OPEC-Kartell. Die Verknappung des Basisrohstoffs der Industrienationen erin-
nerte nachdrücklicher und wirksamer als die seit etwa 1962 aktive neue Natur-
schutzbewegung an die Begrenztheit und den hohen Wert der nicht erneuerbaren
Ressourcen, die die Industrienationen, allen voran die USA, überproportional
verbrauchten. Die schwache amerikanische Wirtschaft untergrub den Wert des   Wechselkurse
Dollars im Vergleich zu den Währungen der anderen Industrienationen, die nicht
mehr bereit waren, das System der festen Wechselkurse zu akzeptieren, das die
USA 1944 als Siegermacht durchgesetzt hatten. Die USA waren nicht mehr
imstande, die Rolle des Hüters der auf dem Goldstandard beruhenden Leitwährung auszuüben. Deshalb verkündete Nixon am 15.8.1971 einseitig, der Dollar sei
auch für die Zentralbanken anderer Länder nicht mehr in Gold konvertierbar.

In der Außenpolitik nutzte Nixon sein früherer Ruf als Kommunistenhasser: Nixons Außen-
Da sein Patriotismus erwiesen war, konnte er die Entspannungspolitik mit der   und Sicherheits-
Sowjetunion unter Leonid Breschnjew fortsetzen (Strategic Arms Limitation   politik
Talks 1969–72, SALT I). Der Senat stimmte im September 1972 der vertraglichen
Beschränkung der USA und der Sowjetunion auf je 200 Antiraketen-Raketen zu:
das „Gleichgewicht des Schreckens" sollte erhalten bleiben und einen Atomkrieg
verhindern, weil jede Seite mit einem tödlichen Vergeltungsschlag rechnen mußte.
Mit einer spektakulären Reise in das China Maos, die von seinem effizienten   China
Sicherheitsberater Henry Kissinger gut vorbereitet war und dank neuer mobiler
Fernsehtechnik in allen amerikanischen Wohnzimmern zu verfolgen war, „nor-
malisierte" Nixon im Wahljahr 1972 die diplomatischen Beziehungen mit der
zweiten kommunistischen Großmacht. Nach dem Jom Kippur-Krieg bekräftige   Israel
Nixon die Schutzmachtrolle der USA für Israel mit umfangreichen Waffenliefe-

rungen. Außenminister Kissinger gelang mit rastloser Reisediplomatie 1973/74 die Vermittlung zwischen Israel und Ägypten, Syrien, Jordanien und Saudi-Arabien und die Einleitung einer relativ gewaltfreien und stabilen Phase israelisch-arabischer Koexistenz. Das Schicksal der Palästinenser blieb allerdings noch unge-

Chile   löst. Nixons Lateinamerikapolitik hinterließ in Chile eine dunkle Spur. Er ließ die CIA gegen den demokratisch gewählten sozialistischen Präsidenten Salvador Allende aktiv werden, bis schließlich eine Militärjunta unter Pinochet ihn im September 1973 stürzte und wahrscheinlich umbrachte.

de facto-Amtsent-   Nixon wurde als erster Präsident der USA de facto seines Amtes enthoben, weil
hebung 1974   er sein Amt mißbrauchte, um die Aufdeckung von Straftaten durch die Justizbehörden zu behindern. Das in der Verfassung vorgesehene Amtsenthebungsverfahren (*impeachment*) ist nur im rechtstechnischen Sinn nicht zu Ende geführt worden, weil der Präsident am 9. 8. 1974 zurücktrat, als er erfuhr, daß die überwiegende Mehrheit der Senatoren den Anklagepunkten des Repräsentantenhauses in

„Watergate"   Kürze zustimmen würde. Eine Tonbandaufzeichnung lieferte den Beweis dafür, daß Nixon sich tatsächlich des von der Verfassung für eine Amtsenthebung verlangten Tatbestandes des „high crime and misdemeanor" schuldig gemacht hatte. Sie enthielten die Anweisungen des Präsidenten an seinen Stabschef Haldeman, die Aufklärung des Einbruchs in die Demokratische Parteizentrale im Washingtoner Watergate Hotel am 17. 6. 1972 zu verhindern, weil er von Agenten der Republikanischen Partei durchgeführt worden war. In den Anklageartikeln des Repräsentantenhauses hieß es über den Präsidenten u. a.: „Unter Mißachtung der Herrschaft von Recht und Gesetz und unter Verletzung seiner Amtspflicht, für die getreue Ausführung der Gesetze zu sorgen, hat er in die Tätigkeit von Organen der Exekutive eingegriffen, einschließlich der Criminal Division des Federal Bureau of Investigation, der Watergate Sonderkommission des Justizministeriums und der Central Intelligence Agency."

f) Nationales Selbstvertrauen unter Ford und Carter, 1974–1980

Gerald Ford   Der unbescholtene Gerald Ford, der als Vizepräsident durch Nixons Rücktritt automatisch vom Führer der Minderheitsfraktion im Repräsentantenhaus zum Präsidenten geworden war, galt von Anfang an als Übergangspräsident. Er nutzte insbesondere die ab April 1975 anstehenden 200-Jahrfeiern der Wendepunkte der Amerikanischen Revolution, um mit patriotischen, überparteilichen Appellen wieder Vertrauen in die Bundesregierung zu schaffen. Seine prophylaktische Begnadigung Nixons – sie schützte Nixon vor eventuellen strafrechtlichen oder zivilrechtlichen Anklagen nach dem gegenstandslos gewordenen Amtsenthebungsverfahren – wurde heftig kritisiert und erhöhte 1976 die Wahlchancen seines Demokratischen Gegenkandiaten Jimmy Carter.

Jimmy Carter   Der betont christliche Gouverneur von Georgia ließ sich auch nach seiner Wahl zum Präsidenten (1977–81) weiter amtlich „Jimmy" Carter nennen, um seine

Volksnähe zu betonen. Diese und andere Gesten der Bescheidenheit beeindruckten die Mehrheit der amerikanischen Wähler wenig. Was zählte war, daß er nicht verhindern konnte, daß die Ölknappheit den Geldwert weiter fallen ließ. Der Benzinpreis stieg allein 1979 um 60%. Im Wahljahr 1980 erreichte die Inflationsrate 18%. Zu echten Lohn- und Preiskontrollen (wie selbst Nixon sie vorübergehend verhängt hatte) fand Carter sich nicht bereit. Als erster Präsident nahm Carter das von Ökologen seit längerem angekündigte Ende der Periode steten Wachstums zur Kenntnis und forderte seinerseits Umdenken im Rahmen einer energiesparsameren Wirtschaft.

Carter befürwortete auch das in der nach-Watergate Stimmung des Mißtrauens gegenüber der Exekutive entworfene Gesetz zu Ethik und Regierung (Ethics in Government Act 1978, mit Gesetzesänderungen 1983 und 1987), das Machtmißbrauch vereiteln und Licht in den Filz von Industrie-Lobbyisten, Senatoren und Abgeordneten und der Exekutive bringen soll. Seither müssen Präsident und Vizepräsident, ihre ranghöchsten Mitarbeiter und leitende Beamte, Abgeordnete, Senatoren und Richter ihr Vermögen und Einkommen völlig offenlegen. Ausgeschiedene Regierungsangestellte dürfen zwei Jahre lang nicht als Lobbyisten wirken, und ein Office of Government Ethics wacht über die Einhaltung des Gesetzes. Zusätzlich kann seither der Justizminister (*attorney general*) bei einem gewissen Anfangsverdacht einen vom Präsidenten unabhängigen Sonderstaatsanwalt (*special prosecutor*, seit 1983 *independent counsel*) einsetzen, um dem Repräsentantenhaus zu berichten, ob einer der etwa 70 Hauptverantwortlichen in der Exekutive und Judikative Strafgesetze des Bundes verletzt hat und daher ein „substantieller" Grund für die Einleitung der Amtsenthebung vorliegt. Die von 1978 bis 1998 eingesetzten 17 Sonderstaatsanwälte haben in zehn Fällen Gesetzesbrüche aufgedeckt, z. B. 1986/87 Colonel Oliver Norths Waffenhandel mit dem Iran zugunsten von Rebellen in Nicaragua unter Präsident Reagan.

Mehr im Ausland und von den Historikern als von den Wählern wurde Carters außenpolitische Leistung gewürdigt. Carter erklärte die Beachtung der Menschenrechte zum Kriterium für Hilfszahlungen an diktatorische Regierungen. Er forderte 1977 von Breschnew mehr Freiheit für den Friedensnobelpreisträger Andrej Sacharow und für die anderen sowjetischen „Dissidenten" entsprechend der Helsinki-Übereinkünfte von 1975; entsprechende Forderungen erhob Carter auch gegenüber lateinamerikanischen Diktaturen und Südafrikas Apartheid-Regime. Präsident Reagan ließ am 31.3.1981 die Menschenrechtspolitik seines Amtsvorgängers für überholt erklären.

In seiner Vermittlung zwischen Israel und Ägypten wagte Carter im September 1978 eine risikoreiche innovative Verhandlungstechnik: die tagelange persönliche Unterredung der höchsten Entscheidungsträger an einem abgeschiedenen Ort ohne Pressemitteilungen. Die so erzielten Absprachen von Camp David, dem „Ferienhaus" des Präsidenten bei Washington, (6.-17. Sept. 1978) ermöglichten den israelisch-ägyptischen Friedensvertrag vom 26. März 1979. Auch in Lateinamerika erzielte Carter einen dauerhaften diplomatischen Erfolg mit seiner an

Marginalien:

Ethics in Government Act, 1978

Sonderstaatsanwalt

Außenpolitik & Menschenrechte

Camp David Accords 1978

Panama-Kanal

Grundrechten orientierten Außenpolitik. Im Geiste der Dekolonisierung verein-
barten Carter und die für den Vertragsabschluß nötige Zweidrittelmehrheit der
Senatoren 1977 die Rückgabe des bis dahin noch von amerikanischen Militärstütz-
punkten beherrschten Panama-Kanals in die Verantwortung der Republik
Panama am 31. 12. 1999. Carter überreagierte im Januar 1980 auf die sowjetische
Besetzung Afghanistans mit der mit den NATO-Partnern nicht abgesprochenen
Erklärung, jeglicher Versuch einer der Region fremden Macht, den persischen
Golf unter ihre Kontrolle zu bringen, sei ein Angriff auf die vitalen Interessen der
USA und werde notfalls mit Militärgewalt zurückgewiesen. (Dieser Fall trat 1987
tatsächlich ein, als Oberbefehlshaber Reagan irakische Raketenangriffe auf ein
amerikanisches Kriegsschiff mit der Stationierung amerikanischer Kriegsschiffe
im persischen Golf beantwortete.) Als Schwäche wurde Carter im Wahljahr 1980
irrationalerweise angerechnet, daß er die seit November 1979 andauernde Besetzung der amerikanischen Botschaft in Teheran und die Geiselnahme der anwesen-
den 65 Amerikaner durch das revolutionär-fundamental-islamische Regime der
Mullahs nicht verhindert und nicht beendet hatte.

Carter Doktrin 1980 (margin)

Geiselkrise (margin)

g) Konservative Trends von Reagan bis Clinton und das Ende des Kalten Krieges, 1981–1995

Wahl Reagans und die Neue Rechte (margin)

Die Republikanische Partei ließ 1980 den Exgouverneur von Kalifornien, den
69jährigen Ronald Reagan, gegen Präsident Carter kandidieren, weil er auf
zugleich altväterisch-simple und staatsmännisch überlegen wirkende Art weniger
Regierung und Steuern und zugleich mehr Respekt für die Weltmacht USA forderte. Mit seinem ungebrochenen Glauben an Amerikas Macht und Moral vertrat
Reagan die Wertepräferenzen des konservativen Parteiflügels und der Wählerschaft der „Neuen Rechten". Verschiedene protestantische Gruppierungen, die
sich 1989 unter Pat Robertsons Christian Coalition zusammentaten, wirkten auch
in den 1990er Jahren noch als die effektivsten Wahlkampfhelfer für rechte Republikaner im ganzen Land und auf allen Ebenen von Schulbeiratswahlen bis zu
Landtags- und Kongreßwahlen. Reagan erklärte die Selbstzweifel nach Vietnam
und Watergate für beendet. Er empfahl sich als solider Haushälter mit der Forderung, das Haushaltsdefizit von 78 Mrd. Dollar (1980) schleunigst durch Einspa-
rungen der Bundesregierung auszugleichen und die Gesamtverschuldung des
Bundes von fast 1 000 Mrd. Dollar innerhalb weniger Jahre abzutragen. Er
behauptete, niedrige Steuersätze würden Konsum und Investitionen derart ankur-
beln, daß sich Defizit und Gesamtschuld in absehbarer Zeit von selbst erledigen
würden. Der als früherer Schauspieler stets fernsehwirksam auftretende Redner,
der jede Zeile von einem Teleprompter ablas, versprach den Wählern in Erschei-
nungsbild und Programm eine konservativ-populistische Alternative zum amtierenden links-liberalen Präsidenten Carter. Reagan erhielt 50,8% der abgegebenen
Stimmen, der ehrliche Erdnußfarmer 41%, bei einer Wahlbeteiligung von 54%.

Im Repräsentantenhaus behielten jedoch die Demokraten bis 1994 die Mehrheit; der Senat war von 1981–87 mehrheitlich Republikanisch.

Leitmotiv der Außenpolitik Reagans blieb acht Jahre lang die Zurückdrängung des weltweiten Einflusses der Sowjetunion und die Verbreitung des Einflusses der Vereinigten Staaten im Namen der Freiheit und des Freihandels. Der Präsident begründete die kostspielige Hochrüstung, die er nicht durch Steuererhöhungen, sondern durch das Anwachsen der Staatsschulden bezahlen ließ, mit moralisierender Rhetorik gegen „das Reich des Bösen". Um von einer Position der Stärke mit der Sowjetunion verhandeln zu können, gewann er die Zustimmung des Kongresses für eine in Friedenszeiten einmalige Steigerung des Militäretats. Ein Teil des Geldes diente ab 1983 Vorstudien zur Errichtung eines Schutzschildes aus Satelliten mit Laserkanonen über dem nordamerikanischen Kontinent, das Interkontinentalraketen abfangen würde. Diese von Journalisten „Krieg der Sterne" genannte, vom Präsidenten als Strategic Defense Initiative von der Raumfahrt- und Rüstungsindustrie mit großem Pathos eingeforderte technische Utopie blieb Wunschdenken, beunruhigte aber die Führung der Sowjetunion, weil ihre Verwirklichung das bislang friedenssichernde Gleichgewicht des atomaren Schreckens außer Kraft gesetzt hätte. Nach der Übergangszeit zwischen dem Tod Leonid Breschnews 1982 und dem Amtsantritt des flexibleren Michail Gorbatschow als Generalsekretär der KP im Jahr 1985 begann eine Phase des Dialogs auf jährlichen Gipfelkonferenzen, auf denen die Sowjets von Reagan unerwartete Abrüstungsvorschläge machten. Den großen Durchbruch zur echten Abrüstung erzielten Gorbatschow und Reagan im Dezember 1987, als sie den Abzug ihrer Kurz- und Mittelstreckenraketen aus Europa und deren kontrollierte Vernichtung vereinbarten (INF-Vertrag = Intermediate-Range Nuclear Forces). Bedrohlich blieben aber für beide Seiten die Atombomben auf Interkontinentalraketen, U-Boot-Raketen und Fernbombern. Es waren innersowjetische Entwicklungen, die die Führung der KP unter Leitung Gorbatschows veranlaßten, sich nicht nur 1988 aus Afghanistan zurückzuziehen (was die sowjetisch-amerikanischen Beziehungen entlastete), sondern 1989/90 im Interesse der wirtschaftlichen Sanierung Rußlands auch ihre Herrschaft über Mitteleuropa mittels von der Roten Armee gestützter lokaler kommunistischer Regime aufzugeben. Als in der Folge die Diktatur der deutschen Kommunisten 1989 zusammenbrach und sich 1990 die Vereinigung der Deutschen Demokratischen Republik mit der westdeutschen Bundesrepublik abzeichnete, erleichterte Präsident Bushs nicht-triumphierende, besonnene Art der Diplomatie die deutsche Vereinigung, auch angesichts der Bedenken der französischen und britischen Regierungschefs Mitterand bzw. Thatcher.

Alle anderen Politikbereiche wurden zur Regierungszeit Reagans durch seine Wirtschaftspolitik geprägt, die zunächst despektierlich so genannten „Reaganomics". Die Kongreßmehrheit folgte 1981 dem Vorschlag des Präsidenten, Kaufkraft durch Senkung der vom Bund erhobenen Steuern für die Mehrzahl der Steuerzahler von 33% auf 15% freizusetzen; der Steuersatz für Spitzenverdiener wurde sogar von 70% auf 28% gesenkt. Das Steuergesetz von 1986 vereinfachte

Reagans Außen- und Rüstungs- politik

Erster Abrüstungs- vertrag 1987

Bush, Gorba- tschow, Ende der SU

Reaganomics

die Bundessteuern auf im wesentlichen nur noch zwei Steuersätze: 15% und 28%.
Während der acht Reagan-Jahre sanken die von der Bundesregierung kassierten
Steuern insgesamt jedoch nur von 21% des Bruttosozialprodukts (1980) auf
18,6% (1988). Steuern sollten nur noch unbedingt notwendige Regierungsaufga-
ben wie z. B. der Verteidigung decken, nicht aber für sozialpolitisch gewollte
Umverteilung zur Verfügung stehen. Ein weiteres Mittel zur Anregung der Wirt-
schaftstätigkeit war die Aufhebung der Aufsicht der Bundesregierung in verschiedenen Wirtschaftsbereichen, vor allem gegenüber Banken und Fluggesellschaften
(*deregulation*). Kritiker nannten die Verdoppelung des Verteidigungsetats von
144 Mrd. Dollar (1980) auf 294,8 Mrd. Dollar (1989) treffend „Rüstungskeynesia-
nismus". Dennoch nahm die Arbeitslosigkeit vor allem in den eisenverarbeiten-
den Industrien wie etwa der Automobilherstellung und anderen Bereichen tradi-
tioneller Industrieproduktion zu. Aber im Bereich der Dienstleistungen wurden
mehr Arbeitskräfte gebraucht, und zwar entgegen dem in Europa verbreiteten
Vorurteil nicht nur im Bereich billigster Aushilfstätigkeiten im typisch amerikanischen Schnellimbißgewerbe. Zwischen 1985 und 1990 entfielen zwar etwa 1,4 Millionen Arbeitsplätze in der Industrie, aber gleichzeitig wurden fast 25 Millionen
neue Arbeitsplätze besetzt.

Kosten des Wohl-   Die Ausgaben von Bund und Einzelstaaten zusammen für alle Sozialleistungen
fahrtsstaates   (*welfare*) blieben auch unter Reagan höher, als die Rhetorik von der selbstver-
schuldeten Armut und dem Mißbrauch der Sozialhilfe es erwarten ließ: ihr Wert
hatte 1976 19,6% des Bruttosozialprodukts betragen; am Ende der Reagan-Jahre,
1989, machten sie mit 964,4 Mrd. immer noch 18,2% des Bruttosozialprodukts
aus. Die Kosten für die von der Bundesregierung zu finanzierenden großen
Sozialhilfeprogramme *Social Security, Medicare* und *Medicaid* stiegen in unvor-
hergesehener Weise. Die Jahresausgaben des Bundes für die Krankenversicherung
der über 64jährigen (*Medicare*) stieg von 6 Mrd. Dollar (1970) auf über 200 Mrd.
im Finanzjahr 1996. Im Wahlkampf 1996 wagten jedoch auch die radikalsten Kritiker der Sozialhilfe in der Republikanischen Partei nicht mehr, *Medicare* in ihre
ansonsten weitgehenden Sparvorschläge zur Haushaltssanierung aufzunehmen.
Allerdings forderte der konservative Flügel der Republikanischen Partei nachhaltig und verstärkt seit der Wahl Reagans 1980 den Abbau der seit 1935 eingegange-
nen Verantwortung des Bundes für den Ausbau des Wohlfahrtsstaats. Dennoch
lebten 1994 noch 45 Mio. Amerikaner ohne Krankenversicherung.

Handelsbilanz-   Amerikaner kauften zunehmend japanische und andere importierte billige und
defizit   gute Konsumgüter, von der Videokamera und dem Fernsehapparat bis zum Auto.
Der Wert der Importe von Gütern und Dienstleistungen aus aller Welt überstieg
bereits 1972 die amerikanischen Exporte von Gütern und Dienstleistungen um
2 Mrd. Dollar. Ab 1980 stieg dieses Handelsbilanzdefizit in Riesenschritten. In
Reagans letztem Amtsjahr, 1988, importierten die USA Güter, Dienstleistungen
und Einkommen im Wert von 660 Mrd. Dollar, exportierten aber nur für 557 Mrd.
Deshalb wurde der Ruf nach *free trade* abgelöst durch die Forderung von *fair trade*.
Nach langjährigen Verhandlungen erreichten die auf Freihandel setzende Privat-

wirtschaft und der Republikanische Präsident Bush 1989 den Abschluß eines Frei-
handelsabkommens mit Kanada, das dort höchst umstritten war. Sein Demokrati-   NAFTA 1992
scher Amtsnachfolger Clinton übernahm das Projekt und setzte im Dezember
1992 seine Erweiterung um Mexiko zum North American Free Trade Agreement
(NAFTA) durch, gegen den Widerstand der um den Verlust von Arbeitsplätzen
bangenden Gewerkschaften. Seit 1994 bilden die knapp 400 Millionen Einwohner
der drei Länder nach der Europäischen Union – auf deren Erfolge die NAFTA-
Befürworter hingewiesen hatten – den zweitgrößten Binnenmarkt der Welt, allerdings nur für die meisten Güter, noch nicht für Arbeitskräfte.

Die akkumulierten Haushaltsdefizite, die gesamte Bundesschuld (*national*   Staatsverschuldung
debt), verdreifachten sich unter Reagan von 749 Mrd. Dollar (1980) auf 2 050 Mrd.
(1988). Ingesamt hinterließ die Wirtschafts- und Finanzpolitik Reagans und Bushs
eine bis 1992 auf das Vierfache, d. h. 4 000 Mrd. Dollar gewachsene Gesamtverschuldung der Bundesregierung. Das jährliche Haushaltsdefizit steigerte sich unter
Clinton noch auf fast 350 Mrd. Dollar (1992). Der Schuldendienst verschlang nun
fast 20% des Bundeshaushalts, das war der drittgrößte Haushaltsposten hinter dem
Sozialetat und den Militärausgaben. Die Zinszahlungen verzehrten 1992 etwa 40%
der Einkommensteuer, der größten Einkommensquelle des Bundes. Das Rezept
der angebotsorientierten, deregulierten „Reaganomics" hatte im praktischen Test
von 1981–93 versagt. Kritiker sprachen von Reagans „Goldener Kreditkarte",
deren aufgelaufene Rechnungen er dem Land hinterließ. Auch zu der angestrebten
Verlagerung von Verantwortung von der Bundes- auf die Einzelstaatsebene kam es
nicht in einem Umfang, der das Schlagwort der Republikaner vom *New Federalism*
gerechtfertigt hätte.

H) SOZIOKULTURELLE UMBRÜCHE SEIT 1960

Der sich in den 1960er Jahren fast zu einer kulturellen Revolution verdichtende   *counterculture*
und beschleunigende sozio-kulturelle Wandel hatte mit der jugendlichen *counter-*
culture um 1955 begonnen und erlebte seinen öffentlich sichtbaren Höhepunkt in
Verbindung mit den Studentenprotesten gegen die amerikanische Beteiligung am
Krieg in Vietnam. Seine Wucht wurde durch die schiere Größe der sogenannten
baby boom-Generation verstärkt, d. h. der zwischen 1945 und dem Einsetzen des
Pillenknicks 1964 geborenen 76 Millionen Amerikaner, deren erste Jahrgänge um
1960 begannen, das öffentliche Leben mitzubestimmen. An Universitäten und
Colleges waren 1970 viermal so viele Studierende eingeschrieben wie 1945. Politisch besonders artikulierte Gruppen wie die Students for a Democratic Society
waren sich des Wohlstandes bewußt, in dem die meisten von ihnen aufgewachsen
waren, und verlangten mehr Demokratie und soziale Gerechtigkeit für alle, z. B.
im Port Huron Statement der SDS von 1962. Um sich von den sozialistischen   Die Neue Linke
Kaderparteien der 1930er Jahre abzugrenzen, nannten sich die Offenheit und *grass*
roots democracy fordernden jungen Reformer *the New Left*. Mit dem Rückzug

der U.S. Army aus Vietnam und dem Ende der Präsidentschaft Nixons schwand auch der Einfluß der *counterculture*. Als Indikator kann die von der Wochenzeitschrift Time am 3. Juni 1974 berichtete Meinungsumfrage des Sozialpsychologen Daniel Yankelovich gelten. Er fand einerseits unter den Studierenden (die er als „chief source of social dissidence in the „60s" bezeichnete) eine Hinwendung zur Akzeptanz des Verhaltens der Bevölkerungsmehrheit. So sank der Anteil der amerikanischen Studierenden, die 1971 noch zu 45% die USA als „a sick society" eingeschätzt hatten, auf 35%. Während 1971 nur 56% der Studierenden die Anwendung von Gewalt auch für eine „gute Sache" verworfen hatten, taten dies jetzt schon 66%. 1971 bekannten sich nur 57% der Studierenden zur Republikanischen oder Demokratischen Partei, nun sahen sich immerhin 73% von ihnen von einer der beiden großen Parteien vertreten. Andererseits jedoch stellte Yankelovich in

Wertewandel im Gefolge der Kulturrevolution mehreren Lebensbereichen im Gefolge der Kulturrevolution einen Wertewandel fest: Homosexualität war 1969 von 42% der Studierenden als „morally wrong" bewertet worden; 1974 fällten nur noch 25% dieses Urteil. Vorehelichen „casual sex" mißbilligten 1969 noch 57% der nichtstudierenden Jugendlichen; 1974 nur noch 34%. Patriotismus hielten 1969 noch 35% der Studierenden für einen besonders hohen Wert, 1974 nur noch 19%; unter den nichtstudierenden Jugendlichen sank der Anteil der Patriotismuswertschätzer von 60% auf 40%. Harte Arbeit lohnt sich immer, glaubten 1969 noch 79% der nichtstudierenden Jugendlichen, 1974 nur noch 56%. Zu einer optimistischen Beurteilung ihrer Zukunftschancen fanden sich 1974 eindeutig weniger afroamerikanische Jugendliche bereit (57%) als euroamerikanische Jugendliche (79%).

Die neue Frauenbewegung: „Women's liberation" Die Reformbereitschaft und der Reformdruck, die der Bürgerrechtsbewegung zum Durchbruch verhalfen und die Neue Linke motivierten, kamen auch der Frauenbewegung zugute. Den publizistischen Auftakt der auf die Wohlstandsphase der 1950er Jahre reagierenden Frauenbewegung bildete Betty Friedans Bestseller *The Feminine Mystique* (1963). Als einen „Weiblichkeitswahn" - so die deutsche Übersetzung 1966 - verwarf Friedan das traditionelle Frauenbild, das sich nach 1945 mit dem Ende der Rüstungswirtschaft und der Heimkehr der Soldaten wieder durchgesetzt hatte. Sie diagnostizierte eine tiefe Unzufriedenheit unter Mittelklassefrauen ihrer Generation, deren Leben in den properen Vororten sie auf die Rollen von Ehefrau, Hausfrau und Mutter einschränkte. In Wirklichkeit wünschten sich die lediglich zu Konsumentinnen gemachten Frauen auch außerhäusige eigenverantwortliche Berufstätigkeit – als die selbstverständliche Regel, nicht als die zu begründende, geduldete Ausnahme. Um ihre Emanzipation politisch durchzusetzen, schufen sich die öffentlich aktiven Frauen 1966 eine nationale Interessenvertretung, die National Organization for Women (NOW), die wie andere Lobbyisten die Bundesgesetzgebung und die Presseberichterstattung zu beeinflussen versuchte und Musterprozesse führte. Ihr oberstes Ziel war die Verbesserung der Chancengleichheit der Frauen als sozialer Gruppe und die Vergrößerung der Entscheidungsfreiheit der einzelnen Frau. „Sexismus" wurde als Parallelbildung zu „Rassismus" Bestandteil des politischen Vokabulars. Die

Grenze des Einflusses der Frauenbewegung zeigte sich 1982 am knappen Scheitern der seit 1923 wiederholt vorgeschlagenen und 1972 vom Kongreß auf den Weg gebrachten Verfassungsänderung, die die Gleichheit der Rechte von Männern und Frauen („equality of rights under the law") zur nationalen Norm erhoben hätte. Nur das Votum von drei Einzelstaatslegislativen fehlte an der nötigen Dreiviertelmehrheit von 38 Staaten. Die Gegner beschworen den Zusammenbruch von Sitte und Ordnung, wenn – was sie unterstellten – weder beim Militär noch andernorts nach Geschlechtern unterschieden werden dürfe. Einzelne Gesetze und Gerichtsurteile verbesserten jedoch in wirksamer Weise die Situation der Frauen: Mehr Frauen erlangten z. B. Positionen an den Universitäten, nachdem 1972 das Bildungsgesetz (Educational Amendments Act) die Vergabe von Bundesmitteln für Forschung und Lehre auf die Universitäten begrenzte, die glaubhaft machten, daß sie einen „affirmative action"-Plan zur kompensatorischen Einstellung von mehr Frauen verfolgten und bereits gewisse Mindestquoten erreicht hatten. **Frauenförderung**

Ein kultureller Wandel in den Geschlechterbeziehungen deutete sich auch in der steigenden Scheidungsrate an: 1960 waren 2,3% der erwachsenen Bevölkerung geschieden, 1980 waren es 6,2% und 1996 knapp 10%. **Scheidungsrate**

Seit 1960 wurde in den USA ein ovulationshemmendes Östrogenpräparat zur Vermeidung von Schwangerschaft vermarktet und löste heftige ethisch-religiöse Kontroversen aus. Die pharmazeutische Innovation („the pill") beschleunigte die „sexuelle Revolution", die je nach persönlicher Werteordnung als Befreiung und Selbstbestimmung der Frau gefeiert oder als Enthemmung und mörderischer Eingriff in die gottgewollte Schöpfungsordnung angeprangert wurde. Das Oberste Bundesgericht entsprach einer zentralen Forderung des liberalen, nicht-katholischen Teils der Frauenbewegung, als es 1973 im Fall Roe gegen Wade den Schwangerschaftsabbruch im ersten Trimester freistellte. Die Verfassungsmäßigkeit begründete das Gericht mit dem Grundrecht auf die „Privatsphäre". Dieses „right to privacy" hatten die Richter erst 1965 formuliert, als sie ein Gesetz des Staates Connecticut von 1879 aufhoben, das die Verwendung von Empfängnisverhütungsmitteln und sogar entsprechende ärztliche Beratung kriminalisiert hatte (Fall Griswold gegen Connecticut). Auch auf den Grundwert „Freiheit" im 14. Verfassungsänderungsartikel verwiesen nun sieben der neun Richter. Trotz heftiger Agitation der christlichen „Right to Life"-Bewegung bestätigte das Oberste Gericht 1989 noch einmal die Legalität eines frühen Schwangerschaftsabbruchs (Fall Webster gegen Reproductive Health Services). Eine der nur noch fünf Ja-Stimmen war die der ersten Richterin am Obersten Bundesgericht, Sandra Day O'Connor. Schwangerschaftsabbruch blieb in den folgenden Jahrzehnten ein sensibles Thema der amerikanischen Innenpolitik und verhinderte die Geschlossenheit der Frauenbewegung. Die Geburtenrate verringerte sich zwischen 1950 und 1980 deutlich von 106 Geburten je 1000 Frauen im Alter von 15 bis 44 Jahren (1950) auf 68 Geburten (1980) und blieb seither fast konstant. In den vorwiegend von Afroamerikanern bewohnten Armutsgettos nahm die Zahl der Kinder unverheirateter Min- **Geburtenkontrolle** derjähriger sogar weiter zu, wahrscheinlich weil die arbeitslosen Mütter von der Sozialhilfe (Aid to Families with Dependent Children, bis 1996) leben konnten.

Naturschutz,
Ökologie   Der Naturschutz wurde zu einer politisch und ökonomisch zunehmend relevanten Bewegung, seit 1962 Rachel Carsons biologisches Sachbuch gegen die Verwendung des Unkrautvernichtungsmittels DDT die Aufmerksamkeit der zunehmend gesundheitsbewußten Nation erregte. Präsident Kennedy setzte eine Untersuchungskommission ein, deren Befunde 1963 in das erste Luftreinheitsgesetz (Clean Air Act) eingingen. Es reduzierte bundesweit Motorfahrzeugabgase und den Schadstoffausstoß von Fabriken. Die seit dem Gesetz zum Schutz der Wildnis (Wilderness Act, 1964) bundesgesetzlich geschützten ursprünglichen Landschaften der USA machen nur noch 1% der Urwälder, Prärien und Wüsten von 1492 aus; unauffällige Wanderwege und vom National Park Service überwachte Zeltplätze erschließen dem Naturliebhaber heute den als nationales Erbe konservierten Rest der „Wildnis". Zu einer bundesweit konkurrenzfähigen politischen Partei der „Grünen" konnte es aufgrund der Struktur des amerikanischen Wahlsystems nicht kommen. Statt dessen machte eine Vielzahl einzelner Organisationen die durchaus wirksame neue ökologische Bewegung aus, unter ihnen der Sierra Club, die Wilderness Society, die National Audubon Society und die National Wildlife Federation. Sie markierten nicht nur Wanderwege, sondern nahmen als Lobbyisten in Washington und den Einzelstaaten Einfluß auf die Gesetzgebung zugunsten des Ausbaus der Nationalparks, der Reinhaltung von Wasser und Luft und dem Erhalt der Artenvielfalt und traten öffentlichkeitswirksam den Verwertungsinteressen der Holzindustrie, der Talsperrenbauer usw. entgegen.

Neue Medien   Ab 1981 verbreiteten sich neue Kommunikationsformen des „Informationszeitalters" durch elektronische Datenverarbeitung nicht nur in Büros, sondern auch in privaten Haushalten durch kleine Rechner (*personal computers*), deren Zugang zu verknüpften Großrechnern schließlich weltweit das Abfragen und Verbreiten von Nachrichten, Bildern und Ton ermöglichte (Internet). Time Magazine erklärte 1983 den Computer zur „Machine of the Year", statt wie sonst üblich eine „Person des Jahres" zu küren, die im vergangenen Jahr weltweit die Wirtschaft und Gesellschaft in besonderer Weise beeinflußt hat. Die langfristigen Auswirkungen der neuen Informationstechnik auf Wissenschaft, Wirtschaft, Unterhaltung und Kultur für die innovationsempfängliche amerikanische Mittelklasse sind noch nicht abzusehen. Die Innovationsschritte sind an den Übertragungen der Amtseinführung der Präsidenten ablesbar. Hoovers Amtsantrittsrede wurde 1929 erstmalig landesweit über Rundfunk übertragen, Trumans Rede 1949 über Fernsehen, Clintons Rede 1997 weltweit über das Internet. Das Fernsehen hat sich als Wahlkampfinstrument und Kommunikationsform zwischen Präsident und Öffentlichkeit endgültig durchgesetzt, seit Kennedy die Wahl 1960 u. a. aufgrund einer Fernsehdebatte mit Vizepräsident Nixon gewann. Als Präsident nutzte er kurze Fernsehansprachen und gut vorbereitete Fernsehpressekonferenzen, um die öffentliche Meinung für seine Politik zu gewinnen und Krisen wie die Kuba-

Raketenkrise aus dem Weißen Haus der ganzen Nation fast wie einer versammelten Zuhörerschaft zu verkünden.

Das Kaufen teurer Sekunden für politische Werbung bestimmt inzwischen die Kosten und die Banalität des Inhalts der meisten Wahlkämpfe auf kommunaler, einzelstaatlicher und nationaler Ebene. Das Wahlkampfgesetz von 1972 (Federal Election Campaign Act) und seine Ergänzung von 1974 schufen mit der Federal Election Commission zwar einen Wächter der Wahlkampfmoral, aber die gesetzlichen Einschränkungen der Spendenfreudigkeit einzelner Firmen für ihnen zugeneigte Kandidaten haben sich inzwischen als in der Praxis als leicht umgehbar erwiesen. Political Action Committees dürfen, was einzelne Spender nicht dürfen. Die faire Wahlkampffinanzierung bleibt ein ungelöstes Problem. *Fernsehen und Wahlkampf*

Die von der Verfassung seit 1790 verlangte Volkszählung in Abständen von 10 Jahren ergab nach 200 Jahren eine Gesamtbevölkerung von 249,6 Millionen. Seit 1960 waren 70 Millionen Menschen hinzugekommen. Der Anteil der über 64jährigen nahm nach 1960 u. a. aufgrund des medizinischen Fortschritts erheblich zu. Die Lebenserwartung der Männer verlängerte sich von 60,8 Jahren (1940) auf 72 Jahre (1990), die der Frauen von 65,2 auf 78,8 Jahre. Die 31 Millionen Über-64jährigen (das sind 12,6% der Gesamtbevölkerung) waren 1990 als soziale Gruppe mit typischen Bedürfnissen und entsprechenden politischen Überzeugungen mehr als je zuvor eine mitbestimmende Größe nicht nur in den staatlichen und privaten Pensionskassen und Krankenversicherungstarifen, sondern auch in der Parteienprogrammatik und Wahlwerbung. Im Präsidentschaftswahlkampf 1996 nominierten die Republikaner mit dem 73jährigen Senator Robert Dole den ältesten Kandidaten seit 1789. *Bevölkerungs- struktur* *Anteil der Alten*

Die Staaten des „Sonnengürtels" von Florida bis Kalifornien hatten ihren Bevölkerungsanteil weiter vergrößert. Kalifornien war um 5 Millionen Menschen gewachsen. Dementsprechend erhielt Kalifornien drei zusätzliche Sitze im Repräsentantenhaus und verfügte daher mit 54 Stimmen im Elektorenkolleg über die größte Stimmenzahl. Florida erhielt ebenfalls drei zusätzliche Stimmen, Texas zwei. Symptomatisch für den kalten Norden verlor der Staat New York drei Stimmen. Die Wahlkampfberater ernsthafter Präsidentschaftskandidaten mußten von nun an ihre besondere Aufmerksamkeit einer „Südstaaten-Strategie" zur Eroberung der Wählergunst in den Sonnenstaaten widmen. *Regionale Verteilung*

Die Volkszählung von 1990 erfaßte 30,5 Millionen Afroamerikaner, das waren 12,3% der Gesamtbevölkerung. Das durchschnittliche Jahreseinkommen dieser Gruppe betrug 9 170 Dollar, wenig mehr als die Hälfte des Jahreseinkommens für die Euroamerikaner (*whites*). Dennoch hat die 1964 begonnene Politik der *affirmative action,* der kompensatorischen Bevorzugung auf dem Arbeitsmarkt und bei der Vergabe von Bildungschancen von Angehörigen ethnischer Minderheitengruppen (und anschließend auch der Frauen), zumindest für einen Teil der Afroamerikaner Früchte getragen. Nun entstand auch eine afroamerikanische obere Mittelklasse von Ärzten, Anwälten und Politikern, von Geschäftsleuten, Ingenieuren, Wissenschaftlern und leitenden Angestellten in staatlichen und pri- *Afroamerikaner*

vaten Bürokratien. Zwischen den Bevölkerungszählungen von 1970 und 1990 stieg der Anteil von Familien mit Einkommen von 35 000 bis 50 000 Dollar von 13,9% auf 15% der afroamerikanischen Gesamtbevölkerung. Die Zahl schwarzer Familien mit über 50 000 Dollar Jahreseinkommen stieg von 9,9% auf 14,5%. Aber die verständliche Flucht der Erfolgreichen aus den Slums ließ das Gettoproblem mit seinem Teufelskreis von Arbeitsunfähigkeit, Armut, Drogen, Kriminalität, Familienzerfall und Kindern, die Kinder gebären, um Kindergeld zu *poverty line* erhalten, ungelöst zurück. Unterhalb der amtlich definierten Armutsgrenze lebte 1990 etwa ein Drittel der Afroamerikaner – im Vergleich zu etwa 12% der Euroamerikaner. Insgesamt lebten 1991 über 36 Millionen Amerikaner – das waren 14,2% der Bevölkerungszahl – von Einkommen unterhalb des Armutsindexes. Den Armutsindex definiert die Social Security Administration seit 1964 anhand des vom Landwirtschaftsministerium 1961 zusammengestellten Korbs von zum Überleben notwendigen Lebensmitteln. Die für den Kauf dieser Waren nötige Summe wird verdreifacht und jährlich um die Inflationsrate erhöht. Hieraus ergab sich für das Jahr 1990 ein Mindesteinkommen von 6 652 Dollar für eine Person und 13 359 Dollar für eine Familie von vier Personen, also etwas mehr als 1000 Dollar im Monat. Unverkennbar sind inzwischen die Folgen der Durchset-
Politische Ämter zung des Wahlrechts für Afroamerikaner in den Südstaaten. 1964 wurden in allen Südstaaten zusammen nur einhundert Afroamerikaner in ein öffentliches Amt in Stadt, County oder Staat gewählt; 1994 betrug deren Zahl über 7 000. Die 40 afroamerikanischen Mitglieder des Repräsentantenhauses und Senats in Washington haben den die regionale Zersplitterung überbrückenden „Black Caucus" gebildet. 1989 wurde in Virginia mit Douglas Wilder der erste afroamerikanische Gouverneur gewählt.
multiculturalism Die Gesetzgeber auf Bundes- und Einzelstaatsebene erkannten nur vier förderungswürdige ethnische Gruppe an: Native Americans, African Americans, Hispanics/Latinos und Asian Americans. Aber der relative Erfolg der afroamerikanischen Bürgerrechtsbewegung motivierte auch andere ethnische Minderheiten und Einwanderergruppen seit etwa 1970 zum Kampf um Anerkennung ihrer Gruppeneigenheiten, nicht als Abweichung vom WASP (White Anglo-Saxon Protestant) -Ideal, sondern als gleichberechtigtes kulturelles Erbe. Eine Welle der „new ethnicity" erfaßte auch die Euroamerikaner, und Schwärme amerikanischer Hobbygenealogen durchkämmten die Kirchenbücher von Schottland bis Sizilien auf der Suche nach ihren „Wurzeln." In liberaler Toleranz bekannten sich Schulen und Hochschulen zum Ideal des *multiculturalism* und nahmen in die Lehrpläne *multicultural* oder *ethnic studies* auf, in Analogiebildung zu den *black studies* und *women's studies*. Fanatische Vertreter von Gruppenrechten und z. T. falschen gruppenspezifischen Lehrinhalten provozierten ab etwa 1980 zunehmend Kritik an der von ihnen betriebenen „kulturellen Zersplitterung"; außerdem wurde ihnen (oft von konservativ-patriotischen Politikern) vorgeworfen, die neue *political correctness* wirke u. a. mit ihrer euphemistischen Sprachmanipulation bereits wieder repressiv.

Wirtschaftlich und kulturell bedeutsam wurde die Wiederbelebung ethnischer Gruppenidentifizierung als Teil des Familientourismus. Viele Kleinstädte und Landgemeinden schufen sich Touristenattraktionen, meist mit Unterstützung der Handelskammer (die an vielen Orten auch die Aufgaben eines Fremdenverkehrsvereins wahrnimmt) und der Historischen Kommissionen der Einzelstaaten, seltener mit Unterstützung des National Park Service. Die Konkurrenz der Regionen um die Aufmerksamkeit der Touristen führte in den 1970er Jahren zur plakativen Betonung des ethnischen „Erbes" (*heritage*) des jeweiligen Ortes. Auch die Spuren deutscher Einwanderer sind auf diese Weise von Philadelphia bis Anaheim in Kalifornien der amerikanischen Öffentlichkeit wieder bewußtgemacht worden.

Das bereits erwähnte liberale Einwanderungsgesetz von 1965 und die Nachfol Einwanderung
gegesetze von 1980, 1986, 1990 und 1996 ermöglichten die Zunahme der legalen Einwanderung (mit nachfolgender Familienzusammenführung) von 4,5 Millionen im Jahrzehnt 1971–80 auf 7,3 Millionen von 1981 bis 1990. Das bisherige Rekordjahrzehnt wurde 1986–95 mit 12 Millionen legalen Einwanderern erreicht. Drei Viertel der Zuwanderer kamen aus Lateinamerika und Asien. Sie verteilten sich, wie schon die Einwandererschübe vor 1930, regional höchst ungleich. Die meisten blieben gleich in den grenznahen „Sonnenstaaten" Kalifornien, Texas und Florida sowie in den klassischen Einwanderermetropolen New York (einschließlich des benachbarten New Jersey) und Chicago. In Kalifornien machten 1994 die 7,7 Millionen im Ausland Geborenen ein volles Viertel der Gesamtbevölkerung aus. Insgesamt lebten 1994 schätzungsweise 22,6 Millionen im Ausland Geborene in den USA, davon etwa 5 Millionen illegal. Sie machten 8,7% der Gesamtbevölkerung aus, also anteilmäßig nur wenig mehr als die Hälfte der 14,7% der im Ausland Geborenen von 1910, dem Jahr des bislang höchsten Ausländeranteils. Typische Arbeitsplätze mit geringsten Löhnen boten den Eingewanderten die Landwirtschaft und Bauindustrie für Männer und Kleiderfabriken, Fließbandarbeit, Hotels, Gaststätten und Haushaltshilfe für Frauen.

Als die amerikanische Presse 1966 die aus China Eingewanderten aufgrund Asian Americans
ihres wirtschaftlichen Erfolges und weniger (bekannt gewordener) Gewalttaten in den Chinatowns als „model minority" beschrieb, hatte das Bild der Chinesen in der amerikanischen Öffentlichkeit einen völligen Wandel durchgemacht. Unter der neuen Sammelbezeichnung „Asian Americans" wurden um 1990 die etwa 1 Million Einwanderer aus den Philippinen und Kontingente von zwischen 500 000 und 800 000 aus Korea, Taiwan, Vietnam und Indien zusammengefaßt.

Die Bevölkerungszählung von 1990 ergab 30 Millionen sich selbst als „Hispanic" Hispanic Ameri-
oder „Latino" definierende Einwohner der USA, also etwa 15%. Etwa drei Mil- cans/Latinos
lionen aus lateinamerikanischen Ländern illegal Eingewanderte wurden zusätzlich geschätzt. Die größte Einwanderergruppe aus einer Nation bildeten 1994 die über 6 Millionen in Mexiko Geborenen. Die politisch und gewerkschaftlich engagiertesten unter ihnen hatten seit 1965 unter der neuen Bezeichnung „Chicanos" für bessere Arbeitsbedingungen (meist als Saisonarbeiter in der Landwirtschaft) gekämpft und ein Stück kultureller Anerkennung durch spanischsprachigen

Schulunterricht und die Einführung von *chicano studies* (parallel zu *black studies* und *nativeAmerican studies*) an zahlreichen Universitäten erlangt. Politisch gestärkt wurden die Mexikaner und die anderen spanischsprachigen Einwanderer, die insbesondere aus Kuba, El Salvador, der Dominikanischen Republik und den mittelamerikanischen Staaten gekommen waren, durch die neue übergreifende demographische Kategorie der „Hispanic Americans" oder auch „Latinos," denen als ethnische Minderheit Vorzugsquoten bei Stellen- und Stipendienvergaben zugebilligt wurden. Die relativ wohlhabende Gruppe der Kubaflüchtlinge machten 1970 3,7% der Bevölkerung Floridas aus, 1990 bereits 5,2% (674 000 Personen); ihr Anteil an der Einwohnerschaft von Miami und Umgebung stieg in dieser Zeit von 19% auf 29% (564 000 Personen). Die neuen Staatsbürger wurden bald zu einem umworbenen Wählerpotential.

„English Only"   Die Ausbreitung des Spanischen als Erstsprache löste um 1970 zwei politische Reaktionen aus: Liberale forderten zweisprachigen Schulunterricht mit dem Ziel, die Schüler wirksamer zum Englischen hinzuführen; Konservative verlangten –mit Erfolg in bislang 22 Einzelstaaten -, Englisch zur einzigen Amtssprache zu erklären und z. B. keine Wahlunterlagen in einer anderen Sprache zu drucken. Die amtliche Bevölkerungszählung von 1990 registrierte 32 Millionen Einwohner, die älter als fünf Jahre waren und angaben, zu Hause nicht Englisch zu sprechen: Spanisch nannten 17,3 Mio., Französisch 1,7 Mio., Deutsch 1,5 Mio., Italienisch 1,3 Mio., Chinesisch 1,2 Mio, Tagalog 0,8 Mio., Polnisch 0,7 Mio., Koreanisch 0,6 Mio., Vietnamesisch 0,5 Mio.; jeweils etwa 0,4 Mio. sprachen Portugiesisch, Japanisch, Griechisch und Arabisch. Von den Latinos sagten 55%, sie seien zweisprachig.

Religiöse Vielfalt   Säkularisierung, weitgehende Meinungsfreiheit (bis hin zum Verbrennen der amerikanischen Fahne als von der Verfassung geschützte Art von Redefreiheit), religiöse Vielfalt und Intensität des kirchlichen Lebens bis hin zu fundamentalistisch-intolerantem Sektentum existierten spannungsreich und örtlich höchst unterschiedlich nebeneinander. Die in Europa kaum vorstellbare organisatorische und glaubensmäßige Vielfalt, insbesondere unter den protestantischen Kirchen, möge die Kleinstadt Fredericksburg in Texas veranschaulichen. Deren 8 000 Einwohnern und den sie umgebenden Landgemeinden und Ranches boten im April 1997 nicht weniger als 15 christliche Glaubensgemeinschaften, aufgeteilt in 41 Kirchengemeinden mit eigenem Pfarrer, Gottesdienste an: Adventisten: 1 Kirche; Assembly of God: 1 Kirche; Baptisten: 9 Kirchen, davon 2 spanischsprachige; Evangelical Free Church: 2 Kirchen; Katholiken: 4 Kirchen; Christadelphian Church, Charismatic Emmanuel Gospel Church, First Church of Christ, Episcopal Church: je 1 Kirche; Lutheraner: 10 Kirchen; Methodisten: 2 Kirchen; Mormonen/Church of Jesus Christ of Latter Day Saints und Nondenominational Church: je 2 Kirchen; Pentecostal: 4 Kirchen; Presbyterianer: 2 Kirchen. Ein jüdischer Tempel fehlt allerdings in der bunten Liste. Eine weitgehende zumindest organisatorische und finanzielle Trennung von Staat und Kirchen, von Regieren und Glauben, ist angesichts der wahrscheinlich dauerhaften ethnisch-kulturellen

Vielfalt der amerikanischen Bevölkerung eine offenkundige Notwendigkeit. Was *civil religion*
viele Amerikaner hingegen emotional verbindet, ist ihre *civil religion*, ihre patriotische Überzeugung, daß Amerika das freieste Land der Welt ist, in dem die Tüchtigen ihre Chance bekommen. Statistiken über den stagnierenden Lebensstandard
können diesen Glauben kaum erschüttern.

Die anhaltend hohe Zahl legaler und illegaler Einwanderer bestätigte auch um Lebensstandard,
1990 den vergleichsweise hohen Lebensstandard der Durchschnittsamerikaner. Einkommens-
Dennoch waren 1975 die drei Prosperitätsjahrzehnte der weißen Arbeiter- und verteilung
Mittelklasse vorüber. Das mittlere Realeinkommen einer Familie mit einem Ver-
diener sank zwischen 1970 und 1990 von 31 000 auf 30 000 Dollar; in Familien mit
zwei Verdienern stieg es von 41 000 auf 46 000 Dollar. Konkret bedeutete dies: Vor
1970 konnte *ein* Facharbeiter oder mittlerer Manager das Einfamilienhaus im
Grünen und zwei Kinder in der Ausbildung finanzieren, um 1985 bedurfte es in
der Regel der außerhäusigen regelmäßigen Arbeit beider Eltern, um dieses Ideal
der amerikanischen Mittelklasse zu verwirklichen. Die Hypothekenzinsen trie-
ben mehr Frauen auf den Arbeitsmarkt. Die breit gefächerte Einkommensverteilung kann auch als Indikator der Akzeptanz des amerikanischen Wirtschaftslibe-
ralismus und der Wertschätzung von Leistungen in der Privatwirtschaft betrachtet
werden. So galt es um 1990 als nicht weiter kommentarbedürftige Tatsache, daß
der Präsident der Vereinigten Staaten mit 200 000 Dollar Gehalt auszukommen
hatte, während dem obersten Manager der Disneyland Corporation von den
Aktionären über 5 Millionen Dollar Jahreseinkommen gezahlt wurden.

Demokratie und wohlmeinende Förderquoten brachten nicht den Wohlstand Weniger Regierung
für alle. Daß etwa ein Drittel Verarmte und sozial Inkompetente in Innenstadtget-
tos zurückblieben, steigerte vielmehr das große Mißtrauen gegenüber der offenkundig machtlosen Regierung im allgemeinen, das konservativer Rhetorik und
Programmatik um 1990 zugrundelag. Ein Kandidat der Republikanischen Partei
in Madison, der wohlhabenden Hauptstadt Wisconsins mit minimaler Arbeitslosigkeit und einem geringen Anteil nicht-europäischstämmiger Bevölkerung,
bewarb sich 1994 für einen Sitz im Repräsentantenhaus dieses Staates mit der einzigen programmatischen Aussage: „Ich mache mir über die zunehmende Einmischung der Regierung in alle möglichen Bereiche unseres täglichen Lebens Sorgen.
Die herrschende Tendenz, dem einzelnen von der Regierung alle Risiken (und oft
auch nur Unannehmlichkeiten) abnehmen zu lassen, wird dazu führen, daß sich
Rechte, Veranwortung und Initiative des einzelnen und seine Lebensqualität weiter verschlechtern. Viele Vorschriften sollen uns vor uns selbst beschützen. In
Wirklichkeit brauchen wir aber die Möglichkeit, kreativ und innovativ zu sein.
Wir müssen kleine Geschäftsleute und die Gründung von Firmen mit Risikokapi-
tal unterstützen. Nur so schaffen wir neue Arbeitsplätze" (Paul Tessmer, Wahl-
kampfzettel, verteilt am 8.8.1994).

Konservative Wähler, die der Bundesregierung Kompetenzen absprechen wollten und insbesondere weniger umverteilende Ausgaben zugunsten der Armen und
deshalb auch (noch) niedrigere Steuern forderten, brachten 1994 den Republika-

nern die Mehrheit in Repräsentantenhaus und Senat. Gebremst und teilweise korrigiert wurde dieser Trend jedoch durch die eindeutige Wiederwahl des gemäßigten Demokraten William Jefferson („Bill") Clinton (seit 1993), der seine Gesetzesvorlagen zur Senkung der Staatsausgaben und sein außenpolitisches Engagement mit der konservativen Mehrheit in Repräsentantenhaus und Senat seither abstimmen mußte.

Amerika, Europa und globale Verantwortung am Ende des 20. Jhs. Am Ende des 20. Jhs. ist der Zustand der amerikanischen Gesellschaft von schätzungsweise 270 Mio. Menschen trotz des Sieges im weltweiten Konflikt mit der Sowjetunion und trotz eines für den größten Teil der Menschheit beneidenswerten Wohlstands für viele Europäer kein uneingeschränktes Vorbild bei der Gestaltung der Lebensverhältnisse in der Europäischen Union. Das demokratische Ideal einer Gemeinschaft sich selbst frei regierender und gleich verwirklichender Bürger vereint die meisten Amerikaner und Europäer. Was sie unterscheidet, ist z. T. naturbedingt durch den Siedlungsraum und die Rohstoffe, z. T. gewollt, wie etwa das gröbere staatliche soziale Netz in den USA. Es wäre aber nun ein Rückfall in die Welt der imaginären nationalstaatlichen Autonomie des 19. Jhs., „den" Amerikanern den bisherigen Verlauf ihrer Geschichte vorzuhalten, die komplette Verwirklichung der Ideale von 1776 im Inneren einzufordern und zudem eine entsprechend werteorientierte aktive Weltordnungspolitik von der stärksten Militärmacht zu erwarten. Auch die USA können die im 21. Jh. anstehenden global verbundenen wirtschaftlichen, demographischen, kulturell-ethnischen und militärischen Konflikte nicht alleine lösen oder eindämmen, selbst wenn sie es wollten. Diese Aufgabe kann nur gemeinsam von den größeren Staaten, den Vereinten Nationen und den Regionalbündnissen erfolgreich übernommen werden. Dabei wird es noch lange eine besondere Partnerschaft zwischen den USA und europäischen Ländern geben. Denn die Landnahme der Europäer auf dem Doppelkontinent seit 1492 hat ein transatlantisches System sich gegenseitig unterstützender wirtschaftlicher, politischer, militärischer und kultureller Kräfte entstehen lassen, dem sich keine Seite ohne Schaden entziehen kann. Insbesondere die Entwicklung der Vereinigten Staaten als Haupteinwanderungsland und Handelspartner der Europäer und als aktive Teilhaber an der englischsprachigen Hochkultur seit 400 Jahren, sind getrennt von der Geschichte Europas nicht zu begreifen. Die eine Million Kolonisten im 17. und 18. Jh. und die über 50 Millionen Einwanderer im 19. und 20. Jh. ließen ihre Verbindungen nach Europa nur individuell, nicht aber als Ganzes abreißen. Die neue spezifisch amerikanische Gesellschaft entwickelte sich zwar auch unter den starken Einflüssen der physischen Existenzbedingungen in Nordamerika. Dennoch ist es heute unter welthistorischer Perspektive angemessener, die umfassendere Frage zu stellen: Weshalb haben die europäischen Eroberer und Siedler und ihre Nachfahren in *gemeinsamer* Verantwortung mit ihren Herkunftsnationen aus der weltgeschichtlich einmaligen Chance, die sich ab 1492 bot, so viel und nicht mehr gemacht?

II. Grundprobleme und Tendenzen der Forschung

EINFÜHRUNG:
DIE GROSSEN THEMEN UND INTERPRETATIONEN DER AMERIKANISCHEN NATIONALGESCHICHTE

a) Nationalgeschichtsschreibung: Definitionen, Periodisierung, Interpretationsrichtungen

Wenige Historiker haben über die Bedeutung der meist als selbstverständlich erachteten nationalen Matrix eines großen Teils der Politik-, Sozial-, Wirtschafts- und Kulturgeschichte der Neuzeit so gründlich nachgedacht wie David Potter [111: The Historian's Use of Nationalism (1962)]. Er stellt insbesondere anhand amerikanischer Beispiele fest, daß Historiker die Nation sowohl deskriptiv als auch normativ verwenden: deskriptiv, wenn sie die langsam wachsende und sich regional ausbreitende oder auch gelegentlich geschwächte Gruppenloyalität beobachten, die sie „Nationalbewußtsein" oder „nationale Identität" nennen. Normativ verwenden Historiker „Nation", wenn sie einen bestimmten National-staat als die zentrale Institution darstellen, die allen Bewohnern des jeweiligen Staatsgebiets als höchste weltliche Autorität gegenübertritt und das Gewaltmono-pol einfordert. Entstehung und Krisen der Nation strukturieren nach wie vor die professionelle amerikanische Geschichtsschreibung (s. u. „Periodisierung"), und Brennpunkte des Interesses der breiten lesenden und Dokumentarfilme sehenden Öffentlichkeit sind eindeutig die großen nationalen Dramen und ihre Protagoni-sten: die Amerikanische Revolution und Gründung des Bundesstaates unter Lan-desvater Washington; die territoriale Expansion und Besiedlung des Westens unter Verdrängung der Indianer und der Herrschaft Spaniens und Mexikos; der Sieg des Nordens über die Sklavenhalterstaaten im Sezessions- oder Bürgerkrieg dank der Leistung des Märtyrerpräsidenten Lincoln; die Großunternehmer und Erfinder von nationaler Bedeutung wie Andrew Carnegie, John D. Rockefeller, Henry Ford und Thomas Edison; die imperiale Expansion im Krieg gegen Spanien und die erste moderne aktive Präsidentschaft Theodore Roosevelts; Amerikas ent-scheidende Rolle im Ersten Weltkrieg und die tragische Figur des Präsidenten Wil-son. Auch die Ergebnisse neuer Forschungsgebiete wie der Frauen- und Ökologiegeschichte werden dem nationalen Raster der Politikgeschichte eingeordnet, wie die Titel 166 bis 178 und 190 bis 196 erkennen lassen.

Einzelstaaten, Regionen

Die Geschichte der Einzelstaaten ist ebenso wie in Deutschland die Landesgeschichte eine aktive Disziplin mit einer engagierten lokalen Öffentlichkeit und einer ernst genommenen, mit dem neuen Begriff der *public history* bezeichneten volksbildnerischen Aufgabe in Schulen, Museen, Nationalparks und anderen Ausstellungs- und Erinnerungsstätten. Eine gute Auswahl der Fachliteratur bietet 55: PRUCHA, Handbook for Research (Erstaufl. 1987) 110–114, 215–218. Sie muß im vorliegenden Grundriß aus rein praktischen Gründen vernachlässigt werden. Ihre Ergebnisse gehen aber in die zur Nationalgeschichte gehörende Entwicklung der Großregionen ein, z. B. Neuenglands [121: GASTIL, Cultural Regions (1975)], des Südens [125: WILSON u. a. (Hrsg.), Encyclopedia of Southern Culture (1989); 120: ESCOTT u. a. (Hrsg.), Major Problems (1990)] und des Mittleren wie des Transmississippi-Westens [118: CAYTON u. a. (Hrsg.), The Midwest (1990) und 117: CRONON u. a. (Hrsg.), Under an Open Sky (1992)]. FREDERICK JACKSON TURNER ergänzte seinen Essay über die Bedeutung der *frontier* aus gutem Grund um den parallelen Titel 123: The Significance of Sections in American History (1932); den Zugang zur historiographischen Diskussion eröffnet Robert DORMAN in: RAH 25 (1997), 369–374.

Nationalgeschichte als Politik- und Gesellschaftsgeschichte

Analysiert man die wissenschaftlich fundierten Gesamtdarstellungen der amerikanischen Geschichte, die seit etwa 1930 von führenden Universitätshistorikern für den akademischen Unterricht im Grundstudium geschrieben wurden, findet man in den meisten eine nur in den Gewichtungen unterschiedliche Verbindung der gleichen Elemente: Neben den Basisdaten der Bevölkerungs- und Wirtschaftsgeschichte steht die Entwicklung der gesellschaftlichen Organisation der europäischen Siedlergesellschaft zum Großflächenstaat, also die umfassend verstandene Politikgeschichte im Zentrum der Darstellung. Der politische Prozeß wird zwar in seinem umfassendsten Sinn als die Summe der Entscheidungen, die das Schicksal der Gemeinschaft bestimmen, verstanden; dennoch ist er offensichtlich nur ein Teil des Lebens von Gesellschaften. Auf dessen nicht minder wichtige Dimensionen wie das Erwirtschaften der materiellen Existenzgrundlagen und den öffentlichen Diskurs um Sinngebung, also das kulturelle Leben, wird aber nur ausblickartig verwiesen. Eine breit definierte Politik- und Gesellschaftsgeschichte steht eindeutig im Mittelpunkt; die Wirtschaftsgeschichte und Kultur- und Ideengeschichte werden nur berücksichtigt, soweit sie für das Verständnis der sich entwikkelnden nationalen Entscheidungsgemeinschaft nötig ist.

Kanonbildung

Bildung und Wissenschaft liegen verfassungstheoretisch in der Hand der 50 Einzelstaaten. Dennoch haben Verlags- und Unterrichtspraxis eine weitgehende nationale Standardisierung der Geschichtslehrbücher in Schulen und Hochschulen bewirkt. Von 1994 bis 1997 wurden Themenvorschläge für Unterrichtsreihen in amerikanischer Geschichte unter dem anspruchsvollen Titel „National History Standards" in Tageszeitungen wie Fachzeitschriften heftig diskutiert. Das National Center for History in the Schools der University of California in Los Angeles gab in seiner Themenliste 1994 den ethnischen Minderheiten und der Frauengeschichte viel Platz. Kritiker forderten die stärkere Berücksichtigung der gruppenübergreifenden nationalen Wertvorstellungen und der (weißen männlichen) Identifikationsfiguren, die sie bis vor kurzem vertraten. Der Projektleiter und Historiker GARY B. NASH begründete in der Mitgliederzeitschrift der American Historical Association „die Einbeziehung vergessener Amerikaner" mit der Stärkung des nationalen Einheitsgefühls, also unverhohlen politisch. Afroamerikaner, Indianer, andere ethnische Minderheitengruppen und die Frauen seien in der traditionellen Geschichtsschreibung vernachlässigt worden: „Will not Hispanic Americans and Asian Americans, as well as African Americans and ordinary people who toil in mills and mines, on farms and assembly lines, be more likely to feel less alienated from the American past when they see that their own predecessors contributed in important ways to the nation's development? And won't that benefit all Americans who believe in *e pluribus unum*?" [NASH, History in the Classroom, in: Perspectives: American Historical Association Newsletter (October 1996) 10; ausführlicher zur öffentlichen Diskussion 949: NASH u. a., History on Trial (1997). Eine umfassende deutschsprachige Erklärung liefert PAUL NOLTE in: GWU 48 (1997) 512–532 u.d.T. Ein Kulturkampf um den Geschichtsunterricht]. Die inzwischen überarbeitete – völlig unverbindliche und von keiner staatlichen Institution gebilligte – Themenliste wird in den nächsten Jahren kein Handbuchverleger mehr ignorieren können.

Stärker als jede Monographie oder jeder Zeitschriftenartikel prägen die Hand- und Lehrbücher (*textbooks*) der amerikanischen Geschichte, die an den Oberschulen und in den meisten Universitäten im Grundstudium verwendet werden, das Geschichtsbild junger Amerikaner. Sie verweben ausgewählte Ereignisse, Personen, Bewegungen, Wertvorstellungen und Institutionen zu Gesamtinterpretationen. Die Autoren sind meist Teams von etwa fünf anerkannten Universitätshistorikern, deren Entwürfe von einem Dutzend von Fachkollegen und Verlagslektoren begutachtet werden. Bis zu einer Million Dollar werden in die Entwicklung der etwa 1000seitigen, aufwendig illustrierten und mit neuesten Literaturangaben versehenen, im Rhythmus der Präsidentschaftswahlen revidierten Handbücher investiert. Neue Schwerpunktbildungen in der Wissenschaft wie etwa die Geschichte der Afroamerikaner und anderer ethnischer Gruppen und der Frauen, der Psychogeschichte und der Ökologiegeschichte fanden auf diese Weise in kurzer Zeit auch in den Handbüchern Beachtung. Eine Auswahl der bekanntesten dieser Handbücher wurde daher für diesen Grundriß ausgewertet [85: BAILYN u. a., Great Republic (1992); 86: BOYER u. a., Enduring Vision (1996); 89: MORISON u. a., Growth of the American Republic (1980); 90: Norton u. a., A People (1990)]. Gleiches gilt für den auch außerhalb der Universitäten verbreiteten von ERIC FONER und JOHN GARRATY herausgegebenen Reader's Companion to American History [66: FONER u. a. (Hrsg.), Reader's Companion (1991)]; zusätzlich zu den üblichen Kurzbiographien und Ereignisbeschreibungen bietet der Band knappe, von Experten verfaßte Problemskizzen mit Literaturangaben, z. B. „Abortion"

Hand- und Lehrbücher

Nachschlagewerke

und „Birth Control" (von JAMES MOHR und LINDA GORDON), „Expansion, Continental and Overseas" (von WILLIAM APPLEMAN WILLIAMS), „Economic Growth" (von STEWART BRUCHEY) und „Labor" (von DAVID BRODY).

Neuer Typ von Enzyklopädien

An die Stelle von vielbändigen Darstellungen der Nationalgeschichte aus einer Hand (z. B. von Bancroft und Beard) sind seit etwa 1960 drei- oder vierbändige großformatige „encyclopedias" getreten, in denen Fachleute auf 10–20 Seiten den neuesten Forschungsstand zusammenfassen und die Fachliteratur kommentieren. Erfolgreiche Beispiele dieser in jeder Stadt- und Schülerbücherei stehenden Bände sind 60: Encyclopedia of American Political History (1984) und 121: Encyclopedia of American Social History (1993).

Geschichte der Geschichtsschreibung

Eine enzyklopädische Bestandsaufnahme der Geschichte der amerikanischen Geschichtsschreibung über die eigene Nation von den ersten heilsgeschichtlichen Reflexionen der Puritaner bis zur heutigen Frauengeschichte bietet 78: KRAUS, The Writing of American History [1937, 1953; in 3. Aufl. 1985 von DAVIS D. JOYCE überarbeitet und fortgeführt und mit einer umfassenden Bibliographie versehen]. Mehr als knappe Skizzen der Autoren und Werke vermögen die 460 Seiten angesichts des breiten Spektrums von der traditionellen Politikgeschichte bis zur modernen Psychogeschichte allerdings nicht zu liefern. Leistungen der gesamten amerikanischen Historikerzunft auch zur europäischen, asiatischen, afrikanischen und lateinamerikanischen Geschichte bis hin zur Weltgeschichte erfassen 75: HIGHAM, History (1989) und 77: KAMMEN (Hrsg.), The Past before Us (1980). ABRAHAM EISENSTADT betont in seiner einführenden Orientierung „History and Historians" die Zusammenhänge der dominanten Themen und Interpretationen der amerikanischen Nationalgeschichtsschreibung und der großen Umbrüche in der Ereignisgeschichte. So ist z. B. ohne Kenntnis der die Nation aufwühlenden Bewegungen zugunsten der Bürgerrechte der Afroamerikaner und gegen die amerikanische Beteiligung am Bürgerkrieg in Vietnam nicht zu erklären, weshalb seit den 1960ern das Interesse an der Geschichte der Afroamerikaner und anderer ethnischer Minderheitengruppen sowie der Lage der Frauen und des geschlechtsspezifischen sozialen Verhaltens so schnell zunahm. Und erst der leichte Zugang zu Massendaten verarbeitenden Rechnern ermöglichte seit den späten 1960ern die Vielzahl der quantifizierenden sozialgeschichtlichen Fallstudien [66: FONER u. a. (Hrsg.), Reader's Companion (1991) 499–504]. An der immer wieder proklamierten Norm der Objektivität mißt PETER NOVICK in seiner kritischen Zunftgeschichte seit der Professionalisierung um 1880 die Wortführer der akademischen Geschichtschreibung [79: That Noble Dream (1988)]; JAMES KLOPPENBERG hat in einer artikellangen Rezension NOVICKS Sozialgeschichte der Zunft gelobt und seine ideengeschichtlichen und methodenkritischen Ausführungen ergänzt bzw. korrigiert [AHR 94 (1989) 1011–1030]. Ebenfalls in vielem zustimmend und kritisch ergänzend rezensierte DAVID NOBLE in: RAH 17 (1989) 519–522, mit Verweis auf seine eigene Monographie The End of American History: Democracy, Capitalism, and the Metaphor of Two Worlds in Anglo-American Historical Writing 1880–1980 (1985). Lähmenden „postmodernen" erkenntnistheoretischen

Selbstzweifeln begegneten JOYCE APPLEBY, LYNN HUNT und MARGRET JACOB mit einem inzwischen in vielen Seminaren zur Geschichte und Methodik der Geschichtswissenschaft gelesenen Appell an den gesunden Menschenverstand und professionelle Erfahrung; das Kapitel „History Makes a Nation" schlußfolgert: „At the center of American history [im Sinn von Geschichtsschreibung] was an undersocialized, individualistic concept of human nature set in an overdetermined story of progress" [70: Telling the Truth (1994) 125].

FREDERICK JACKSON TURNER wandte ab 1893 mit großem Anklang Kategorien der Evolutionslehre auf die nationale Entwicklungsgeschichte an und prägte einen wesentlichen Teil des progressiven nationalgeschichtlichen Paradigmas [82: WAECHTER, Scientific History (1995)]. Umfassende Werkanalysen von Turner, Beard und Parrington enthält 76: HOFSTADTER, Progressive Historians (1979). Frederick Jackson Turner

Als *progressive* werden in der Rückschau die zwischen 1900 und 1945 aktiven Interpreten der amerikanischen Geschichte bezeichnet, die wie James Harvey Robinson, Charles Beard und Carl Becker nicht literarischen, sondern sozialwissenschaftlichen Standards zu genügen versuchten und Fragen nach sozialer Gerechtigkeit und der Verteilung von wirtschaftlicher und politischer Macht (mit Sympathie für die Sozialreformer des politischen *progressive movement*) untersuchten. ERNST BREISACH bietet eine Ideengeschichte dieser Historiographie und findet als Gemeinsames der Progressives ihre Absicht, zur „Modernisierung" der professionellen Geschichtsschreibung im Sinn der Verwissenschaftlichung beizutragen, ohne jedoch die Vorstellungen von Karl Marx über „wissenschaftliche" Geschichtsschreibung zu übernehmen [71: American Progressive History (1993)]. Progressives

Die wahrscheinlich einflußreichste „progressive" Synthese der gesamten amerikanischen Geschichte hat das Ehepaar CHARLES A. BEARD und MARY RITTER BEARD 1927–1942 in vier Bänden ohne wissenschaftlichen Apparat der breiteren Leserschaft vorgelegt [94: Rise of American Civilization]; BEARDS' roter Faden sind die Kämpfe um die Entwicklung einer „humanistic democracy" von der Selbstregierung der Kolonisten bis zur Bewältigung der Folgen der Weltwirtschaftskrise mit den New Deal-Gesetzen. Charles und Mary Beard

Weniger allgemeine Aufmerksamkeit als die BEARDS erlangte 1940 der in vielem ähnlich argumentierende Wirtschaftshistoriker LOUIS HACKER mit seinem 101: Triumph of American Capitalism. Diese immer noch herausfordernde Kritik der amerikanischen politischen Ökonomie zeigt eine logische Abfolge des (1) Handelskapitalismus der Kolonialmacht, der einen Teil der Kolonisten zu Revolutionären und Staatsgründern werden ließ, zu (2) einem Kapitalismus der Großunternehmer in den Nordstaaten, der mit der Plantagen- und Sklavenwirtschaft der Südstaaten in Konflikt geriet, zum (3) Kapitalismus der Bankiers um 1900, dessen Organisatoren 1929 versagten und so den (4) „Staatskapitalismus" provozierten, der unter Roosevelt ab 1933 Gestalt annahm. Nach Hackers Art reformistischer Kapitalismuskritik ohne marxsche Orthodoxie verfaßten nach 1960 insbesondere WILLIAM APPLEMAN WILLIAMS [138: The Contours of American History (1962)] und, viel lesbarer als der oft mehr behauptende als beweisende WILLIAMS, Kapitalismuskritik

HOWARD ZINN in seiner für Einführungskurse geschriebenen People's History
[92: 2. Aufl. 1995]; sie kann als eingängige *summa* der *New Left*-Interpretation der
radical history amerikanischen Nationalgeschichte gelten. Historiographische und methodische
Reflexionen über diese allgemein *radical* genannte Geschichtsinterpretation finden sich in ZINNS Sammelband The Politics of History (Boston 1970). Die Fachzeitschrift The Radical History Review erscheint seit 1973.

Neue Sozialge-   Die innovative Kraft der amerikanischen – nicht nur USA-bezogenen – Sozial-
schichte nach 1960 geschichtsschreibung nach 1960 erklärt PAUL NOLTE in seinem umfassenden Forschungsbericht [134: Amerikanische Sozialgeschichte (1996)] mit den innova-
tionsfreudigen Grenzüberschreitungen hin zur Wirtschafts-, Kultur-, Politik-
und Ideengeschichte (*intellectual history*) und der Anthropologie. Zu Recht
beklagt Nolte die fortbestehenden „nationalen Verengungen" in der Geschichtswissenschaft – nicht nur der amerikanischen. Die außerordentliche Vielfalt der
neuen Sozialgeschichtsschreibung demonstriert die Encyclopedia of American
Social History [130: CAYTON u. a. (Hrsg.) (1993)] im methodisch-historiographi-
schen Teil (S0.235–434) und in der Anwendung auf 13 „Periods of Social Change"
Familiengeschichte (S0.1–234). Ein Beispiel fruchtbaren internationalen Vergleichens gibt TAMARA
HAREVEN mit ihrer Bestandsaufnahme der neuen Familiengeschichte insbeson-
Alltagsgeschichte dere seit der Industrialisierung [173: The History of the Family (1991)]. Die amerikanische Fachliteratur zur Alltagsgeschichte seit der Kolonialzeit hat in besonders gut lesbarer Weise der Jenaer Historiker PETER SCHÄFER zugänglich gemacht
[137: Alltag in den Vereinigten Staaten (1998)].

Ökologiegeschichte   Veränderung – oder Zerstörung – natürlicher Landschaften war per Definition
Teil der Landnahme der Europäer in Nordamerika. Das Verhältnis von Mensch
und Natur war dementsprechend selbstverständlicher Bestandteil der allgemeinen
Nationalgeschichtsschreibung in ihren wirtschaftsgeschichtlichen, siedlungsge-
schichtlichen und kulturgeschichtlichen Teilen. So werden z. B. die Vernichtung
der Bisonherden in den beiden Jahrzehnten nach dem Sezessionskrieg und die
Einrichtung des ersten vor wirtschaftlicher Ausbeutung geschützten Nationalparks am Yellowstone 1872 als Tief- bzw. Höhepunkte der nationalen Entwicklungsgeschichte registriert, ebenso wie die weniger spektakulären Fortschritte in
scientific farming seit der Aufklärung und die Entdeckung der unüberwindlichen
klimatischen Grenzen landwirtschaftlicher Nutzung im trockenen Westen seit
JOHN POWELLS wissenschaftlichem Report on the Lands of the Arid Region of the
United States (1878). Die zunehmende Spezialisierung der Ökologiegeschichte ist
gut an den kommentierten Kapitelbibliographien in JOHN OPIES Gesamtdarstellung abzulesen [195: Nature's Nation (1998)], in CAROLYN MERCHANTS Anthologie von Artikeln und Quellentexten [193: Major Problems in American Environmental History (1993)] und dem Literaturbericht 191: CROSBY, Past and Present
of Environmental History (1995). Monographien zur globalen Ökologiepolitik
(*international environmental politics*) stellt die Sammelrezension von JOHN
CLARK vor in: DH 21 (Summer 1997) 453–460. Die Fachzeitschrift Environmental History Review erscheint seit 1977.

Systematische Vergleiche größerer Themenbereiche mit sinnvoll vergleichbaren Kulturen sind rar. Einen bescheidenen Einstieg bietet die Vortragssammlung 117: WOODWARD (Hrsg.), Comparative Approach (1968); CARL J. GUARNERI würdigt den Band in einer Retrospektive in: RAH 23 (1995) 552–563 als „neglected but valuable" und zeigt mit zwei Dutzend Beispielen den Erkenntnisgewinn vergleichender Studien auch für die jeweiligen Nationalgeschichten. Seine eigene Auswahl präsentiert GUARNERI in der wesentliche Stationen und Themen der amerikanische Geschichte seit 1492 umfassenden Anthologie 100: America Compared (1997); die Texte sind bedauerlicherweise ihrer Anmerkungen und Literaturangaben beraubt. Viele der Vergleiche betreffen die anderen Siedlergesellschaften von Europäern in Übersee: in Lateinamerika, Kanada, Australien und Südafrika. Das knappe Vorwort verweist auf das Paradox, daß gerade Vertreter eines „Exzeptionalismus" des auserwählten amerikanischen Volkes theoretisch den Vergleich suchen müßten, dies in der Praxis aber selten tun. *(Vergleichende Geschichtsschreibung)*

Auf den primär politischen und politikrelevanten ideengeschichtlichen Vergleich mit Kanada beschränken sich 109: LIPSET, Continental Divide (1990) und, sich teilweise wiederholend, 110: LIPSET, American Exceptionalism (1996). Vorbildlich vergleichende Monographien zu Einzelfragen sind 98: FREDRICKSON, White Supremacy (1981), ein Vergleich der Sklaverei und Apartheid in Südafrika und den USA; 176: KOLCHIN, Unfree Labor (1987), ein erhellender Vergleich der amerikanischen Sklavenhaltung mit der russischen Leibeigenschaft und 408: STEINISCH, Arbeitszeitverkürzung (1986). Zum Methodischen und mit weiteren Beispielen 106: KOLCHIN, Comparing American History (1982) und 93: ANGERMANN, Challenges of Ambiguity (1991).

b) DIE GROSSEN THEMEN

1. Territorium: Die Expansion des Staatsgebiets und die Ausprägung der Großregionen

Die genannten Handbücher der Nationalgeschichte verankern in ihren Eingangskapiteln die Geschichte „der Vereinigten Staaten" oder „des amerikanischen Volkes" in der weitgehend unberührten und überwältigenden amerikanischen Landschaft, wie sie sich den ersten Europäern im 16. und 17. Jahrhundert darbot [95: CRONON, Changes in the Land (1983)]. Dem gleichen Zweck dienen die ethnographischen Bestandsaufnahmen der vielfältigen Kulturen der Ureinwohner zwischen der Atlantik- und Pazifikküste, zwischen dem Rio Grande und den Großen Seen. Die Lehrbücher werden bei dieser Aufgabe erfolgreich durch die historischen Exponate und Erklärungstafeln des gerade in historischen Erklärungen überaus professionellen National Park Service unterstützt. So erfährt z. B. der Besucher des Grand Canyon, daß die Hopi bereits im Jahr 1200 v. Chr. in der Nähe des Grand Canyon die Ortschaft Old Oraibi gründeten und daß dieses *(Primat des Territoriums)*

Bergdorf heute die älteste ununterbrochen bewohnte Ansiedlung auf dem Gebiet der USA ist.

Historische Geographie
Der Geograph DONALD MEINIG hat seit 1986 Teile seiner auf drei Bände angelegten großen Gesamtdarstellung der Besiedlung und wirtschaftlichen Erschließung der USA (und großer Teile Kanadas) vorgelegt [182: The Shaping of America (1986–93)]. MEINIG verbindet die Siedlungsgeschichte und Entwicklung der Großregionen (einschließlich ihrer kulturellen Differenzierung) mit politischen Entscheidungen bis hin zu Kriegsstrategien infolge wirtschaftsgeographischer Gegebenheiten und Naturschutzbestimmungen. Er interpretiert „America as a Continuation" (Bd. 1, 4 ff.) und verbindet den Eroberungsimpuls der ersten spanischen und portugiesischen Atlantiküberquerer mit den naturgeographischen Gegebenheiten, die deren Wirken lenkten und zum Erfolg führten.

Expansion Europas
Die Expansion von Teilen der europäischen Bevölkerung, Wirtschaft, Militärmacht und Kultur über den Atlantik seit 1492 machte die spätere „amerikanische" Geschichte zu einem Ableger und damit zu einem organischen Bestandteil der europäischen. An diese Selbstverständlichkeit zu erinnern, hielt bereits LEOPOLD VON RANKE 1824 für nötig. In seiner Geschichte der romanischen und germanischen Völker von 1494 bis 1514 warnte er davor, „Europa und Amerika in einem Gegensatz [zu] betrachten; es findet jenseits lediglich eine Entwicklung diesseitiger Geschlechter statt". RANKE beurteilte sogar die Distanz zu Rußland als größer: „In der Tat gehen uns Neuyork und Lima näher an als Kiew und Smolensk" [RANKE, Sämtliche Werke, Bd. 33/34, Leipzig 1885, Ende der nicht paginierten Einleitung].

„Fragmente Europas"
Noch weltumspannender als RANKE konzipierte 1964 der Politikwissenschaftler LOUIS HARTZ die Expansion Europas nach 1500. In seinem systematisch vergleichenden Sammelband [103: Founding of New Societies] erklärten HARTZ und seine Mitautoren die europäischen Siedlungen in Lateinamerika, Südafrika und Australien ebenso wie die nordamerikanischen Kolonien als „Fragmente Europas", die sich in enger Verbindung mit dem jeweiligen Mutterland, aber unter jeweils spezifisch örtlichen Bedingungen zur wirtschaftlichen, staatlichen und zuletzt kulturellen Selbständigkeit entwickelt haben; HARTZ meinte „Ableger", vermied aber als Politologe die organizistische Metapher. Diese vergleichenden Studien europäischer politischer Kulturen in Übersee, der Entstehung neuer Nationalismen und modifizierter politischer Ideologien, gewinnen ihren Aussagewert im Kontext der amerikanischen Exzeptionalismus-Debatte: Durch systematisches Vergleichen relativieren sie den Einzigartigkeitsanspruch der amerikanischen Nationalgeschichte. (Ein Beispiel: in Kanada hatte die äußerlich sehr ähnliche *frontier* andere soziokulturelle und politische Folgen.)

Grenze USA-Kanada
Die Künstlichkeit des 49. Breitengrades als Staatsgrenze und der Umgang der kanadischen und amerikanischen Anwohner mit ihr im täglichen Leben auf beiden Seiten, in Handel und Kultur, bis hin zur Regelung der im Präriegebiet heiklen Wasserrechte dokumentiert in Fülle der Sammelband 262: LECKER (Hrsg.), Borderlands (1991).

Die kontinentale Expansion des Staatsgebiets bis nach Kalifornien und Alaska ist in der amerikanischen Nationalgeschichtsschreibung stets eindeutig von der überseeischen Expansion ab 1898 begrifflich unterschieden und im Unterschied zum kontroversen *imperialism* insgesamt positiv als unabwendbar gewertet worden. Auch der kritische *New Left*-Historiker WILLIAM APPLEMAN WILLIAMS trennt in seinem Lexikonartikel „Expansion, Continental and Overseas"; er erklärt die Expansion der USA mit den Anforderungen und Chancen der im 17. und 18. Jahrhundert unter Führung Englands entstandenen „global political economy" und den ideologischen, ökonomischen (d. h. kapitalistischen) und militärischen Reaktionen darauf. Aber auch dem „anti-imperial outlook" billigt WILLIAMS von Außenminister John Quincy Adams (1821) bis zur Anti-Vietnamkriegsbewegung signifikanten Einfluß auf die amerikanische Außenpolitik zu [WILLIAMS in 66: FONER u. a. (Hrsg.), Reader's Companion (1991), 364–368; zur Expansions- und Imperialismusdiskussion siehe auch die Titel Nr. 440, 448, 452, 453, 456–460].

Die Bedeutung der regionalen Strukturierung der amerikanischen Nationalgeschichte weit über die Fachliteratur der historischen Geographie hinaus skizziert der Südstaatenhistoriker GEORGE B. TINDALL in seinem Artikel „Regionalism" [130: Encyclopedia of American Social History (1993), 531–541; siehe auch die 18 Artikel in Part VI „Regionalism and Regional Subcultures", 903–1142]. In die ideen- und literaturgeschichtliche Bedeutung des Regionalismus führt MARJORIE PRYSE ein [313: Fox u.a (Hrsg.), Companion to American Thought (1995) 574–576]. Am Beispiel des Südens erschließen die Beiträge in AmSt (1997), Heft 2 die neue Regionalismusliteratur auch in der Literatur- und Kulturgeschichte. Der historische Geograph MICHAEL P. CONZEN problematisiert den Begriff *homelands* im Kontext der Entwicklung amerikanischer Kulturregionen [Journal of Cultural Geography 13 (1993) 13–29.]

FREDERICK JACKSON TURNER maß, wie eingangs erwähnt, den von ihm *sections* genannten Großregionen eine entscheidende Rolle zu: „Our politics and our society have been shaped by sectional complexity and interplay not unlike what goes on between European nations" [123: TURNER, The Significance of Sections (1932) 50]. Seine Kollegen haben den Vergleich mit Europa ignoriert, aber eine Vielzahl politikgeschichtlicher Monographien hat seither den Erklärungswert regionaler politischer Konstellationen und wirtschaftlicher Interessen auch für die großen Entscheidungen auf Bundesebene demonstriert – von den großen Kompromissen der verfassungsvorbereitenden Versammlung in Philadelphia 1787, den Kompromißgesetzen zur vermeintlichen Abschwächung des Süd-Nord-Konflikts, der im Bürgerkrieg endete, bis zu den regionalbedingten Positionen von Abgeordneten und Senatoren bei der Entscheidung über Krieg und Frieden. Die begrifflichen Unterscheidungen von *regions* und *sections*, unterschiedliche Gruppierungsvorschläge und die Charakterisierung einzelner Großregionen werden explizit behandelt in den Titeln Nr. 118 bis 126.

Das statistische Bundesamt (Bureau of the Census) erhöht die Aussagekraft seiner Angaben u. a. durch die Bündelung seiner Daten in vier Großregionen mit

Marginalien:

Territorialer Expansionismus, Imperialismus

Regionalismus

jeweils zwei bis vier Unterteilungen (genannt *census regions*): (1) Northeast Region (Maine bis Pennsylvania), (2) North Central Region (Ohio bis Kansas), (3) South Region (Delaware bis Texas), (4) West Region (Montana bis New Mexico und Kalifornien, Alaska und Hawaii) [21: Historical Statistics of the United States (1975)].

2. Bevölkerung: Von der englischen Siedlerkolonie zur multiethnischen Gesellschaft

Die beste Einführung in die Gesamtentwicklung der amerikanischen Gesellschaft seit der Kolonialzeit, verbunden mit zahlreichen Hinweisen auf das breite Spektrum der sozialgeschichtlichen Fachliteratur von der Demographie bis zur Arbeiter- und Frauengeschichte bieten in 130: Encyclopedia of American Social History (1993) die Artikel „Family Structures", „Labor", „Race", „Slavery", „Social Class", „Wealth and Income Distribution". Ohne ideologische Scheuklappen erörtern sie die seit dem 19. Jahrhundert gängigen Definitionen und Interpretatio-

Klassenstruktur nen von Strukturen und Gruppen der amerikanischen Gesellschaft. Der von Karl Marx' Anhängern propagierte, an der Verfügungsgewalt über die Produktionsmittel orientierte Klassenbegriff hat wenige amerikanische Historiker beeinflußt. Zu eindeutig bedingten auch Rasse und ethnische Gruppe im amerikanischen Fall die Abgrenzung von *classes* – ein bereits während der Amerikanischen Revolution meist im Plural benutzter Begriff (*the lower classes, the middling classes*). Zur Wiederbelebung Marxscher Kategorien im Kontext der *new labor history* seit den 1960er Jahren und die Abwägung der Faktoren *class* und *race* in den Interpretationen der Geschichte der Afroamerikaner JACQUELYN DOWD HALL in 313: Fox u.a (Hrsg.), Companion to American Thought (1995) 129–132.

Klasse als Einkommensgruppe erörtert EDWARD PESSEN zupackend in 136: Three Centuries of Social Mobility (1974). PESSENS Artikel „Mobility, Social and Economic" schlußfolgert: „For the most part, the well-to-do and highly successful were born to advantage.... Vertical mobility rates in the 20th-century United States are remarkably similar to those elsewhere in the industrial world" [in 66: Reader's Companion (1991) 740]. Weniger pointiert, mit kontroverser Literatur, berichtet der Artikel „Social Class" von STORY in: 130: Encyclopedia of American Social History (1993) 467–482.

Oberklasse Die Herausbildung der amerikanischen Variante des städtischen Großbürgertums – im 19. Jahrhundert oft „business aristocracy" genannt – hat der Soziologe E. D. BALTZELL (der auch das Akronym WASP für die dominante ethnische Gruppe der White Anglo-Saxon Protestants einführte) in Philadelphia bis 1940 nachgezeichnet [127: Philadelphia Gentlemen (1958)]; sein Vergleich der konkurrierenden Metropolen New York und Boston verdeutlicht u. a. die Rolle der „upper class" bei der Bildung einer nationalen „*service*"-Elite durch gemeinsam besuchte Schulen und Hochschulen. Zur öffentlichen Selbstdarstellung der für Aufsteiger offenen soziokulturellen Elite gehörte das seit 1888 jährlich veröffentlichte Social Register der anfangs nur 881 New Yorker Familien, die sich gegenseitig bestätigten, die *best society* der Stadt auszumachen. Das schließlich für jede amerikanische Großstadt veröffentlichte *Social Register* erfaßte 1940 über 38 000 Familien. Kritischer als Baltzell analysierte und beurteilte der Soziologe C. WRIGHT MILLS die Verantwortung der amerikanischen Oberklasse in The Power Elite (1956). MILLS' 15 Essays wenden marxistische Theorien an und inspirierten die kapitalismuskritische Neue Linke der 1960er Jahre. Die neueren sozialhistorischen Untersuchungen der „Aristocracy of Inherited Wealth" erschließt der gleichnamige Artikel in 130: Encyclopedia of American Social History (1993) 1533–1540.

Die englischen Begriffe *race* und *racial groups* sind in der amerikanischen politi- Rassen, Rassismus schen wie geschichtswissenschaftlichen Diskussion keineswegs tabuisiert, sondern bezeichnen einen auch seit der Sklavenbefreiung nicht verschwundenen Sachverhalt und die zentrale Kategorie einer bis heute nicht abgerissenen öffentlichen Debatte. Der afroamerikanische Chicagoer Historiker THOMAS C. HOLT umreißt die historische Entwicklung und nennt Spezialliteratur in der Encyclopedia of American Political History [Artikel „Race and Racism" in 60: GREENE (Hrsg.) (1984) 1042–1056]. Holts Amtsvorgänger an der University of Chicago, JOHN HOPE FRANKLIN, hat als einer der Wortführer der intellektuellen Selbstbehauptung der Afroamerikaner seit etwa 1950 das wahrscheinlich verbreitetste Lehrbuch der Geschichte der Afroamerikaner verfaßt [163: From Slavery to Freedom (7. Aufl. 1994) mit umfangreicher Bibliographie]. In die Mentalitätsgeschichte des auch die Indianer und Asiaten betreffenden Rassismus der Euroamerikaner führt der Sammelband von G. B. NASH ein [321: The Great Fear: Race in the Mind of America (1970)].

Erst nach Beendigung der Masseneinwanderung mit dem Quotengesetz von Einwanderung, eth- 1924 wurde nach 1930 die Geschichtsschreibung über die Einwanderer zur distan- nische Gruppen ziert-wissenschaftlichen Disziplin. Eine erste umfassende Bestandsaufnahme der neuen wissenschaftlichen Literatur bot 1980 STEPHEN THERNSTROM in 144: Harvard Encyclopedia of American Ethnic Groups; siehe auch die Monographien Nr. 154–161. Eine gut lesbare Zusammenschau der Einwanderungsgeschichte der Europäer mit der Situation der verdrängten Ureinwohner und der versklavten und freien Afroamerikaner bieten auf der Höhe des Forschungsstandes LEONARD DINNERSTEIN u. a. in 158: Natives and Strangers: A Multicultural History of Americans (1996; ohne Fußnoten, aber mit Bibliographie).

Vor 1945 überwogen die philiopietistischen Bestandsaufnahmen, die die Leistung der Pioniere der Einwanderergruppe des Autors besangen und den Beitrag der jeweiligen Nationalitätengruppe zur Bereicherung der amerikanischen Kultur priesen. Stolz auf Errichtung eigener Kirchen, Schulen, Vereine aller Art und die Publikation von Zeitungen in der mitgebrachten Sprache widersprach keineswegs der Genugtuung über die Anzahl der Gouverneure und der in die Einzelstaatslegislativen und das Repräsentantenhaus der USA gewählten Landsleuten. Bikulturelles Leben galt nicht als Abnormalität. Der „Schmelztiegel" – ein erst seit 1908 in Schmelztiegel der öffentlichen Diskussion gebräuchliches Bild zur Betonung der Fähigkeit der amerikanischen Gesellschaft, noch viele Einwanderer aus Europa zu integrieren – ließ den Betroffenen in der vielgestaltigen weiten amerikanischen Wirklichkeit mehr Spielraum, als man vermutet, wenn man das mechanische Bild des Einschmelzens ernster nimmt, als die Betroffenen es taten. Zum Wortgebrauch von *assimilation* und *melting pot* 375: W. P. ADAMS, Assimilationsfrage (1982). Den anthropologischen Begriff „Akkulturation" bevorzugt 379: DOERRIES, Iren und Deutsche (1986); den Bedeutungswandel der Begriffe *Americanization* und *assimilation* skizziert GLEASON in: 144: THERNSTROM (Hrsg.), Harvard Encyclopedia of American Ethnic Groups (1980). Die erst nach 1960 in der täglichen Zeitungssprache verwendeten Begriffe *ethnicity* und *ethnic group* erläutert KANTOWICZ in: 130: Encyclopedia of American Social History (1993), 453–466; er korrigiert zu Recht OSCAR HANDLINS übertriebene Darstellung des Ausmaßes der Entwurzelung und Orientierungslosigkeit in seiner wohl für den Pulitzerpreis geschriebenen patriotischen, streckenweise romanhaften Darstellung des Einwandererschicksals in: 380: HANDLIN, Uprooted (1951). Differenzierter urteilen da die neueren Gesamtdarstellungen, die eine Vielzahl seither erschienener, z. T. quantifizierender regionaler und gruppenspezifischer Fallstudien auswerten konnten, insbesondere 155: BODNAR, The Transplanted (1985); 157: DANIELS, Coming to America (1990). Die politischste der Gesamtinterpretationen des Zusammenwirkens von Einwanderung, ethnischer Gruppenbildung und dem amerikanischen Regierungssystem hat LAWRENCE FUCHS in seinem kompendienartigen American Kaleidoscope formuliert [143 (1990)]. FUCHS hatte als Direktor der Select Commission on Immigration and Refugee Policy umfangreiche Anhörungen organisiert, die schließlich der Vorbereitung der Einwanderungsgesetze von 1986 und 1990 dienten. FUCHS schildert Möglichkeiten und Grenzen der Offenheit der politischen Kultur der USA (*the civic culture*), der es bisher gelang, durch die Zuerkennung der Staatsbürgerschaft und damit des Wahlrechts nach der kurzen Wartezeit von fünf Jahren und dem Erwerb minimaler Sprach- und Staatsbürgerkundekenntnisse ein fundamentales politisches Zugehörigkeitsgefühl entstehen zu lassen, ohne von den Eingewanderten die häufig kritisierte kulturelle „Anglokonformität" zu verlangen. Den gleichen Grundgedanken des politisch verankerten ethnisch-kulturellen Pluralismus erkannte der Soziologe und Gesellschaftskritiker MICHAEL WALZER: „The United States is an association of citizens.... The country has a political center, but remains in every other sense decentered.... A radical program of Americanization would really be un-American" [145: What Does It Mean to Be an ‚American'? (1990) 595, 614].

Nativism   Den Widerstand gegen unbeschränkte Einwanderung auch aus Europa und gegen die Gleichbehandlung Eingebürgerter, den sogenannten *nativism*, hat JOHN HIGHAM in einer vielbeachteten politik- und ideengeschichtlichen Monographie bis in die 1920er Jahre rekonstruiert [382: Strangers in the Land (1965)]. Die Sonderform des bis zur Zeit des Zweiten Weltkriegs virulenten Antisemitismus analysiert 158: DINNERSTEIN, Natives and Strangers (1994); weitere Spezialliteratur in der Besprechung STEPHEN J. WHITFIELDS in: RAH 23 (1995) 364–369.

Am Anfang der öffentlichen Anerkennung eines permanenten *cultural plura-* *cultural pluralism,*
lism als Merkmal der Einwanderergesellschaft stehen Texte des Philosophen und *multiculturalism*
Gesellschaftskritikers HORACE KALLEN, insbesondere Culture and Democracy in
the United States (1924) und Zeitschriftenartikel von RANDOLPH BOURNE, insbesondere „Transnational America" im Atlantic Monthly (1916). Den damaligen
ideengeschichtlichen Kontext und den Kontrast zum gruppenrechtsorientierten
multiculturalism der 1980er und 1990er Jahre beschreibt knapp und treffend
DAVID HOLLINGER im Lexikonartikel „Cultural Pluralism and Multiculturalism"
in: 313: FOX u. a. (Hrsg.), Companion to American Thought (1995); ebenfalls kritisch gegenüber einem rigorosen Multikulturalismus äußert sich JOHN HIGHAM
in: 317: Multiculturalism (1993). Eine reichhaltige Gesamtdarstellung der Reprä-
sentationen ethnischer Vielfalt in der amerikanischen Literatur seit dem 17. Jh.
und ihrer intellektuellen Bewältigung liefern 329: SOLLORS, Beyond Ethnicity
(1986) und der von SOLLORS herausgegebene Sammelband 330: The Invention of
Ethnicity (1989).

Die um 1965 einsetzende geschichtswissenschaftliche Erforschung der Lage der Frauengeschichte
Frauen in der amerikanischen Gesellschaft wurde nicht etwa in die Alltagsgeschichte oder Wahlrechtsgeschichte im engeren Sinn abgedrängt. Das wäre auch
vom Gegenstand her nicht gerechtfertigt gewesen. Denn die öffentlich aktiven
und organisierten Frauen beeinflußten seit etwa 1840 in zunehmendem Maß verschiedene politische Bewegungen, insbesondere die der Alkoholgegner, die Anti-
sklavereibewegung und verstärkt ab 1880 die überparteilich-bürgerlichen
Gesundheits-, Arbeits- und andere Sozialreformgesetzgebung der Progressives.
PAULA BAKER hat die Ergebnisse von zwanzig Jahren der neuen Frauengeschichts-
schreibung auf nützliche Weise nach politikrelevanten Problemkreisen geordnet
und bewertet [164: Domestication of Politics (1984)]. Den Diskussionsstand der
breit definierten amerikanischen Frauenforschung um 1990 erfassen die Artikel
in: 130: Encyclopedia of American Social History (1993): „Feminist Approaches
to Social History" (S. 319–334); „Gender" (S. 483–496); „Sexual Orientation"
(S. 497–512); „Women and Work" (S. 1541–1556); „Women's Organizations"
(S. 1667–1676); „Family Structures" (S. 1925–1944) und „Prostitution" (S. 2157–
2166). Die populäre Diskussion um „die Sphäre der Frau" seit dem 18. Jahrhundert skizziert mit Verweisen auf die neueste Fachliteratur NANCY F. COTT im Artikel „Domesticity" in 313: FOX u.a (Hrsg.), Companion to American Thought
(1995) 181–183.

Auch die amerikanische Gesellschaftsgeschichte hat seit ca. 1960 *modernization* Modernisierung
als integratives Konzept zur Beschreibung und Erklärung der mit der Frühindu-
strialisierung einhergehenden sozialen Umbrüche verwendet. Monographien zu
der Fragestellung lieferten u. a. 128: RICHARD D. BROWN, Modernization (1976);
356: BENDER, Community (1978). Methodenfragen und die Bezüge zur sozialwissenschaftlichen Diskussion seit den 1960er Jahren rekapituliert ADELMAN in 130:
Encyclopedia of American Social History (1993), 347–358.

3. Wirtschaft: Vom kolonialen Merkantilismus zur Freihandelspolitik der Weltmacht

Ohne die Wirtschaftspolitik bleibt die amerikanische Politikgeschichte unverständlich. Englands Kolonialpolitik war primär Wirtschaftspolitik, die Trennung der Kolonisten von der Kolonialmacht, die Organisation einer Bundesregierung und die Besiedlung des Kontinents durch Europäer waren in wesentlichen Teilen

Überblicke durch wirtschaftliche Ziele motiviert. Drei knappe historische Überblicke vermitteln auch dem Nicht-Wirtschaftswissenschaftler Einsichten in die wirtschaftlichen Grundlagen der Entwicklung der Nation. ROBERT L. HEILBRONER und AARON SINGER skizzieren die große Transformation von der weitgehend unberührten Natur zur durch und durch von Menschenhand gestalteten Industrielandschaft und „From Laissez Faire to Mixed Economy" (so die Überschrift von Teil IV) einschließlich der Rolle von Regierungen und der sozialen Konsequenzen wirtschaftlichen Handelns [286: Economic Transformation (1984)]. Vom Geist der Zweihundertjahrfeiern der Unabhängigkeitserklärung beflügelt faßte SIMON KUZNETS, der Nestor der empirischen Wachstumsforschung in den USA, auf nur 14 Seiten seine Einsichten in den Verlauf von 200 Jahren Wirtschaftswachstum zusammen [291: Two Centuries of Economic Growth (1977)]. Auf die enge Verbindung zwischen Wirtschaftspolitik und Außenpolitik konzentrierte sich der Wirtschaftshistoriker CHARLES P. KINDLEBERGER in einem Längsschnitt von 1776 bis 1976. Er kritisierte ideologisch fixierte Historikerpositionen und wies z. B. wirtschaftlichen Gewinn als Motivation für den Eintritt der USA in den Ersten Weltkrieg zurück: „Aggressive economic designs would have been more readily achieved by staying aloof from the battle" [290: U.S. Foreign Economic Policy (1976) 400]. Speziell für den akademischen Unterricht geschrieben und entsprechend visuell aufbereitet sind die Handbücher 275: ATACK u. a., New Economic History (1994); 287: HOLTFRERICH (Hrsg.), Wirtschaft USA (1991); 288: HUGHES, American Economic History (1993) und 299: WALTON u. a., History of the American Economy (1994). Die Summa seines der breit definierten amerikanischen Wirtschaftsgeschichte gewidmeten Gelehrtenlebens bietet STUART BRUCHEY in 278: Enterprise (1990); jedes der 17 Kapitel – sie reichen von der Tabakkolonie Virginia bis zum Ende des Kalten Krieges – ist ein anspruchsvoller Essay, der sich mit der Fachliteratur auseinandersetzt. Immer wieder verweist BRUCHEY auf Zusammenhänge zwischen dem demokratischen politischen Prozeß und dem Wachstum eines freien Marktes. Die dreibändige Encyclopedia of American Economic History präsentiert das Fachgebiet in seiner ganzen Breite und Systematik und ermöglicht mit dem detaillierten Register schnelle Information auch zu Detailfragen [296: Encyclopedia (1980)].

Die neuere Wirtschaftsgeschichte versucht, zusätzlich zu Kapital und Arbeit

Ökologische Kosten auch die ökologischen Kosten und Konsequenzen des Abbaus natürlicher Ressourcen in ihre Berechnungen von Produktivität und Lebensstandard einzubeziehen. Bis um 1970 konzentrierte sich die Fachliteratur auf die Erklärung des krude definierten Wirtschaftswachstums und seiner Zyklen und Krisen. JONATHAN HUGHES kritisierte den zu eng gesteckten Rahmen der alten Wirtschaftsgeschichte: „No one questioned that trees cut down, prairies plowed up, rivers dammed, and suburbs extended were measure of progress... Cutting railroads through virgin prairies is considered progress. The new market value of all activity directed at ‚taming the continent‘, divided by the population, is national income per capity, and the rate at which the output (the income to those who produce it) expands is economic growth" [288: HUGHES, American Economic History (1993), 2]. Auch dem wirtschaftswissenschaftlich nicht Vorgebildeten verständlich ist der Problemaufriß in Gestalt von 31 „chapter themes", den GARY WALTON und HUGH ROCKOFF bieten [299: WALTON u. a., History of the American Economy (1994)].

Der Begriff der *market revolution* zielt zwar insbesondere auf die mit der Früh- industrialisierung verbundene Erweiterung des Warenangebots und eines zum Selbstzweck werdenden Konsums in den Dekaden vor und nach 1830. Sozial- und Mentalitätshistoriker haben aber inzwischen die ungebrochene Linie vom Kolonialhandel bis zur Einführung der Konsumentenmanipulation durch Werbeagenturen auf der Madison Avenue aufgezeigt. Die Spezialliteratur hat PAUL NOLTE umfassend für das 17. bis 20. Jh. kommentiert [295: Der Markt und seine Kultur]. Eine noch grundlegendere Verbindung zwischen der wirtschaftlichen Erschließung Nordamerikas für die Europäer und der amerikanischen Mentalitätsgeschichte hat der Südstaaten-Historiker DAVID POTTER in der Vortragsreihe 113: People of Plenty (1954) aufgezeigt; seine These von der prägenden Kraft des materiellen Überflusses für die meisten europäischen Siedler in Amerika wurde neben FREDERICK JACKSON TURNERS *frontier*-These (die er kritisiert) bald zu einem Orientierungstext der American Studies. Wirtschaft und Politik sind untrennbar in der 1776 mit der Öffnung der amerikanischen Häfen noch vor der Unabhängigkeitserklärung einsetzenden Außenhandelspolitik der USA verwoben. Sie wird von ALFRED ECKES mit viel Verständnis für Schutzzölle und andere protektionistische Maßnahmen zugunsten der anfangs in der Tat schutzbedürftigen „infant industries" und kritischer Bewertung des kompromißlosen Freihandels im großen Bogen seit 1776 skizziert [284: Opening America's Market (1995)].

market revolution

Außenhandelspolitik

4. Politisches System und Innenpolitik: Vom englischen Konstitutionalismus und den republikanischen Idealen von 1776 zur präsidialen Fernsehdemokratie

Der von Historikern und Politologen *democratic* oder *liberal* genannte Fundamentalkonsens der amerikanischen politischen Kultur ist selten umfassend zum Thema wissenschaftlicher Untersuchung gemacht worden. Die Problemskizze von JAMES KLOPPENBERG zum Begriff *democracy* [313: Fox u.a (Hrsg.), Companion to American Thought (1995) 173–177] verweist deshalb auch auf einen eher knappen Korpus argumentativer Texte seit der Kolonialzeit, die meist nur *einen* gerade umstrittenen Bestandteil einfordern (z. B. religiöse Toleranz, Pres-

Der demokratische oder liberale Konsens

sefreiheit, Wahlrecht, Interessenpluralismus, Rechte von und Chancengleichheit
für Minderheiten). Eine kanonisierte Rechtfertigungsschrift des demokratischen
Systems, die man mit John Lockes philosophischen Two Treatises of Government (1690) vergleichen könnte, hat die amerikanische politische Publizistik bis
heute nicht hervorgebracht – auch nicht der als Philosoph der Demokratie einflußreiche John Dewey [355: WESTBROOK, Dewey and American Democracy
(1991)].

Statt dessen greifen amerikanische Politikwissenschaftler ebenso wie Ideenhistoriker meist auf die beiden in der Tat aussagekräftigen, aber intellektuell kargen
Aussagen in der Präambel der Unabhängigkeitserklärung und in Abraham Lincolns Gettysburg Address (1863) zurück. Sie zitieren auch oft – und so unkritisch,
als sei es Andrew Jacksons persönliches politisches Testament – die aus dem Französischen übersetzten Beobachtungen und Reflexionen des liberalen Aristokraten
DE TOCQUEVILLEüber das Ausmaß der Gleichheit, das er 1831 unter den männlichen Euroamerikanern beobachtet hatte, und über die möglichen Gefahren für die
Freiheit und die Grundrechte der Bürger einer von Mehrheitsentscheidungen
regierten Republik [81: De la démocratie en Amérique (1835–40) und 72: EISEN-
STADT (Hrsg.), Reconsidering Tocqueville's Democracy in America (1988); Beispiele in dem politologischen Lehrbuch 220: WILSON, American Government
(6. Aufl. 1995)].

Hartz und die liberale Tradition
    Der Politikwissenschaftler LOUIS HARTZ hat seit 1955 für seine pointierte
Skizze der seit 1776 unangefochten dominanten „Liberal Tradition in America"
viel Zustimmung gefunden. Er erklärt die Abwesenheit einer großen extrem konservativen Partei mit dem Sieg der liberalen Revolutionäre von 1776, der die in
Abwesenheit echter feudalistischer Strukturen längst wurzellosen „Tories" vertrieb. Und die Abwesenheit einer großen militanten sozialistischen Bewegung
erklärte HARTZ mit dem Fehlen des Gegenpols, der ihre Organisation hätte her-
ausfordern können: „One of the earliest sources of American nationalism was a
sense of equality that came from knowing that the social conflicts of Europe were
not established here" [231: Liberal Tradition (1955) 81]. HARTZ' Absichten,
Schwächen und Stärken klären im Zusammenhang mit Grundfragen der vergleichenden Nationalgeschichte die Beiträge von MARVIN MEYERS, LEONARD KRIE-
GER, HARRY JAFFA und HARTZ' Replik in: Comparative Studies in Society and
History 5 (1962/63), 261–284, 365–377. Ohne HARTZ kritiklos zu bestätigen, hat
der Ideenhistoriker DANIEL T. RODGERS eine Reihe von Schlüsselbegriffen vorgestellt, deren Bedeutung zwar in jeder Situation erneut umstritten gewesen ist, die
zusammen aber dennoch den größten Teil der in Amerika öffentlich Diskutierenden seit 1776 miteinander verbindet. Er behandelt u. a. „the common good", „the
constitution", „democracy", „empiricism", „equal rights", „freedom", „individualism", „interests", „natural rights", „the people", „pluralism", „popular sover-
eignty", „pragmatism", „property rights", „public opinion", „republicanism",
„slavery", „social contract", „suffrage" und „utilitarianism" [242: Contested
Truths (1998)]. Eine bis heute nicht überholte historische Bestandsaufnahme der

öffentlichen Diskussion über Grundfragen der amerikanischen Demokratie lieferte 229: GABRIEL, The Course of American Democratic Thought (3. Aufl. 1986). Demokratietheorie
Vielbeachtete neuere Beiträge zur Theoriebildung auf ideengeschichtlicher Basis und Liberalismus
lieferten der Politologe ROBERT DAHL [227: Democracy and Its Critics (1989)],
der Philosoph JOHN RAWLS [351: A Theory of Justice (1971) und 240: Political
Liberalism (1993)] und der Soziologe MICHAEL WALZER [354: Spheres of Justice
(1983)]. Nicht immer verständlich ist die Gesamtschau des Politologen 353: VOR-
LÄNDER, Hegemonialer Liberalismus (1997), Rezension von STEPHEN ALTER in:
RAH 25 (1997) 89–94. Auszüge aus einzelnen Schriften zur politischen Ideengeschichte bringt 47: HOLLINGER u. a. (Hrsg.), The American Intellectual Tradition
(1997): insbesondere Texte von George Bancroft, Henry David Thoreau, John C.
Calhoun, Abraham Lincoln, Thorstein Veblen, John Dewey, Gunnar Myrdal,
Hannah Arendt, Samuel Huntington und Michael Walzer.

Noch lose, aber landesweit erkennbar organisierte politische Gruppierungen, Politische Bewe-
die auch bereits *parties* genannt wurden, entstanden in den USA um 1800, also gungen und Partei-
zwei Generationen eher als in Deutschland. Die Besetzung der Bundesämter in en
Exekutive und Legislative durch ein einfaches Mehrheitswahlsystem regte dazu
an, und die republikanischen Idealisten der Gründerjahre hofften vergebens, dem
aus der englischen Politik und den eigenen Kolonialparlamenten bekannten Par-
teiengeist durch kluge Verfassungsregeln und eine freie Presse den Boden zu entziehen [205: HOFSTADTER, The Idea of a Party System (1969); 211: MCCORMICK,
The Party Period (1986) und MCCORMICKS Zusammenfassung und Einführung in
die Fachliteratur in: 60: Encyclopedia of American Political History (1984) 939–
963]. Das Ausbleiben einer starken sozialdemokratischen Bewegung oder Arbei- Sozialismus
terpartei nach englischem Vorbild im kapitalistischen Amerika hat noch keine
historische Monographie systematisch und umfassend erklärt. Der Berliner
Staatswissenschaftler WERNER SOMBART formulierte die Frage bereits 1906 ver-
einfachend griffig in der Schrift „Warum gibt es in den Vereinigten Staaten keinen
Sozialismus?" SOMBART benannte eine sozialismusfeindliche Wirkung des vergleichsweise hohen amerikanischen Lebensstandards mit dem Aperçus: „An
Roastbeef und Apple-Pie wurden alle sozialistischen Utopien zuschanden." Aber
SOMBART irrte mit der Prognose, daß „der Sozialismus in der Union im nächsten
Menschenalter aller Voraussicht nach zu vollster Blüte gelangen wird" [432: SOM-
BART, Warum (1906) 141–142]. Die gleichen soziopolitischen Umstände bewirk-
ten die im Vergleich zu Europa merklich langsamere Entwicklung des fürsorgli-
chen Sozialstaates, insbesondere auf Bundesebene. In der risikofreudigeren Pio-
niergesellschaft fand erst 1935 das erste Bundesgesetz zur sozialen Sicherheit eine
Mehrheit im Kongreß (Social Security Act).

Die meisten Konflikte zwischen demokratischer Norm und politischer Praxis Verfassungsge-
wurden nicht nur in der Publizistik artikuliert, die die zahllosen Wahlkämpfe um schichte, Grund-
örtliche, einzelstaatliche und Bundesämter begleitete, sondern erschienen auch in rechte und Supreme
Gestalt von Rechtsstreiten vor den Gerichten. Deren letzte Instanz auf Bundes- Court
ebene, der Supreme Court, entschied – ab 1803 auch gegen den expliziten Willen

des Gesetzgebers – unter Berufung auf seine Rolle als oberster Hüter der Verfassung, wie im Einzelfall die Verfassungsvorschriften für das Handeln der Regierenden und das Verhalten der Bürger untereineinander zu verstehen und anzuwenden seien (*judicial review*). Deshalb enthalten die umfassenden Darstellungen der Verfassungsgeschichte, einschließlich ihrer Analyse der wichtigsten Urteilsbegründungen, zugleich das organisatorische, ideologische und handlungsgeschichtliche Skelett der amerikanischen Nationalgeschichte. Als führendes Handbuch einer so umfassend verstandenen Verfassungsgeschichte hat sich bewährt 206: KELLY u. a., The American Constitution (7. Aufl. 1991). Die Institution des Supreme Court steht im Mittelpunkt von 198: BICKEL, The Least Dangerous Branch (2. Aufl. 1986) und der Problemskizze von KNUD KRAKAU [207: Der Supreme Court]. Die volle Institutionengeschichte einschließlich der Richterbiographien und der Verfassungsrechtsdogmatik erfassen der einbändige, aber enzyklopädische Oxford Companion to the Supreme Court [204: HALL u. a. (Hrsg.) (1992)] und die vierbändige Encyclopedia of the American Constitution [209: LEVY u. a. (Hrsg.) (1986)]. Auf die Entwicklung der Grundrechte in Theorie und Praxis konzentriert sich 216: SCHWARTZ, The Great Rights of Mankind (erw. Aufl. 1992). Eine volle historiographische Bestandsaufnahme anläßlich der Zweihundertjahrfeier des Inkrafttretens der Bundesverfassung bot das Septemberheft 1987 des JAH [auch als Buch 219: THELEN (Hrsg.), The Constitution and American Life (1988)].

Präsident   Wegen der leichten Identifizierung des Präsidentenamtes mit einer Person gilt auch unbedeutenden Amtsinhabern unweigerlich die Aufmerksamkeit der Politikhistoriker, und dominierende Persönlichkeiten wie etwa Andrew Jackson und die beiden Roosevelts leisten der als vereinfachend kritisierten, aber oft praktizierten *presidential synthesis* in Ermangelung anderer, überzeugenderer Periodisierungskriterien Vorschub. Für Historiker wie Politikwissenschaftler gleichermaßen ergiebig für die Suche nach Spezialinformationen und Fachliteratur ist die vierbändige Encyclopedia of the American Presidency [199: FISHER u. a. (Hrsg.) (1994)]. Von systematisch-politikwissenschaftlichen Fragestellungen geleitet wird auch die historische Entwicklung des Amtes im Kontext des amerikanischen Regierungssystems behandelt von 213: NEUSTADT, Presidential Power and the Modern Presidents (1989) und 218: SKOWRONEK, The Politics Presidents Make Ministerien, *civil* (1993). Die dem Präsidenten unterstehende Bürokratie der Ministerien (*depart-service ments*) nahm auch im Fall der USA mit der Industrialisierung seit dem Sezessionskrieg und dann erneut seit dem Ersten Weltkrieg sprunghaft zu und entwickelte ihre eigene Dynamik [208: KURIAN (Hrsg.), Historical Guide to the U.S. Government (1998) und 215: RIPER, United States Civil Service (1958)].

Repräsentanten-   Die intensive funktionale Gewaltenverschränkung von Exekutive und Gesetzhaus und Senat geber und lediglich institutionelle Gewaltenteilung (*separation of powers*) demonstriert der Politologe NELSON POLSBY in: 214: Congress and the Presidency (4. Aufl. 1986). Umfassend systematisch und historisch informiert die vierbändige Encyclopedia of the United States Congress [197: BACON u. a. (Hrsg.) (1994)].

Die Machtverteilung zwischen Bund und Einzelstaaten ist bis heute ein so *Föderalismus*
zentrales Thema der amerikanischen Nationalgeschichte, daß es in allen politik-
geschichtlichen Epochendarstellungen stets mitbehandelt wird. Der verfassungs-
geschichtliche Einführungsartikel „Federalism" von TONY FREYER in der Encyclopedia of American Political History [60: GREENE (Hrsg.) (1984) 546–564]
skizziert die krisenhaften Machtverlagerungen hin zum Zentrum von der Bundesstaatsgründung und dem Sezessionskrieg bis zum New Deal und der nur
durch weitere Entmachtung der Südstaaten durchsetzbaren Civil Rights-Revolu-
tion der 1960er Jahre. Die historiographische Diskussion und die Rechtsprechung verfolgt seit 1971 die Fachzeitschrift Publius: the Journal of Federalism.

Seit den die Bundesstaatsgründung rechtfertigenden Federalist-Artikeln von *Federalist-Artikel*
1787/88 hat keine der großen Krisen und Veränderungen der amerikanischen
Politik eine entsprechend theoretisch anspruchsvolle Analyse des Regierungssystems der USA hervorgebracht; sie liegen jetzt auch komplett und kommentiert
in deutscher Übersetzung vor [29: HAMILTON, MADISON und JAY (1994)].

Eine fast theorielose, aber einflußreiche, weil einprägsame Politikgeschichte *Politische Biogra-*
mit liberalen Wertungen präsentierte RICHARD HOFSTADTER in Gestalt von *phien*
zwölf brillanten biographischen bzw. gruppenbiographischen Porträts [104: The
American Political Tradition (1948)]. In seiner Rezension der bis heute für den
akademischen Unterricht unverändert nachgedruckten Nationalgeschichte
durch Kurzbiographien bedauerte Arthur M. Schlesinger jr. die schwache Vertretung der konservativen Politiker vom Schlage Alexander Hamiltons und John
Marshalls in Hofstadters Porträtgalerie. Er begrüßte jedoch Hofstadters neue
Hervorhebung des „common climate of American opinion" und des gemeinsamen Glaubens an „die Rechte des Eigentums, die Philosophie des wirtschaftlichen Individualismus und des Wertes des Wettbewerbs", also des oben genannten liberalen Konsenses.

Eine speziell für die Bedürfnisse deutschsprachiger Leser erbrachte Gemein-
schaftsleistung der deutschsprachigen USA-Historiker unter Führung JÜRGEN
HEIDEKINGS ist 203: Die amerikanischen Präsidenten: 41 historische Porträts von
George Washington bis Bill Clinton (1995). Die klassische historische Biographie
von Politikern, Geschäftsleuten, Soldaten, Entdeckern und Pionieren, Intellektuellen, Schriftstellern und anderen Künstlern, Sportlern und anderen Frauen und
Männern, deren Leistungen die Aufmerksamkeit der Öffentlichkeit auf sich gezo-
gen haben, ist seit dem 19. Jahrhundert ungebrochen die wahrscheinlich einflußreichste Darstellungsart geblieben, in der Berufshistoriker in Konkurrenz mit
nicht immer seriösen flinken Federn die nationale Erinnerungskultur gepflegt
haben. Den Weg zu seriösen englischsprachigen Biographien weisen die Literaturangaben am Ende der biographischen Artikel in der Encyclopedia Britannica, der
Encyclopedia Americana und der Columbia Encyclopedia.

5. Internationale Beziehungen: Aus kolonialer Abhängigkeit zur dominanten Weltmacht

Der Widerstreit der überseeischen Interessen Spaniens, Frankreichs, der Niederlande und Englands hat ein Dutzend Kolonialkriege ausgelöst und die internationale Konstellation herbeigeführt, die es den Kolonisten ermöglichte, ihre staatliche Unabhängigkeit 1775–83 zu erkämpfen. Auch die territoriale Expansion der USA und der Aufstieg zur Handelsmacht im 19. Jahrhundert verlangten Absprachen mit anderen Regierungen –nach mehr oder weniger deutlichen Drohungen mit Gewalt oder handelspolitischen Maßnahmen. Ohne Außenpolitik, ohne Berücksichtigung des Verhaltens der Vereinigten Staaten in der internationalen Politik, kann keine Phase der amerikanischen Geschichte beschrieben werden. Hundert Jahre professioneller Historiographie haben eine kaum noch überschaubare Bibliothek außenpolitischer Fachliteratur und Dokumenteneditionen hervorgebracht. Die meisten Außenpolitikhistoriker lassen in ihren Fragestellungen und Erklärungsversuchen politische Präferenzen erkennen: Sie unterscheiden sich vor allem im Ausmaß der Kritik und des Mißtrauens gegenüber der Machtentfaltung der USA als Weltmacht und gegenüber den vermutlich dahinterstehenden wirtschaftlichen Interessen und Ideologien. Zwei gegensätzliche Pole werden veranschaulicht durch die beiden weit verbreiteten Gesamtdarstellungen von THOMAS BAILEY [248: Diplomatic History (10. Aufl. 1980)] und WALTER LAFEBER [261: American Age (2. Aufl. 1994)]. BAILEY neigt zur patriotischen Grundüberzeugung von den zunächst einmal guten Absichten, die den meisten außenpolitischen Entscheidungen der Präsidenten, Senatoren und anderen beratenden Personen zugrunde lagen. LAFEBER macht aus seiner Neigung zu Positionen der New Left und ihren macht- und kapitalismuskritischen Präferenzen keinen Hehl. LAFEBERS Darstellung wägt ab, präsentiert die breite Palette der kontroversen Fachliteratur und ist nicht mehr so einseitig affirmativ wie die stark essayistischen Darstellungen seines Mentors WILLIAM APPLEMAN WILLIAMS [269: A William Appleman Williams Reader (1992)]. Eine historiographische Bestandsaufnahme, die alle Interpretationsrichtungen und Teilgebiete der Geschichte der internationalen Beziehungen erfaßt, einschließlich der politikwissenschaftlichen Theoriebildung, der Psychologie und der Meinungsforschung, bietet MICHAEL HOGANS und THOMAS PATERSONS Sammelband [255: Explaining the History of American Foreign Relations (1991)]. Umfassende Literaturberichte, die die verschiedenen „revisionistischen" historiographischen Debatten der Jahre des Kalten Krieges enthalten, hat HOGAN zusammengestellt in America in the World [256 (1995)]. Die Bezüge zwischen Gegenwartsfragen der diskutierenden Historiker und ihrem Forschungsgegenstand demonstriert JERALD COMBS in American Diplomatic History [251 (1983)]. Ein einflußreiches Beispiel hierfür in Bezug auf die Lateinamerikapolitik seit 1776 liefert die knappe Würdigung des Lebenswerks des Diplomatiehistorikers Samuel Flagg Bemis durch MARK GILDERHUS in: DH 21 (Winter 1997) 1–13; die kritische Würdigung beginnt mit Bemis' The Latin-Ame-

Interpretations-richtungen

rica Policy of the United States (1943) und stellt auch neuere, weniger patriotisch motivierte Monographien vor; ergänzend hierzu die Sammelrezension von ELIZA-BETH COBBS Why They Think Like Gringoes: The Discourse of U.S.-Latin American Relations in: DH 21 (Winter 1997) 307–316.

Starke Auswirkungen einer bis zum „Missionsbewußtsein" gesteigerten ameri- Ideologie und kanischen Ideologie auf außenpolitische Entscheidungen weisen die umfassenden Außenpolitik Studien von KNUD KRAKAU [259: Missionsbewußtsein und Völkerrechtsdoktrin (1967), 260: Amerikanische Außenpolitik – ein nationaler Stil? (1985)] und KURT R. SPILLMANN [267: Amerikas Ideologie des Friedens (1984)] seit dem 18. Jh. nach. Die gleiche Charakteristik zeigt TONY SMITH [266: America's Mission (1994)] von Woodrow Wilson bis Ronald Reagan auf. SMITH konstatiert als „central ambition" der amerikanischen Außenpolitik im 20. Jh. „the effort to promote democracy abroad" (S. 3); weitere Bezüge zum historiographischen Kontext eröffnet THOMAS MCCORMICK in seiner kritisch-würdigenden Rezension in DH 21 (Summer 1997) 481–492.

Sachlich abwägende Überblicke, die die meisten Interpretationsrichtungen Nachschlagewerke, berücksichtigen, enthalten die dreibändige Encyclopedia of American Foreign Einführungen Policy [252 (1978)], die vierbändige Cambridge History of American Foreign Relations [250 (1993)], das zweibändige Lehrbuch von THOMAS PATERSON u. a. [265: American Foreign Policy (4. Aufl. 1995)] und STEPHEN AMBROSE' Pelican-Band für die Jahre ab 1938 [247: Rise to Globalism (8. Aufl. 1997)].

Knappe deutschsprachige Skizzen liefern HANS-ULRICH WEHLER aus neu-linker Perspektive [268: Grundzüge der amerikanischen Außenpolitik (1984)] und, nach dem Zusammenbruch der Sowjetunion insbesondere auf die Politikgeschichte des Aufstiegs der USA zur alleinigen Supermacht zurückblickend, DETLEF JUNKER [258: Von der Weltmacht zur Supermacht (1995)]. Eine umfassende institutionen- und ereignisgeschichtliche Darstellung bietet der Politologe HERBERT DITTGEN [879: Amerikanische Demokratie (1998)].

6. Ideen und Werte: Geistes- und Kulturgeschichte vom Puritanismus zum Kulturkampf der Religiösen Rechten um 1990

Der professionelle Erfolg der Sozialgeschichte in den 1960er Jahren löste eine *intellectual history* Phase der methodenkritischen Besinnung und Bestandsaufnahme unter Ideenhistorikern aus. Ein Ergebnis begrifflicher Klärungen war der Sammelband 315: HIGHAM u. a. (Hrsg.), New Directions in American Intellectual History (1979); die Existenz eines „national mind", der Platz der Religionsgeschichte und Methodenfragen der Kultur- und Mentalitätsgeschichte werden darin analysiert. Das Journal of the History of Ideas präsentiert seit 1940 klassische Ideengeschichte – weit über die amerikanische Nationalgeschichte hinausgehend. Viele seiner Autoren finden sich im entsprechend universal angelegten Dictionary of the History of Ideas wieder [hrsg. v. PHILIP WIENER, 5 Bde., New York 1968–1974]. Das aktuelle Diskussionsforum der die amerikanische Geschichte interpretierenden *intellec-*

tual historians ist der seit 1978 jährlich publizierte Intellectual History Newsletter; seit 1997/98 wird er am American Culture Studies Center der Washington University in St. Louis herausgegeben. Band 18 (1996) versammelt auf 70 Seiten kurze grundsätzliche Stellungnahmen führender Ideenhistoriker zum Stand der „Intellectual History in the Age of Cultural Studies." Nicht ersetzbarer Kern des Forschungsgegenstandes der Ideenhistoriker bleibt die öffentlich vorgetragene explizite Argumentation historischer Akteure und professioneller Intellektueller („actual argumentation and reasoning", DAVID HOLLINGER, S. 65). Als Lehrbuch der so verstandenen Ideengeschichte erfolgreich ist die zweibändige Quellentextauswahl mit Literaturhinweisen von DAVID HOLLINGER u. a. unter dem anspruchsvollen Titel The American Intellectual Tradition [47: 3. Aufl. 1997]; die Herausgeber charakterisieren ihre Textauswahl als Erörterungen der „theoretical basis for religious, scientific, artistic, political, social, and economic practice" (S.IX). Das Vorwort und die knappen Einleitungen zu den 9 Kapiteln ergeben einen chronologischen Abriß des heutigen Verständnisses der amerikanischen Ideengeschichte von „The Puritan Vision" über „Republican Enlightenment" zur „Diversity and Postmodernity" um 1990.

Als ROBERT DARNTON 1980 auf dreißig Jahre der professionellen *intellectual and cultural history* in den USA zurückblickte [in 77: KAMMEN (Hrsg.), The Past before Us (1980) 327–349], begrüßte er die in der Historikerzunft durch die neue Sozial- und Mentalitätsgeschichte ausgelösten Zweifel an der traditionellen Ideengeschichte, wie sie mit großem Erfolg z. B. von PERRY MILLER praktiziert worden war [MILLER u. a. (Hrsg.), The Puritans, 2 Bde., 2. Aufl. New York 1963, mit Hinweisen auf MILLERS frühere Werke]. Eher skeptisch bewertete DARNTON den Einfluß der literaturwissenschaftlich fundierten American Studies-Bewegung seit den 1950er Jahren mit ihrer Suche nach einem *American mind* und seinen konsensstif-
cultural history tenden *myths and symbols* [328: SMITH, Virgin Land (1950)]. Stärkeres Erkenntnispotential billigt DARNTON kulturanthropologischen Untersuchungen der Situation versklavter und freier Afroamerikaner zu [170: GENOVESE, Roll Jordan Roll (1974); 337: LEVINE, Black Culture (1977)]. DARNTONS Rückblick bestätigt auch die weitgehende Akzeptanz des alle Formen der Sinngebung umfassenden Kulturbegriffs des Anthropologen CLIFFORD GEERTZ unter amerikanischen Historikern; er definierte *culture* 1966 als „an historically transmitted pattern of meanings embodied in symbols, a system of inherited conceptions expressed in symbolic forms by means of which men communicate, perpetuate, and develop their knowledge about and attitudes toward life" [GEERTZ (Hrsg.), The Interpretation of Cultures, New York 1973, 89].

Ideengeschichte   Ein Lexikon mit dem Titel „Begleiter deutschen Denkens" ist als Neuerscheinung 1995 kaum denkbar; der 1995 tatsächlich erschienene Titel A Companion to American Thought [313: Fox u. a. (Hrsg.)], eine höchst informative Gemeinschaftsproduktion von etwa 200 amerikanischen (sowie 2 englischen, einem kanadischen und einem französischen) Historikern und anderen Geisteswissenschaftlern, war ein gängiges Klischee, kein Anachronismus. Die 800 Seiten bieten z. T.

brillante Problemskizzen, Werkinterpretationen und Kurzbiographien mit neuesten Literaturangaben u. a. zu „Darwinism", „Lincoln", „Progressivism", „Managerialism", „Modernism", „Populism", „Prohibition", „pro-Slavery Thought", „Realism", „Romanticism", „Social Darwinism", „Transcendentalism" und „Welfare". Vorgestellt werden „key ideas and key thinkers in history, literature, religion, philosophy, political theory and other social sciences" und den Künsten, aber, der demokratischen Kultur entsprechend, auch die öffentlichen Debatten „outside of academia in journalism, politics, law, the ministry, social work, psychology, and other professions" (S.XIV).

Die Synthese und Zusammenhang suggerierenden Begriffe *American thought* und *American mind* erwarben durch die American Studies-Bewegung akademische Seriosität. Besonders erfolgreich als Lehrbücher, die eine nationale Gesamtentwicklung seit der Kolonialzeit nachzeichneten, waren 309: Curti, Growth of American Thought (1964) und 229: Gabriel, American Democratic Thought (1986). Max Lerner bevorzugte 1957 die konkurrierende Kategorie *civilization* im Titel seines großen Kompendiums [320: America as a Civilization (1987; Erstauflage auch in deutscher Übersetzung)]. In seinem Nachwort von 1987 definierte Lerner die nationale *civilization* additiv und oberflächlich als ein „System" von acht Subsystemen: (1) Wissen, Information, Kommunikation, (2) ökonomische Grundlage des Lebens, (3) das ökologische System, (4) gesellschaftliche Klassen und ethnische Gruppen, (5) politische Macht, (6) persönliche Beziehungen (Familie, Geschlechter), (7) die Bereiche von Kunst und Unterhaltung und (8) Werte und Ideensysteme (S. 959). Den Leitwert dieser Zivilisation erkannte Lerner in der Schaffung gleicher Lebenschancen für alle („equal access to life's chances", S. 958).

American civilization

Unter den ernsthaften Antworten auf die in der populärwissenschaftlichen Diskussion immer wieder gestellte Frage nach dem „nationalen Charakter" der USA ragt David Potters Monographie hervor [193: People of Plenty (1954)]; auf dem Stand von 1971, also vor Ausbruch der Mulikulturalismusdebatte, hat James Hall seriöse Texte von Tocqueville bis Oscar Handlin über „Forging the American Character" zusammengestellt und eine kommentierte Bibliographie hinzugefügt [102 (1980)]. Ein bis heute kontroverses Thema der interdisziplinären *American Studies* ist der Widerspruch zwischen dem amerikanischen Anspruch, universales Vorbild für die politische und wirtschaftliche Gestaltung einer demokratischen Gesellschaft schlechthin zu sein, und dem ebenso nachdrücklich artikulierten nationalen Selbstverständnis, eine einzigartige Nation zu sein, die sich sinnvollen Vergleichen mit Europa entzieht. Die Ideen- und Wissenschaftshistorikerin Dorothy Ross sieht die Wurzeln des „American exceptionalism" eindeutig im heilsgeschichtlichen Glauben der Puritaner [in: 313: Fox u.a (Hrsg.), Companion to American Thought (1995) 22–23]; s.a. den umfassenden historiographischen Problemaufriß von Michael Kammen [105: American Exceptionalism (1993)], den Sammelband von Byron Shafer [114: Is America Different? (1991)] und die insbesondere aus Vergleichen mit Kanada gewonnenen Einsichten des Soziologen Seymour Martin Lipset [110: American Exceptionalism (1996)].

Nationale Identität und amerikanischer Exzeptionalismus

Massenkultur,   Die Skizzen von PETER HANSEN über „Cultural Criticism" und „Mass Culture"
Populärkultur   in 313: FOX u. a. (Hrsg.), Companion to American Thought (1995) benennen die
Höhepunkte der inneramerikanischen Diskussion seit etwa 1900; s.a. den Sammelband deutscher Amerikanisten [336: FREESE u. a. (Hrsg.), Popular Culture
(1994)].

Religion, Kirchen   Die institutionelle Trennung von Staat und Kirchen -- von der ersten Verfassungsänderung von 1791 verlangt –hat in den USA ein grundlegend anderes Verhältnis zwischen den Kirchen als Institutionen und ihren Mitgliedern entstehen
lassen als in den Ländern mit Staatskirchen bzw. staatlich privilegierten Kirchen.
Die Kirchen werben aus naheliegenden Gründen stärker um zahlende Mitglieder
und konkurrieren miteinander fast wie Firmen um Kunden. Die unter Nr. 341–
347 genannten Überblicksdarstellungen sind keine kirchlichen Dogmengeschichten, sondern verbinden aus überkonfessioneller Warte Institutionengeschichte mit
Glaubensinhalten und sozialem Verhalten. Die formal-institutionelle Trennung
von Staat und Kirchen und der Verzicht auf eine traditionelle christliche Gottesanrufungsklausel in der Bundesverfassung wird historisch begründet in: 343: KRAMNICK u. a., The Godless Constitution (1996). Der Supreme Court hat in Hunderten von Urteilsbegründungen ein liberales Religionsgruppenrecht entwickelt
[FREDERICK GEDICKS, „Religion" in: 202: Oxford Companion to the Supreme
Court (1992) 717–725]. Weitere Monographien zum Verhältnis von Staat und Kirchen bespricht BERYL SATTER in: RAH 23 (1995) 159–164. Die dennoch prägende
Kraft insbesondere des Protestantismus für große Teile des amerikanischen Geisteslebens skizziert LAURENCE MOORE in dem Artikel „Religion" in: 313: FOX u.a
(Hrsg.), Companion to American Thought (1995) 578–581.

American Studies-   Die amerikanische Kultur- und Ideengeschichte hat als Teil der akademischen
Bewegung   *American Studies*-Bewegung insbesondere der 1950er und 60er Jahre einen einmaligen Entwicklungsschub erfahren. Das von der American Studies Association
herausgegebene American Studies Quarterly spiegelt ihn seit 1949 wider. Die
westdeutsche Gesellschaft für Amerikastudien veröffentlicht seit 1956 das entsprechende Jahrbuch für Amerikastudien, das 1974 in die vierteljährlich erscheinenden Amerikastudien/American Studies überging und neben Artikeln und
Rezensionen eine detaillierte Jahresbibliographie enthält.

1. DIE NEUE WELTMACHT IN FRIEDEN UND KRIEG, 1900–1920

a) Überblicke, Interpretationen, Biographien

Die beiden ersten Dekaden des 20. Jhs. werden in den derzeit einflußreichsten Gesamtdarstellungen oft in zwei Abschnitten dargestellt. Der erste gilt meist schwerpunktmäßig den Sozialreformen und ist etwa „The Progressive Era" betitelt, während sich der zweite dem Weltkrieg widmet [86: Boyer u. a. (Hrsg.), Enduring Vision (1998), Kap. 22 und 23]. Das insbesondere sozialhistorisch orientierte Handbuch von Mary Beth Norton u. a. [90: A People (1994)] erkennt keine großen Zäsuren um 1900 und faßt die zunehmende Industrialisierung (Kap. 17), die außer Kontrolle geratende Urbanisierung (Kap. 18) und Alltagsleben und Kultur (Kap. 19) in Entwicklungsbögen zusammen, die jeweils von 1877 bis 1920 reichen. „The Progressive Era" datieren auch Norton bzw. der Mitautor Howard Chudacoff mit 1895–1920 (Kap. 21). Die ältere noch von Samuel Eliot Morison und Henry Steele Commager konzipierte Präsentation [89: Growth of the American Republic, Bd. 2 (7. Aufl. 1980)] stellte ebenfalls „The Progressive Movement" (Kap. 11) heraus, folgte dann aber stärker der sich insbesondere ab Theodore Roosevelt anbietenden „präsidentiellen Synthese" (Kap. 12: „The Reign of Roosevelt").

Wegen des großen Einflusses der Präsidenten Roosevelt und Wilson eignen sich die guten Biographien auch als Zugang zumindest zur Politikgeschichte der beiden Jahrzehnte. „Der Konservative als Progressiver" betitelte Richard Hof- Theodore stadter seine den Mythos vom erfolgreichen Aktivisten Roosevelt korrigierende Roosevelt biographische Skizze; er zählte „T.R." (der erste Präsident, dessen Initialen in Schlagzeilen zur Identifizierung des Staatsoberhauptes benutzt wurden) zum problematischen Typus des „scholar in politics", ebenso wie seinen politischen Rivalen Woodrow Wilson. Hofstadter hebt Roosevelt so energisch vom Sockel, daß er den Friedensnobelpreis unterschlägt, den der Präsident 1906 für seine erfolgreiche Vermittlung im russisch-japanischen Krieg erhielt. Auch die Naturschutzaktivitäten des Präsidenten würdigt Hofstadter nur unzureichend [104: American Political Tradition (1948) Kap. 9]. Die beiden besten, die gesamte Fachliteratur auswertenden Biographien lieferten Lewis Gould [438: Presidency of Theodore Roosevelt (1991)] und Nathan Miller [439: Theodore Roosevelt (1992)]. Deutschsprachige einführende Skizzen mit kommentierten Bibliographien auf der Höhe des Forschungsstandes sind Ragnhild Fiebig-von Hase, Theodore Roosevelt: Repräsentant des ‚modernen' Amerika, in 203: Heideking (Hrsg.), Die amerikanischen Präsidenten (1995) 254–269, und Klaus Schwabe, Woodrow Wilson: Kreuzzug für die Demokratie, im gleichen Sammelband S. 278–290. Wil- Woodrow Wilson sons Innenpolitik steht im Vordergrund der handbuchartigen Standarddarstellung des Herausgebers der Wilson Papers, Arthur Link [360: Woodrow Wilson and the Progressive Era (1954)]. Ein gelungenes Beispiel für eine seltene Gattung ist John Milton Coopers Doppelbiographie Theodore Roosevelts und Woodrow Wilsons [437: The Warrior and the Priest (1983)]. Beide Präsidenten erkannten die Notwendigkeit sozialer Reformgesetzgebung angesichts der Fehlentwicklungen der kapitalistischen Industriepolitik; beide betrieben eine aktive Außenpolitik, um der jungen Weltmacht einen Platz im internationalen System zu sichern; beide wollten das Präsidentenamt aktiver als ihre Vorgänger seit Lincoln nutzen, auch um ihre jeweilige Partei anzuführen und die amerikanische Öffentlichkeit mit Hilfe der Presse zu beeinflussen und im Sinne ihrer politischen Ziele zu „erziehen". Der Biograph hält sich an die traditionellen Kategorien von politischer Ereignisgeschichte und politischen Ideen. „Psychological compulsions" (S.XIV) mißt Cooper ohne nähere Erläuterung geringen Erklärungswert zu. Insofern verspricht der stark metaphorische Titel mehr als die konventionelle Argumentation im Text hält. Cooper kritisiert überzeugend das Kontrastklischee von Roosevelt dem „Realisten" und Wilson dem „Idealisten." Dafür erwies Roosevelt sich zu oft als idealistisch argumentierender Rhetoriker und Wilson als oft kalkulierender Realist, ja Opportunist.

b) Der Schmelztiegel: Bevölkerungswachstum, Einwanderung und Urbanisierung

Einwanderung In seiner sorgfältig quantifizierenden Einwanderungsstudie demonstriert Nugent [385: Crossings (1992)] die Fruchtbarkeit internationaler Vergleiche. Zwischen 1870 und 1914 gingen aus Europa 33 Millionen Auswanderer in die Vereinigten Staaten, 5,5 Millionen nach Argentinien, 4,5 Millionen nach Kanada und 3,9 Millionen nach Brasilien. In den beiden lateinamerikanischen Ländern war der Grad der Integration in die Aufnahmegesellschaft und der soziale Aufstieg Eingewanderter deutlich geringer als in Nordamerika. Ein Grund für die Differenz – insbesondere zwischen den USA und Brasilien – scheint die Macht der Kaffeeplantagenbesitzer und *rancheros* in Brasilien gewesen zu sein, die einen den *homestead*-Gesetzen entsprechenden billigen Landverkauf an viele relativ kleine Einfamilienfarmen verhinderten. Die Bezeichnung „the new immigration" für die Zeit ab 1880 hat sich als heute als wertfreier Begriff durchgesetzt [z. B. 154: Archdeacon, Becoming American (1983)]. Die Dillingham Commission zur Untersuchung der Einwandererintegration (1907–11) hatte diesen Begriff zur Diskriminierung der „new immigrants" geprägt, die sich angeblich schlechter in die Gesellschaft einfügten als die früheren Einwanderer. Maldwyn Jones zeigt jedoch in seiner soliden Gesamtdarstellung der Einwanderungsgeschichte [156: American Immigration (1992), Kap. „New Sources of Immigration, 1860–1914"], daß die „new immigration" sich tatsächlich nur durch eine Verschiebung der Herkunftsländer von der „old immigration" unterschied.

Zur privaten, von Boston aus operierenden Immigration Restriction League und ihrer ab 1917 Gesetz gewordenen Forderung des Lesetests zum Fernhalten lebensuntüchtiger Einwanderer siehe LAWRENCE FUCHS [143: American Kaleidoscope (1990), 58–60, und 382: HIGHAM, Strangers (1965).]

Eine reichhaltige Sammlung von Fallstudien über politisch-gewerkschaftlich   Arbeitermigration
zielbewußtes Verhalten eingewanderter Arbeiter aus sieben europäischen Ländern und Kuba in einem dutzend amerikanischer Städte enthält 370: HOERDER (Hrsg.), ‚Struggle a Hard Battle' (1986); das Klischee von den als Streikbrechern leicht zu mißbrauchenden und die amerikanische Gewerkschaftsbewegung schwächenden ahnungslosen Fremden wird durchgängig widerlegt.

Für die jüdischen Einwanderer, die zwischen 1830 und 1880 vor allem aus   Jüdische
Deutschland kamen, waren die USA von Anfang an das Land der Emanzipation,   Osteuropäer
um die sie in Europa noch kämpfen mußten. Als sie ihren Platz in der multiethnischen amerikanischen Gesellschaft bestimmen mußten, spürten viele Deutschsprachige eine doppelte Ethnizität als kulturell Deutsche jüdischen Glaubens. Ihre Situation und die Konfrontationen mit ab 1882 vermehrt aus dem Zarenreich kommenden jüdischen Einwanderern in den amerikanischen Großstädten beschreibt NAOMI W. COHEN umfassend in 376: Encounter with Emancipation (1984); sie schildert auch die Auseinandersetzungen der durchaus reformbereiten Juden mit intoleranten Protestanten, die die USA als christliche Nation definierten: Eine gründliche Auswertung deutschsprachiger Quellen zu ihrem Thema hat COHEN zwar nicht geleistet, der Band bietet aber eine gute Einführung ins Thema. Das gesamte Umfeld der jüdischen Einwanderung seit vom 17. Jh. bis 1945 präsentiert mit einer umfassenden Literaturauswahl das fünfbändige Handbuch 159: FEINGOLD (Hrsg.), The Jewish People in America (1992).

Eine auf dem Forschungsstand beruhende knappe Einführung in den Gesamt-   Deutsche
verlauf der Einwanderung aus Deutschland bietet die Einleitung des Dokumen-   Einwanderer
tenbandes von WOLFGANG HELBICH u. a. [39: Briefe aus Amerika (1988)]. Die Chicagoer Sozialhistorikerin KATHLEEN NEILS CONZEN betont in ihrem abwägenden Überblick [145: THERNSTROM (Hrsg.), Encyclopedia (1980)] die Rolle der Kirchen und der anderen von den Eingewanderten selbst organisierten Vereinigungen; sie korrigiert die von Pulitzerpreisträger OSCAR HANDLIN in The Uprooted [380 (1951)] popularisierte Vorstellung von den hilflosen „Entwurzelten". Neue Erkenntnisse über die ausgeprägte kulturelle Eigenständigkeit deutscher Arbeiter vor allem in Chicago zwischen 1850 und 1920 hat HARTMUT KEIL vorgelegt [383: German Workers' Culture (1988)]; die Chicagoer Arbeiter-Zeitung war eine wichtige Quelle für dieses größtenteils am Münchener Amerika-Institut durchgeführte Forschungsprojekt. Das Jahrbuch des Arbeitskreises für Außereuropäische Geschichte im Verband der Historiker Deutschlands, Periplus: Jahrbuch für außereuropäische Geschichte (1997) berichtet unter dem Hefttitel „Einwandererland USA und die Deutschamerikaner" u. a. über einige in Berlin abgeschlossene Forschungsprojekte (Amerikanisierung, Rußlanddeutsche in den USA und Einwandererinnen) und enthält eine kommentierte Bibliographie.

Asiatische Einwanderung   Die prekäre Situation der Einwanderer aus Asien, insbesondere China und Japan, hat ROGER DANIELS mit dem objektiven Blick und dennoch moralischen Engagement und kritischen Urteil des nicht selbst betroffenen Wissenschaftlers beschrieben [377: Asian America (1988)].

Rückwanderung   Das Ausmaß der permanenten Rückwanderung enttäuschter Einwanderer nach Europa, Asien oder Lateinamerika ist nicht mehr zu berechnen, weil die Anzahl der hin- und herreisenden Saisonarbeiter und der Besuchsreisen seit der Verbilligung der Dampfschiffpassagen sehr hoch war. Der Commissioner General of Immigration erklärte in seinem Jahresbericht für 1908, daß die Anzahl der ausreisenden Ausländer (*alien departures*) 73% der Eingereisten ausmachten. Für die vorangegangenen neun Jahre meldete er ein erstaunliches Auf und Ab des Verhältnisses zwischen Ausreisenden und Ankommenden: 41% (1899), 31% (1900), 28% (1901), 21% (1902), 21% (1903), 37% (1904), 34% (1905), 26% (1906), 22% (1907) [378: DAVIS (Hrsg.), Immigration and Americanization (1920) 168].

Afroamerikaner   Über 1 100 Afroamerikaner wurden von 1900 bis 1915 gelyncht, nicht nur in den Südstaaten, wo sie politisch praktisch entrechtet waren [417: BARTLEY u. a., Southern Politics (1975)] Der Terror und die Hoffnungslosigkeit, jemals der Unterdrückung und Ausbeutung durch die Landeigentümer zu entkommen, waren nach JOHN HOPE FRANKLIN der Hauptgrund für die um 1900 zunehmende Wanderung der afroamerikanischen Pächter und Landarbeiter in die wenigen Städte des Südens und vor allem des Nordens. Die abstoßenden Kräfte waren so stark, daß die Binnenwanderung nicht abbrach, auch als sich an den Zielorten dauerhafte Armutsgettos bildeten [163: From Slavery (1994) 308–312]. Detailliert quantifiziert und anschaulich beschrieben haben diese *urban migration* der Afroamerikaner mehrere Stadtstudien, z. B. GILBERT OSOFSKY [555: Harlem (1968)] und JAMES GROSSMAN [548: Land of Hope (1989)]. Es bedurfte der Bündelung von Reformanstrengungen afro- und euroamerikanischer Intellektueller in der Metropole New York, um 1909 die National Association for the Advancement of Colored People (NAACP) als politische Lobbygruppe und Rechtshilfeorganisation zu gründen. Die umfassendste Biographie und Schriftenerläuterung (bis 1920) des intellektuellen Wortführers der Afroamerikaner und Mitbegründers der NAACP, W[illiam] E[dward] B[urghardt] Du Bois (1868–1963), hat DAVID LEVERING LEWIS auf über 700 Seiten vorgelegt [427: W.E.B. Du Bois (1993)]. Der Untertitel „Biography of a Race" erhebt den nur teilweise eingelösten Anspruch, anhand der Rolle des umstrittenen und streitbaren Wortführers einen wesentlichen Teil des Schicksals der gesamten afroamerikanischen Bevölkerung mit zu erfassen. Ein weiterer Band für die zweite Lebenshälfte ist geplant. Die Arbeitsweise und mühsam errungenen Erfolge der NAACP im Kampf um das Wahlrecht der Afroamerikaner hat MANFRED BERG nach Auswertung des Zentralarchivs der NAACP dargestellt [426: ‚Ticket to Freedom' (2000); dort detaillierte Verweise auf den Forschungsstand].

Städtegeschichte   Die neuere Städtegeschichte (*urban history*) hat sich erst seit den 1960er Jahren zur Teildisziplin mit eigener Fachzeitschrift – dem seit 1974 veröffentlichten Jour-

nal of Urban History – und mit eigens für das Gebiet definierten Professuren entwickelt. Der Geograph ERIC LAMPARD bewertete die Gründung und das Wachstum der Städte als zentralen Entwicklungsstrang der euroamerikanischen Gesellschaft seit dem 18. Jahrhundert [186: American Historians (1961)]. Eine vielbeachtete Bestandsaufnahme lieferte die Anthologie STEPHAN THERNSTROMS u. a. [139:
Poverty and Progress (1964)]. Eines der ersten Handbücher [189: WARNER, Urban
Wilderness (1972)] gab bereits im Titel das sozialreformerische Engagement zu
erkennen, das einen großen Teil der neuen Städtegeschichte kennzeichnet. Die
führende Rolle der städtischen Ansiedlungen in der Entwicklung der amerikanischen Gesellschaft und die Verquickung des Bevölkerungs- und Wirtschaftswachstums auf dem Land und in den Städten wird in der umfassenden historiographischen Bestandsaufnahme von GILLETTE u. a. immer wieder bestätigt [184:
American Urbanism (1987)]; die Anthologie dokumentiert auch, daß die politische und soziale Städtegeschichte nur noch ein Teil der multidisziplinären Städte-
forschung ist und Fragen wie die Stadt als Ort des kulturellen Lebens und als Ort
des Aufeinanderprallens der Rassen behandelt werden. Den neueren Diskussionsstand in der umfassend definierten Städtegeschichtsschreibung skizziert STEVEN
A. RIESS in 188: The City (1993).

Großstadtentwicklung, Einwanderung, das Wachstum von Armenvierteln und
Sozialreformbewegungen bedingten einander, wie der historische Geograph
DAVID WARD insbesondere am Beispiel New Yorks und Chicagos für den Zeitraum 1840–1925 aufgezeigt hat [374: Poverty (1989)]. WARD beschreibt in diesem
Zusammenhang auch die Forderungen der bald „Chicago School" genannten
Gruppe von Soziologen, die als Korrektiv der liberalen Vorstellungen von Individualismus und Wettbewerb das Bedürfnis der menschlichen Natur an gemein-
schaftsbildenden Institutionen wie die Familie, Kirchen und Nachbarschaft
betonten und entsprechend gefördert sehen wollten. Christlicher Missionsdrang,
christliche Nächstenliebe und Fortschrittsgläubigkeit motivierten ab 1880 zunehmend auch Geistliche und Sozialarbeiter der großen Kirchen, sich nicht nur um
das Seelenheil, sondern auch um die Lebensbedingungen der am Existenzminimum Lebenden zu kümmern. Die Spendenbereitschaft der Mittelklasse wurde
durch die in den Armutsvierteln begangenen Verbrechen und die Angst vor aus-
brechenden Epidemien gesteigert; die „urban masses" wirkten bedrohlich. Die
beste Darstellung der Gedanken und Taten dieser Großstadtreformer von 1820 bis
1920 gibt PAUL BOYER in 367: Urban Masses (1978) mit Kapiteln u. a. über Feld-
züge gegen Prostitution und Kneipen, die YMCA (Young Men's Christian Association) und Sonntagsschulen; zum historiographischen Kontext die Besprechung
von BERTRAM WYATT-BROWN in: RAH 7 (1979) 527–534. THOMAS BENDER stellte
die Verbindung zur über die Sozialgeschichte hinausgehenden Modernisierungs-
diskussion her [356: Community and Social Change (1978)].

Soziale Probleme in
den Städten

c) Wirtschaftliche Grundlagen und die Grenzen der laissez-faire
Wirtschaftspolitik

Der bereits erwähnte Einwandererstrom aus Europa, der vom Ende der ersten
großen Wirtschaftskrise (1893–97) bis 1914 anschwoll, war ein Indikator für das
Wachstum der amerikanischen Wirtschaft. Im Jahr 1920 war knapp ein Drittel der
Bergarbeiter und Eisenbahnarbeiter und ein Viertel der Fabrikarbeiter nicht in
den USA geboren. Seither diskutieren Wirtschaftswissenschaftler und Historiker
den Beitrag nicht nur des europäischen Investitionskapitals, sondern auch des
„human capital" auf der Ebene der Facharbeiter wie der Billiglohnarbeit zum
spektakulären, wenn auch nicht krisenfreien, amerikanischen Wirtschaftswachstum. Peter Jensen Hill modifiziert anhand der Löhne von 1910 die aus der politischen Rhetorik der Zeit stammende reine Ausbeutungsthese und stellt auch bei
ungelernten Arbeitern aus Europa einen den amerikanischen Arbeitern grob vergleichbaren Einkommensanstieg fest, insbesondere sobald die Sprachbarriere
überwunden war [398: Hill, Economic Impact (1975)]. Das Kapital, die Arbeitskräfte und der Warenverkehr der Atlantikanrainer bildete lange vor 1914 eine
„Atlantic economy" [288: Hughes, American Economic History (1990) 307–346,
mit wirtschaftswissenschaftlich-statistischen Literaturangaben].

Staatliche Regulie-   Auf die zunehmenden Zusammenschlüsse von Großunternehmen reagierten
rung der Wirtschaft   die Einzelstaaten und der Bundesgesetzgeber seit 1890 mit Kartellverboten („anti-
trust laws", „trust busting"), Rechtsvorschriften für die Beaufsichtigung der Privatunternehmen, die den Kommunen Wasser, Gas und Strom lieferten, Richtlinien für den Wohnungsbau, Einkommens- und Verbrauchssteuern, Regeln für das
Bankgewerbe und das parteipolitisch beeinflußte Auf und Ab der Einfuhrzölle
[400: Keller, Regulating a New Economy (1990)]. Robert Crunden spricht von
einem regelrechten „antitrust movement" seit etwa 1880, das bis 1916 und nach
1929 ein Wahlkampfthema war [in 66: Foner u. a. (Hrsg.) Reader's Companion
(1991) 41–43]. Die wirtschaftswissenschaftliche Fachliteratur wertet aus 288:
Hughes, American Economic History (1990) 347–60: „Big Business and Government Intervention". Das Oberste Bundesgericht sabotierte mehrfach die Ausführung des Willens des Gesetzgebers durch Entscheidungen zugunsten der Konzerne [James May in 212: Hall u. a. (Hrsg.), Oxford Companion to the Supreme
Court (1992) 34–38; Langfassung von Mays Artikel insbesondere über die forma-
tive Phase 1880–1918 im Ohio State Law Journal 50 (1989) 257–395]. In der Minderheit befanden sich bis 1933 die Rechtsanwälte und Richter, die sich wie der spätere Oberste Bundesrichter Louis Brandeis für die Verwirklichung einer „industrial democracy" mit möglichst kleinen und nötigenfalls vom Gesetzgeber kontrollierten Wirtschaftseinheiten einsetzten und nicht nur „profit-sharing", sondern auch „the sharing of responsibility" verlangten [391: Fraenkel (Hrsg.),
Curse of Bigness (1965) 45].

„Raubritter"   Einige langlebige Persönlichkeiten spielten in der Wirtschafts- wie in der Politikgeschichte während der Jahrzehnte nach dem Sezessionskrieg bis zum Ersten

Weltkrieg eine prägende und provozierende Rolle, allen voran der Einwanderer Andrew Carnegie (1835–1919), John Pierpont Morgan (1837–1913) und John D. Rockefeller (1839–1937). Dem in der Tradition der *muckrakers* gründlich recherchierenden und mitreißend schreibenden Journalisten MATTHEW JOSEPHSON gelang es 1934, die Gruppenbezeichnung „Raubritter" (*robber barons*) für die erbarmungslos habgierige Konzerngründergeneration in Umlauf zu bringen [289: Robber Barons (1934)]. Seither müssen sich abwägendere Biographen und professionelle Historiker wie ALLAN NEVINS [294: Study in Power (1989)] und JOSEPH WALL [Andrew Carnegie, New York 1970] mit der Gültigkeit der Raubritterthese auseinandersetzen. Die Biographie John D. Rockefellers von RON CHERNOW stellt auf über 800 Seiten überzeugend dar, wie die von Machtwillen angetriebenen persönlichen Entscheidungen eines Unternehmers auf die Gefahren hemmungsloser Konkurrenz reagierten [282: Titan (1998)]. Wirtschaftswissenschaftliche Unternehmensgeschichtsschreiber wie ALFRED CHANDLER [279: Visible Hand (1977); 280: Railroads (1965); 281: Dynamics (1990)] und THOMAS COCHRAN [283: Railroad Leaders (1953)] haben seither präziser die Entscheidungsspielräume einzelner Akteure – seien es Eigentümer oder angestellte Manager – und die strukturellen Zwänge von Ressourcen, Techniken, Märkten und innerbetrieblichen Entscheidungswegen rekonstruiert.

Ausgangspunkt der amerikanischen Arbeiter- und Gewerkschaftsgeschichte bleiben die materialreichen 1935 abgeschlossenen vier Bände von JOHN COMMONS u. a. [389: History of Labor (1918–1935)]. Ebenso wie diese „Wisconsin school" der Arbeitergeschichte betonte PHILIP TAFT das im Vergleich zu Europa schwach ausgeprägte Klassenbewußtsein der Amerikaner [409: Organized Labor (1964)]. Einen voll entwickelten Klassenkampf sah jedoch der Marxist PHILIP S. FONER [396: History of the Labor Movement (1947)]. Weniger parteigebunden untersucht die Klassenfrage DOUGLAS EICHAR [394: Occupations and Class Consciousness (1989)]. Das Auf und Ab der bundesgesetzlichen Rahmenbedingungen für den Kampf zwischen Unternehmen und Gewerkschaften seit 1873 rekonstruiert MELVIN DUBOFSKY in seiner umfassenden Verbindung von Politik- und Gewerkschaftsgeschichte [392: State and Labor (1994)]; kritisch würdigend zum historiographischen Zusammenhang die Rezension von DANIEL R. ERNST in: RAH 23 (1995) 502–509; ein die Fachliteratur abwägender Überblick der Gewerkschaftsgeschichte ist 301: DULLES u. a., Labor (5. Aufl. 1993).

An zwei Fronten mußten die lohnabhängigen Frauen kämpfen: gegen die ihnen Billiglöhne aufzwingenden Unternehmer und gegen die vielen Gewerkschafter, die am Frauenbild mit allenfalls vorübergehender Berufstätigkeit außer Haus festhielten und die Frauen in separate Gewerkschaften abdrängten, z. B. die International Ladies' Garment Workers' Union der Näherinnen vor allem in New Yorks Bekleidungsfabriken. Um 1920 hatten sich nur knapp 7% der in der Industrie tätigen Frauen einer Gewerkschaft angeschlossen, im Unterschied zu 20% der männlichen Industriearbeiterschaft. Die Hälfte der organisierten Frauen verarbeitete Stoff, ein Viertel Papier, der Rest Fleisch oder Leder oder arbeitete für die Eisen-

Arbeitergeschichte

Frauen in Gewerkschaften

bahnen, die Elektroindustrie oder Hotels [401: KESSLER-HARRIS, Out to Work (1982)]. Die Probleme und Durchsetzungskraft der Frauen zeigt im Detail PATRICIA COOPER [390: Once a Cigarmaker (1987)].

Achtstundentag   Den Kampf um die Achtstundenschicht in der Eisen- und Stahlindustrie in Deutschland und den USA von 1880 bis 1929 vergleicht IRMGARD STEINISCH. Ihr mustergültig sorgsamer Vergleich zeigt u. a. auf, daß die amerikanischen Unternehmer auch ohne ein Bundesgesetz nach dem Kriegsboom und nach harten Auseinandersetzungen ab 1923 drei Achtstundenschichten zunehmend als produktiver anerkannten, während die Deutschen in den 1920er Jahren zu zwei Zwölfstundenschichten zurückkehrten: „Richtungweisend war dabei die Frage, ob sich eine Demokratie aus Gründen der Selbsterhaltung soziale Auswüchse von der Art zwölfstündiger und längerer Arbeitszeiten überhaupt leisten könne" (S. 558).

Klassenkampf   Im Unterschied zu den europäischen Industrieländern entwickelten sich in den
American style   USA die regionalen Ansätze zur Bildung einer sozialdemokratischen Arbeiterpartei nicht zu einer politischen Kraft von nationaler Bedeutung. Die Theorie der Unterstützung der Arbeiter für den jeweils -gewerkschaftsfreundlichsten Kandidaten (ohne Rücksicht auf seine Parteizugehörigkeit) führte jedoch in der Praxis noch vor dem Stillhalteabkommen während des Ersten Weltkriegs insgesamt zur Bevorzugung der Demokratischen Partei [397: GREENSTONE, Labor in American Politics (1969)]. Viele Gründe für den amerikanischen Sonderweg der weithin „parteilosen" Gewerkschaftsgeschichte sind vorgeschlagen worden. KIM VOSS ist von der üblichen Erklärung mit den Zwängen des einfachen Mehrheitswahlrechts und des präsidentiellen Regierungssystems nicht überzeugt [141: The Making of American Exceptionalism (1994)]; ihre Untersuchung der New Jersey Knights of Labor um 1880 läßt sie nach vergleichenden Blicken nach England und Frankreich vielmehr vermuten: „Had there been more inclusive unions in the United States at the beginning of the 20th century, there would have been more union leaders attempting to surmount the political obstacles thrown up by American political institutions" (S. 248). Voss und andere Literatur über die Knights of Labor bespricht HOWELL JOHN HARRIS in: RAH 23 (1995) 658–662. Trotz vieler Streiks mit Gewaltanwendung auf beiden Seiten standen sich die verschiedenen Interessenvertreter der Arbeiter und die Unternehmer nicht prinzipiell unversöhnlich in Klassenkampfformation gegenüber, sondern versuchten in vielen Fällen erfolgreich im Vorfeld Arbeitsbedingungen, Wohnverhältnisse usw. zu verbessern und die „soziale Ordnung" ohne Gewaltanwendung zu wahren [411: WIEBE, Businessmen and Reform (1962)]. Eine Dominanz der Unternehmerinteressen im Zusammenwirken mit den Sozialreformern konstatieren die sich politisch der New Left verpflichtet fühlenden GABRIEL KOLKO [358: Triumph of Conservatism (1963)] und JAMES WEINSTEIN [410: Corporate Ideal (1968)]; abwägender wertet RICHARD L. MCCORMICK [401: The Discovery That Business Corrupts (1981)].

D) POLITISCHE PARTEIEN UND BEWEGUNGEN IM WANDEL: HOCHZEIT DER „PROGRESSIVES"

Die Kontinuität der politischen Klasse des Südens vor und nach dem Sezessions-   Einparteiensystem
krieg und das Ausmaß der Einparteienherrschaft der Demokratischen Partei und   und Rassentren-
der Einschränkung der Wahlbeteiligung bis ins 20. Jh. hat V.O. KEY 1949 in seiner   nung im Süden
zum Klassiker der amerikanischen Politikwissenschaft gewordenen Analyse aufgezeigt [234: Southern Politics (1949)]. An der Präsidentschaftswahl 1880 hatte
noch in den meisten Südstaaten die Mehrzahl der schwarzen Männer teilnehmen
können, danach griffen die Apartheidsgesetze der wieder voll in weißer Hand
befindlichen Südstaatenlegislativen [426: KOUSSER, Shaping of Southern Politics
(1974); 436: WOODWARD, Strange Career (1974)]. Der 1866 gegründete rechtsex-   Ku Klux Klan
treme gewalttätige Geheimbund Ku Klux Klan terrorisierte in den Südstaaten insbesondere die Afroamerikaner, die von ihren politischen Grundrechten Gebrauch
machen wollten [226: CHALMERS, Hooded Americanism (1987)]. Der Klan verfolgte über alle Phasen seines organisatorischen Wandels hinweg bis heute sein
destruktives Ziel: die Dominanz sehr konservativer Euroamerikaner mit Hilfe
von Terror zu behaupten, wo politisch aktive Afroamerikaner die weiße Vorherrschaft (*white supremacy*) gefährden können [TRELEASE in 66: Reader's Companion (1991), 625–626]. Auch die armen Weißen wurden durch die Kopfsteuer und
die willkürlich angewandten Lese- und Verständnisprüfungen bei der Eintragung
in das immer wieder neu anzulegende Wählerverzeichnis aus dem politischen Prozeß weitgehend ausgeschaltet [870: FLYNT, Dixie's Forgotten People (1979)].
BARTLEY schätzt den Anteil der tatsächlich Wählenden zwischen 1900 und 1940
auf durchschnittlich ein Viertel der Wahlberechtigten. Diese Personen charakterisiert er als die „plantation-oriented county-seat governing class" bzw. in den Städten als die „planter-merchant-banker-lawyer governing class" [416: Southern
Politics (1975)].

Die neue Qualität des Engagements für Sozialreformen vor allem in den Nord-   Progressive
ost- und Mittelweststaaten seit etwa 1890 in Gestalt des *progressive movement* (ein   Movement
Begriff aus der Wahlkampfrhetorik von 1912) ist ein Wendepunkt in der amerika-
nischen Politik- und Sozialgeschichte und entsprechend von Historikern und
Politologen untersucht worden. Unterschiedlich beantwortet werden z. B. die
Fragen nach der Trägerschaft und Kohärenz der Bewegung(en) und der Motivation der überwiegend zur städtischen Mittelklasse gehörenden Reformer.
RICHARD HOFSTADTER von der New Yorker Columbia University hat möglicherweise deshalb besonders scharf auf die Elemente des Rassismus, der Bigotterie und
Überheblichkeit unter den meist überzeugt protestantischen und der oberen Mittelklasse angehörenden Sozialreformern reagiert, weil er selbst zur Generation der
Kinder jüdischer Einwanderer gehörte, die aus eigener Leistung das antisemiti-
sche Vorurteil der White Anglo-Saxon Protestants überwunden und eine Profes-
sur an einer Eliteuniversität errungen hatte. HOFSTADTER sah keinen Grund, das
im Titel seiner vielbeachteten Monographie beschworene „Zeitalter der Refor-

men" patriotisch-fortschrittsgläubig zu feiern. Statt einer von 1890 bis 1940 glatt durchgehenden einheitlichen Reformtradition erkannte er eine Abfolge unterschiedlicher Reaktionen auf die Fehlentwicklungen der Hochindustrialisierung und Urbanisierung und auf die Einwanderung von Millionen Europäern, deren soziale Integration der Arbeitsmarkt nicht von alleine besorgte. Die Reformer wollten eine vertraute Welt retten, deren Ideale „economic individualism" und demokratische Politik waren, in der nicht Großkonzerne und korrupte Politikercliquen herrschten, sondern gewählte Volksvertreter, Richter und Verwaltungen, die dem Gemeinwohl und dem Wohlergehen des einzelnen dienten. Widerspruch erregte HOFSTADTER mit der psychohistorischen Erklärung der persönlichen Motivation zahlreicher Wortführer der Reformpolitiker: nicht eigene Not, drohender Einkommensverlust oder das Gewissen hätten ab 1870 Kaufleute, Rechtsanwälte, Geistliche, Ärzte, Lehrer und Zeitungsmacher im Kleinstadtmilieu zu Reformpolitikern gemacht, sondern der unaufhaltbare Verlust ihres traditionellen Ansehens und Einflusses in der neuen Gesellschaft, die von Großstädten, Großbetrieben und Großverdienern ohne ethische Maßstäbe beherrscht wurde [357: HOFSTADTER, Age of Reform (1955) 5–6, 135]. Statt dieser Angst vor einer „status revolution" betonte DAVID W. NOBLE die Offenheit der Republikanischen Partei in den Städten des Nordens für eine neue Generation reformorientierter Politiker ab etwa 1890, die die Existenzberechtigung der Großkonzerne aus praktischen Gründen zwar anerkannten, sie aber durch Verordnungen der Städte und Gesetze der Einzelstaaten und des Bundes beaufsichtigen und lenken wollten. NOBLE wertete die Progressives insgesamt nicht als rückwärts gewandt, sondern als vorwärts blickend und die „moderne" Gesellschaft mit ihren Großstädten und Großbetrieben anerkennend und gestaltend [NOBLE, „Progressivism" in 60: Encyclopedia of American Political History (1984) 992–1004]. Weil sie die Schattenseiten des ungebremsten Einwandererstroms sahen und zu mildern versuchten, riefen auch Progressive nach Einwanderungsbeschränkung [382: HIGHAM, Strangers (1965)]. Die stark religiöse Motivation vieler Reformer beschrieb HENRY F. MAY [237: Protestant Churches (1949)].

Der analytische Literaturbericht von DANIEL T. RODGERS erkannte bei aller Unterschiedlichkeit der Motivationen, Zwecke und Vorgehensweisen der Progressives drei Gemeinsamkeiten in der politischen Diskussion, drei „languages of discontent", die die Progressives verbanden: (1) sie kritisierten jegliche Monopolstellung in Wirtschaft und Gesellschaft, (2) sie appellierten an die Verantwortung der Gemeinschaft und die soziale Natur des Menschen und (3) sie forderten wirksame Entscheidungsstrukturen der Gemeinschaft [430: In Search of Progressivism (1982) 123–27]. Zur Definitions- und Kontinuitätsfrage auch RICHARD L. McCORMICK [361: Public Life in Industrial America (1990)] und COLIN GORDON in: RAH 23 (1995) 669–674. Die dem fast parteiisch zu nennenden Interpreten der Progressives, GEORGE E. MOWRY, gewidmete Festschrift [420: COLBURN (Hrsg.), Reform and Reformers (1983)] enthält eine Bestandsaufnahme der Historiographie bis 1983 und illustriert die Vielfalt der Reformaktivitäten. Sie reicht von den

„muckrakers" genannten Journalisten, die unter großem persönlichem Einsatz
und Risiko ausbeuterische Geschäftspraktiken von Trusts und Korruption unter
Großstadtpolitikern recherchierten, bis zur ambivalenten Haltung der professionellen Partei„maschinen" der Großstädte gegenüber idealistischen Reformern.
Die Demokratische Partei als Reformpartei analysiert DAVID SARASOHN [431:
Party of Reform (1989)]. Keine gebündelte politische „Bewegung" vermochte
PETER FILENE zu erkennen, deshalb nannte er seine Rückschau „An Obituary for
the ‚Progressive Movement'" [423: (1970) 20–34]. ROBERT WIEBES ebenfalls sehr
einflußreiche stark interpretatorische Synthese [365: Search for Order (1967)] ist
kritisiert worden, weil er häufig sozialen „Kräften" mehr Einfluß zurechnet als
handelnden Politikern.

Die eindeutige Kontinuität von weiblichem Führungspersonal und Program- Professionalisie-
matik auf dem Gebiet der Kindersozialfürsorge und des Kinderschutzes vom Hull rung der Sozialar-
House bis zum New Deal belegt MUNCY [429: Female Dominion (1991)]. Auch in beit
den privaten philanthropischen Sozialhilfestationen oder Nachbarschaftsheimen
(*settlement houses*) in den Elendsvierteln der Großstädte engagierten sich besonders Frauen der oberen Mittelklasse wie Jane Addams [421: DAVIS, Spearheads for
Reform (1967); 368: CARSON, Settlement Folk (1990)]. Die modernen Sozialreformer gaben sich nicht mit der traditionellen, mit christlicher Nächstenliebe und
persönlichem Mitleid begründeten Philanthropie zufrieden, sondern verlangten
von den Regierungen auf allen Ebenen geförderte Bestandsaufnahmen mit sozialwissenschaftlichen Mitteln und daraus abgeleitete aktive Sozialarbeit. Symboli-
schen Ausdruck fand die neue Grundhaltung z. B. in der Umbenennung der seit
1897 in New York veröffentlichten Sozialarbeiterzeitschrift Charities ab 1909 in
Survey, und die 1874 gegründete National Conference of Charities and Correc-
tion nannte sich ab 1917 National Conference of Social Work [395: FINE, Laissez
Faire (1956) 349].

Unter der Vielzahl detaillierter Einzelstaatsstudien sei wegen der besonderen „Wisconsin Idea"
Bedeutung des Mittelwestens und insbesondere Wisconsins als Experimentierfeld
für etliche Reformmaßnahmen wenigstens hingewiesen auf DAVID THELEN [434:
The New Citizenship (1972)]. WALTER NUGENT bespricht die „Wisconsin Idea",
der Gouverneur Robert M. La Follettes (1901–1905) nationale Aufmerksamkeit
verschaffte, als es ihm gelang, eine Verwaltung ehrlicher Experten aufzubauen und
Gesetze zur Kontrolle der unheiligen Allianz von Großunternehmen (Holzindustrie) und käuflichen Partei-"Bossen" zu erlassen. Als langjähriger Senator (1905–
1925) wurde La Follette zur Symbolfigur der progressiven Ideale effizienter
Regierung für das Volk und nicht nur zugunsten der Kapitalbesitzer [RAH 23
(1995) 64–73].

Die Bürokratien der Einzelstaatsregierungen und des Bundes nahmen ange- Regierungs-
sichts des Regelungs- und Verwaltungsbedarfs der Industriegesellschaft zu. Der bürokratie
konservative Politologe ROBERT HIGGS hat Wachstumsschübe jeweils im Gefolge
einer akuten sozio-ökonomischen Krise ausgemacht und die Phase der politischen
Erfolge der Progressives 1898–1916 mit der anschließenden „Krise" des amerika-

nischen Eintritts in den Ersten Weltkrieg als den Durchbruch zu heutigem Big Government beschrieben [204: Crisis and Leviathan (1987) 106–107].

Sozialisten   Die Chancenlosigkeit der sozialistischen Bewegung in den USA auch zu Zeiten großen sozialen Elends um 1900 wird an der von offenkundiger Sympathie motivierten Darstellung des New Left-Historikers HOWARD ZINN deutlich [92: People's History (1995), Kap. 13: „The Socialist Challenge"]. WERNER SOMBARTS Artikelserie in Buchform [432: Weshalb gibt es in den Vereinigten Staaten keinen Sozialismus? (1906)] ist immer noch eine nützliche Materialsammlung, endet aber bekanntlich mit der falschen Schlußfolgerung, der Durchbruch einer der britischen Labor Party oder der SPD ähnelnden sozialistischen Volkspartei von nationaler Bedeutung stehe auch in den USA unweigerlich bevor.

e) Aussenpolitik vom Krieg gegen Spanien 1898 bis 1914

Imperialismus-   Eine Gruppe von Historikern, von denen mehrere an der University of Wisconsin
debatte   in Madison unter Fred Harvey Harrington vor 1960 studiert bzw. später dort unterrichtet haben, betont die innenpolitischen, insbesondere die wirtschaftlichen Einflüsse auf die außenpolitischen Entscheidungen von Präsident und Kongreß. Bekanntester Vertreter dieser Interpretationsrichtung wurde WILLIAM APPLEMAN WILLIAMS u. a. durch seine essayistisch-advokatorisch geschriebene Interpretation der „Tragödie" der amerikanischen Außenpolitik seit 1898 [460: Tragedy of American Diplomacy (1959, rev. Neuaufl. 1962)]. WILLIAMS, der auch auf CHARLES BEARDS Untersuchungen zum Verhältnis von wirtschaftlichen Interessen und politischer Praxis verwies, sah die Umsetzung der Ideale amerikanischer Außenpolitik – mehr Wohlstand und Freiheit für alle -durch den dominanten Einfluß global handelnder Großkonzerne auf die amerikanische und fremde Regierungen in tragischer Weise in ihr Gegenteil verkehrt. Es sei ihnen gelungen, die Meinung zu verbreiten, „that America's *domestic* well-being depends upon sustained, ever-increasing overseas economic expansion.... The vital question concerns the way in which America gets what it needs and exports what it wants to sell." [S. 10–11]; mehr von und über WILLIAMS in 116: WILLIAMS, Contours of American History (1988); 269: A William Appleman Williams Reader (1992) und in der Festschrift mit Schriftenverzeichnis 253: GARDNER (Hrsg.), Redefining the Past (1986). Schwächen, Fehler und Grenzen der „revisionistischen" Interpretation WILLIAMS', aber auch ihren äußerst anregenden Einfluß auf die Historiographie zeigt BRADFORD PERKINS in: RAH 12 (1984) 1–18. Schüler WILLIAMS' sind WALTER LaFEBER [252: Cambridge History of American Foreign Policy, Bd. 2 (1993); 261: The American Age (1994)], LLOYD GARDNER [909: Pay Any Price (1995)], THOMAS J. McCORMICK [264: McCORMICK u. a. (Hrsg.), Behind the Throne (1993)] und MICHAEL HOGAN [728: The Marshall Plan (1987); 885: The End of the Cold War (1992)]. Unter den deutschen Historikern hat sich insbesondere HANS-

ULRICH WEHLER vom Ansatz WILLIAMS' inspirieren lassen [268: Grundzüge der amerikanischen Außenpolitik (1984)].

Umfassende historiographische Bestandsaufnahmen der Imperialismusdebatte enthalten die Artikel „Imperialism" und „Anti-Imperialism" von DAVID HEALY bzw. E. BERKELEY TOMPKINS [in 252: Encyclopedia of American Foreign Policy (1978) Bd. 2, 409–416 und Bd. 1, 25–32] und ERNEST MAYS buchlanger Essay [453: American Imperialism (1991)]. HEALY besteht auf dem qualitativen Unterschied zwischen dem kontinentalen Expansionismus und dem Übersee-Imperialismus ab 1898. Diese Unterscheidung liegt auch ERIC KOLLMANNS Periodisierung zugrunde [448: Imperialismus und Anti-Imperialismus (1963)], der bis 1890 von der „vorimperialistischen Epoche" spricht. KOLLMANNS einführende Skizze zeigt die ideengeschichtlichen ebenso wie die macht- und wirtschaftsgeschichtlichen Komponenten des amerikanischen Expansionismus seit der antiimperialistischen Unabhängigkeitserklärung von 1776. WALTER LAFEBER betonte die aktive Rolle Präsident McKinleys im Kontext des wirtschaftlichen, publizistischen und partei-politischen Kräftespiels: „Controlling foreign policy in the way that he did, McKinley became not only the first 20th-century president, but the first modern chief executive." McKinleys amerikanische Form des Imperialismus unterschied LAFEBER klar vom europäischen, weil die der Kolonialherrschaft unterworfenen Gebiete nur 125 000 Quadratmeilen groß waren, während Großbritannien von 1870 bis 1900 in Asien und Afrika 4,7 Mio. Quadratmeilen erwarb, Frankreich 3,5 Mio. und Deutschland 1 Mio.; die Amerikaner wollten Märkte, keine Kolonien [261: American Age (1994) 195–196, 226.]. Weitere Analysen der Imperialismus-Historiographie bei JERALD COMBS [251: American Diplomatic History (1983) 73–112, 182–196, 370–372] und MICHAEL HOGAN [256: America in the World (1995)]. Der militärische Arm des klassischen Imperialismus, die Kriegs-marine, mußte im Fall der USA seit ihrer Gründung im Unabhängigkeitskrieg des öfteren um ihre Finanzierung bangen [271: HAGAN, This People's Navy (1991)]. Admiral Alfred Thayer Mahans geopolitische Reflexionen über The Influence of Sea Power upon History (1889) stärkten die Position der Imperialisten [458: SEAGER, Mahan (1977)]; weitere Literatur in der Sammelbesprechung von MARK SHULMAN in: RAH 23 (1995) 277–283.

CHARLES und MARY BEARD werteten amerikanische wirtschaftliche Interessen als ausschlaggebend für den zielstrebigen Erwerb von Kolonien. Speziell für Kuba verwiesen sie auf eine Kombination von Faktoren: „Here was a combination of economic interest, appealing humanity, ‚good journalism', and popular tumult which drove the United States steadily toward war" [94: BEARD, Rise of American Civilization (1927) Bd. 2, 370]. Ein Spielball der Interessen anderer war Präsident McKinley nicht [455: OFFNER, Unwanted War (1992)]. McKinleys Meinungswan-del hin zur Bejahung einer Kriegserklärung an Spanien lag sehr wohl die zielstre-bige Verfolgung amerikanischer Interessen vor allem im Pazifik zugrunde. Die Philippinen als wahrscheinliche Beute gaben den Ausschlag [261: LAFEBER, American Age (1994) 201–202].

Spanisch-amerika-nischer Krieg 1898

Dependenz-
Theorie
Unter lateinamerikanischen Historikern ist die „Dependenz"-Theorie das am weitesten verbreitete Interpretationsmuster zur Erklärung der U.S.-lateinamerikanischen Beziehungen. Die Kategorien *imperialism* und *empire* findet z. B. LOUIS A. PÉREZ weniger hilfreich als die Strukturbezeichnung *dependency*, weil imperialistische Handlungen einzelner Präsidenten als Ausnahme von der Regel interpretiert werden könnten, während „Abhängigkeit" unmißverständlich die dauerhafte Macht „der Metropole" (d. h. der USA) bezeichne [PÉREZ in 255: HOGAN u. a. (Hrsg.), Explaining the History of American Foreign Relations (1991) 99–110]. PÉREZ, andere *dependencestas* und ihre Kritiker erläutert JOSEPH A. FRY im Kontext der Entwicklungsländergeschichte [263: MARTEL (Hrsg.), American Foreign Relations (1994) 61–65, Abschnitt „Development and Dependency"].

Roosevelt
Die Außenpolitikhistoriker sind sich einig über die prägende Kraft der ungehemmt interventionistischen Außenpolitik Theodore Roosevelts in der ersten Stunde der Weltmachtpolitik der USA. Das konservativ wertende Handbuch von THOMAS A. BAILEY nennt das Roosevelt-Kapitel ohne Schnörkel „Big Stick Diplomacy 1901–1909" [248: Diplomatic History (10. Aufl. 1980) 499–514]. Der Neu-Linke Williams-Schüler WALTER LAFEBER betitelt das entsprechende Kapitel kritisch, aber nicht ohne Anerkennung „The Search for Opportunity: Rough Riders and Dollar Diplomats 1901–1913" [in 261: American Age (2. Aufl. 1994) 232–268]. Roosevelts geschickte Verbindung von Härte und Verbindlichkeit illustrierte JOHN MILTON COOPER am Beispiel der Venezuelakrise 1902, in der er der deutschen Regierung implizit mit Krieg drohte, für den Fall, daß sie sich in Venezuela einmische [437: Warrior and the Priest (1983) 73].

Deutsch-amerika-
nische Beziehungen
vor 1914
Konflikte in den amerikanisch-deutschen Beziehungen ergaben sich aus der Tatsache, daß beide Industrieländer eindeutig globale Wirtschaftsinteressen verfolgten. Die umfangreiche deutsche wie amerikanische Spezialliteratur hierzu erschließen RAGNHILD FIEBIG-VON HASES Arbeit über die Rivalität der deutschen und britischen Regierungen um Washingtons Gunst in ihrem Weltmachtstreben [444: Die USA und Europa vor dem Ersten Weltkrieg (1994); s.a. ihre Bewertung der deutsch-amerikanischen Wirtschaftsbeziehungen von 1890 bis 1914 in: AmSt 33 (1988) 329–357], RAIMUND LAMMERSDORFS Analyse des Verhältnisses Theodore Roosevelts zu den deutschen, englischen und französischen Regierungen [450: Anfänge einer Weltmacht (1994)] und UTE MEHNERTS Vergleich der Japanpolitik der USA und des Kaisers [454: Deutsche Weltpolitik (1993)]. REINHARD R. DOERRIES' detaillierte Beschreibung der Tätigkeit des deutschen Botschafters in Washington von 1908 bis zum Kriegseintritt der USA 1917 läßt das Ausmaß der deutschen Propaganda- und Spionageversuche erkennen [442: Washington-Berlin (1975)].

f) Die Vereinigten Staaten und der Erste Weltkrieg

Die vielfältigen Auswirkungen der Kriegsanstrengungen auf die amerikanische   Innenpolitik
Gesellschaft, Kultur und Wirtschaft analysiert David M. Kennedy [477: Over
Here (1980)]. Das teils privat finanzierte, teils staatlich geförderte „Americanization movement" wollte alle Einwanderergruppen schneller und gründlicher zu
englischsprechenden amerikanischen Staatsbürgern machen, verfolgte aber
zugleich auch in seinen regional unterschiedlichen Ausprägungen sozialreformerische Ziele wie etwa Erwachsenenbildung [381: Herrmann, ‚Be an American'
(1996)].

Der Wirtschaftshistoriker Jonathan Hughes hat seine Fachkollegen kritisiert,   Kriegswirtschaft
weil viele von ihnen die wichtige Rolle übersähen, die die „command economy"
oder Planwirtschaft im Ersten Weltkrieg für die „institutional evolution" der amerikanischen Wirtschaftspolitik gespielt hat [288: American Economic History
(1990), 429]. Zum Zeitpunkt der Kriegserklärung im April 1917 war die amerikanische Industrie keineswegs auf eine koordinierte Kriegsanstrengung vorbereitet.
Die von Historikern oft gepriesene freiwillige Kooperation unter Führung des
vom Präsidenten eingesetzten War Industries Board hat Robert Cuff überprüft
[413: War Industries Board (1973)]; er dokumentiert etliche Konfliktfälle, in denen
das War Industries Board unfähig war, sich gegen die Interessen von Großunternehmen oder ganzen Industriezweigen durchzusetzen. Das öffentliche Interesse
unterlag in diesen Fällen privaten Interessen. Deshalb wertet Cuff insgesamt die
Rüstungswirtschaftspolitik 1917/18 im Unterschied zu üblichen Handbuchdar-
stellungen nicht als den ersten Probelauf des ab 1933 enger „koordinierten Kapitalismus". Diese revisionistische Wertung bestätigt David Kennedy in der Besprechung The Political Economy of World War I, in: RAH 2 (1974) 102–107. Ein
wichtiges Beispiel für die Dominanz der Industrieinteressen und der Nachgiebig-
keit der Bundesregierung war die United States Steel Corporation [415: Urofsky,
Big Steel (1969)]. Das Oberste Bundesgericht bestätigte dem Konzern1920, daß er
entgegen der Forderung der Regierungsjuristen, den Konzern zu entflechten,
nicht gegen die Antitrust-Gesetzgebung verstieß. Auch die Arbeit von Frauen
wurde im Ersten Weltkrieg mobilisiert, und zwar nicht nur in unmittelbar
rüstungsrelevanten Industriezweigen. Eine dauerhafte Änderung zugunsten der
Arbeit von Frauen in Großbetrieben bewirkte die Rüstungsindustrie während der
18 Kriegsmonate jedoch nicht. Maurine Weiner Greenwald bestimmte anhand
von Fallstudien über Eisenbahnangestellte, Straßenbahnschaffnerinnen und Tele-
fonistinnen den begrenzten Stellenwert der Ausnahmesituation in der Gesamtentwicklung des Arbeitsmarkts für Frauen von 1870–1920 [414: Women, War, and
Work (1980)].

Die Deutschamerikaner als Einwanderer- und ethnische Gruppe litten unter   Die Deutschameri-
ihren eigenen lautstarken Wortführern, die die anti-deutsche nationalistische   kaner während des
Intoleranz und kulturelle Repression der „one-hundred percent Americans" nur   Weltkriegs
noch verstärkten [494: Luebke, Bonds of Loyalty (1974)]. Interniert wurden

1917/1918 etwa 6 500 Deutschamerikaner und deutsche Bürger in den USA (darunter 1 400 gefangene Marinesoldaten), die meisten von ihnen in den Armeestützpunkten Fort McPherson und Fort Oglethorpe in Georgia und Fort Douglas in Utah; in Hot Springs/North Carolina wurde eine Feriensiedlung in ein bewachtes Lager verwandelt [657: HOLIAN, German-Americans (1996) 129–136]. Eine nützliche Dokumentation englischsprachiger Quellen bietet DON HEINRICH TOLZMANN [495: German-Americans, Bd. 1: Anti-German Hysteria (1995)]. Darin stellt FRANZISKA OTT die öffentliche Ermordung des aus Dresden eingewanderten Sozialisten Robert Prager durch einen Mob in Collinsville/Illinois am 4. April 1918 dar. Die elf Mörder, die Prager aus dem Gefängnis entführt hatten, wurden von einer Jury freigesprochen. TOLZMANNS Bd. 2: The World War One Experience (1995) dokumentiert die Senatsanhörung, die zur Auflösung des Deutsch-Amerikanischen Nationalbundes führte. Bd. 3 behandelt die Probleme der deutschstämmigen Bewohner Cincinnatis von 1918 bis 1932. Die Inhaltsanalyse zweier deutschsprachiger Zeitungen und der New York Times von 1914–1926 von WIEDEMANN-CITERA [496: Auswirkungen des Ersten Weltkriegs (1993)] zeigt das Ausmaß der kulturellen Konfrontation der bislang so „erfolgreichen" deutschsprachigen Einwanderer mit der sich bedroht fühlenden angloamerikanischen Elite. Noch nicht erforscht ist, wie viele der etwa 500 deutschsprachigen Periodika, die 1914 in den USA erschienen sind, wie eindeutig und wie lange die Entscheidungen der Regierung und Generäle des Kaisers billigten.

Krieg   Verlangte das wohlverstandene nationale Interesse der Vereinigten Staaten die volle Teilnahme am Krieg? In die historiographischen Kontroversen führt JOHN MILTON COOPERS Anthologie ein [470: Causes and Consequences (1971)]. ROBERT FERREL bietet eine narrative Gesamtdarstellung unter besonderer Berücksichtung der internationalen Beziehungen [472: Woodrow Wilson]. ARTHUR LINK betont, wie sehr Wilson von Anfang an entschlossen war, die Nachkriegsordnung nach amerikanischen Grundsätzen zu gestalten, und er wußte, daß er dies nur als Regierungschef einer am Krieg voll beteiligten Macht würde erreichen können [481: Wilson and a Revolutionary World (1982)]. Die Versenkung des englischen Luxusdampfers „Lusitania" durch deutsche Torpedos vor Irland am 7. Mai 1915 bewegte die amerikanische öffentliche Meinung zu einem ersten Schritt in Richtung Kriegserklärung. Irrelevant für die damals politikrelevant öffentliche Meinung war der inzwischen erbrachte Nachweis, daß die nach Schlachtschiffspezifikationen gebaute „Lusitania" zusätzlich zu den 1257 Passagieren Munition für die englische Armee geladen hatte [464: BAILEY u. a., Lusitania Zimmermann-   Desaster (1975)]. Einen weiteren Schritt hin zur Kriegserklärung löste das Tele-
Telegramm 1917   gramm des deutschen Außenministers Arthur Zimmermann vom 1. März 1917 an den Präsidenten von Mexiko aus. Der abgefangene Text schockierte die amerikanische Öffentlichkeit: der Kaiser schürte nun sogar den Krieg auf dem amerikanischen Kontinent. Die in deutschen historischen Darstellungen immer noch zur Episode heruntergespielte kapitale Fehlleistung beschreibt MARTIN NASSUA quellennah [484: Gemeinsame Kriegführung (1992)]. Er bestätigt damit REINHARD R.

DOERRIES' negative Gesamteinschätzung der Kompetenz des Außenministeriums. DOERRIES korrigiert das historiographische Klischee, daß es zwischen den USA und Deutschland im Vorkriegsjahrzehnt keine ernsthaften Konflikte gegeben hätte: Die angeblichen „misunderstandings" seien Bestandteil gewesen „[of] Berlin's irresponsible foreign policy toward Washington in the crucial years from 1914 to 1917." als Beweis führt er die schroffe Antwort an, die der Kaiser am 18. März 1917 auf einen Vorschlag aus Wien gab, einige Typen amerikanischer Schiffe von der Abschußliste der U-Boote zu nehmen, um mit Wilson im Gespräch zu bleiben: „Es ist jetzt ein für alle Mal *Schluss* mit *Verhandlungen* mit Amerika! Will Wilson Krieg, so soll er ihn herbeiführen und ihn dann haben." [443: Doerries, Imperial Berlin (1978) 48]. Zur Mobilisierung der amerikanischen Bevölkerung setzte die Bundesregierung eine moderne Propagandamaschinerie in Gang, die das Committee on Public Information und das Committee for National Defense koordinieren sollten [491: VAUGHN, Holding Fast (1980); 466: BREEN, Uncle Sam at Home (1984)].

Den tatsächlichen militärischen Beitrag der USA in Europa beurteilt entmythologisierend und in der Zusammenschau mit der Kriegsdiplomatie Wilsons 490: TRASK, American Expeditionary Force (1993); zu TRASK und weiteren militärgeschichtlichen Monographien die Literaturbesprechung von B.J.C. MCKERCHER in: RAH 23 (1995) 284–289. Solide Kriegsverlaufsgeschichte bietet COFFMAN [468: War to End all Wars (1968)]. Der Leiter der Statistikabteilung des General Staff, Colonel LEONARD P. AYRES, stellte nach Kriegsende 154 Seiten mit Zahlen zusammen, die den amerikanischen Beitrag zum Krieg erfaßten, von der Rüstungsproduktion und dem aufwendigen transatlantischen Transportunternehmen bis zur Verbreitung von Geschlechtskrankheiten [463: The War with Germany (1919)]. Die aktive Rolle Wilsons und seiner Berater bei der Intervention westlicher Truppen in Sibirien gegen Lenins Bolschewiken und zugunsten weißrussischer Kosakengeneräle dokumentiert DAVID FOGELSONG im Detail [474: America's Secret War (1995)]. Ebenso wie bei der früheren Intervention in Mexiko beachtete Wilson sein rhetorisch hochgehaltenes Ideal des Selbstbestimmungsrechts der Völker (auch wenn dies Gewaltherrschaft und Bürgerkrieg bedeutete) bei eigenen Entscheidungen durchaus nicht immer.

Die großen Kontroversen um Einfluß oder Einflußlosigkeit des amerikanischen Präsidenten bei den Friedensverhandlungen und die Ablehnung des Völkerbunds im Senat erörtern 492: WALWORTH, Woodrow Wilson (1983), 462: AMBROSIUS, Woodrow Wilson (1988) und 479: KNOCK, To End All Wars (1992). AMBROSIUS relativiert die politischen Konsequenzen von Wilsons Schlaganfall mit dem Hinweis auf die anderen Faktoren, die einer Zweidrittelmehrheit für die Ratifizierung im Senat entgegenstanden. Die von Ärzten, Psychologen und Historikern geführte Debatte um das Ausmaß der Amtsunfähigkeit durch den Schlaganfall und ihre politischen Folgen wertet AMBROSIUS im International History Review 9 (1987) 73–84 aus. Wilson hatte schon vor seiner Krankheit kompromißlos von den Senatoren die Zustimmung zum in Paris ausgehandelten Vertragstext verlangt. Ob

Kriegsverlauf

Friedensvertrag, Völkerbund

er als Gesunder im letzten Augenblick dennoch nachgegeben hätte, bleibt eine offene Frage.

Wilsons wiederholte Forderung nach einem Friedensvertrag, der nicht Rache befriedigte, sondern langfristig Europa stabilisierte, unterstützte aus wirtschaftlichen Überlegungen der englische Ökonom und Friedenskonferenzteilnehmer JOHN MAYNARD KEYNES. Er rechnete bereits 1919 vor, daß die Deutschen die verlangten Reparationen nur zahlen könnten, wenn sie einen großen Exportüberschuß erwirtschafteten, was die Bedingungen des Versailler Vertrages aber nicht erlauben würden [478: Economic Consequences of the Peace (1919)]. Das klassische Argument für die durch Rigorosität selbstverschuldete Niederlage Wilsons

Deutsche
Reaktionen lieferte THOMAS BAILEY [464: Woodrow Wilson and the Great Betrayal (1951)]. Umfassend und quellennah analysiert KLAUS SCHWABE die z.T. geheimen deutsch-amerikanischen Gespräche 1918/19 und den begrenzten Einfluß Wilsons auf den Friedensvertrag: Wilsons mangelndes Durchsetzungsvermögen sei nicht als „Verrat" an seinen Idealen zu werten; die Geheimgespräche führten, entgegen der Legende, nicht zu einer von gemeinsamem Antibolschewismus motivierten Absprache zur Eindämmung des Kommunismus [489: Deutsche Revolution und Wilson-Frieden (1971); die Übersetzung u.d.T. Woodrow Wilson, Revolutionary Germany, and Peacemaking (1985) ist um ein Drittel gekürzt, enthält aber auch neue Quellen und neue Sekundärliteratur]. Der Politikwissenschaftler ERNST FRAENKEL hat die stark emotionalen Reaktionen auf Wilsons Scheitern in Deutschland erläutert und mit dem nachhaltigen Haß auf Franklin D. Roosevelt verglichen [475: Das deutsche Wilsonbild (1960)].

g) „MODERNIST CULTURE", GESELLSCHAFTSTHEORIE

Der ideengeschichtliche Umbruch vom fortschritts- und wissenschaftsgläubigen 19. Jh. und seinen moralischen Gewißheiten zur skeptischen, eher Freud- als Darwin-orientierten Moderne und ihrem ethischen Relativismus bahnte sich in den amerikanischen Kulturmetropolen Boston, New York und Chicago ebenso wie in Europa um 1900 an. Ein Wortführer der neuen traditionskritischen Spontaneität, der Literaturkritiker VAN WYCK BROOKS, feierte 1915 in America's Coming of Age einen neuen Reichtum „unbewußten Lebens" und „halb-bewußter Gefühle" [501: MAY, End of American Innocence (1959) 221]. Die Bezeichnung „Modernist culture" bevorzugte der Gastherausgeber des Themenheftes „Modernist Culture in America" des AQ 39 (Spring 1987). Er definierte die neue „sensibility" seit etwa 1900 als Reaktion auf den Viktorianismus: „The quintessential aim of Modernists has been to reconnect all that the Victorian moral dichotomy tore asunder – to integrate once more the human and the animal, the civilized and savage, and to heal the sharp divisions that the nineteenth century had established in areas such as class, race, and gender" (S. 12). Einzelne Texte, die diesen intellektuellen und kulturellen Wandel dokumentieren, erläutert für den Zeitraum 1865–1914 WINFRIED

FLUCK in 64: ADAMS u. a. (Hrsg.), Länderbericht USA (1999), 755–769. Die vielge-staltigen Anregungen des „modernism" für kreative Intellekte in allen Bereichen der Künste und Wissenschaften von der Malerei bis zur Anthropologie deutet DANIEL SINGAL an in „Modernism" in: 313. FOX u.a (Hrsg.), Companion to American Thought (1995) 460–62.

Den Anfang der kritischen historiographischen Bestandsaufnahme des ameri-kanischen Sozialdarwinismus machte RICHARD HOFSTADTER 1944 mit der zum Klassiker gewordenen Monographie Social Darwinism in American Thought (2. Aufl. 1955), nachdem die große Wirtschaftskrise endgültig den nötigen histori-schen Abstand geschaffen hatte. Detailliert wissenschaftsgeschichtliche Reflexio-nen über den amerikanischen Sozialdarwinismus und eine umfassende Bibliogra-phie bietet CARL DEGLER [312: In Search of Human Nature (1991)]. Der Lexikon-artikel „Social Darwinism" von DONALD C. BELLOMY warnt vor HOFSTADTERS Überschätzung der Bedeutung des Konzeptes, weist auf die Gefahr der Über-nahme von Begriffen und Konzeptionen aus der Biologie in gesellschaftliche Moralvorstellungen hin und schlägt vor, den Begriff zur geschichtswissenschaftli-chen Analyse nicht mehr zu verwenden [in 313. FOX u.a (Hrsg.), Companion to American Thought (1995); Langfassung von BELLOMYS Argument in: PAH New Series 1 (1984) 1–129].

Sozialdarwinismus

Kurzbiographien der Begründer des Pragmatismus, Charles Sanders Peirce, William James und John Dewey, kommentierte Textauszüge, eine Bibliographie auf dem neuesten Stand und eine artikellange „Introduction to Pragmatism" des Herausgebers enthält 350: MENAND (Hrsg.), Pragmatism (1997). Die profunde, nicht nur dem Fachphilosophen und Psychologen verständliche Dewey-Biogra-phie des Historikers ROBERT WESTBROOK kann auch als eine Geschichte des Prag-matismus und der Demokratietheorie in der ersten Hälfte des 20. Jhs. gelesen wer-den [355: John Dewey (1991)]. Die Verbindung auch zur deutschsprachigen Fach-diskussion stellt HANS JOAS her [349: Pragmatismus (1992)].

Pragmatism

Einzigartig ist der gründliche Vergleich mit den sozialdemokratischen Reform-ideen in Deutschland, Großbritannien und Frankreich von JAMES KLOPPENBERG [425: Uncertain Victory (1986)]. Er erläutert politiktheoretische Positionen (u. a. der Deutschen Wilhelm Dilthey, Eduard Bernstein und Max Weber, der Engländer Beatrice und Sidney Webb und der Amerikaner William James, Walter Rauschen-busch und John Dewey), die einen Mittelweg einnahmen zwischen dem hochgra-dig individualistischen Liberalismus einerseits und dem auf das Kollektiv ausge-richteten Marxschen Sozialismus andererseits. Wie stark sich die amerikanischen Sozialreformer auch von britischen Praktiken inspirieren ließen, belegt DANIEL RODGERS in Atlantic Crossings: Social Politics in a Progressive Age (Cambridge/ Mass. 1998).

Europäischer Kontext

2. DIE 1920ER JAHRE: SCHEINBARER WOHLSTAND, ILLUSIONÄRER ISOLATIONISMUS

The Twenties Die Epochenbezeichnung „The Twenties" wurde als erstes der Dekadenetiketts in der amerikanischen Nationalhistoriographie von FREDERICK LEWIS ALLEN durchgesetzt, dessen gefällig geschriebene Essays unterhaltend und bewertend auf alle Lebensbereiche seit Kriegsende zurückblickten und seit 1931 über 500 000 mal verkauft wurden [502: Only Yesterday (1931)]. ALLEN zögerte nicht, mit klaren Worten den angeblichen „public mind" oder die „national mood" angesichts diverser interessanter Probleme zu beschreiben, wo die analytische Fachliteratur noch nach Beweisen sucht. Kritisch zu ALLEN und der Gattung der Dekadenrückschau 503: BIEL, Only Yesterday (1991) und 512: KENNEDY, Revisiting (1986). Den die Fachliteratur souverän auswertenden Standardüberblick schrieb WILLIAM E. LEUCHTENBURG mit der ungewöhnlichen Periodisierung 1914–1932 [513: Perils of Prosperity (1958)]; er erfaßt viele der regionalen Unterschiedlichkeiten und betont das Spannungsverhältnis des kulturellen Pluralismus in den Städten und der traditionellen Wertvorstellungen auf dem Land, zu deren Extremformen christlicher Fundamentalismus und der Rassenhaß des Ku Kux Klan gehörten. Die Epochendarstellung von ARTHUR M. SCHLESINGER jr. faßt den im amerikanischen Sinn „liberalen" Konsens zusammen: das amerikanische Regierungssystem, die Wirtschaft und die Beziehungen der sozialen Gruppen zueinander funktionieren tatsächlich, wenn auch mit gelegentlichen Krisen und einem marktähnlichen zyklischen Auf und Ab der Dominanz der Interessen vieler Einzelner und des Gemeinwohls. Die „reform energies", so SCHLESINGER, erschöpfen sich in einem Zyklus von 20 bis 30 Jahren. Auch wenn die Regelhaftigkeit dieser Zahlenmystik nicht überzeugt, ist SCHLESINGERS Erklärungsversuch des Pendelns zwischen der Disziplin kollektiver Reformanstrengungen und dem Laufenlassen der individuellen Interessenvielfalt überprüfenswert. Die Fehlentwicklungen der laissez-faire-Wirtschaft von 1870 bis 1900 bereiteten in der Tat so viel soziales Elend, daß die politische Reformbereitschaft wuchs. Die aufwendigen und kostspieligen Regulierungen der Reformer lösten schließlich ihrerseits eine Unzufriedenheit aus, die sich politisch in einer Phase des Abbaus von unmittelbarer Regierungsverantwortlichkeit in den 1920er Jahren ausdrückte [515: Age of Roosevelt, Bd. 1: Crisis of the Old Order (1957)]. Kritischer als SCHLESINGER fragte BARRY KARL nach dem tatsächlichen Ausmaß der „Modernisierung" und der nationalen Homogenisierung der amerikanischen Gesellschaft von 1915 bis 1945. KARL betonte die fortbestehenden regionalen Eigenheiten und unterschiedlichen Lebensweisen der ethnischen und anderen Gruppen und Einkommensschichten; deren Existenz dokumentiert zwar die individuelle Freiheit in den USA, nicht aber einen dauerhaften Erfolg der progressiven Reformer [511: Uneasy State (1983)].

A) RÜCKKEHR ZUR „NORMALITÄT" KONSERVATIVER INNENPOLITIK VON HARDING BIS HOOVER

RICHARD HOFSTADTERS Hoover-Porträt in seiner Präsidentengalerie [104: The   Präsident Hoover
American Political Tradition (1948)] trägt den Titel „Herbert Hoover and the Crisis of American Individualism" und ist entsprechend ideologiegeschichtlich konzipiert. HOFSTADTER erklärte Hoovers Versagen als Präsident mit seinem Festhalten an Prinzipien, deren Zeit vergangen war: „The victim of his faith in the power
of capitalism to survive and prosper without gigantic governmental props, Hoover was the last presidential spokesman of the hallowed doctrines of laissez-faire
liberalism" (S. 286). Hoover sah ab 1929 nicht tatenlos zu, aber er tat zu wenig. Ein
Beispiel dafür war seine Unterstützung des „cooperative marketing"; die aufge-
wandten Bundesmittel waren jedoch zu gering [539: HAMILTON, From New Day
to New Deal (1991)]. Der Spezialist für wirtschaftspolitische Ideengeschichte,
WILLIAM J. BARBER, bescheinigt Hoover durchaus eine gewisse Kohärenz seines
konservativen wirtschaftspolitischen Konzepts [535: From New Era to New Deal
(1985)].

In welcher Weise hat sich das seit 1920 praktizierte Frauenwahlrecht auf den   Frauen und Politik
politischen Prozeß ausgewirkt? Der britische Historiker RHODRI JEFFREYS-JONES
fand einen beträchtlichen Einfluß der Frauen in ihrer Rolle als Wählerinnen, Ver-
braucherinnen (die auch Waren boykottieren können), Gewerkschafterinnen,
Pazifistinnen usw. [529: Changing Differences (1995)]. Die Rezensentin ANN
TICKNER [in: DH 21 (Winter 1997) 157–162] ist davon jedoch nicht überzeugt und
präsentiert zur Begründung das breite Spektrum von Monographien und Artikeln
zur Rolle von Frauen in der amerikanischen Politik und Gesellschaft seit 1920, das
von radikalen Feministinnen bis hin zur wissenschaftlich abwägenden Diploma-
tiehistorikerin reicht.

Die Verletzung der Redefreiheit und anderer Bürgerrechte politisch radikal   Red Scare
Denkender und Handelnder (wie etwa der Industrial Workers of the World, der
Kriegsdienstverweigerer im Ersten Weltkrieg und mutmaßlicher Anarchisten)
durch FBI und polizeiliche Überwachung und Verfolgung wird von einer wachen
civil libertarian Historiographie dokumentiert [524: MURRAY, Red Scare (1955);
525: PRESTON, Aliens and Dissenters (1995); weitere Beobachtungen zur wieder-
kehrenden Radikalhysterie von GERDA W. RAY in: RAH 23 (1995) 744–755].

Der in den 1920er Jahren wieder auflebende Geheimbund des Ku Klux Klan   Ku Klux Klan
existierte nicht nur im ländlichen Süden. Noch mehr Anhänger hatte er in durchaus auch städtischen Gebieten des Nordens und Mittelwestens. Zielscheibe des
Hasses der verunsicherten Kleinbürger waren Afroamerikaner, Juden und jüngst
Eingewanderte sowie allgemein der „moralische Verfall" von Ehe und Familie
[520: JACKSON, Ku Klux Klan in the City (1967)]. Auf einen Südstaat, Georgia,
konzentriert sich die Fallstudie von Klan-Mitgliedern und „reaktionärem Popu-
lismus" von NANCY MACLEAN; sie deckt die gemeinsamen ideologischen Wurzeln
beider Haltungen auf und warnt vor der historischen Romantisierung des Popu-

lismus. Ihr vergleichender Hinweis auf die „Familienähnlichkeit" der rassistischen und kleinbürgerlichen Klansideologie und der nationalsozialistischen Bewegung im Deutschland der 1920er Jahre bedarf der Präzisierung [523: Mask of Chivalry (1994)].

b) Aussenpolitik des scheinbaren Isolationismus

Isolationismus? William Appleman Williams eröffnete 1954 die überfällige Korrektur der historiographischen Bewertung der amerikanischen Außenpolitik in den 1920er Jahren mit der Feststellung: „The widely accepted assumption that the United States was isolationist from 1920 through 1932 is no more than a legend." In Form einer kritischen Bestandsaufnahme der herrschenden Lehre seiner Fachkollegen zeigt er dann wesentliche Elemente der Kontinuität des expansiven, z. T. imperialen Regierungshandelns und der stets wachsam auf Vorteile bedachten Produzenten landwirtschaftlicher und industrieller Exportartikel [534: Legend of Isolationism (1954)]. Vier Jahrzehnte später stellte Thomas Guinsburg seine historiographische Bestandsaufnahme – in der Williams und seine Schüler eine zentrale Rolle spielen – provozierend unter den Titel „The Triumph of Isolationsm" [in 263: Martel (Hrsg.), American Foreign Relations (1994), Kap. 6]; Guinsburgs Sichtung der Literaturlage führt zu der nötigen Begriffsklärung, denn die Kontroverse ist zu wesentlichen Teilen eine Frage des Wortgebrauchs. Hierzu auch M. P. Leffler [530: Political Isolationism (1974)], Klaus Schwabe [533: Der amerikanische Isolationismus (1975)] und für die historiographischen Zusammenhänge *Deutsch-amerika-* sehr erhellend Jerald Combs [251: American Diplomatic History (1983)]. Die *nische Beziehungen* Vereinbarung des Dawes-Plans bestätigte die amerikanische Regierung in ihrer Vermittlerrolle zwischen den europäischen Fronten. Werner Link beurteilte die komplementäre Interessenlage der Amerikaner und der Deutschen: „Die USA betrieben Weltpolitik als Weltwirtschaftspolitik, und Deutschland wollte über die Weltwirtschaft in die Weltpolitik zurückkehren" [531: Amerikanische Stabilisierungspolitik (1970) 315].

c) Gesellschaft und Wirtschaft

Middletown 1929 Ein erfolgreiches wissenschaftsgeschichtliches Novum lieferten 1929 die Soziologen Robert und Helen Lynd mit der anthropologisch anmutenden Bestandsaufnahme der Lebensgewohnheiten in einer für typisch erklärten mittelwestlichen Kleinstadt (Muncie/Indiana). Sie versuchen, das Ausmaß des sozialen Wandels durch detaillierte Beschreibung einzelner Fälle von Säkularisierung, Mann-Frau-Beziehungen, der Autorität von Eltern, der Rolle der Schule und der Auswirkung des Autos und des Films auf das Familienleben zu erfassen; und sie befürworteten als Progressives das Eingreifen der politischen Institutionen zur Lösung der neuen sozialen Probleme [551: Middletown (1929)]. Nachfolgestudien von 1937 und 1980 – genannt „Middletown II" und „Middletown III" – ermöglichen inzwischen einen einzigartigen soziokulturellen Längsschnitt der Entwicklung der Stadt Muncie.

Fast jede zweite amerikanische Familie hatte 1927 bereits ein Automobil. JAMES FLINK schlußfolgert in seiner sozial- und wirtschaftshistorischen Untersuchung, daß die Motorisierung mit PKW, LKW und Bus zwischen 1920 und 1940 „the major force unifying Americans" gewesen sei [546: The Car Culture (1975) 156].

Verbreitung des Automobils

Politische Ökonomie und wirtschaftliche Institutionengeschichte von 1917– 33 verbindet ELLIS W. HAWLEY in seiner mittelfristigen Synthese. Er kontrastiert die staatliche Planung und Organisation der Kriegsjahre unter Wilson und der New Deal-Jahre unter Roosevelt – die er für „statisch" hält – mit dem privatwirtschaftlichen „associational" Modell der 1920er, das nach dem Zweiten Weltkrieg teilweise wiederbelebt worden sei. Dabei ist aber nicht zu vergessen, daß die Großunternehmen selbst im Zuge ihrer Modernisierung zu großen Bürokratien wurden, mit der neuen Funktionärselite, der seither auch im Deutschen mit dem englischen Wort benannten angestellten „Macher" (*manager*). Zusätzlich zur zentralen Stabsabteilung organisierten sie Abteilungen für Personal, Produktplanung, Absatz, Werbung und Öffentlichkeitsarbeit und versuchten, die Mitarbeiter durch betriebseigene Fortbildung bis hin zu Englischkursen für Eingewanderte zu motivieren. Die Manager waren ebenso wie die leitenden Techniker vor allem an stetem, geregeltem Wachstum interessiert. Sie verstanden sich als Dienstleister für die Massenkonsumgesellschaft, und ihre Berufsverbände hielten sich für ebenso demokratisch legitimierte, offene Institutionen, wie es z. B. die politischen Parteien für sich beanspruchten. In der sozioökonomischen Krise ab 1929 erwies sich aber die auf Freiwilligkeit beruhende lockere Zusammenarbeit von Privatwirtschaft und Regierung als zu schwach. Die Machtübernahme der New Dealer bedeutete in Hawleys Kategorien die Ablösung der Freiwilligkeit des *associational* Modells durch staatlichen Zwang [509: HAWLEY, The Great War (1979)]. Auch der Wirtschaftshistoriker LOUIS GALAMBOS hat die prägende Kraft wirtschaftlicher Strukturen Anfang des 20. Jhs. – insbesondere der Bürokratien der Konzerne mit ihrem nationalen Betätigungsfeld – für die amerikanische Gesellschaft aufgezeigt: „Large-scale organizations [were] the centerpiece of recent U.S. history, … no longer liberal-conservative struggles leading to pulses of progressive reform; instead, the primary processes of change involved organization building, both public and private, and the creation of new and elaborate networks of formal, hierarchical strucures of authority that eventually came to dominate our economy, polity, and culture." Diese Großstrukturen haben lokale und informelle Entscheidungs- und Verantwortungsstrukturen verdrängt. Lebensgewohnheiten und politische Präferenzen wurden durch sie stärker verändert als durch einzelne Ereignisse oder durch Politiker mit ihren programmatischen Forderungen [508:

Politische Ökonomie und wirtschaftliche Institutionengeschichte

GALAMBOS, America at Middle Age (1982), Zitat S. 471]; eine Kurzfassung seiner Argumentation findet sich in seinem Literaturbericht Technology, Political Economy, and Professionalization: Central Themes of the Organizational Synthesis, in: Business History Review 57 (1983) 471–93.

d) DER BÖRSENBOOM UND SEIN JÄHES ENDE 1929

Die wahrscheinlich meistgelesene Darstellung des Börsenkrachs von 1929 hat der Wirtschaftswissenschaftler und im amerikanischen Sinn liberale Gesellschaftskritiker JOHN KENNETH GALBRAITH im Selbstbewußtsein des erfolgreichen New Dealers geschrieben, mit stellenweise beißender Ironie, aber voller Sorge, es könne doch wieder passieren, weil Finanzjongleure zu allen Zeiten das Gemeinwohl mißachteten [537: The Great Crash (1955)]. Der Wirtschaftshistoriker Stanley LEBERGOTT versucht zu belegen, daß die Ausweitung des Börsenkrachs zur Wirtschaftskrise hätte aufgehalten werden können, wenn die lawinenartigen Bankenpleiten vermieden worden wären. Das wäre möglich gewesen, so LEBERGOTT, wenn die Einlagen so versichert gewesen wären, wie ein Entwurf des Federal Reserve-Gesetzes es bereits 1913 vorgesehen hatte und wie es ab 1933 dann die Federal Deposit Insurance Corporation auch verlangte [293: The Americans (1984), 447].

Auf die Frage „Did Monetary Forces Cause the Great Depression?" antwortete der MIT-Ökonom und Keynesianer PETER TEMIN mit einer Untersuchung der tieferliegenden Ursachen des Wirtschaftszusammenbruchs ab 1929. Die Fehlentwicklung begann demzufolge 1918, als mit dem Waffenstillstand die durch den Weltkrieg angekurbelte Produktion schlagartig zur Überproduktion führte. Zusätzlich verstärkte das Festhalten der USA am Goldstandard nach dem Krieg die Deflation [614: TEMIN, Lessons from the Great Depression (1989)]. Auch der Erklärungsansatz des Wirtschaftshistorikers BARRY EICHENGREEN beginnt 1919 und zeigt große strukturelle Schwächen der internationalen Finanzwirtschaft auf. Das Festhalten am Goldstandard (bis 1931 bzw. in den USA bis Juni 1933) hinderte die Regierungen auf beiden Seiten des Atlantik an frühzeitigen flexiblen finanzpolitischen Reaktionen zur Eindämmung der wirtschaftlichen Folgen des Bankenkrachs und Konjunktureinbruchs [607: Golden Fetters (1992)]. Die drastische Einfuhrzollerhöhung durch das Smoot-Hawley-Gesetz von 1930, insbesondere für Zucker und Textilien, kann nach dem Befund von ECKES nicht zu den eigentlichen Auslösern der Weltwirtschaftskrise gerechnet werden [284: Opening America's Market (1995)].

E) DIE „GOLDEN TWENTIES" ALS EPOCHE IN DER AMERIKANISCHEN KULTURGESCHICHTE

Europäische Journalisten und Reiseschriftsteller kamen in Scharen, um im Amerika der 1920er Jahre Teile der eigenen wirtschaftlichen und kulturellen Zukunft zu besichtigen, begeistert von technischem Fortschritt zu berichten oder vor dem Verfall der bürgerlichen Kultur zur Massenkultur zu warnen. Der bislang als Südstaatenhistoriker ausgewiesene C. VANN WOODWARD hat in sechs ideengeschichtlichen Vorträgen das ganze Spektrum der z. T. vorurteilsverblendeten, z. T. scharfsichtigen europäischen Amerikaimpressionen insbesondere des 19. und frühen 20. Jhs. gesichtet. Dabei hat er fairerweise auch festgestellt, daß die Vereinigten Staaten ihre eigene Identität stets als Gegenbild Europas definiert haben: „The Land of the Future versus a Europe of the bankrupt past.... America, so patriots declared over and over, was a country of innocence, virtue, happiness and liberty, against a Europe of vice, ignorance, misery and tyranny" [561: WOODWARD, The Old World's New World (1991) 37–38]. Die Dynamik von Wirtschaft und Gesellschaft beschrieb der für die Frankfurter Zeitung schreibende Wirtschaftswissenschaftler ARTHUR FEILER ohne Verniedlichung der sozialen Probleme [507: Amerika-Europa (1926)]; FEILERS als Buch veröffentlichte Reportageserie bringt indirekt auch die ambivalente deutsche Stimmung gegenüber den USA als „Land der Freiheit" und „der Hemmungslosigkeit" (S. 240) zum Ausdruck; er schließt aus verschiedenen Gesprächen, daß die „anglophile New Yorker Bankenwelt" Amerikas Eintritt in den Krieg erzwungen habe, und stellt überrascht fest, wie anglophil die sprachgebundene Hochkultur in Amerika ist.

Europäische Beurteilungen

Amerikanische Intellektuelle erörterten zur gleichen Zeit ihre Zweifel an der Fähigkeit der scheinbar schrankenlosen „Massen"-konsumgesellschaft und Demokratie, eine auf mehr als Einkommen, Technik und Unterhaltung ausgerichtete „civilization" zu ermöglichen [WARREN SUSMAN, Culture and Civilization in the 1920s, in: 558: DERS., Culture as History (1973) 105–121].

Amerikanische Selbstkritik

Technisch neu, politisch regelungsbedürftig, gewinnversprechend und ein neues Instrument der Politik und der Unterhaltung war der sich in den 1920er Jahren rasch ausbreitende Rundfunk [527: WILLIAMS, Politics of American Broadcasting (1976)]. Presse, Radio und Film schufen sich in den 1920er Jahren ein fast globales Publikum. Das Handbuch zur Pressegeschichte von WILLIAM DAVID SLOAN u. a. widmet dem Rundfunk ein eigenes Kapitel [223: Media in America (1996), Kap. 18; siehe auch Kap. 19 zu den Anfängen der Schallplatten- und der Filmindustrie und Kap. 21–22 zur modernen Werbung und Public Relations durch Presse und Rundfunk. Der Umsätze steigernde internationale Starkult beschränkte sich nicht auf Schauspieler. Auch Sportler und Abenteurer wie der Pilot Charles Lindbergh wurden durch die Berichterstattung – nicht nur über ihre öffentlichen Heldentaten, sondern auch über ihr Privatleben – zu Identifikationsfiguren, die für Werte und Leistungen der amerikanischen Kultur insgesamt standen [560: WARD, Lindbergh's Flight (1958)].

Medien der Massenkommunikation

Internationaler Starkult

Fundamentalismus:
„Affen"-Prozeß
1925

Ein lokales Ereignis, das von der Presse zum nationalen gemacht wurde, war der „Affenprozeß" von 1925 in Dayton/Tennessee. Die kulturgeschichtliche Bedeutung dieses Zusammenpralls des protestantischen Fundamentalismus, der Darwins Evolutionslehre ablehnte, mit der modernen Welt von Wissenschaft und Technik analysiert EDWARD J. LARSON umfassend [550: Summer for the Gods (1997)].

3. DIE USA IN DER WELTWIRTSCHAFTSKRISE, 1930–1940

a) Gesamtdarstellungen, Interpretationen, Biographien

In der Historikergeneration der Neuen Linken häuften sich ab etwa 1965 kritische Beurteilungen, die Roosevelt und den New Dealern vorwarfen, ihren Handlungsspielraum zur Korrektur von Fehlentwicklungen des Kapitalismus nicht voll ausgenutzt zu haben [573: BERNSTEIN, New Deal (1968); 585: RADOSH, Myth of the New Deal (1972)]. Eine Generation später regte die Umbruchstimmung unter liberalen Historikern, die mit der Wahl Reagans 1980 das Ende des New Deal-*liberalism* gekommen sahen, zu einer historischen Bestandsaufnahme an [581: FRASER u. a. (Hrsg.), Rise and Fall of the New Deal (1989)]; die 10 Artikel fragen vor allem nach der Kontinuität und der Folgewirkung. ALAN BRINKLEYS Beitrag „The New Deal and the Idea of the State" betont, daß nicht *eine* programmatische Forderung den New Deal charakterisierte, sondern die Forderung nach einer möglichst aktiven Bundesregierung. Dieser hohe Anspruch an Verantwortung und Effektivität des Bundes gilt in der heutigen politischen Diskussion in der Tat als Unterscheidungsmerkmal zwischen konservativen Republikanern und liberalen Demokraten. Siehe auch den umfassenden Literaturbericht ALAN BRINKLEYS in 73: FONER (Hrsg.), New American History (1997), Kap. 6.

Historiographie

Präsident Roosevelt stand so eindeutig im Zentrum der amerikanischen Nationalgeschichte von 1933 bis 1945, daß die Geschichtsschreibung die Darstellung der Epoche und seine Biographie gezwungenermaßen miteinander verbindet. Ein gutes Beispiele hierfür liefert die große einbändige biographische Synthese von FRANK FREIDEL [563: Franklin D. Roosevelt (1990)]. Die einfühlsamste Darstellung aus der Sicht der New Dealer selbst bleibt die Trilogie des Zeitzeugen und New Deal-Sympathisanten ARTHUR SCHLESINGER JR.; er erinnert zu Recht an den Widerstand der ökonomischen Oberklasse gegen die vor allem der Mittelklasse zugute kommenden sozialstaatlichen Reformen [572: The Age of Roosevelt (1957–60)]. Aus kritischerem Abstand sieht WILLIAM LEUCHTENBURGS kompakte Standarddarstellung [569: Franklin D. Roosevelt (1963)] die Grenzen der Reformprojekte der New Dealer, die z. B. wenig für die Verbesserung der Lage der armen weißen wie schwarzen kleinen Farmer auf gepachtetem Land durchsetzten. Wegen tiefgreifender Veränderungen des politischen Systems – insbesondere des Machtzuwachses des Präsidentenamtes und der Bundesregierung insgesamt – beurteilte LEUCHTENBURG das Ausmaß des Wandels als „halfway revolution" (S. 347). Mehr Regierungshandeln sei nötig geworden, weil der bis dahin vielgerühmte, sich selbst regulierende Markt, „the invisible hand", versagt hatte (S. 34). Noch schärfer hatte bereits 1948 RICHARD HOFSTADTER gewertet: Aus Enttäuschung skizzierte der junge liberale Historiker in einem engagiert-brillanten Porträt den Oberklassepolitiker mit einem Gespür für das jeweils Machbare als konzeptionslosen Opportunisten [566: HOFSTADTER, Franklin D. Roosevelt: The

Franklin D. Roosevelt

Patrician as Opportunist (1948)]. Der selbst wegen Polio auf den Rollstuhl angewiesene Historiker HUGH GREGORY GALLAGHER hat den Zusammenhang zwischen der körperlichen Behinderung Roosevelts seit 1921, seinem 38. Lebensjahr, und seinem politikrelevanten Verhalten mit einmaliger Sachkenntnis recherchiert und bewegend dargestellt [564: FDR's Splendid Deception (1985)]; Roosevelts außerordentliche Willensstärke und Experimentierfreude bei der Überwindung dieser existentiellen persönlichen Krise verlieh der Rhetorik vom starken Führer, der das kranke Land zur Gesundung führen kann, wie er auch seine eigene Krankheit gemeistert hatte, eine reale Grundlage. Journalisten haben verabredungsgemäß weder gezeigt noch beschrieben, wie der Präsident getragen oder im Rollstuhl gefahren wurde. GALLAGHER hat keine einzige Karikatur gefunden, die seine Behinderung darstellte.

Eleanor Roosevelt   Eleanor Roosevelt schuf die Rolle der politisch aktiven *First Lady* [571: SCHARF, Eleanor Roosevelt]. Die persönliche Entfremdung des Ehepaares war für die Presse der Zeit kein Thema [ALLIDA BLACK in: RAH 23 (1995) 307–312].

b) INNENPOLITIK: NEW DEAL, VERFASSUNGSWANDEL

New Deal   Die historiographischen Bestandsaufnahmen nach fünf Jahrzehnten von R. EDEN [580: New Deal (1989)] und HARVARD SITKOFF [587: Fifty Years Later (1985)] bestätigen das Ausmaß des Umbruchs, den der New Deal in der amerikanischen Politik-, Sozial- und Wirtschaftsgeschichte darstellt. Die beste neue einbändige Gesamtschau mit kritischer Sichtung der umfangreichen Spezialliteratur, nüchterner Bilanzierung auch der vielen von den New Dealern nicht erreichten Ziele und mit wohltuender sprachlicher Präzision hat aus englischer Distanz 1989 ANTHONY BADGER vorgelegt [562: The New Deal (1989)]. In seiner abschließenden Bewertung der bescheidenen Erfolge der Sozialreformer von 1933–37 betont er die Hartnäckigkeit der zu überwindenden Widerstände unter konservativen Demokraten wie Republikanern im Kongreß, aber auch unter der Wählerschaft, einschließlich der Gewerkschafter und Farmer, denen die New Deal-Gesetze zugute kamen: Auch sie wollten nur das vertraute, auf individuelles Besitzstreben, Selbsthilfe und möglichst wenig „Regierung" setzende Wirtschafts- und Sozialsystem wieder funktionieren sehen, keine Systemveränderung. Noch nicht einmal eine bemerkenswerte Zahl Arbeitsloser stimmte für systemverändernde sozialistische oder kommunistische Kandidaten.

Politische Ideen des   Die großen Meinungsunterschiede bereits in der ersten Beraterrunde Roosevelts
New Deal, brain   im Wahlkampf 1932 schilderte aus eigener Erinnerung der zu noch viel mehr Regu
trust   lierung und Planung bereite Wirtschaftswissenschaftler REXFORD TUGWELL [589: Brains Trust (1968)]; entgegen späterem Sprachgebrauch beharrt er auf dem logischeren Plural von brains. TUGWELL sagte in autobiographischer Rückschau: „We didn't admit it at the time, but practically the whole New Deal was extrapolated from programs that Hoover started" [Zitiert von JOAN HOFF in 63: FONER u. a.

(Hrsg.), Reader's Companion (1991) 514]. John Maynard Keynes' Theorie vom   Keynes
kontrazyklischen *deficit spending* hat bis 1933 für Roosevelts Entscheidungen
keine Rolle gespielt, wie D. R. FUSFELD belegt [608: Economic Thought (1964)].
Keynes' *opus magnum*, The General Theory of Employment, Interest and Money,
erschien erst 1936. Persönliche Kontakte zu Roosevelts Beratern bestanden allerdings schon früher. Erst im Vorfeld der Kongreßwahlen von 1938 ließ sich Roosevelt jedoch dazu drängen, *deficit spending* in höherem Ausmaß zu praktizieren –
mit einigem praktischen Erfolg, denn die verfrühte Reduzierung der Arbeitsbeschaffungsmaßnahmen hatte die Rezession von 1937/38 verschärft und wurde nun
wieder korrigiert. Aber auch wenn er auf dem Höhepunkt der Krise Keynes'
Rezept anwandte, in der politischen Rhetorik blieb der stets ausgeglichene Bundeshaushalt Roosevelts Ideal [613: STEIN, Fiscal Revolution (1969) 85–86, 107–109].

   HOWARD ZINN und einige andere Historiker, die um 1965 Fragestellungen der   Kritik von links
historisch-materialistischen Geschichtsschreibung interessierten, nahmen die
„Ideologie" der New Dealer ernster, als diese selbst es taten. In Ermangelung eines
theoretischen Grundsatz-Textes Roosevelts oder eines anderen New Dealer
edierte ZINN eine durchaus nützliche Anthologie von Quellentexten [592: New
Deal Thought (1966)]. Mit dem Wertmaßstab der *New Left*-Historiker dokumentierte ZINN die mangelnde Radikalität z. B. der Kapitalismuskritik der New
Dealer. ZINNS letztes Dokument ist ein Leitartikel der Reform-liberalen Zeitschrift The New Republic, die 1940 nüchtern registriert: Der New Deal hat die
Arbeitslosigkeit nicht beseitigt (S. 418). Die Neu-Linke Interpretation unterstellt
den New Dealern einen *corporate liberalism* oder *corporate capitalism*, der
Gewerkschaften und Unternehmer im Arbeitsministerium an einen Tisch setzte,
um mit den *codes of fair competition* die Klassengegensätze (künstlich und nur vorübergehend) zu harmonisieren [HAWLEY in 591: WINKLER (Hrsg.), Die große
Krise in Amerika (1973)]. Die CPUSA fand weder 1932 noch im Volksfrontwahl-   Sozialisten,
kampf 1936 die Zustimmung einer nennenswerten Anzahl von Protestwählern   Kommunisten
[594: BROWN u. a. (Hrsg.), New Studies in the Politics and Culture of U.S. Communism (1993) – mit der nützlichen Einleitung „The History of U.S. Communism"; und 596: DRAPER, Life of the Party (1994)]. Auf die sozio-kulturelle wie
politische Komponente des amerikanischen Kommunismus blickt MICHAEL
KAZIN zurück [637: Agony and Romance of the American Left (1995)].

   Den ab 1937 in Repräsentantenhaus und Senat wachsenden Widerstand gegen   Kritik von rechts
Roosevelts experimentierfreudige Haushaltspolitik und gegen die fortschreitende
Machtverlagerung von den Einzelstaatsregierungen zum Bund dokumentiert
PATTERSON in 599: Congressional Conservatism (1967) und 584: The New Deal
and the States (1969). Die 1938 wieder einsetzende Rezession und der 1939 von
Deutschland begonnene Krieg änderten das wirtschaftliche und politische Umfeld
derart, daß auch die Befürworter des New Deal in seiner entschieden reformeri-
schen Gestalt von 1933–36 nun bescheidenere Forderungen stellten und nicht
mehr an eine qualitätsverändernde Umgestaltung des amerikanischen Kapitalismus glaubten [576: BRINKLEY, The End of Reform (1995)].

Verfassungswandel   Die Verfassungshistoriker haben die Aufhebung zentraler New Deal-Gesetze durch das Oberste Bundesgericht 1935 und 1936 wegen Verfassungswidrigkeit in allen Details analysiert. Eine formal-strikte Verfassungsinterpretation war mit der neuen Machtfülle des Bundes und der Delegation gesetzgeberischer Entscheidungen an Ministerien und Ausschüsse in der Tat nicht zu vereinbaren. Die fünf ablehnenden Richter verlangten daher theoretisch zu Recht, daß die von den New Dealern praktizierten Verfassungsänderungen durch eine förmliche Verfassungsänderung gebilligt werden müsse. Die zu hohen politischen Kosten ignorierten sie, bis der fünfte Mann sich 1937 zu einer weniger wörtlichen Verfassungsinterpretation entschloß, und nach Rücktritten Roosevelt das Gericht sogar mit Vertretern des „breiten" Verfassungsverständnisses besetzen konnte [198: BICKEL, Least Dangerous Branch (1986) Kap. 6; W. P. ADAMS, Der New Deal vor Gericht, in 591: WINKLER (Hrsg.), Große Krise (1973) 189–215].

c) SOZIALGESCHICHTE

Anfänge des Wohl-   Bei aller Wertschätzung für die Initiativen Roosevelts und seiner Berater hat die
fahrtsstaats   jüngere Reformpolitikgeschichtsschreibung wiederholt auf die in Einzelstaaten wie z. B. Wisconsin bereits unter Hoover ergriffenen Maßnahmen hingewiesen. Den Zugang zu dieser revisionistischen Literatur eröffnet die profunde Monographie von UDO SAUTTER [809: Three Cheers (1992)]; in seiner deutschsprachigen Zusammenfassung im Historischen Jahrbuch 116 (1996) auf S. 439 schlußfolgert SAUTTER überzeugend: „Die Regierung Franklin D. Roosevelts begann offensichtlich nicht auf jungfräulichem oder kaum beackertem Grund. Ihre Maßnahmen zur Arbeitslosigkeitsbekämpfung basierten vielmehr auf Ideen, die schon vor dem Ersten Weltkrieg konzipiert und dann bis Anfang der 1930er Jahre vollends durchkorrigiert und getestet worden waren." Einen zuverlässigen Einstieg in die Debatte um die Anfänge wohlfahrtsstaatlicher Sozialgesetzgebung auf Bundesebene bietet der englische Historiker WILLIAM BROCK mit seiner gut dokumentierten Studie über die 1933 gegründete Federal Emergency Relief Administration [577]: Welfare, Democracy, and the New Deal (1987)]; er knüpft an Vorläufer aus den 1920er Jahren an und erfaßt die Sozialstaatsentwicklung bis 1939. Die mit dem Wohlfahrtsstaat verbundene Vergrößerung der Verwaltungsapparate auf Bundes- und Einzelstaatsebene kommentieren 610: HAWLEY, New Deal (1966); 588: SKOCPOL u. a., State Capacity (1982); 609: GALAMBOS, Rise of Corporate Commonwealth (1988) und BRINKLEY, New Deal and the Idea of the State in 581: FRASER (Hrsg.), Rise and Fall (1989).

Gewerkschaften   Die Unterstützung der immer noch um ihr Organisationsrecht und um Anerkennung als Tarifpartner kämpfenden Gewerkschaften durch das National Industrial Recovery-Gesetz 1933 genügte nicht. Erst im zweiten Anlauf mit dem National Labor Relations-Gesetz und der von diesem eingesetzten Aufsichtsbehörde, dem National Labor Relations Board, gelang 1935 der Durchbruch [605: BERNSTEIN, Turbulent Years (1970)]. Eine revisionistische Generation von Gewerkschaftshistorikern lehnt die frühere Glorifizierung von Section 7a des NIRA von 1933 ab, wertet die Haltung Roosevelts eher als Halbherzigkeit und beurteilt den Bruch des Committee for Industrial Organzation (ab 1938 Congress of Industrial Organizations) mit der Facharbeitertradition der American Federation of Labor als inhaltlich weniger radikal [606: DUBOFSKY, Not So Turbulent Years (1979)]. Manche beklagen das Ausbleiben einer wirklichen „industrial democracy" [306: TOMLINS, The State and the Unions (1985) und 615: VITTOZ, New Deal Labor Policy (1987)]. Die erschütternden sozialen Folgen der großen Arbeitslosigkeit schildert PETER SCHÄFER [137: Alltag in den Vereinigten Staaten (1998), Kap. 12].

Gezielt gegen die Rassentrennung gingen die New Deal-Liberalen noch nicht vor [BRINKLEY, The New Deal and Southern Politics, in 578: COBB (Hrsg.), The New Deal and the South (1984) 97–116]. Rücksichtnahme auf die konservativen Südstaatendemokraten im Kongreß und realistisches Stimmenkalkül hielten Roosevelt 1934 von einer Gesetzesvorlage ab, die Lynchmorde (denen insbesondere Schwarze im Süden zum Opfer fielen) zum Delikt nach Bundesrecht erklärt und somit eine gerechtere Bestrafung wahrscheinlicher gemacht hätte: „If I come out for the antilynching bill now, Southerners will block every bill I ask Congress to pass to keep America from collapsing. I just can't take that risk" [590: WEISS, Farewell to the Party of Lincoln (1983) 106, ebenso kritisch 582: FREIDEL, FDR and the South (1965)]. Diskriminierung der Afroamerikaner

d) AUSWÄRTIGE BEZIEHUNGEN

Den erheblichen Widerstand gegen den Eingriff der USA in den Krieg als Bündnispartner interpretiert und dokumentiert 614: DOENECKE, Battle Against Intervention (1997). Die einhundertseitige Quellenauswahl reflektiert das breite Spektrum der öffentlich erhobenen kritischen Stimmen gegen die Aufgabe der formalen Neutralität und reicht von Leitartikeln und Politikerreden bis zur Aussage des Historikers Charles Beard vor dem Auswärtigen Ausschuß des Senats am 4. Februar 1941, das Leih- und Pachtgesetz *(Lend-Lease)* solle nicht verabschiedet werden, weil es dem Präsidenten die Vollmachten eines Diktators verleihe: Der im Gesetzentwurf genannte Aufgabenbereich „national defense" sei praktisch grenzenlos und betreffe u. a. die gesamte Wirtschaft und die Arbeitskraft eines jeden Arbeiters. Spitz fragt der Historiker, ob das Gesetz gelten solle, „until Soviet Russia is pushed back within the old Russian borders?" (S. 142). Detaillierter zu Neutralität und „Isolationismus" sind die Monographien von MANFRED JONAS und WAYNE S. COLE . JONAS definiert die „isolationistische" Position als Ablehnung derjenigen Art von aktiver internationaler „leadership", wie die USA sie systematisch erst seit 1947 ausüben [624: Isolationism (1966)]. COLE zeigt, wie im Werte- Isolationismus, Neutralität system interventionsfeindlicher Senatoren Tugenden des vermeintlich selbstbestimmten, autarken Lebens im ländlichen und Kleinstadt-Amerika an erster Stelle standen, nicht globale Marktchancen und technische Neuerungen, die Raum und Zeit schrumpfen ließen. Die bekannte Ausnahme von dieser Mentalität sind die Südstaatler, die immer schon für den Verkauf ihres Tabaks und ihrer Baumwolle von überseeischen Märkten abhängig waren und sich billigeren Fertigwarenimport durch die Konkurrenz erhofften [617: Roosevelt and the Isolationists (1983) 101].

Ein selten anschauliches Beispiel für das in der politischen Rhetorik oft geübte Aus-der-Geschichte-Lernen dokumentiert Warren I. COHEN: Engagierte Progressives – u. a. der Historiker CHARLES BEARD – argumentierten publizistisch auch nach 1933 gegen eine aktive amerikanische Teilnahme an der Gestaltung der internationalen Ordnung, weil sie die Vernachlässigung der Reformen zu Hause befürchteten. Sie verwiesen auf das Scheitern Wilsons als historisches Beispiel für die Unmöglichkeit, den zerstrittenen Europäern helfen zu können, und sie optierten für mehr soziale Gerechtigkeit in Amerika und Verzicht auf die Rolle der internationalen Ordnungsmacht [616: The American Revisionists (1967)]. Die Überbetonung einzelner Wirtschaftsinteressen in der Außenpolitik durch WILLIAM APPLEMAN WILLIAMS und seine Schüler korrigiert DETLEF JUNKER für den Zeitraum 1933–41; er betont das amerikanische Ziel einer liberalen Welthandelsordnung und bestätigt die Bedeutung der wirtschaftlichen Faktoren auch im internationalen System [625: Der unteilbare Weltmarkt (1975)].

appeasement　　Roosevelts „Quarantäne-Rede" vom 5. 10. 1937 warnte vor „the epidemic of world lawlessness." Als die Vollversammlung des Völkerbundes in Genf am 6. Oktober 1937 die japanische Invasion in China verurteilte, gab das State Department in Washington die Zustimmung des Präsidenten bekannt. Inwieweit der Präsident dabei tatsächlich einer politikrelevanten öffentlichen Meinung seiner Wähler vorauseilte, ist umstritten [623: JACOBS, Roosevelt's Quarantine Speech (1962)]. Roosevelt hatte die Gefährlichkeit Hitlers und der Nationalsozialisten früh erkannt. MICHAELA HÖNICKE [622: Das Nationalsozialistische Deutschland (1997)] kommt zu dem Schluß: „Die von Arnold Offner mit dem belasteten Begriff *Appeasement* gekennzeichnete und als unentschlossen dargestellte Politik wurzelte keinesfalls in Roosevelts Unterschätzung oder Fehleinschätzung Hitlers und dessen Ambitionen, sondern war Folge seiner verfassungsmäßig und innenpolitisch eingeschränkten Möglichkeiten, dem deutschen Diktator Einhalt zu gebieten. Somit ist Klaus Schwabes These vom ‚Appeasement als Folge eines Primats der Innenpolitik' einleuchtend und auch größtenteils in Robert Dalleks detaillierter Studie zur Rooseveltschen Außenpolitik bestätigt." (S. 67) Die Politikwissenschaftlerin BARBARA FARNHAM urteilt nach detaillierter Analyse der Entscheidungsabläufe 1938/39, daß Roosevelt das ihm angesichts des noch überwiegend anti-interventionistischen Kongresses und der öffentlichen Meinung innenpolitisch Mögliche getan hat, um der in München noch einmal diplomatisch erfolgreichen Aggressivität des deutschen Führers entgegenzuwirken und England und Frankreich zu unterstützen. Roosevelt rechnete mit Krieg, seit deutsche Truppen die Tschechoslowakei am 15. März 1939 besetzt hatten [620: FARNHAM, Roosevelt and the Munich Crisis (1997)]. Eine abwägende Gesamtdarstellung bietet ROBERT DALLEK [618: Roosevelt and American Foreign Policy (1979)].

E) SYSTEMKRISE?

Die Wirtschaftskrise mit ihren katastrophalen sozialen Folgen wurde auch als Systemkrise erlebt. Deren Bewältigung, behauptete der Schriftsteller und Historiker Herbert AGAR 1935 im *Southern Review* in dem kapitalismuskritischen Aufruf „Culture Versus Colonialism", sei nur möglich, wenn Amerika sich auf seine soziokulturellen Eigenheiten besinne [zitiert bei 639: SUSSMAN (Hrsg.), Culture and Commitment (1973) S. 28, 41]. (Diese Grundstimmung trug nach 1945 auch zur Organisation der selbstbewußt-nationalen *American Studies*-Bewegung bei, die mit Unterstützung der amerikanischen Besatzungspolitik ab 1950 auch an westdeutschen Universitäten zur Kenntnis genommen werden sollte.) Den umgekehrten Schluß zogen Intellektuelle, die keinen Unterschied zwischen amerikanischem und europäischem Kapitalismus sahen und durch ihre Werke und ihr Handeln für einen Systemwechsel warben. Sie befürworteten eine Gesellschaft, die weniger von der Konkurrenz miteinander wetteifernder Individuen geprägt war als von den Idealen der Solidarität und Mitmenschlichkeit. So hielt z. B. Erskine Caldwells realistischer Roman Tobacco Road (1932, erfolgreiches Theaterstück ab 1933) auch den Großstädtern die Armut der *share croppers* im Süden vor Augen. Clifford Odets' Theaterstück Waiting for Lefty (1935) dramatisierte den New Yorker Taxifahrerstreik von 1934 und plädierte für systemveränderndes Handeln. John Steinbecks packend realistischer Roman The Grapes of Wrath (1939, Film 1940) beschrieb die Not der *squatters*, die mit brachialer Gewalt von dem das Land, das sie in Oklahoma bebaut hatten, von dem das Land besitzenden Konzern vertrieben wurden; aber auch in Kalifornien fanden sie nicht ihr Glück. Mehr Künstler und Wissenschaftler als jemals zuvor unterstützten in den 1930er Jahren eine Gewerkschaft, wurden Mitglied der Sozialistischen Partei oder der Kommunistischen Partei und schrieben im Daily Worker. Standardanthologien, in denen verschiedene Autoren in verschiedenen Zusammenhängen nach dem Ausmaß der Krise des amerikanischen Selbstwertgefühls weit über das Wirtschaftssystem hinaus fragen, stellte DANIEL AARON zusammen [634: Strenuous Decade (1970) und Writers on the Left (Oxford 1977)]. Siehe auch RICHARD PELLS [638: Radical Visions (1973)] und das Resultat enger Zusammenarbeit einer Gruppe europäischer Kultur- und Sozialwissenschaftlicher [636: HEINZ ICKSTADT u. a. (Hrsg.), The Thirties (1987)]. Weitere umfassende Literaturangaben in 637: KAZIN, Agony and Romance of the American Left (1995).

Unterhaltung statt
Agitation

Die breite Öffentlichkeit, die in den Texten der Intellektuellen immer wieder beschworenen „Massen", aber ließen sich lieber von seichten Radioprogrammen und Filmen aus Hollywood unterhalten. Der Spezialist für die 1930er Jahre, ALAN BRINKLEY, urteilt hart: Die meisten „commercial films" der 1930er Jahre waren „deliberatively and explicitly escapist: lavish musicals and wacky comedies designed to divert audiences from their troubles and, very often, satisfy their fantasies about quick and easy wealth." [The Unfinished Nation (New York 1993) 666].

4. DIE USA IM ZWEITEN WELTKRIEG UND IM KALTEN KRIEG BIS 1960

A) Überblicke und Interpretationen

Die drei Nachkriegsjahrzehnte wertet JAMES T. PATTERSON in der bislang besten Bestandsaufnahme der Fachliteratur insgesamt als „goldenes Zeitalter" des wirtschaftlichen Wachstums und Wohlstands, des sozialreformerischen Fortschritts und der nur durch den Konflikt mit der Sowjetunion geschmälerten weltweiten Führungsposition der USA. Doch er beschrieb auch realistisch die verbleibenden Klassen- und Gruppenunterschiede und Rassenkonflikte „in der heterogensten Nation der Welt" und die politischen Fehlentwicklungen des McCarthyismus und der Teilnahme der USA am Bürgerkrieg in Vietnam. Auch die spannungsreichen öffentlichen Auseinandersetzungen um die neuen sozialen Bewegungen, z. B. der Frauenbewegung und der vehementen Ablehnung des Schwangerschaftsabbruchs durch fundamentalistische Christen (*Christian Right*), werden einschließlich der historischen Fachliteratur und zeitgeschichtlicher Dokumentationen aller Art in den inhaltsreichen Fußnoten erfaßt [651: PATTERSON, Grand Expectations (1996)]. Mit eindeutig liberalen – im amerikanischen Wortsinn – Wertungen und einer besonderen Sensibilität für kulturelle Ausdrucksformen soziopolitischer Konflikte zwischen ethnischen Gruppen und religiös begründeten Wertegemeinschaften stellt PAUL BOYER die Entwicklung der amerikanischen Gesellschaft von der Kriegserfahrung um 1945 bis 1992 dar. Die Bereitschaft liberaler Weißer zu einer Sozialpolitik, die ab 1954 in langsamen Schritten zur Abschaffung der Apartheid auch im amerikanischen Süden führte, erklärt BOYER überzeugend mit der Kriegserfahrung und dem anschließenden Kalten Krieg [642: BOYER, Promises to Keep (1995)].

B) Gesellschaft und Wirtschaft im Krieg

Die Auswirkungen der Kriegsführung auf alle Lebensbereiche der amerikanischen Gesellschaft während des Zweiten Weltkriegs erfaßt die Anthologie von O'BRIEN u. a. mit ihren abwägenden Vorträgen und weiterführenden Literaturhinweisen [662: Home-Front War (1995)]. Die drastischsten Kriegsfolgen innerhalb der USA erlebten die 110 000 internierten japanischen Einwanderer und ihre zum größten Teil eingebürgerten Nachkommen in Kalifornien, Oregon und Washington. Die regierungsamtliche Hysterie und das amerikanischen Staatsbürgern zugefügte Unrecht beschreibt der Migrationshistoriker ROGER DANIELS in 654: Concentration Camps (1981) und 655: Prisoners (1994); er kann sich dabei auf den 467seitigen Untersuchungsbericht der Commission on Wartime Relocation and Internment of Civilians (Washington, D.C. 1982 und 1983) stützen. Der Report

Internierung der Japanischamerikaner

erkannte keine Kriegsnotwendigkeit für Roosevelts Anordnung 9066, die der
Ausgangssperre, Evakuierung und Internierung der Amerikaner japanischer Herkunft im Küstengebiet zugrunde lag, und schlug einen Schadensersatz von 20 000
Dollar für die Überlebenden vor. Der Civil Liberties Act folgte 1988 diesem Vor-
Deutsche als enemy schlag. Die Monographie 495: TOLZMANN (Hrsg.), The German-Americans,
aliens Bd. 4: The World War Two Experience (1995) rezensiert J. L. SAMMONS überzeugend negativ im German Quarterly 71 (Winter 1998).

Afroamerikaner   Mitten im Krieg, 1944, erschien der Forschungsbericht, der zur klassischen
Bestandsaufnahme der Geschichte der Afroamerikaner werden sollte und den
ersten Schritt hin zur endgültigen rechtlichen Gleichstellung ab 1964 darstellte:
An American Dilemma: The Negro Problem in Modern Democracy [660:
MYRDAL (1944)]. Offensichtlich um der „Neutralität" willen hatte die Carnegie-
Stiftung den schwedischen Wirtschaftswissenschaftler GUNNAR MYRDAL mit der
Koordination und Auswertung der Arbeiten eines großen Mitarbeiterstabes
beauftragt. Der wissenschaftsgeschichtliche und politische Einfluß der beiden
Bände ist vielfach bezeugt, siehe die Retrospektive von WALTER A. JACKSON in
PAH 2 (neue Serie) (1985) 221–267 und die Verweise von LAWRENCE FUCHS [143:
American Kaleidoscope (1990) XV, 104–108, 152–154]. Auf vier Jahrzehnte Bür-
gerrechtsgeschichte und -geschichtsschreibung kann der mit dem Pulitzerpreis
ausgezeichnete Chronist/Journalist TAYLOR BRANCH in seiner quasi-Dokumen-
targeschichte der Bewegung zurückblicken [1093: Parting the Waters (1988), fort-
gesetzt von 1963–65 als Pillar of Fire (1998), dritter Bd. bis 1968 in Vorbereitung].

Rettung jüdischer   Die mangelhafte Hilfeleistung für die vom Tode bedrohten Juden im Herr-
Europäer schaftsbereich der Nationalsozialisten durch die Beibehaltung der rigorosen Einwanderungsbeschränkung wird Roosevelt persönlich und seinen Beamten im
State Department angelastet. Die Monographien unterscheiden sich nur in Nuan-
cen und Emotionalität bei der Darstellung und Beurteilung dieser Regierungspoli-
tik, die mit politischem Opportunismus angesichts der Arbeitslosigkeit im eigenen Land und mit Antisemitismus und hartherziger Indifferenz erklärt wird [Titel
666 bis 670]. Seit Juli 1941 entschlüsselte der britische Geheimdienst deutsche
Funkmeldungen über Massenerschießungen von der Ostfront nach Berlin
[MICHAEL DOBBS, How Early Clues to the Holocaust Went Unheeded, in: Washington Post National Weekly Edition, 18.-24. Dez. 1996, S. 15; Unterlagen im
National Holocaust Museum, Washington, D. C.].

Kriegswirtschaft   Die amerikanische Rüstungsindustrie war schon 1940/41 unter Ausnutzung der
und ihre Folgen im Gefolge der Weltwirtschaftskrise brachliegenden Industriekapazitäten voll
angelaufen; das euphemistisch so genannte Leih- und Pachtgesetz (Lend-Lease
Act) hatte seit März 1941 ermöglicht, daß England und seine Alliierten Waffen
kaufen konnten, die zunächst die Bundesregierung der USA bezahlte [665: VAT-
TER, U.S. Economy (1985)]. Die Kriegswirtschaft brachte auch die seit dem Sezessionskrieg vergeblich erwartete Industrialisierung der Staaten des Alten Südens in
Gang. Während des Krieges flossen über 9 Mrd. Dollar in die Militärstützpunkte
und Rüstungsfabriken auf ihrem Territorium. Die Südstaaten zogen seit den

1950er Jahren Menschen aus dem Norden an, statt wie früher Bevölkerung abzugeben. Das Pro-Kopf-Einkommen erreichte 1960 76% des nationalen Durchschnitts [497: Cobb, Industrialization (1984)]. Kaliforniens Wirtschaft und Gesellschaft erfuhr erst durch die Rüstungsindustrie den Entwicklungsschub, der das „moderne" Kalifornien gestaltete, so Gerald Nash [661: World War II (1990)]; dem hielt Paul Rhode jedoch entgegen, daß diese schnelle Entwicklung nur möglich war, weil die infrastrukturellen Grundlagen bereits früher gelegt worden waren [664: Nash Thesis (1994)]

c) Militärgeschichte und Kriegsdiplomatie

Die amerikanische Rolle im Krieg erläutert Gerhard L. Weinberg im Zusammenhang seiner globalen Kriegsgeschichte und mit umfassenden Literaturhinweisen [693: A World at Arms (1994); dazu die insgesamt anerkennende Kritik Hugh Brogans in: RAH 23 (1995) 510–515]. Die englischsprachige Fachliteratur zur Diplomatiegeschichte über den Zeitraum Dez. 1941-Aug. 1945 wertet mit umfassenden Literaturangaben Mark Stoler aus [692: A Half Century of Conflict (1994)]. Er zeigt auch Forschungslücken auf, die hoffentlich mit neu zugänglich werdenden Quellen geschlossen werden können. Zugleich erwartet er auch anhand neuer westlicher und russischer Quellen die Fortsetzung alter Debatten wie die Abwägung der „Naivität" Roosevelts gegen die „Gerissenheit" Stalins und beider Verantwortung für den Anfang des Kalten Krieges. Kam **Kriegskonferenzen** Roosevelt 1943 in Teheran Stalins Interessen zu weit entgegen, aus naivem Optimismus oder Ignoranz oder Selbstüberschätzung? Hätte er mehr auf den mißtrauischeren Churchill hören sollen? Durchaus plausibel beurteilen Roosevelts Verhalten Herbert Feis [674: Churchill-Roosevelt-Stalin (1967)] und Robert Divine [673: Roosevelt and World War II (1969)]. Daniel Yergin [753: Shattered Peace (1977)] konstatiert „perhaps... overconfidence". Robert Dallek sieht mehr Naivität als Realismus am Werk [618: Roosevelt and American Foreign Policy (1979)]. Der norwegische Historiker Geir Lundestad beurteilt Roosevelts Verhalten als konzeptionsloses Reagieren (Non-policy), insbesondere auf Stalins Unterwerfung der demokratischen Kräfte in Polen, und als Doppelzüngigkeit: was er im Wahlampf in Chicago versprach, löste er Stalin gegenüber nicht ein [686: Lundestad, American Non-Policy (1978)]. Speziell die Literatur zur Konferenz von Jalta sichtet Charles Stefan [691: Yalta Revisited **Jalta** (1993)]; er erinnert abschließend an die große, Stalin zugute kommende Einschränkung des Entscheidungsspielraums Roosevelts und Churchills: „There was no possibility of a compromise peace with a man like Hitler, and the Western Allies – fighting Japan as well as Germany and Italy – simply did not have the military capability to defeat the Nazis without all-out Soviet participation in the war against the Third Reich" (S. 764). Auch wenn die Forschung noch rätselt, weshalb Roosevelt so großen Wert auf Stalins Unterschrift unter das Demokratieversprechen in der Declaration on Liberated Europe legte – Tatsache ist, daß Stalin sich verpflichtete, es den befreiten Völkern zu ermöglichen, „to solve by democratic means their pressing political and economic problems" und „to create democratic institutions of their own choice" [33: SCHLESINGER u. a. (Hrsg.), Dynamics of World Power, Bd. 2, Teil 1 (1973) 61]. Stalins diktatorische Herrschaft durch die KP in den erneut besetzten Ländern Mittel- und Osteuropas ignorierte diese Verpflichtung und entzog einer gemeinsamen Nachkriegspolitik der Alliierten den Boden, auch einer gemeinsamen Deutschlandpolitik.

Japanischer Angriff auf Pearl Harbor   Die Vernichtung eines großen Teils der amerikanischen Pazifikflotte am 7. Dezember 1941 im Hafen von Pearl Harbor/Hawaii lieferte unbestrittenermaßen den Auslöser, den Roosevelt brauchte, um Kongreß und amerikanische Öffentlichkeit für die von der Verfassung verlangte förmliche Erklärung des Krieges gegen Japan zu gewinnen. Seither wird darüber spekuliert, ob der Präsident von dem bevorstehenden Angriff gewußt und ihn in Kauf genommen habe, um endlich voll in den Krieg eingreifen zu können. Die nach den Regeln der dokumentarischen Beweisführung arbeitenden Historiker sind inzwischen zu dem Schluß gelangt, daß es dem japanischen Generalstab tatsächlich gelungen ist, durch Geheimhaltung und Täuschung die amerikanische Flotte zu überlisten [683: KEEGAN, Battle for History (1995)]. KEEGAN bestätigt in seinen historiographischen Essays auch noch einmal das Kopfschütteln der Historiker des Zweiten Weltkriegs über Hitlers und Mussolinis kapitalen Fehler den USA am 11. Dezember 1941 den Krieg zu erklären. In Ergänzung der bekannten dramatischen Ereignisgeschichte des Kriegsbeginns im Pazifik verweist der in den USA lebende japanische Historiker AKIRA IRIYE auf Langzeitentwicklungen in der Expansion Japans: Japan dehnte seine Kontrolle über Ostasien bereits seit 1931 systematisch aus. Hitler ergriff 1938 explizit Partei zugunsten Japans [682: Origins of the Second World War in Asia (1987).

Bedingungslose Kapitulation   Eine der umstrittenen Entscheidungen Roosevelts war seine erstmals im Januar 1943 in Casablanca öffentlich ausgesprochene Forderung nach bedingungsloser Kapitulation der Hauptkriegsgegner. Sie beruhte amerikanischerseits auf der bitteren Lektion, die man nach 1918 hatte lernen müssen: Diesmal sollte das deutsche Nachkriegsregime nicht mit einer Dolchstoßlegende belastet werden, die Niederlage der deutschen Streitkräfte sollte unleugbar gemacht werden. Der psychologische Einwand des Generals A. C. Wedemeyer, daß diese Forderung den Krieg verlängern würde, überzeugte in Roosevelts Beraterkreis nicht [689: SCHÖBENER, „Unconditional Surrender" (1995) 165]. Neuere kriegsgeschichtliche Spezialstudien insbesondere über das Kriegsende, die meist in einem bewußt entheroisierenden Ton geschrieben sind, besprechen RAYMOND CALLAHAN und MICHAEL ADAMS in: RAH 23 (1995) 313–322.

Morgenthau-Plan   Von allen Plänen für die Gestaltung Deutschlands nach der Kapitulation des NS-Reichs Nachkriegsplanung gelangte der berüchtigste nicht zur Ausführung. Finanzminister Henry Morgenthau jr. fand auf der zweiten Konferenz in Quebec (11.-16.9.1944) Roosevelts und Churchills Zustimmung für den Vorschlag,

Deutschland dauerhaft abzurüsten durch den radikalen Abbau seiner Schwerindustrie: „the total destruction of the whole German armament industry, and the removal or destruction of other key industries which are basic to military strength". Das Saargebiet sollte Teil Frankreichs, das Ruhrgebiet eine internationale Wirtschaftszone unter UNO-Kontrolle und die Bergwerke geschlossen werden. Noch im Oktober 1944 verwarf Roosevelt die Idee jedoch zugunsten einer offeneren Haltung. Eine Erklärung des Morgenthau-Plans versucht mit einer detaillierten Archivstudie 676: GREINER, Morgenthau-Legende (1995). Er würdigt das moralische Engagement des um die Demokratisierung der Deutschen bemühten Ministers, vermag aber nicht aufzuzeigen, wie die Deutschen sich ohne Großindustrie hätten ernähren sollen und weshalb ein der amerikanischen Industrie als Abnehmer dienendes industrialisiertes Deutschland verwerflicher sein würde als ein unterstützungsbedürftiges Agrarland. Wenig überzeugend sind auch GREINERS emotionale Abwertungen der Gegenspieler seines Helden – George Kennan, Lucius D. Clay und George C. Marshall – als sture Kalte Krieger. Abwägender im Urteil und umfassender in der Dokumentation ist die Dissertation WILFRIED MAUSBACHS [687: Zwischen Morgenthau und Marshall (1996)], die die langfristig friedenssichernde Absicht Morgenthaus durch den Abbau nur der Schwerindustrie betont und das Umschwenken der amerikanischen Politik auf Sicherheit vor der Sowjetunion durch kontrollierten wirtschaftlichen Aufbau Westdeutschlands ab 1946/47 datiert.

Daß Präsident Truman Entscheidungsalternativen zum Atombombenabwurf gehabt habe, versuchte GAR ALPEROVITZ in mehreren Artikeln und Monographien seit 1965 nachzuweisen [695: Atomic Diplomacy (1994); 697: Decision (1995); 696: Hiroshima (1995)]. In 696, S. 176–180, auch kritische Kommentare, die Alperovitz' Vernachlässigung japanischer Quellen und japanischer Mentalität kritisieren. Die nach wie vor zwingend erscheinende Entscheidungslogik – zumindest für den ersten Bombenabwurf – faßte der Politikwissenschaftler MICHAEL DREYER knapp zusammen [699: Historische Realitäten (1996)]. ROBERT MADDOX hielt die alte Erklärung nach wie vor für überzeugend: Truman befürchtete, daß die Besetzung Japans mit konventionellen Waffen 200 000 bis 500 000 tote Amerikaner kosten würde [805: Weapons (1995)]. Auch BRIAN VILLA und JOHN BONNETT verwarfen Alperovitz' The Decision to Use the Atomic Bomb in: RAH 24 (1996). ALPEROVITZ reagierte mit einem detaillierten Brief an den Herausgeber in: RAH 25 (1997) 186–188. Anläßlich des 50. Jahrestages ließ The New Yorker am 31. Juli 1995 HENDRIK HERTZBERG, MURRAY SAYLE und JOHN HERSEY den Kenntnis- und Diskussionsstand zusammenfassen. HERTZBERG konstatierte, daß die USA (nicht nur Truman als Oberkommandierender) heute in Amerika und im Ausland wegen des Einsatzes der Atombombe in Hiroshima und Nagasaki moralisch verurteilt würden, während Japan Mitgefühl entgegengebracht werde; 1945 sei es als Aggressornation allseits geächtet gewesen. Trumans Entscheidung sei in dessen Bewußtsein und dem seiner Berater aber keine „really big decision" gewesen, weil sie lediglich einen Schritt weitergegangen sei als die bisherige Krieg-

Atombomben auf Hiroshima und Nagasaki

führung: die Tötung von Zivilisten von Flugzeugen aus hatte bereits im Ersten Weltkrieg begonnen und mit dem Luftkrieg gegen englische, russische, polnische und deutsche Städte kurz zuvor einen Höhepunkt erreicht. Die Brandbomben auf Tokio in der Nacht vom 9. zum 10. März 1945 hatten mehr Menschen getötet als die Atombombe in Hiroshima. Neu war allerdings die längerfristig tödliche Wirkung der Radioaktivität. SAYLE argumentierte, daß nicht die Atombombenabwürfe die japanische Kapitulation herbeiführten, sondern Stalins Kriegserklärung an Japan am 8. August. SAYLE verwies u. a. auf den Befehl des Kaisers zur Einstellung des Kampfes am 14.8.45, in dem nicht auf die Atombomben verwiesen wird, sondern auf die Besetzung der Mandschurei durch sowjetische Panzer (S. 60).

d) Besatzungspolitik, Marshallplan, die USA und Deutschland bis 1955

Die USA als Besatzungsmacht
Die Rolle der Vereinigten Staaten als Besatzungsmacht in Deutschland, Österreich und Japan ist weniger von der amerikanischen Geschichtsschreibung als von den Historikern der betroffenen Länder erforscht worden. Das Vorrücken der US Army und die Anfänge der Militärregierung im Jahre 1945 hat 710: HENKE, Amerikanische Besetzung Deutschlands (1995) auf über 1000 Seiten minuziös rekonstruiert. Den nachhaltigen Einfluß des amerikanischen Militärgouverneurs Lucius D. Clay und seiner britischen und französischen Kollegen auf die Arbeit des Parlamentarischen Rats, der 1948–49 unter Vorsitz Adenauers das Grundgesetz der Bundesrepublik Deutschlands entwarf, wurde solide dokumentiert und erläutert in 714: Der Parlamentarische Rat, Bd. 8 (1995). „Liaison"-Offiziere und unmißverständliche Memoranden der Militärgouverneure sorgten dafür, daß der neue westdeutsche Staat als föderative Republik mit starken Bundesländern verfaßt wurde.

Reeducation
Die Literatur zur politischen Umerziehung 1945–49 (reeducation) erfaßte der Politikwissenschaftler RICHARD MERRITT [712: Democracy (1995)]. Seine detaillierte Sichtung der damaligen Meinungsumfragen ergibt, daß die für den Bevölkerungsdurchschnitt repräsentativen Befragten überwiegend verbale Zustimmung zur Umerziehungsprogrammatik, zum Nürnberger Prozeß und zur Entnazifizierung äußerten. Die beste Einführung ist die komprimierte und dennoch analytische Skizze mit Literaturhinweisen von ROLF THEIS in 83: USA-Lexikon (1995) 637–8. Siehe auch 702: DIEFENDORF u. a. (Hrsg.), American Policy (1993); 709: HEINEMANN (Hrsg.), Umerziehung (1981); 721: TENT, Mission (1972).

Marshallplan
Die Tatsache, daß der Begriff „Marshallplan" Eingang in den Rechtschreibe-Duden gefunden und George C. Marshall 1953 den Friedensnobelpreis für das von ihm als Außenminister 1947 initiierte European Recovery Program erhalten hat, darf nicht vergessen lassen, daß die Regierungsmannschaft Präsident Trumans ursprünglich um Stimmen für die Verabschiedung des Gesetzes heftig werben mußte [727: HITCHENS, Influences (1968)]. Als Teil dieser inneramerikanischen

Kampagne formulierte im Winter 1947/48 ALLEN DULLES, der Bruder des späteren Außenministers John Foster Dulles, in einem erst jüngst edierten Memorandum die Absichten und Begründungen der Regierung für das einmalige Hilfsprogramm [725: DULLES, Marshall Plan (1993)]. Am 16. Juni 1947 betonte Dulles das wirtschaftliche und sicherheitspolitische Eigeninteresse der USA am European Recovery Program in einer Rede an der Brown University in Providence/Rhode Island: „It is by restoring the economic life of a country and by this alone, that we can meet the threat of dictatorship from a Fascist Right or a Communist Left." Die Fehler des mangelnden Engagements nach dem Ersten Weltkrieg dürfe Amerika nicht wiederholen [S. XXI, S. 1]. Dokumente öffentlicher Meinungsbildung während der Gesetzesvorbereitung sind der Beitrag des ehemaligen Verteidigungsministers HENRY L. STIMSON in: Foreign Affairs (Okt. 1947) und der ausführliche Bericht in der New York Times vom 17. Nov. 1947: „The Challenge to Americans". Der Historiker THOMAS BAILEY wertet das strategisch-antikommunistische Argument als im Kongreß entscheidend: „Advocates of the Marshall Plan, though appealing to simple humanitarianism, stressed the bread-and-butter argument that a prosperous Europe was essential for America's own prosperity. Industrial and agricultural groups, worried about their overseas markets, warmly seconded this view. But the necessity of halting Soviet communism was no doubt the compelling argument" [248: BAILEY, Diplomatic History (1980) 800]. Der Erfolg des Marshallplans beruhte auf der Bereitstellung von Kapital für die demokratischen, Freihandel anstrebenden, durch den Krieg zerstörten Volkswirtschaften und auf der Folgewirkung der ebenfalls neu geschaffenen Organization for European Economic Cooperation und der Europäischen Zahlungsunion, die „die Reintegration der Bundesrepublik in das europäische Handelssystem" ermöglichten [723: BERGER u. a., Rekonstruktion der Arbeitsteilung in Europa (1995) 519]. Die Bedeutung des Marshallplans für die deutsche Wirtschaftsentwicklung schätzt geringer ein 722: ABELSHAUSER, Hilfe und Selbsthilfe (1989); positiver werten 724: BORCHARDT u. a., Wirkung der Marshallplan-Hilfe (1987) und KNAPP in: 730: SCHRÖDER (Hrsg.), Marshallplan und westdeutscher Wiederaufstieg (1990), der u. a. den Einfluß des Marshallplans auf die Entwicklung der westdeutschen Außenbeziehungen hervorhebt. Eine gute, knappe deutschsprachige Einführung in die Problematik und politik- und wirtschaftsgeschichtliche Fachliteratur bieten die Beiträge von GÜNTER BISCHOF, HANS-JÜRGEN SCHRÖDER und WALTER HEERING im Beiheft zu Das Parlament, Aus Politik und Zeitgeschichte, vom 23. Mai 1997. Die Rolle u. a. der USA in der ganzen Entwicklung Österreichs, die 1955 in der Vereinigung und Neutralität gipfelte, dokumentiert unübertroffen GERALD STOURZH, Um Einheit und Freiheit, 4. Aufl. Wien 1998.

e) Internationale Beziehungen, Kalter Krieg bis 1960

Der Kalte Krieg   Erst die noch ausstehende Auswertung der einschlägigen Archive in Moskau wird erkennen lassen, wie sich Stalin und seine Nachfolger gegenüber den USA nach 1945 tatsächlich verhalten haben und was Übertreibung der Propagandisten und der Geheimdienste war. Die Erwartung spektakulärer Neubewertungen aufgrund von Archivfunden in Moskau dämpfte das Symposium „Soviet Archives: Recent Revelations and Cold War Historiography" in: DH 21 (1997) 215–305; der Herausgeber MICHAEL HOGAN schlußfolgert: „The new documentation has done little to clarify matters. On the contrary, it has fueled the flames of controversy and made it more likely that debate and disagreement over the history of the Cold War will continue" (S. 215). Über die Zusammenarbeit mit russischen und anderen Historikern außerhalb der USA und die Verbesserung der Quellenlage berichtet laufend das Cold War International History Project Bulletin, das vom Woodrow Wilson International Center for Scholars in Washington, D.C. herausgegeben wird. Erste Reflexionen über die Grundfragen der Geschichte des Kalten Krieges nach dessen Ende und unter Berücksichtigung einiger der in Moskau neu zugänglichen Quellen liefert JOHN LEWIS GADDIS in 883: We Now Know (1996) und in 882: The Tragedy of Cold War History (1993). Nach GADDIS' Einschätzung bestätigen neue Archivalia eher die aktive Rolle Stalins und der Sowjetunion, etwa im Vorfeld des Koreakrieges, als die selbstkritischen amerikanischen Revisionisten annahmen. Anders wertet die z. T. auf neu zugänglichen Quellen beruhende Darstellung russischer Augenzeugen und Akteure, die zwar die persönliche Willkürherrschaft Stalins bestätigen, aber dessen nüchterne Einschätzung der militärischen Schwäche der Sowjetunion betonen, die nach 1945 keine wirklich aggressive Expansionspolitik über die mitteleuropäischen Satellitenstaaten hinaus erlaubt hätte. Der Marshallplan sei im Kreml als eine ebenso große Herausforderung empfunden worden wie der Atombombenabwurf auf Hiroshima [754: ZUBOK u. a. (Hrsg.), Inside the Kremlin's Cold War (1996)]. Der Rückblick am Ende des Kalten Krieges der Politikwissenschaftler RICHARD NED LEBOW und JANICE GROSS STEIN [889: We All Lost the Cold War (1994)] problematisiert nicht nur einzelne diplomatisch-militärische Lagebeurteilungen der Akteure seit 1945 aufgrund jüngst geöffneter Archivbestände in Ost und West, sondern auch die Gültigkeit der Annahme der Strategen in Washington, die Drohung mit massiver oder flexibler Vergeltung werde den Kreml in Schach halten. In Wirklichkeit habe es gefährliche gegenseitige Mißverständnisse gegeben; auch ihrer eigenen Wirtschaft und ihrer politischen Glaubwürdigkeit habe die harte amerikanische Politik geschadet. Die schmale ereignisgeschichtliche Basis dieser Verallgemeinerungen kritisiert MARK KLEINMAN in: RAH 23 (1995) 330–335. Eine repräsentative Selbstrechtfertigung der amerikanischen Position während des Kalten Krieges (aber bereits in der Entspannungsphase) lieferte der Historiker ARTHUR M. SCHLESINGER JR. in Foreign Affairs 46 (1967) 22–52 unter dem Titel The Origins of the Cold War. Schlesinger erkannte als Ursache den „moral antagonism" der beiden „rigidly hostile blocs." Der Konflikt hätte nur vermieden werden können, wenn die Führer der Sowjetunion nicht so lange an ihrem Glauben an „the infallibility of of the communist world and the inevitability of a communist world" festgehalten hätten. Besondere Bedeutung unter den Spezialstudien zur Frühphase NSC 68 des Kalten Krieges haben die Interpretationen des richtungsweisenden Strategiepapiers Nr. 68 des Nationalen Sicherheitsrates von 1950, kurz „NSC 68" genannt, in ERNEST R. MAYS Sammelband [744: American Cold War Strategies (1993)]; dazu auch Walter LAFEBERS Urteil in seiner Gesamtinterpretation 261: The American Age (1994) 504–507.

Der britische Politologe AVI SHLAIM hat unter Zuhilfenahme der Krisenmana- Berlin-Blockade gementtheorie den Entscheidungsablauf während der Berlin-Blockade insbeson- 1948–49 dere auf amerikanischer und englischer Seite detailliert rekonstruiert [719: Berlin Blockade (1983)]. Die seither erschienenen Studien wertet WILLIAM STIVERS kritisch aus [720: The Incomplete Blockade (1997)]. STIVERS erklärt den Erfolg der Luftbrücke u. a. mit Stalins Duldung der etwa 500 000 Tonnen Güter, die aus Ost-Berlin und den umgebenden Landbezirken in West-Berlin gegen DM auf den (z. T. schwarzen) Markt kamen. Eine abwägende Synthese der Fachliteratur aus Deutschland in der vier Jahrzehnten über die Rolle der Bundesrepublik Deutschland in der Außenpo- Außenpolitik der litik der USA und über die deutsch-amerikanischen Beziehungen liefert 708: USA HANRIEDER, Deutschland, Europa, Amerika (1995). Unumstritten ist seine Aussage, daß das oberste Ziel der amerikanischen Politik gegenüber der Sowjetunion und den westeuropäischen Staaten einschließlich der Bundesrepublik bis 1989 die „Eindämmung" (*containment*) des expansiven Imperiums und der festen Einbindung Westdeutschlands in die westlichen Militär- und Wirtschaftsstrukturen gewesen sei.

War Präsident Truman verantwortlich für den „Verlust Chinas" an die Kommu- Der „Verlust nisten unter Mao? Die alte Streitfrage wird umfassend aufgerollt von WARREN Chinas" COHEN, CHEN JIAN, JOHN GARVER, MICHAEL SHEN und ODD WESTAD in dem „Symposion: Rethinking the Lost Chance in China", DH 21 (1997) 71–116. Die chinesisch-amerikanischen Beziehungen seit 1949 behandelt die Sammelrezension von GORDON CHANG in: DH 21 (1997) 323–327. Der Versuch der kommunisti- Koreakrieg schen Regierung Nordkoreas, den südlichen Landesteil zu besetzen, führte 1950 zur militärischen Konfrontation mit den USA. Die Diplomatie des Koreakrieges im Beziehungsgeflecht USA-Sowjetunion-China hat WILLIAM STUECK 1995 unter Auswertung der englischsprachigen Fachliteratur und Quellen in amerikanischen, englischen, australischen u. a. Archiven umfassend dargestellt [752: The Korean War]. STUECK setzt 1945 ein und belegt u. a., daß Stalin persönlich an der Planung der nordkoreanischen Invasion im Süden des Landes beteiligt war und daß der Krieg weitgehend ein Stellvertreterkrieg im Kalten Krieg zwischen der SU und den USA gewesen ist und drei Jahrzehnte des Wettrüstens eingeleitet hat.

f) Innenpolitik der 1950er Jahre, McCarthyismus

Eisenhowers Präsidentschaft

Das Bild vom netten („I like Ike"), aber schwachen und manipulierten Präsidenten Eisenhower – im Unterschied zum erfolgreichen General – ist inzwischen korrigiert worden. Auch der aktive Außenminister John Foster Dulles hat letzten Endes nur die Politik ausgeführt, die sein Präsident wollte, wie Klaus Larres in seiner Sichtung des Forschungsstandes aufzeigt [449: Larres u. a. (Hrsg.), Deutschland und die USA (1997) 119–150; siehe auch Larres in: Die Welt des John Foster Dulles 1939–1953 in: Historische Mitteilungen der Rankegesellschaft 9 (1996) 256–282]; Larres zitiert die Aussage Konrad Adenauers am 20.4.1953 gegenüber dem britischen Diplomaten Frank Roberts: „The President knew exactly what he was doing and had his ship well under control. This applied particularly to external affairs" (S. 257). Auch Hermann-Josef Rupieper betont den effizienten, wenn auch unauffälligen Entscheidungsstil Eisenhowers, der sich immer die letzte Entscheidung vorbehielt [in: 203: Heideking (Hrsg.), Präsidenten (1995) 340, mit kommentierter Bibliographie].

Konservatismus

Das Spektrum des amerikanischen Konservatismus der 1950er Jahre hat der Politikwissenschaftler Kurt Shell im Kontext der amerikanischen Parteiengeschichte erläutert [243: Der amerikanische Konservatismus (1986)]. Als Forum konservativer Diskussion diente seit ihrer Gründung 1955 die New Yorker Wochenzeitschrift National Review unter ihrem publizistisch aktiven Herausgeber William F. Buckley. Einer der Wortführer konservativer Politik, Arizonas Senator Barry Goldwater (1909–1998), lieferte mit seinen Essays The Conscience of a Conservative (1960) eine einflußreiche Rechtfertigungsschrift des „neuen" Konservatismus.

CPUSA, Antikommunismus, McCarthyismus

Auch nach Bekanntwerden der mit dem Namen Stalin verbundenen Schreckensherrschaft bestand die 1919/21 gegründete Communist Party of America (seit 1929 CPUSA) fort und akzeptierte weiterhin Anordnungen aus Moskau. Sie versuchte z. B., Einzelgewerkschaften im Verband des Congress of Industrial Organizations in ihrem Sinn zu beeinflussen, bis ab 1949 Kommunisten aus der Gewerkschaft ausgeschlossen wurden [235: Lewy, The Cause That Failed (1990) 216–221]. Der Koreakrieg verstärkte in den USA die vage Furcht vor Unterwanderung durch radicals zu einem politisch relevanten hysterischen Antikommunismus, den sich extrem rechte Republikaner zunutze machten. Die resultierende politische Unterdrückung von Mitgliedern und Sympathisanten der Kommunistischen Partei in den USA im Nachkriegsjahrzehnt dokumentiert Richard M. Fried [769: McCarthyism (1997)]. Allen Weinstein begann seine 700seitige Untersuchung des aufsehenerregenden Falles des prominenten Rechtsanwalts Alger Hiss, der 1948 vor dem Ausschuß für „Un-American Activities" des Repräsentantenhauses der Spionage für Moskau bezichtigt worden war, um dessen Unschuld zu beweisen – aber er beendete sie mit der Überzeugung von Hiss' schuldhafter Verstrickung in Spionage für den NKWD, den Geheimdienst der Sowjetunion [778: Perjury (1978)]. Neue, Hiss stark belastende Dokumente wurden 1993 zugänglich [MARIA SCHMIDT in: The New Republic, 8.11.1993; ERIC BREINDEL und HERBERT ROMERSTEIN in: The New Republic 30.12.1996].

G) GESELLSCHAFTLICHER UND KULTURELLER KONSENS DER 1950ER JAHRE, „COUNTERCULTURE"

Die beiden Jahrzehnte vom Zweiten Weltkrieg bis zum massiven Engagement im Vietnamkrieg ab 1965 gelten als Phase eines weitgehenden soziokulturellen Konsenses. Auch viele Intellektuelle scharten sich in der großen Auseinandersetzung mit der kommunistischen Diktatur um die Ideale der amerikanischen Demokratie, weil sie von der Überlegenheit der offenen Gesellschaft und ihres Wirtschaftssystems überzeugt waren. Historiker wie DANIEL BOORSTIN und ARTHUR M. SCHLESINGER JR. beschrieben den liberal-konservativen Konsens. Dem jungen Historiker JOHN HIGHAM ging die Selbstzufriedenheit zu weit, und er rief 1962 in der führenden Fachzeitschrift der Universitätshistoriker zu mehr liberal-progressiver Kritik am status quo auf [316: Beyond Consensus (1962)]. In die Problematik führt im ideengeschichtlichen Kontext EDWARD PURCELL ein [Consensus, in: 313: Fox u.a (Hrsg.), Companion to American Thought (1995) 140–142]; er sieht eine deutliche Ablösung der Stimmung des überwiegenden nationalen Konsenses ab 1965 durch die stärkere öffentliche Vertretung von Gruppeninteressen, „based on race, gender, sexual orientation, and newly insistent religious faiths".

Zugleich begann ein kleiner Teil der Jugend das auf Sicherheit und Wohlstand als höchste Werte ausgerichtete Leben ihrer Eltern abzulehnen, und die Anfänge der sich in den 1960er Jahren voll entfaltenden „Gegenkultur" nahmen Gestalt an. Der Begriff *counterculture* wird von Webster's erst ab 1968 verzeichnet, die Sache findet sich in den im Darstellungsteil genannten Texten von Ginsberg, Kerouacs usw. seit 1955 [Definition in 82: Safire's New Political Dictionary (1993)153–4; 642: BOYER, Promises to Keep (1994) 152–62: „Cultural Resistance:The Arts and Social Criticism in Cold War America"; auf zahlreiche Beispiele verweist WINFRIED FLUCK 335: Kultur (1998) 784–793]. `Gegenkultur`

Die Spannung zwischen Wohlstand und Ängsten in den 1950er Jahren hat CARL DEGLER in seiner einflußreichen Interpretation mit dem zum Schlagwort gewordenen Begriffspaar „Affluence and Anxiety" ausgedrückt [644: 2.Aufl. 1978)]. Das „Gleichgewicht des Schreckens" wurde durch die Atombombe (1952 kam die noch zerstörischere H-Bombe hinzu) auf beiden Seiten aufrecht erhalten und auch von der Zivilbevölkerung als solches begriffen [785: A. M. WINKLER, Life Under a Cloud (1993)]. Angesichts dieser erstmalig bedrohlichen Lage für die ganze Menschheit machten Präsident und Pentagon sich lächerlich mit der Finanzierung von Werbefeldzügen für Kleinbunker im Keller oder unter dem Grillrasen zum Schutz vor radioaktivem Regen nach einer Atombombenexplosion [642: BOYER, Promises to Keep (1994) 162–5]. Der offene Zynismus kam zumindest der Atomteststoppbewegung zugute. `Bedrohung durch die Atombombe`

5. DIE VEREINIGTEN STAATEN SEIT 1960

a) Perioden und Themen

The Sixties Aus dem Abstand des Jahres 1979 blickte der Journalist und Zeithistoriker MILTON VIORST zurück [793: Fire in the Streets (1979)] und zeichnete unter Auswertung der vorliegenden Memoirenliteratur und zahlreicher Interviews mit an exponierter Stelle Handelnden – von Mitgliedern der Schwarzen Panther bis zu Bundesrichter Thurgood Marshall – in 14 biographisch zentrierten, lebendigen Essays ein umfassendes Bild von den 1960er Jahren. Der Frauenbewegung werden seine
The Seventies Anmerkungen zu diesem Problembereich allerdings nicht gerecht. Eine nützliche Bestandsaufnahme der Fachliteratur zur künstlich-mechanischen Dekadeneinheit der 1970er Jahre liefert MAURICE ISSERMAN [791: The Not-So-Dark and Bloody Ground (1989)]. Die mechanische Dekadenperiodisierung verfestigte sich durch die Präsidentenwahlen. Der Wahl des betont konservativen Republikaners Ronald
The Eighties Reagan 1980, seiner Wiederwahl 1984 und der Wahl seines Vizepräsidenten George Bush 1988 lag eine kontinuierliche Wählerentscheidung zugrunde, zu der allerdings auch die Wahl einer Mehrheit von Demokraten in das Repräsentantenhaus (bis 1994) gehörte. Auch das einschneidendste weltpolitische Ereignis, die Selbstauflösung der Sowjetunion, die Entmachtung der KPdSU 1989/91 und das Ende des Kalten Krieges bekräftigten das Dekadenschema. Die Neuauflagen der Handbücher der amerikanischen Nationalgeschichte hielten daher mit einer gewissen Berechtigung an der eingängigen *presidential synthesis* fest und ergänzten die Neuauflagen – mindestens im Vierjahresrhythmus – mit Kapiteln wie „The Reagan Revolution", „The Bush Years: Resolve Abroad, Drift at Home", „The Clinton Years: Politics Moves Right" [86: BOYER u. a., Enduring Vision (1998)].
Politik und In der Politikgeschichte dominierte ab 1960 der Wechsel zwischen Experimen
Verfassung tierfreude und Reformbereitschaft und, ab 1980, konservativen Korrekturen, ohne daß es jedoch zum völligen Abbau der New Deal-liberalen Sozialreformen
Die Neue Linke gekommen ist. Die stärkste außerparlamentarische politische Kraft zwischen 1965 und 1972 war links des linken Flügels der Demokratischen Partei die überwiegend studentische „Neue Linke". Der New Yorker Soziologe C. WRIGHT MILLS hatte den Begriff schon vor 1960 verwendet, um die seines Erachtens nötige Weiterentwicklung kapitalismuskritischer Theorie über die Ideen von Karl Marx hinaus zu benennen. Mills' Buch The Power Elite (1956) wurde zur Inspirationsschrift der Neuen Linken, einschließlich des Studenten Tom Hayden, der als Mitglied von Students for a Democratic Society (SDS) 1962 den Entwurf des eigentlichen Manifests der Neuen Linken, des „Port Huron Statement", schrieb [Text in: 804: TEODORI (Hrsg.), New Left (1969)]. Eine erste abwägende, weithin akzeptierte Gesamtdarstellung der Neuen Linken legte bereits 1974 der New Yorker Historiker IRWIN UNGER vor; er datiert das Ende der aktiven Phase

der Neuen Linken mit dem Rückzug amerikanischer Truppen aus Vietnam 1973. Die offenkundige Abhängigkeit von Bewertungen und Erklärungsmustern in der Zeitgeschichtsschreibung von den politischen Überzeugungen des zum Historiker werdenden Akteurs oder Zeitzeugen wird deutlich im historiographischen Rückblick von WINIFRED BREINES [795: Whose New Left? (1988)]. Eine umfassendere Tradition des von einzelnen Intellektuellen getragenen gesellschaftskritischen *radicalism* von Jane Addams bis Norman Mailer hat der Ideenhistoriker CHRISTOPHER LASCH 1965 zu rekonstruieren versucht [dazu der informative Nachruf mit zahlreichen Literaturverweisen von ROBERT WESTBROOK in: RAH 23 (1995) 176–191]. Ein wesentlicher Teil der öffentlichen Diskussion unter den Wortführern der Neuen Linken spielte sich in der Monatszeitschrift *Studies on the Left* ab, die von 1959 bis 1967 an der University of Wisconsin in Madison herausgegeben wurde.

Politische Institutionen und ihre Aufgaben beeinflußten sich gegenseitig, gerade auch in der Phase der ab 1964 intensivierten Sozialpolitik. Der britische Politikwissenschaftler DAVID MCKAY hat in 801: Domestic Policy (1989) den Einfluß der persönlichen Überzeugungen (*ideology*) der Inhaber des Präsidentenamtes von Johnson bis Reagan insbesondere auf die Sozialhilfepolitik untersucht und festgestellt, daß Präsidenten mehr sein können als Makler zwischen den organisierten politischen Interessen innerhalb und außerhalb des Kongresses und der Parteien. Keiner anderen Institution fällt im amerikanischen Regierungssystem so offenkundig die Bestimmung der Tagesordnung (*agenda setting*) zu wie dem Präsidenten. McKays Paradebeispiel dafür war Johnsons aktive Sozialpolitik. | Präsident und Kongreß

Auch bei der Vorbereitung großer Gesetzesvorhaben zwischen den Wahlkämpfen spielten Meinungsumfragen und die auf Steuerung der öffentlichen Meinung abzielenden politischen Anzeigen eine zunehmend besorgniserregende Rolle. Der Inhalt der politischen Werbung verschiedener Lobbygruppen schürte in vielen Fällen lediglich die Basisemotionen Angst und Haß. Eine Analyse der für 50 Millionen Dollar für und gegen den Entwurf eines Krankenversicherungsgesetzes von 1994 verbreiteten politischen Anzeigen in Presse und Fernsehen durch die Annenberg School for Communication der University of Pennsylvania ergab, daß über ein Viertel der gedruckten Anzeigen und über die Hälfte der Fernsehwerbesendungen „unfair, irreführend oder falsch" waren (New York Times, 26. Juli 1994). Das Gesetzesvorhaben scheiterte. | Wahlkämpfe und politische Werbung

In die engen Zusammenhänge der amerikanischen Außen- und Innenpolitik führt die systematische Analyse des Politikwissenschaftlers HERBERT DITTGEN mit ihren Fallbeispielen seit den 1970er Jahren ein [879: Amerikanische Demokratie und Weltpolitik (1997)]. Ein breit definiertes, von Wirtschaftshistorikern als nützliche, fast enzyklopädische Einführung in die Grundfragen der politischen Ökonomie seit 1945 (einschließlich Gewerkschaften, Außenhandel usw.) gepriesenes Nachschlagewerk ist 636: VATTER, History of the U.S. Economy since World War II (1996). Den zentralen Impuls der Sozialpolitik seit den 1960er Jahren, die Lage der Afroamerikaner durch Vorzugsquoten (*affirmative* | Außenpolitik / Wirtschaftspolitik / Sozialpolitik *action*) bei der Vergabe von Arbeits- und Studienplätzen und sonstigen Sozialhilfemaßnahmen zu verbessern, erläutert HUGH GRAHAM [872: Civil Rights Era (1990)] anhand der Begründungen, mit denen in den Bürokratien ausführende Beamte, insbesondere in der Equal Employment Opportunity Commission, ihre Maßnahmen rechtfertigten: statt wie bisher Ansprüche einzelner auf Gleichbehandlung vor dem Gesetz zu begründen, mußten sie nach dem Civil Rights-Gesetz von 1964 davon ausgehen, daß Rechte oder Ansprüche von der Zugehörigkeit einer Person zu einer ethnisch oder geschlechtlich definierten Gruppe abzuleiten waren.

Föderalismus   Der zentrale Gesetz- und Geldgeber brauchte für die Verwirklichung seiner Entscheidungen die Einzelstaats- und Kommunalbehörden in verstärktem Maß; der amerikanische Föderalismus erlangte so nach 1964 eine neue Qualität [824: WELBORN u. a., Intergovernmental Relations (1989)]. Konservative in der Republikanischen Partei reagierten darauf bis heute mit der Forderung nach Umkehrung des Trends zugunsten von mehr Eigenständigkeit der Einzelstaaten, insbesondere in der Sozialpolitik.

b) KENNEDY: AUFBRUCHSTIMMUNG, INTERNATIONALE KONFLIKTE, REFORMANSÄTZE, 1961–1963

Kennedy   Die kontroverse biographische Literatur erschließen die Literaturhinweise in JÜRGEN HEIDEKINGS Kennedy-Skizze [203: HEIDEKING (Hrsg.), Die amerikanischen Präsidenten (1995) 346–360]. Die Kurzbiographie des Politologen GEORG SCHILD wertet ebenfalls die umfangreiche Fachliteratur aus (s. die Auswahl im Literaturteil unter Nr. 806–818) und stellt auf 143 gut lesbaren Seiten ohne Beschönigung die ganze Problemfolge von der prägenden Millionärsfamilie über die teilweise dramatischen Höhen und Tiefen der Politikerkarriere bis hin zu den Ungereimtheiten des amtlichen Attentatsberichts vor, mit knappen Literaturhinweisen, aber ohne Fußnoten [814: Kennedy (1997)]. Zum Verständnis der Wirtschaftspolitik Kennedys hat die Schrift des von Kennedy ausgewählten Vorsitzenden des Council of Economic Advisors, WALTER HELLER, besonderen Quellen-
Berlin 1958–62   wert: 932: New Dimensions (1966). Der sowjetischen Führung unter Chruschtschow gelang es von 1958 bis 1962 nicht, die Westalliierten zur Aufgabe ihrer Sektoren von Berlin zu bewegen. Die Aussagekraft der diesen Berlin-Krisen gewidmeten Dokumentenbände der Foreign Relations of the United States [24: U.S. Department of State (Hrsg.) 1993, 1994] bespricht THOMAS A. SCHWARTZ im Kontext der Fachliteratur [z. B. 713: NINKOVICH: Germany and the United States (1995)] in: DH 21 (Winter 1997) 139–148. SCHWARTZ findet überzeugende Hinweise auf die Verbindung zwischen Kuba und dem Status West-Berlins in Chruschtschows und Kennedys Kalkül. Die Frage nach der Eigendynamik der internationalen Politik zur Zeit des Kalten Krieges, nach dem Primat der Außenpolitik, durchzieht wie ein roter Faden die über 600seitige Analyse von CHRI-

STIAN HACKE [884: Zur Weltmacht verdammt (1997)]; er bejaht sie für alle Präsidenten von Kennedy bis Clinton mit der Ausnahme von Johnson.

Seit dem Ende des Kalten Krieges konnte die Monroe-Doktrin nicht mehr überzeugend mit der Angst vor weiteren „Kubas" begründet werden, wie GADDIS SMITH in detaillierter Rückschau bis 1945 aufzeigt [751: Last Years (1994)]; SMITH vernachlässigt allerdings die rein wirtschaftlichen Formen der Einflußnahme der amerikanischen Regierung auf lateinamerikanische Länder über die Kreditvergabebedingungen des Internationalen Währungsfonds und der Weltbank. Jüngst freigegebene Dokumente von FBI, CIA und National Security Council belegen, daß der permanente Ausschuß des Nationalen Sicherheitsrats am 18. Juni 1963 mit Wissen des Präsidenten ein Anti-Castroprogramm der CIA billigte, dessen Ziel wie folgt formuliert war: „The ultimate objective of this policy would be to encourage dissident elements in the military and other power centers of the regime to bring about the eventual liquidation of the Castro/Communist entourage and the elimination of the Soviet presence from Cuba" [zitiert nach dem Bericht von ANNA K. NELSON im Organization of American Historians Newsletter, 26 (Feb. 1998) 10]. Das Entscheidungsverhalten Kennedys wird in den von ERNEST MAY und PHILIP ZELIKOW ausführlich annotierten Abschriften der Tonbänder, die Kennedy während der Beratungen mit seinem Sonderstab vom 13. bis 29. Oktober 1962 hatte laufen lassen, auf über 700 Seiten dokumentiert [901: The Kennedy Tapes (1997)]. Die Herausgeber attestieren dem Präsidenten kühles Überlegen und legen nahe, daß ihn u. a. die inzwischen belegte Absicht Chruschtschows motiviert habe, mit den Raketen auf Kuba die Westmächte zu erpressen und zur Preisgabe West-Berlins zu zwingen. Zur Härte riet auch Kennedys engster Berater, der Politologe McGeorge Bundy. LLOYD GARDNER beurteilt Kennedy als selbstgerechten Patrizier, dessen zentraler Impuls es war, der Sowjetunion gegenüber auf keinen Fall schwach zu erscheinen. Nur deshalb habe er 1961 die Invasion Kubas an der Schweinebucht befürwortet. 1964 habe er der Entsendung von zwei Brigaden nach Vietnam zugestimmt, um die Situation militärisch unter Kontrolle zu bekommen und von den Nordvietnamesen bei Verhandlungen ernst genommen zu werden. Erst 1969 änderte Bundy seine Meinung und riet zu einem weniger militanten Kurs gegen Moskau und Hanoi [GARDNER in: 264: McCORMICK (Hrsg.) Behind the Throne (1993)]. Abgeraten von der Invasion in der Schweinebucht hatte ein anderer Berater, der Lateinamerika-Experte THOMAS MANN aus Texas, der in früheren Fällen durchaus zu Kanonenbootaktionen geraten hatte, nun aber korrekt vorhersagte, daß mit einer wirksamen Unterstützung der Invasion durch einheimische Castro-Gegner nicht zu rechnen sei. MANN schätzte auch richtig ein, daß die Allianz für den Fortschritt nicht funktionieren würde, weil die Revolutions-Rhetorik der Kennedyaner die Regierungselite in mehreren lateinamerikanischen Ländern mißtrauisch machte. MANN fürchtete Wiederholungen des „Peronismus" in anderen lateinamerikanischen Ländern [in 264: McCORMICK (Hrsg.) Behind the Throne (1993)]. Als ein durchgängiges Motiv der Außenpolitik Kennedys hat

Lateinamerika

Kennedy und Castro

Kuba-Krise

HARALD BIERMANN das Glaubwürdigkeitssyndrom aufgezeigt [877: Kennedy und der Kalte Krieg (1997)].

Kennedys Ermordung   Unauslöschlicher Teil der gewaltsamen Sechziger Jahre im öffentlichen Gedächtnis ist die Ermordung Präsident Kennedys (1963), seines Bruders Robert (1968), Malcolm X' (1965) und Martin Luther Kings (1968). Die Unvollständigkeit des offiziellen 26bändigen Berichts über das Präsidentenattentat, der nur *einen* Schützen und *eine* tödliche Kugel als nachgewiesen betrachtete, hat wilde Spekulationen über weltumspannende Verschwörungen genährt [817: Warren Commission Report, einbändige Zusammenfassung (1992)]. Die seriöse Kritik am Warren Commission Report von MICHAEL KURTZ [812: Crime of the Century (1993)] hält vier Schüsse und mehrere Schützen mit Verbindungen nach Kuba und zur Mafia für plausibler. Auch der Bericht über die Arbeit des Assassination Records Review Board von KERMIT HALL [Organization of American Historians Newsletter, 25 (Feb. 1997) 6–10] läßt erhebliche Zweifel am Warren Commission Report erkennen.

c) JOHNSON: BÜRGERRECHTE FÜR DIE AFROAMERIKANER, SOZIALSTAAT FÜR ALLE, 1964–1968

Johnson   Die auf drei Bände angelegte Biographie Johnsons von ROBERT CARO [821: Years of Johnson (1982–94)] wertet einen Großteil der schriftlichen Quellen und Interviews aus und urteilt insgesamt kritisch über Johnsons hemmungslos pragmatischen und zugleich machtbesessenen Politikstil. Ebenfalls kritisch im Urteil ist ROBERT DALLEKS zweibändige Biographie Johnsons [822: Lone Star Rising (1991) und 823: Flawed Giant (1998)]; DALLEK wertet u. a. Interviews mit Mitarbeitern und Tausende von Stunden von Johnson heimlich aufgenommener Tonbänder aus, der nicht alle wichtigen Entscheidungen offen mit seinen Ministern im „Kabinett" besprach. Andererseits erinnert DALLEK an die Meinungsumfragen des Sommers 1965, in denen 90% der befragten Amerikaner einen bedingungslosen Rückzug amerikanischer Truppen aus Vietnam ablehnten.

Bürgerrechtsbewegung   In die Historiographie der Bürgerrechtsbewegung führt Steven LAWSON umfassend ein mit seinem Artikel „Freedom Then" in: AHR 96 (1991) 456–471. Die Verwirklichung der *civil rights* der Afroamerikaner wurde zur zentralen Forderung einer politischen Bewegung nicht durch eine etablierte politische Partei, sondern durch das Zusammenwirken privater Vereinigungen vor allem der Schwarzen selbst, die z. T. dramatische Ereignisse herbeiführten, deren öffentliche Diskussion schließlich das Handeln der institutionalisierten Autoritäten vor allem auf Bundesebene auslösten. Die Zusammenarbeit engagierter Schwarzer aus den Nord- und Südstaaten mit liberalen Weißen vor Ort in einer der Hochburgen der Rassentrennung schildert packend 868: DITTMER, Local People **Malcolm X**   (1994). Ein packendes Zeugnis der Selbstinterpretation des Wortführers der militanten jugendlichen Afroamerikaner lieferte MALCOLM X in seiner mit Alex

HALEY zusammen verfaßten Autobiographie. Darin erklärt er auch, weshalb er seit seiner Pressekonferenz 1964 in Accra, Ghana, nicht mehr den Begriff *Negro* verwandte, sondern „Afro-American": „The term Afro-American has greater meaning, and dignity." [874: Autobiography (1965) 359]. Die University of Georgia Press hat eine einführende, wissenschaftlich-abwägende Biographie von ADAM FAIRCLOUGH über Martin Luther King jr. verlegt, die der Tendenz eines großen Teils der King-Literatur zur Hagiographie widersteht [890: King (1995)]. Die Spezialliteratur zu dem Führer der Afroamerikaner erörtert EUGENE GENO-VESE in: RAH 23 (1995) 1–12. Neue Untersuchungen über die Mitwirkung schwarzer und weißer Rechtsanwälte, anderer *liberals* auch in den Südstaaten und der Gewerkschaften besprechen DAVID COLBURN und MAURICE ISSERMAN in: RAH 23 (1995) 103–117. Ab 1966 befürworteten die Richtlinien des Bildungsministeriums (Department of Health, Education, and Welfare) den Abbau der Rassentrennung in den öffentlichen Schulen durch den Transport schwarzer Kinder in bislang überwiegend weiße Schulen und umgekehrt (*busing*). Der Widerstand vieler weißer Eltern im Norden wie im Süden brachte die Frage vor das Oberste Bundesgericht. Es bestätigte 1971 einstimmig die Verfassungsmäßigkeit diesbezüglicher Anordnungen der Bundesrichter vor Ort (Fall Swann gegen Charlotte-Mecklenburg Board of Education) [206: KELLY u. a., American Constitution (1991), 605–607].

Eine reichhaltige Quellensammlung über die Ursachen der schweren Rassenunruhen seit 1965 lieferte die von Präsident Johnson eingesetzte National Advisory Commission on Civil Disorders. Ihr sogenannter Kerner Commission Report (1968) erklärte die Zerstörungswut der jugendlichen Brandschatzer mit ihrer Hoffnungslosigkeit, der Auflösung der Familien und anderer sozialer Bindungen in den Armenvierteln der Innenstädte, dem oft brutalen Vorgehen (meist weißer) Polizisten und mit einem zugrundeliegenden „white racism": „Our nation is moving toward two societies, one Black, one White." Der Untersuchungsausschuß empfahl die Intensivierung der bestehenden Sozialhilfeprogramme und ihre Finanzierung durch Steuererhöhungen. Von der gewaltlose Proteste organisierenden Vereinigung der Students for a Democratic Society spaltete sich 1969 eine gewaltbereite Gruppe von schätzungsweise 300 Terroristen ab (Weathermen, Weather-Underground), die bis 1975 Bombenanschläge gegen Regierungsinstitutionen verübten. Ihr Ziel war nicht nur das Ende der amerikanischen Beteiligung am vietnamesischen Bürgerkrieg, sondern der revolutionäre Kampf gegen den Imperialismus und für eine klassenlose kommunistische Gesellschaft [688: VIORST, Fire in the Streets (1979); 789: GITLIN, The Sixties (1993); 682: BOYER, Promises to Keep (1995) 348–349].

Einen neuen Einwanderungsschub von Lateinamerikanern in die USA löste 1959 die marxistisch begründete Revolution des Sozialrevolutionärs Fidel Castro auf Kuba aus. Kein allgemeines Asylrecht, sondern Sondergesetze des Kongresses ermöglichten die Aufnahme von so vielen Kubaflüchtlingen, daß Miami bald zur Hochburg der mit Geld und anderen Werten geflohenen Mittelklassekubaner

Martin Luther King jr.

Rassenintegration in Schulen

Rassenunruhen

Vom gewaltlosen Protest zum Terror

Einwanderung

("Little Havana"), aber auch armer Zigarrendreher und anderer Lateinamerikaner wurde [860 : OLSON, Cuban Americans (1995)].

New ethnicity   Das Diskriminierungsverbot im Bürgerrechtsgesetz von 1964 nach „Rasse" und „nationaler Herkunft" führte in der politischen Praxis zum Erstarken des ethnischen Gruppenbewußtseins auch unter den Euroamerikanern. Der Philosoph und Gesellschaftskritiker slowakischer Herkunft MICHAEL NOVAK beschrieb als „Unmeltable Ethnics" die Ost-, Mittel- und Südeuropäer, die auch langfristig keine WASPS (White Anglo-Saxon Protestants) sein wollten, und sagte fälschlicherweise deren zunehmende parteipolitische Mobilisierung voraus [859: NOVAK, Rise (1972)]. Fünf Großgruppen bildeten sich ab 1965 in der politischen Sprache Washingtons heraus: die European Americans oder *whites*, die wie eine Tätergruppe für alle Übel der amerikanischen Geschichte verantwortlich gemacht wurden, und die vier Opfergruppen der Native Americans, African Americans, Hispanic Americans und Asian Americans. Die dem Kongreß unterstehende Small Business Administration zur Bereitstellung von Gründungskapital von Kleinunternehmen erklärte in ihrer Direktive Nr. 124.103 von 1987, Angehörige dieser Gruppen seien mutmaßlich „socially disadvantaged" und bevorzugt mit zinsgünstigen Krediten zu fördern. Die fünf ethnischen Großgruppen sind heute elementare politische Interessengemeinschaften. Die wirklichkeitsnahe Kategorie „of mixed race" wurde bei der Vorbereitung des Volkszählungsformulars für 2000 abgelehnt, weil sie die anderen schwächen und z. B. Ansprüche auf Sozialhilfeprogramme mindern könnte. Man kann nun aber erstmalig beliebig viele Kategorien kombinieren und neue hinzufügen – bis zur Bedeutungslosigkeit. [944: HOLLINGER, Postethnic America (1995)].

Indianer   Die heutige wirtschaftliche, rechtliche und soziokulturelle Lage der Reservate-Indianer analysiert mit dem Detailreichtum einer Habilitationsschrift und mit historischer Tiefe der Geograph KLAUS FRANTZ [147: Indianerreservationen (1995)]. Fünfzehn Essays deutschsprachiger Ethnologen und Historiker zur heutigen Situation der Indianerstämme versammelt WOLFGANG LINDIG [855: Indianische Realität (1994)]; darin überprüft PETER BOLZ den romantischen Mythos vom vorbildlichen Verhältnis zwischen Ureinwohnern und Natur u.d.T. „Indianer als Öko-Heilige?" Die besonders gefährdete Situation der Stadtindianer – um 1980 lebte etwa jeder zweite Indianer nicht mehr im Reservat – schildert SONJA SCHIERLE in: 149: LINDIG u. a., Indianer (1987) Bd. 1, 304–311. Den endgültigen Abschied von der 1953 noch einmal verkündeten Politik der forcierten Assimilierung vollzog der Kongreß 1968 mit dem Indian Civil Rights Act. Die neue Politik der Anerkennung des dauerhaften Bestandes ethnischer Gruppen und der Schutz ihrer Bürgerrechte nutzte seit 1960 auch den Indianern – auch wenn der Ruf nach *red power* des National Indian Youth Council nicht das gleiche Drohpotential enthielt wie der Ruf nach *black power* [143: FUCHS, American Kaleidoscope (1990) 206–224].

Johnsons Great Society   Den Kontrast zwischen dem großen innenpolitischen Erfolg Johnsons mit über einem Dutzend erfolgreich durchgeboxter Gesetze zur Innen- und Sozialpolitik und seiner gescheiterten Kriegführung in Vietnam hat überzeugend und im Detail

IRVING BERNSTEIN dargelegt [819: Guns or Butter (1996)]. Die Sanierung der Innenstädte ist auch mit den verstärkten Anstrengungen seit 1964 nicht gelungen. Die enorme Aufgabe und z. T. erheblichen Anstrengungen beschreibt 864: TEA-FORD, Rough Road (1990) im Detail anhand der Fallstudien Baltimore, Boston, Buffalo, Chicago, Cincinnati, Cleveland, Detroit, Minneapolis, New York, Pittsburgh, Philadelphia und St. Louis. Der bescheidene Befund, der auch wirtschaftliche und demographische Entwicklungen berücksichtigt, rechtfertigt kaum die Bezeichnung „Renaissance" im Titel; vgl. die kritische Sammelbesprechung ARNOLD R. HIRSCHFELDS in: RAH 20 (1992) 78–83. " Über die Wirksamkeit der wohlfahrtsstaatlichen Maßnahmen seit 1964 haben Sozialwissenschaftler und Politiker heftig gestritten. Publizistisch besonders erfolgreich prangerte der Politikwissenschaftler CHARLES MURRAY an in der Streitschrift Loosing Ground: American Social Policy 1950–1980 (New York 1984) die angebliche Wirkungslosigkeit der Armutsbekämpfungsprogramme an; der Anreiz zu arbeiten, so MURRAY, müsse durch Absenken der Sozialfürsorge erhöht werden, denn das derzeitige Fürsorgeniveau verführe zur dauerhaften Abhängigkeit von der öffentlichen Hand und belohne auch noch alleinerziehende Mütter. Reagans Anhänger übernahmen Murrays Argumentation bei der Begründung von Haushaltskürzungen. Professioneller Kritik hielten wesentliche Erklärungen Murrays nicht stand, u. a. weil er den allgemeinen Konjunkturrückgang seit der Ölkrise 1973 nicht berücksichtigte. Zudem sank die Kaufkraft der AFDC-Zahlungen an alleinerziehende Mütter von 1970 bis 1980, siehe ROBERT GREENSTEINS Rezension in: The New Republic, 25. März 1985, 14 f. und CHRISTOPHER JENCKS in: NYRB, 9. Mai 1985, 46–47. Zur Sozialpolitik in den 1990er Jahren 853: KATZ (Hrsg.), The Underclass Debate (1993), 849: GEHLEN, Das amerikanische Sozialnetz (1997), und AXEL MURSWIECK in: Aus Politik und Zeitgeschichte, 1. Mai 1998, 33–45. RUTH SIDEL hat nachgewiesen, daß sich zwischen 1986 und 1995 die Anzahl der damals 33,7 Millionen Armen um etwa 4 Millionen erhöht hat; auch der überproportionale Anteil von Frauen, Kindern und ethnischen Minderheiten ist weiter angestiegen. Fast jedes vierte Kind in den USA – etwa 16 Millionen – lebte 1995 immer noch in Armut [863: Keeping Women and Children Last (1996)].

Sozialpolitik, „Krieg gegen die Armut

Die langfristigen Auswirkungen der zweiten Emanzipation der Afroamerikaner zeigte sich auch im wirtschaftlichen Aufschwung einiger Regionen – allen voran Atlantas – zum neuen Neuen Süden, zum Teil des „sunbelt", der seither nicht mehr nur das Armenhaus der Nation ist. Die Stärkung der Republikanischen Partei in den Südstaaten trug u. a. 1980 zur Wahl Reagans bei. Die beste Zusammenfassung dieses großen Wandels von 1945 bis 1980 liefert in Kenntnis der weitverzweigten Spezialliteratur 866: BARTLEY, The New South (1995).

Der neue Neue Süden

d) DER KRIEG IN VIETNAM, 1960–1975

Standarddarstellungen der Politikund Militärgeschichte der amerikanischen Verwicklung in den vietnamesischen Bürgerkrieg lieferten GEORGE HERRING [709:

Überblicke, Bewertungen

America's Longest War (1996)], ROBERT SCHULZINGER [919: Time for War (1997)] und STANLEY KARNOW [912: Vietnam (1997)]; alle drei mit umfangreichen Angaben der ausgewerteten Spezialliteratur. Die bislang ausführlichste Darstellung der wirtschaftlichen Bedingungen und Konsequenzen des Krieges lieferte GABRIEL KOLKO [913: Anatomy of a War (1994)]. Die Vietnampolitik der Präsidenten von Eisenhower bis Nixon beruhte u. a. auf fehlendem Verständnis der südostasiatischen Kulturen und Geschichte in Verbindung mit dem fixen Glauben an die „Dominotheorie" unter den Beratern. Verteidigungsminister ROBERT MCNAMARA bestätigte dies in seinen Erinnerungen und fügte hinzu, im Beraterkreis seien die fundamentalen Fragen nie ernsthaft erörtert worden, etwa ob ein Sieg der Kommunisten in Südvietnam tatsächlich einen Dominoeffekt in ganz Südostasien auslösen würde und ob dies dann wirklich zu einer ernsthaften Bedrohung der Sicherheit des Westens im Kalten Krieg führen werde [915: MCNAMARA, In Retrospect (1995)]. Der Journalist EDWIN M. YODER reagierte auf McNamaras Erinnerungen in der Washington Post mit dem Urteil: „Moralische Gewißheit und technisches Können, auf das wir so stolz sind, haben uns in Vietnam in die Irre geführt" (International Herald Tribune, 14. April 1995). Zu McNamara und Präsident Johnsons anderen Beratern siehe die Sammelrezension von CHARLES E. NEU in: RAH 23 (1995) 144–152. Monographien zur Schwäche des Kongresses als Kontrollorgan der Exekutive und seinen Verzicht auf eine verfassungsgemäße Kriegserklärung bespricht MICHAEL BELKNAP in: RAH 23 (1995) 323–329. Der liberale Historiker ARTHUR M. SCHLESINGER JR. nannte bereits 1973 das Vietnam-Kapitel seiner Gesamtinterpretation in 803: Imperial Presidency (1989) „The Presidency Rampant", um die besondere Verantwortung Johnsons für die Fehleinschätzung des amerikanischen Nationalinteresses in Südostasien und des Präsidenten mangelhafte Offenheit gegenüber dem Kongreß anklagend herauszustellen. Die Verabschiedung der Golf-von-Tonkin-Entschließung des Kongresses im August 1964 beurteilte SCHLESINGER als „a stampede of misinformation and misconception, if not deliberate deception" (S. 179). Die belastenden Konsequenzen der amerikanischen Kriegsführung in Vietnam für die amerikanisch-westeuropäischen Beziehungen belegte 1994 der deutsche Politikwissenschaftler JOACHIM

Dokumente   ARENTH in: 904: Johnson, Vietnam und der Westen (1994). Über 1400 Seiten Dokumente von 1941 bis 1975 hat GARETH PORTER zusammengestellt und durch ein Sach- und Namensregister erschlossen. Er dokumentiert u. a. die Ignoranz der mentalen Vorbedingungen des von Mißtrauen geprägten Verhältnisses vieler Vietnamesen zu China [918: PORTER (Hrsg.), Vietnam (1979)].

Medien, Anti-   Presse und Fernsehen spielten eine doppelte Rolle: Regierung und Militär
kriegsbewegung   benutzten sie, um ihre Version der Ereignisse in dem fernen Land der amerikanischen Öffentlichkeit – den Wählern, Steuerzahlern und Wehrpflichtigen – zu präsentieren. Bereits 1970 griff Senator FULBRIGHT die irreführende Informationspolitik des Verteidigungsministeriums scharf an [908: The Pentagon Propaganda Machine (1970)]. Die Reporter der seriösen Presse – z. B. der New York Times – und der konkurrierenden privaten Rundfunk- und Fernsehgesellschaften berich-

teten ihrerseits von der Front in Wort und Bild Tag für Tag über den eskalierenden grausamen Krieg so intensiv wie über keinen Krieg zuvor und stärkten dadurch die aufkommenden Zweifel [922: WELLS, The War Within (1994); kritische Würdigung und weitere Literaturhinweise von CHRISTIAN APPY in: RAH 23 (1995) 137–143]. Einer großen Zahl psychisch kriegsversehrter Veteranen gelang es nicht, die schockierende Kriegserfahrung zu bewältigen und in ein normales bürgerliches Leben zurückzukehren. Die Erfahrung der von täglicher Todesangst brutalisierten GIs wird zumindest in Ansätzen durch die einfühlsamen Reportagen des Journalisten MICHAEL HERR nachvollziehbar [943: Dispatches (1978)].

e) NIXONS ERFOLGE UND SCHEITERN, 1969–1974

Die Memoiren RICHARD NIXONS werden von der Forschung durchaus als ernst- Nixon
zunehmende authentische Rechtfertigung und Selbstinterpretation ausgewertet [835: Memoiren (Übers. 1981), Nachwort von W. P. ADAMS]. Die verheerendste Selbstdarstellung des politischen Umgangs- und Entscheidungsstils Nixons und seines Stabschefs H. R. HALDEMAN findet sich in dessen nach Nixons Tod veröffentlichten Tagebüchern [830: HALDEMAN, Haldeman Diaries (1994)]. Sie bestätigen, daß Sprache und Denkweise, wie sie bereits aus den veröffentlichten Tonbandabschriften in den Watergate-Anhörungen bekannt wurden, die Regel und nicht die Ausnahme waren, und sie liefern Beweise für Nixons kriminellen Mißbrauch seines Amtes. Dies bestätigen auch die von STANLEY KUTLER edierten weiteren Tonbandabschriften [843: Abuse of Power (1997)]. Sehr positiv wertet JOAN HOFF [832: Nixon Reconsidered (1994)] Nixons mutige innenpolitische Entscheidungen, z. B. beim Verhängen der Lohn- und Preiskontrollen 1971. Kissingers Kissinger
Rolle als Nixons Sicherheitsberater (1969–73) und Außenminister unter Nixon und Ford (1973–77) wird in einer ersten umfassenden Biographie von WALTER ISAACSON [885: Kissinger (1992)] sehr kritisch beurteilt. Kissingers Selbstrechtfertigung in seinen Memoiren 887: The White House Years (1979) und 888: Years of Upheaval (1982), auch in deutscher Übersetzung.

Dank ihrer professionellen Hartnäckigkeit, den Einbruch in ein Wahlkampf- Watergate-Affäre
büro der Demokratischen Partei im Watergate Hotel in Washington am 17. Juni 1972 aufzuklären, gelang es den Reportern Bob Woodward und Carl Bernstein von der Washington Post, Untersuchungskommissionen und Gerichtsverfahren auszulösen, an deren Ende der erste Rücktritt eines Präsidenten der USA stand. Zur Orientierung im Detail kann die zuverlässige Chronologie 826: Congressional Quarterly (Hrsg.), Watergate (1975) dienen. Massiv mit Verweisen auf die Tonbänder dokumentiert sind 833: STANLEY KUTLERS, Wars of Watergate (1990), und 834: Abuse of Power (1997). KUTLER weist zu Recht auf die gründliche Arbeit mehrerer Untersuchungsausschüsse des Kongresses und mehrerer Gerichtsverfahren hin. Die Presse spielte eine nützliche, verstärkende Rolle, war aber nicht

der alleinige Retter der Verfassung. Der zwanzig Jahre während Versuch Nixons – der seine Schuld nie öffentlich eingestand und die Auswertung aller Tonbänder bis zu seinem Tod 1994 verhinderte -, sich durch eine unermüdliche publizistische Tätigkeit und Reisen als *elder statesman* zu rehabilitieren, endete 1994, als die Tagebücher seines Stabschefs HALDEMAN veröffentlicht wurden [830: Haldeman Diaries (1994)], die auf Tausenden von Seiten (z. T. auf Kompaktdiskette und damit schnell nach Namen und Themen absuchbar) das Ausmaß der persönlichen Verstrickung des Präsidenten dokumentierten. Die eigene Wiederwahl 1972 und die Schikanierung politischer Gegner, über die er auf einer „enemies list" Buch führte, hatte ihn stärker beschäftigt als jedes andere außen- oder innenpolitische Ziel.

War Powers Act 1973   Das halbherzige Kriegsvollmachten-Gesetz (War Powers Act) von 1973 überließ dem Präsidenten einen weiten Spielraum für den vorübergehenden Einsatz des Militärs ohne Zustimmung durch den Kongreß. Die von mehreren Präsidenten seit dem Koreakrieg bemühte Hilfskonstruktion, ein Mandat der Vereinten Nationen ersetze eine Kriegserklärung des Kongresses, mag politisch verständlich sein, ist aber verfassungsrechtlich nicht stichhaltig, wie LOUIS FISHER anhand der Gesetzgebungsgeschichte aufzeigt [881: Presidential War Power (1995)].

f) NATIONALE BESINNUNG UNTER FORD UND CARTER, 1974–1980

Gerald R. Ford   In seiner Gesamtbewertung der Übergangspräsidentschaft Gerald Fords lehnt JOHN ROBERT GREENE das Etikett von der „caretaker"-Präsidentschaft ab [838: Presidency of Gerald R. Ford (1995)]. Ford hat sich jedoch nie von dem Makel befreien können, daß er Nixon noch vor jeder gerichtlichen Anklage prophylaktisch begnadigte. Seine Rechtfertigung war eine klassische Überlegung der Staatsräson: Das Amt des Präsidenten und damit das gesamte Regierungssystem werde beschädigt, wenn der zurückgetretene Präsident ebenso zu einer Gefängnisstrafe verurteilt werde wie seine engsten Berater, Haldemann und Ehrlichmann. Der Vorwurf, den Ford nie entkräften konnte, lautete, er habe sich die Nachfolge im Amt des Präsidenten mit der in Aussicht gestellten Begnadigung erkauft. So explizit war die Absprache sicher nicht. Aber Ford hat bei Nixon den Eindruck entstehen lassen, eine Begnadigung sei zu erwarten. Am 7. September 1974 ging Nixon einer Zeugenaussage nach so weit, Präsident Ford anzurufen und eine baldige Begnadigung zu verlangen; sonst werde er bekanntgeben, es habe vor dem Rücktritt einen „deal" mit Ford gegeben (GREENE S. 228, verweist hier als Quelle auf ein Interview mit Seymour Hersh). Ganz anders verhielt sich Ford bei der Begnadigung der etwa 50 000 Deserteure und Kriegsdienstverweigerer, die untergetaucht in den USA oder im Exil in Kanada oder Europa lebten. Sogar den Begriff „Amnestie" lehnte Ford ab – diese wurde lautstark in der liberalen Presse gefordert. Nur zu „clemency", zu „Milde" waren er und die Kongreßmehrheit bereit. Das Begnadigungsprogramm vom September 1974 (Vietnam Era Reconciliation

Program) verlangte eine so strikte Einzelfallprüfung durch Ausschüsse des Pentagon (im Fall der Deserteure) und des Justizministeriums (im Fall der nie gemusterten und eingezogenen Kriegsdienstverweigerer), daß nur etwa jeder fünfte Straftäter sich stellte. Die meisten wurden nach einem zivilen Ersatzdienst und einem Treueid auf die Verfassung wieder in den Kreis der Staatsbürger aufgenommen (S. 39–42); siehe auch 837: CANNON, Time and Chance (1994).

BURTON KAUFMANS Bilanz der vierjährigen Amtszeit des einzigen Demokratischen Präsidenten in den 24 Jahren zwischen Johnson und Clinton wertet einen großen Teil des inzwischen zugänglichen Quellenmaterials und die Fachliteratur aus [839: Presidency of James Earl Carter (1993)]. KAUFMANS Gesamtbeurteilung Carters ist kritisch: Seine guten Absichten seien unbestritten; die Kompetenz des Gouverneurs aus Georgia, der zuvor nie ein nationales Amt ausgeübt hatte, sei jedoch in mehreren Situationen unzureichend gewesen. Als Erfolge Carters läßt er gelten: (1) den Vertrag mit Panama im September 1977 über die Rückgabe des Kanals in die Verantwortung der panamesischen Regierung ab 1.1.2000; (2) die Entschärfung des israelisch-arabischen Konflikts mit den Vereinbarungen von Camp David im September 1978; (3) die Energiesparpolitik. Als Schwäche Carters wertet KAUFMAN dessen Umgang mit den Senatoren und Abgeordneten. Er habe zuwenig um deren Zustimmung geworben und sie zu selbstbewußt mit seinem Amtsverständnis konfrontiert: nur er vertrete das amerikanische Volk insgesamt. Er weigerte sich, die Gruppen- und Regionalinteressen der Mitglieder des Kongresses zumindest teilweise zu befriedigen, um sie für Zugeständnisse zu seinen Plänen zu gewinnen. Er hielt lediglich – durchaus rational und oft berechtigt – das nationale Interesse und das Urteil der Experten hoch und verlangte Zustimmung. Ungelöst ließ Carter die vergleichsweise hohe Arbeitslosigkeit und die Inflationsrate; siehe auch 840: ROSENBAUM u. a. (Hrsg.), Presidency and Domestic Policies of Jimmy Carter (1994). Carters Bürgerrechtsethik als Prinzip in der Außenpolitik würdigt GADDIS SMITH [889: Morality, Reason and Power (1986)].

James Earl (Jimmy) Carter

G) KONSERVATIVE TRENDS VON REAGAN BIS CLINTON UND DAS ENDE DES KALTEN KRIEGES, 1981–1995

Die Erfolge und Schwächen der im amerikanischen Wortsinn „liberalen" Sozialpolitik Johnsons und der Demokratischen Partei, wie sie PAUL BOYER [642: Promises to Keep (1995)] unter Kapitelüberschriften wie „The Liberal Hour" und „Radicalization: Black Power, The New Left, and the Counterculture" darstellt, haben eine Reaktion konservativer Intellektueller und Politiker ausgelöst, die weniger Staat und mehr Eigenverantwortung forderten. Die Zeitschriften National Review und The Public Interest boten ein Forum zu programmatischer Selbstdefinition der konservativen Kritik an Staatsaktivismus und liberaler Umverteilungspolitik. Richtungweisende Artikel über umstrittene Themen vom sozialen Wohnungsbau und der Einkommensverteilung bis zur „Negro-Family" (von

Neo-Conservatism

Daniel Patrick Moynihan) und der Leistungsfähigkeit basisdemokratischer Nachbarschaftsräte wurden von MARK GERSON zusammengestellt in: 798: Neo-Conservative Reader (1996). Schon im Präsidentschaftswahlkampf 1964 hatte der Republikanische Senator Arizonas, BARRY GOLDWATER, eine ideologische Alternative zum amtierenden Präsidenten Johnson geboten. In Vorbereitung seiner Kandidatur hatte GOLDWATER 1960 seine politischen Positionen in einer Essaysammlung [913: The Conscience of a Conservative (1960)] zusammengefaßt. Die tatsächlich von Brent Bozell als Ghostwriter verfaßte Schrift wurde von der folgenden Generation konservativer Publizisten als programmatische Gründungsschrift, ja als „unser neues Testament" bezeichnet. Goldwater beklagte, daß in Washington immer noch der „radikale oder liberale Ansatz" Franklin D. Roosevelts und Harry Trumans vorherrsche. Er verlangte statt dessen – in angeblich wahrer Übereinstimmung mit den amerikanischen Grundwerten – weniger Wohlfahrtsstaat, weniger Bundesausgaben, mehr Macht für die Einzelstaaten und größere Wachsamkeit gegenüber dem aggressiven Kommunismus. Sein Menschenbild sei realistischer als das der gleichmacherischen Liberalen: „Only a philosophy that takes into account the essential differences between men, and accordingly makes provisions for developing the different potentialities of each man can claim to be in accord with nature" (S. 11). Für die Schulpolitik etwa bedeutete das: nicht bei der Bundesregierung Hilfe suchen, sondern beim Schulbezirksausschuß, mehr Elterninitiative, mehr Privatschulen – „as far away from the federal government as one can possibly go" (S. 75). Die überwältigende Wählermehrheit war 1964 anderer Meinung und gab Johnson ein „liberales" Mandat für vier weitere Jahre. Aber die konservative Alternative blieb bestehen, ebenso wie in den Jahren der Dominanz des New Deal.

Die Bilanz der Amtszeit Ronald Reagans (1981–89) fällt bescheiden aus, auch wenn der erfolgreiche Exgouverneur von Kalifornien (und frühere Schauspieler) das optimistische Selbstbewußtsein desjenigen ausstrahlte, der weiß, daß er die Lösung für die anstehenden Probleme kennt, und der davon überzeugt ist, daß nach wie vor „Amerika die Nr. 1" ist. Dies bestätigt jedes Kapitel der distanzierten Bestandsaufnahme einer Gruppe englischer USA-Politologen unter Leitung JOSEPH HOGANS [844: HOGAN (Hrsg.), Reagan Years (1990)]. Reagans Führungsstil des umfassenden Delegierens an sein aus Kalifornien mitgebrachtes Team von Beratern erleichterte es ihm, Kritik an einzelnen Sachentscheidungen und Vorwürfe der Korruption ablaufen zu lassen, z. B. im Waffenhandel mit Iran zugunsten der Finanzierung der „Contra"-Rebellen in Nicaragua (hierzu der Untersuchungsausschußbericht Tower Commission Report, 1987). Aber auch in der Gesamtbewertung am Ende der zweiten Amtszeit befinden die englischen Autoren, daß es weder in der Gestaltung der Regierungsinstitutionen noch in Politikbereichen eine den Ankündigungen im Wahlkampf 1980 und 1984 entsprechende „Reagan revolution" gegeben habe. Der Journalist LOU CANNON erklärt Reagans Popularität mit der Empfänglichkeit der amerikanischen Wählerschaft für das gekonnte Rollenspiel und die Bühnen- bzw. Fernsehpräsenz [842: President Rea-

Goldwater-Konservatismus

Reagans Präsidentschaft

gan (1991)]. Ebenso wichtig jedoch, urteilte der Journalist WILLIAM SCHNEIDER 1988, war ironischerweise der Vertrauensverlust der Bundesregierung bei den Wählern, die für konservative minimale Politik stimmten, „because, over a twenty-year period, public confidence in government had collapsed. A decade of social conflict – racial violence, the war in Vietnam, student protest, Watergate – was followed by a decade of economic decline – the energy crisis, recession, the „Great Inflation" of the 1970s. Not only was government unable to solve these problems. It was government that created them in the first place" [846: Political Legacy (1988) 6]. Der Wahlanalytiker KEVIN PHILLIPS, der 1969 in The Emerging Republican Majority den langfristigen Trend beschrieben hatte, der Nixons Wahlsiegen 1968 und 1972 zugrundelag, sah 1990 deutliche Anzeichen für die Umkehr oder zumindest Abschwächung dieses Trends als Reaktion auf Reagans Steuer- und Sozialpolitik der Bevorzugung der Reichsten [861: Politics of Rich and Poor]; PHILLIPS' Vernachlässigung der Spannungen zwischen den Rassen, die die ökonomische Klassenfrage in den USA auch weiterhin verkompliziert, kritisierte THOMAS EDSALL in: The New Republic, 30. Juli 1990, 35–40, und in seiner Monographie Chain Reaction: The Impact of Race, Rights and Taxes on American Politics (1991). MICHAEL SCHALLER betont die Diskrepanz zwischen der rhetorisch beschworenen nationalen Stärke und Prosperität und den tatsächlichen Verhältnissen [845: Reckoning with Reagan (1992)] Die „Reagan Revolution", bilanzierte der Historiker PAUL BOYER kritisch, „cut social services and ratcheted up the arms race while emasculating federal regulatory agencies and shifting income and resources away from the neediest Americans" [642: Promises to Keep (1995) 477].

„Reaganomics" als Etikett für Reagans Wirtschaftspolitik ist inzwischen in die amerikanische Journalistensprache eingegangen. Dieser Politik liegt die Annahme zugrunde, daß Steuererleichterungen insbesondere für Großbetriebe und Großverdiener (insbesondere in Abwesenheit staatlicher Regulierung des Wirtschaftens) mehr Investitionen bewirken und aufgrund des „Durchsickereffekts" auch mehr Kaufkraft und damit mehr wirtschaftliches Wachstum hervorrufen (*supply-side economics*). Eine theoretisch anspruchsvolle Rechtfertigung der Schaffung günstiger Bedingungen für Kapitalanleger präsentierte der Wirtschaftswissenschaftler GEORGE GILDER in 931: Wealth and Poverty (1981); er verband sein Kalkül mit einem für die Neue Rechte charakteristischen und insbesondere von ihrem emotional-evangelistischen Flügel verbreiteten Appell an die protestantische Arbeitsethik: „The problem of contemporary capitalism lies not chiefly in a deterioration of physical capital, but in a persistent subversion of the psychological means of production – the morale and inspiration of economic man –undermining the very conscience of capitalism: the awareness that one must give in order to get, supply in order to demand" (S. 28). Derart subversive Folgen glaubte er von den wohlfahrtsstaatlichen Umverteilungsmaßnahmen der im amerikanischen Sinn „liberalen" Demokraten ableiten zu müssen. Abhilfe schaffen werde nur „individual and corporate competition and creativity." (S. 268). Der Reagan-Berater und

Reagans Wirtschaftspolitik

Wirtschaftswissenschaftler WILLIAM NISKANEN hat rückblickend [934: Reaganomics (1988)] dem Präsidenten bescheinigt, in der Tat versucht zu haben, die seit 1933 stetig gewachsene Regierungsverantwortung für Sozial- und Wirtschaftspolitik abzubauen, aber im Ergebnis sei er gescheitert, „there was no Reagan revolution" (S. 332).

Bushs Außenpolitik   Der Zusammenbruch der Sowjetunion und der Krieg gegen den Irak dominierten die Außenpolitik George Bushs (1989–93). Die ersten Darstellungen und Bewertungen des Krieges der UNO-Koalition unter Führung der USA zur Befreiung Kuweits von den irakischen Truppen unter Saddam Hussein 1991 kritisierte ROBERT DIVINE [880: Historians and the Gulf War (1995)]. Eine informative Darstellung aus amerikanischer Sicht lieferte 1993 BRUNE [878: America and the Iraqi Crisis (1993)]. Während der Selbstauflösung der Sowjetunion 1989/90 spielten Präsident Bush und sein Außenminister James Baker eine konstruktiv-beschwichtigende Rolle, ohne die der weltpolitische Teil der Vereinigung Deutschlands nicht so schnell – und ohne Beschädigung von NATO und Europäischer Union – verlaufen wäre [925: BORTFELDT, Washington/Bonn/Berlin (1993)]. In seiner Kurzfassung in 451: LARRES u. a. (Hrsg.), Deutschland und die USA (1997), urteilt BORTFELDT nach Benennung der in Moskau, Paris, London und Warschau artikulierten Sicherheitsbedenken: „Insgesamt hatte die amerikanische Diplomatie in engster Abstimmung mit Bonn die entscheidenden Schneisen geschlagen, bevor beim Treffen von Gorbatschow und Kohl im Kaukasus im Juli 1990 der allerletzte Durchbruch zur Lösung der äußeren Apsekte der deutschen Einheit erzielt wurde" (S. 261). BORTFELDT liefert auch eine kritische Sichtung der bis 1996 veröffentlichten Memoirenliteratur (S. 264–272).

H) SOZIOKULTURELLE UMBRÜCHE SEIT 1960

counterculture   Der Begriff „Counter Culture" wurde 1969 von THEODORE ROSZAK in Umlauf gebracht [952: The Making of a Counter Culture (1995)] und von der Presse aufgegriffen und banalisiert. In der Rückschau beklagte ROSZAK die Verwässerung des Begriffs zur Benennung jeglichen jugendlichen Aufbegehrens gegen die Eltern. Das Spezifische der Gegenkultur der 1960er Jahre sei vor allem die Kritik an der Lebensfeindlichkeit der städtisch-industriellen Gesellschaft gewesen, an der „Entfremdung", die viel weiter gehe, als die Marxisten begriffen hätten. Die linken Ideologen seien nicht weniger als profitgierige Unternehmer „alienated from the primitive, the body, the ecstatic and the feminine" [ROSZAK, The Misunderstood Movement, in: The New York Times, 3. Dez. 1994]. Die inzwischen übliche Schreibweise counterculture bestätigt die Einebnung des Begriffs, die ROSZAK ablehnt [82: Safires New Political Dictionary (1993) 153–154].

Protestantische   Millionen Amerikaner glauben an die wörtliche Inspiration der Bibel und verFundamentalisten   langen – in Abstufungen – die Berücksichtigung ihrer Wertvorstellungen bei der und culture wars   Gestaltung der öffentlichen Ordnung. Das Glaubensgebäude und seine publizi-

stisch-organisatorische Verbreitung in allen Bildungsschichten dokumentiert
PAUL BOYER [940: When Time Shall Be No More (1993)]. Diese fundamentalisti-
schen Protestanten haben den liberalen Konsens der Toleranz in Gewissensfragen
im öffentlich-staatlichen Bereich aufgekündigt und den konservativen Flügel der
Republikanischen Partei in den Wahlkämpfen ab 1980 zunehmend unterstützt.
Der Wertekonflikt der sich „Moral Majority", „Christian Coalition" und ähnlich
nennenden kompromißlosen Eiferer mit der herrschenden Pressefreiheit, der
Freiheit des künstlerischen Ausdrucks, der relativen Entscheidungsfreiheit der
einzelnen Frau über einen Schwangerschaftsabbruch (seit 1973) und die Trennung
von Staat und Kirchen auch in den öffentlichen Schulen in Gestalt des Schulgebet-
verbots wurde so grundsätzlich und heftig, daß der Begriff *culture wars* dafür
zumindest im seriösen Journalismus und der Zeitgeschichtsschreibung verwendet
wird [945: HUNTER, Culture Wars (1991)]. Zur politischen Mobilisierung durch
Kirchen auch 951: NOLL, One Nation Under God? (1988).

Zweifel an der Leistungsfähigkeit der nationalen Sozialreformprogramme von
1964/65 haben um 1980 auch eindeutig (im amerikanischen Sinn) liberale Sozialwissenschaftler angemeldet. NATHAN GLAZER z. B. beschrieb die euphorische
Stimmung um 1964, die auch ihn erfaßt hatte: „We believed in those years, despite
the Vietnam War, that our rich country had both the material resources and the
intelligence to eliminate poverty, eradicate slums, overcome the differences between the educational achievement and health of the rich and of the poor. Social
scientists – economists, sociologists, political scientists, anthropologists – were
pulled into the design and administration of new government programs aiming at
these results" [850: The Limits of Social Policy (1988) 1]. Die unbefriedigende
Erfahrung von zwanzig Jahren führte Glazer 1988 zu der sozialpsychologischen
Schlußfolgerung: „Government benefits end up by making people greedy and
resentful. That is the Tree in the Garden of social justice" (S. 167). Die in Europa
überwiegend von Regierungen organisierte „public welfare" sei in den USA nur
unter umfassender Mitwirkung privater (kommerzieller und karitativer) Organisationen zu verwirklichen. In einem historisch-ethisch argumentierenden Essay
sprach sich GLAZER jedoch 1998 „In Defense of Preference" aus [The New Republic, 6. April 1998, 18–25]. Der New Yorker Politikwissenschaftler ANDREW HAK-
KER beurteilte den Erfolg der Bemühungen um nachträgliche kompensatorische
Vorzugsquoten kritisch. Nach Veröffentlichung der Volkszählung von 1990 stellte
HACKER Indikatoren des fortdauernden Abstandes in Lebensstandard und sozialem Verhalten zwischen Afroamerikanern und Euroamerikanern in 262 Tabellen
zusammen und kommentierte sie [821: Two Nations (überarb. Aufl. 1995)]; der
Untertitel „Black and White, Separate, Hostile, Unequal" endet nicht etwa mit
einem Fragezeichen. Hacker schloß vielmehr mit dem pessimistischen Ausblick:
„A huge racial chasm remains, and there are few signs that the coming century will
see it closed" (S. 245). STEPHEN und ABIGAIL THERNSTROM schildern in ihrer um
1940 einsetzenden umfassenden Bestandsaufnahme der Rassenbeziehungen (*race
relations*) [835: America in Black and White (1998)] den dramatischen Wandel von

*Kritische Reaktio-
nen auf affirmative
action*

der richterlich sanktionierten Apartheid zum heutigen Nebeneinander der erfolgreichen Schwarzen wie Weißen in den Vororten und der in Hoffnungslosigkeit versunkenen Großstadtgettos; die Chancen weiterer gesetzlich erzwungener „positiver Diskriminierung" im Sinn von Präferenzquoten für rassisch/ethnisch definierte Gruppen schätzen sie kritisch ein. Sie konnten auf die Tatsache verweisen, daß die Gruppe der Asiaten um 1995 nur 5% der Gesamtbevölkerung ausmachte, aber 20% der rigoros ausgesuchten Studierenden an der Harvard Universität und 25% an der Stanford Universität. Nicht alle ethnischen Minderheitengruppen versagten also in gleicher Weise im Bildungswesen. Kein Bonus für schlechte Leistungen aufgrund einer bestimmten Gruppenzugehörigkeit, sondern bessere, am Mittelklassestandard ausgerichtete Schulen auch in den Innenstädten seien die amerikanische Lösung [ABIGAIL THERNSTROM in ihrem Diskussionsbeitrag zur Gestaltung des von den meisten Universitäten genutzten Scholastic Aptitude Tests (SAT) in: The New Republic 27.9.99, S. 27–29].

Frauenbewegung   Die Basisdaten zur zunehmenden Berufstätigkeit verheirateter Frauen nach 1950 belegt WILLIAM CHAFE: zwischen 1950 und 1960 stieg der Anteil außerhäusig arbeitender Frauen in den mittleren Einkommenschichten von 7% auf 25%; zu den Beweggründen der Frauen gehörten etwa zu gleichen Teilen das verdiente Geld und Freude an der eigenständigen Leistung und den zusätzlichen sozialen Kontakten. Bereits in den 1950er Jahren erlebten und erlitten viele Amerikanerinnen die Spannung zwischen außerhäusiger Berufstätigkeit und dem Ideal der *domesticity* [544: CHAFE, American Woman (2. Aufl. 1982)]. BETTY FRIEDANS Bestseller The Feminine Mystique (1963) [956; Übersetzung u.d.T. Der Weiblichkeitswahn] fachte eine breite öffentliche Diskussion über das tradierte Frauenbild der amerikanischen Mittelklasse an. Die lebhafte Reaktion auf FRIEDAN ist verarbeitet worden von 857: MAY, Homeward Bound (1988)]. Von 1972 bis 1982 versuchte die Frauenbewegung vergeblich, die Bundesverfassung um ein „Equal Rights Amendment" zu ergänzen. Nur 35, nicht die erforderlichen 38 Einzelstaatsparlamente, stimmten zu. Die Historikerin und Juristin MARY BERRY hat als Gründe aufgezeigt: die von den Verfassungsvätern gewollte hohe Hürde für jede förmliche Verfassungsänderung, die mangelhaft organisierte Überzeugungskampagne und die professionelle Lobby gegen die Reform durch wertekonservative Politiker und Politikerinnen, deren Rhetorik reißerische Horrorvisionen entwarf wie etwa Gefängnisse ohne Trennung der Geschlechter [954: Why ERA Failed (1986)]. Umstände und Inhalt der für wesentliche Teile der amerikanischen Frauenbewegung zentralen, aber auch höchst umstrittenen Entscheidung des Obersten Bundesgerichts im Fall Roe gegen Wade (1973), die den Abbruch einer Schwangerschaft im ersten Trimester freistellt, wurden 1994 umfassend rechts- und politikgeschichtlich dargestellt in 957: GARROW, Liberty and Sexuality.

Naturschutz-   Den intellektuellen und moralischen Motivationsschub für die Wiederbelebung
bewegung   der Naturschutzbewegung lieferte 1962 die Meeresbiologin RACHEL CARSON mit ihrem Sachbuch 960: Silent Spring. Ihre Mischung aus Forschungsbericht – über

die unbeabsichtigten tödlichen Folgen der seit 1939 zunehmend verwendeten DDT-haltigen Unkraut- und Insektenvernichtungsmittel für Mensch und Tier – und Philosophie –über den Platz des Menschen in der Natur – überzeugte mehr Amerikaner als die bösartige Verharmlosungskampagne der chemischen Industrie. Die von Präsident Kennedy eingesetzte Expertenkommission bestätigte CARSONS Befund. Vorbereitet hatte das Umdenken und den Wertewandel von der gedankenlosen Verschwendung knapper Ressourcen hin zur Selbstbeschränkung als Konsument u. a. die seit 1949 von Naturfreunden und schließlich in Ökologie-kursen an amerikanischen Colleges zusammen mit THOREAUS Walden: or Life in the Woods (1854) viel gelesene Essaysammlung des Naturbeobachters und -schüt-zers ALDO LEOPOLD [963: Sand County Almanac (1949)]. Die poetischen Tage-buchskizzen über den Wandel der Jahreszeiten auf einer kleinen Farm in Wiscon-sin wurden mit ihrer „Ethik der Erde" (*land ethic*) zum Kultbuch der Natur-schutzbewegung der 1960er Jahre. Der Bundesgesetzgeber fand sich 1964 bereit, mit dem Wilderness Act über 9 Millionen *acres* unter die verschärfte Aufsicht der Bundesregierung zu stellen. Der Politikwissenschaftler und Publizist CRAIG ALLIN analysiert das Zustandekommen der wichtigsten seit dem 19. Jh. zum Schutz der ursprünglichen Landschaft vor industriellem Raubbau erlassenen Gesetze bis hin zum Gesetz zum Schutz bedrohter Arten (Endangered Species Act, 1969) und dem National Environmental Policy Act von 1970 [959: ALLIN, The Politics of Wilderness Preservation (1982)]. Die sich wandelnden Gesetzge-bungskoalitionen und die aktive Rolle privater Organisationen wie des Sierra Club, der Wilderness Society und der National Audubon Society werden dabei ebenso deutlich wie die Verhinderungsversuche der Lobbyisten der Bergwerke, Holz- und Papierfabrikanten, Rinderherdenbesitzer und Staudammbauer in Kali-fornien und Colorado. Die politische Umsetzung und das soziokulturelle Umfeld der neuen Naturschutz- und Gesundheitsbewegung stehen im Mittelpunkt der Analyse des Sozialhistorikers SAMUEL HAYS [961: Beauty, Health and Permanence (1987)]. Als Aktivist der Bewegung gibt VICTOR SCHEFFER [965: Shaping of Envi-ronmentalism (1991)] einen nützlichen katalogartigen Überblick über die Vielfalt einzelner Projekte vom Schutz der Wale bis zu Meßreihen über Radioaktivität in der Nähe von Kernreaktoren. Als Publizist der heutigen Naturschutzbewegung vernachlässigt KIRKPATRICK SALE [964: The Green Revolution (1993)] die Lei-stungen des *conservation movement* zwischen 1870 und 1960; sein Plädoyer für kompromißlose Vorrangigkeit ökologischer Normen macht den engagierten Essay jedoch zum authentischen Dokument des radikalen Flügels der ökologi-schen Bewegung um 1990. Die heutige historiographische Situation ergibt sich aus der umfassenden Bestandsaufnahme von ALFRED CROSBY [254: The Past and Pre-sent of Environmental History (1995)]; er datiert den ersten professionellen Bei-trag zur Geschichte des Umweltschutzes auf 1926, als eine Studie die Bodenaus-laugung in den USA in historischem Kontext erklärte. Kurze Quellentexte und sachkundige Kommentare liefert das derzeit konkurrenzlose von CAROLYN MER-CHANT herausgegebene Lehrbuch [193: Major Problems in American Environmental History (1993)]. Betont emotionsfrei von einer *ecological science* spricht JOHN OPIE in seiner zu einem gut lesbaren Lehrbuch verarbeiteten Bestandsaufnahme der Vielzahl solider ökologisch-historischer Studien, die seit 1960 entstanden sind [195: Nature's Nation (1998)].

III. Quellen und Literatur

Der Hinweis „Datenbank" bedeutet, daß der Titel auch digitalisiert auf CD oder über das Internet zugänglich ist. Die über das World Wide Web von einer Vielzahl öffentlicher Institutionen und kommerziellen Unternehmen zur Verfügung gestellten bibliographischen Angaben und kompletten Texte nehmen laufend zu. Deshalb empfiehlt es sich, die im folgenden präsentierte Literaturauswahl auf dem Stand von 1998 durch eine Suche in einschlägigen Datenbanken zu ergänzen. Die home page der Organization of American Historians verbindet mit den wichtigsten „Websites for the History Profession" – vom Katalog der Kongreßbibliothek in Washington bis zu regionalen fachhistorischen Vereinigungen [http://www.indiana.edu/õah]. Ergänzungen finden sich bei der American Historical Association in Washington unter http://www.thaha.org. Neuerscheinungen sind mit Suchwort aufrufbar im Bestelldienst der 1995 gegründeten Amazon Inc. [http://www.amazon.com oder amazon.de], der auch Klappentexte verzeichnet. Rezensionen von Neuerscheinungen bieten auch die fachhistorischen Diskussionsgruppen oder „Listen", die von der Michigan State University in East Lansing lizenziert werden. Eine Einführung und Anleitung bietet deren home page http://www.h-net.msu.edu. Die wichtigsten Diskussionsgruppen, deren selbstlose Mitglieder auch Auskunft über bibliographische und andere Fachfragen erteilen, sind H-Afro-Am zur Geschichte der Afroamerikaner; H-Amindian zur Indianergeschichte; H-Ethnic zu Einwanderung und ethnischen Gruppen; H-ASEH zur Ökologiegeschichte; H-Diplo zur Diplomatiegeschichte; H-Ideas zur Ideengeschichte; H-AmStdy zur Kultur- und Literaturgeschichte im Rahmen der American Studies; H-Labor zur Gewerkschafts- und Arbeitergeschichte; H-Law zur Rechts- und Verfassungsgeschichte; H-Pol zur Politikgeschichte; H-SHEAR zur Geschichte der Frühen Republik 1776–1840; H-CivWar zum Sezessionskrieg; H-South zur Südstaatengeschichte; H-West zur Geschichte des Westens und der Frontier; H-Urban zur Städtegeschichte; H-Women zur Frauengeschichte. Zur Einführung empfiehlt sich der Artikel von Michael O'Malley und Roy Rosenzweig: Brave New World or Blind Alley: American History on the World Wide Web, in: JAH 84 (1997) 132–155.

Weitere bibliographische Hilfsmittel sind zugänglich über die Eingangsseite des John F. Kennedy Instituts für Nordamerikastudien der Freien Universität Berlin unter http://www.fu-berlin.de/jfki.

A. QUELLEN

Hier können nur quellenkundliche Nachschlagewerke und einige herausragende zeitlich und thematisch umfassende Quellenpublikationen genannt werden, mit deren Hilfe spezielle publizierte und archivierte Quellen gefunden werden können. Nicht aufgenommen wurden – mit einigen wenigen Ausnahmen – die oft mit nützlichen Herausgeberkommentaren versehenen Editionen von Schriften und Korrespondenz aktiver Persönlichkeiten von Benjamin Franklin bis Martin Luther King, die Quellen für die jeweilige Zeit insgesamt bieten.

1. Archive und Quellenkundliche Nachschlagewerke

1. W. P. Adams, Archival Materials in the Federal Republic of Germany on United States History, in: 52: Hanke (Hrsg.), Guide, Bd. 2, 122- 133.

2. Americana in deutschen Sammlungen (ADS). Ein Verzeichnis von Materialien zur Geschichte der Vereinigten Staaten von Amerika in Archiven und Bibliotheken der Bundesrepublik Deutschland und West-Berlins. Zusammengestellt im Auftrag der Deutschen Gesellschaft für Amerikastudien, Bd. 1–10, Selbstverlag der Gesellschaft 1967.

3. Directory of Archives and Manuscript Repositories in the United States, Hrsg. National Historical Publications and Records Commission, 2. Aufl., Phoenix/AZ 1988.

4. Guide to the National Archives of the United States, National Archives and Records Administration, 2. Aufl., Washington, DC 1987.

5. T. Mann, A Guide to Library Research Methods, New York 1987.

6. National Union Catalog of Manuscript Collections, Hrsg. Library of Congress, Washington, DC, seit 1959/61 laufend ergänzt.

7. F. L. Schick u. a., Records of the Presidency: Presidential Papers and Libraries from Washington to Reagan, Phoenix/AZ 1989.

2. publizierte Quellen

a) Mehrere Fachgebiete betreffend

8. American Women's Diaries [18.-20. Jh.] = Mikrofilm-Sammlung von über 800 Tagebüchern, Vertrieb seit 1994 durch Newsbank/ Readex Corp., New Canaan/CT

9. P. F. Boller u. a. (Hrsg.), A More Perfect Union: Documents in U.S. History, 2 Bde., 4. Aufl., Boston 1996.

10. D. J. Boorstin (Hrsg.), An American Primer, Chicago 1966.

11. T. H. Breen (Hrsg.), The Power of Words: Documents in American History, 2 Bde., New York 1996.

12. H. S. Commager (Hrsg.), Documents of American History [1492–1973], 2 Bde., 9. Aufl., New York 1973; die 10. Aufl. Englewood Cliffs/NJ, Bd. 1 von 1988 ist ein seitengleicher Nachdruck.

13. G. H. Gallup (Hrsg.), The Gallup Poll, Wilmington/Del. fortlaufend seit 1935; auch Zusammenfassungen in Public Opinion Quarterly.

14. R. Hofstadter u. a. (Hrsg.), Great Issues in American History [Kommentierte Dokumente 1584–1981], 3 Bde., New York 1958, 1982.

15. P. B. Levy (Hrsg.), 100 Key Documents in American Democracy, Westport/CT 1994.

16. The New York Times; einzige Tageszeitung mit detailliertem Jahresregister seit 1851.

17. H. Schambeck u. a. (Hrsg.), Dokumente zur Geschichte der Vereinigten Staaten von Amerika [1492–1993], Berlin 1993.

18. I. Unger (Hrsg.), American Issues: A Primary Source Reader in United States History, 2 Bde., Englewood Cliffs/NJ 1994.

19. Vital Speeches of the Day (wechselnde Herausgeber), New York periodisch seit 1934.

b) Statistiken

20. United States Bureau of the Census, The Statistical Abstract of the United States, Washington, DC, seit 1878 jährlich.

21. United States Bureau of the Census, Historical Statistics of the United States: Colonial Times to 1970, 2 Bde., Washington, DC 1975.

c) Regierungspublikationen

22. A Compilation of the Messages and Papers of the Presidents 1789–1929, 20 Bde., Washington, DC 1896–1899; Bd. 1–10, Hrsg. J. D. Richardson.

23. Congressional Record (Permanent edition), Washington, DC seit 1873 fortlaufend.

24. U.S. Department of State (Hrsg.), Foreign Relations of the United States: [Untertitel variiert] Washington, DC seit 1862 fortlaufend.

25. Public Papers of the Presidents of the United States, rückwirkend ab Truman 1945, Washington, DC seit 1956 veröffentlicht.

26. United States Supreme Court Digest, St. Paul/Minn.; rückwirkend bis 1754, ab 1943 fortlaufend.

d) Politisches System, Verfassung, Politikgeschichte

27. M. L. BENEDICT (Hrsg.), Sources in American Constitutional History, Lexington/MA 1996.

28. K. H. HALL (Hrsg.), Major Problems in American Constitutional History: Documents and Essays, 2 Bde., Lexington/MA 1992.

29. A. HAMILTON, J. MADISON, J. JAY, Die *Federalist*-Artikel [1788], Übers. von A. und W. P. ADAMS, Paderborn 1994.

30. P. B. LEVY (Hrsg.), Political Thought in America, 2. Aufl., Prospect Heights/IL 1988.

31. T. G. PATERSON (Hrsg.), Major Problems in American Foreign Policy: Documents and Essays, 26 Bde., 3. Aufl., Lexington/MA 1989.

32. The Pentagon Papers: The Defense Department History of United States Decisionmaking on Vietnam; 5 Bde., The Senator Gravel edition, Boston 1971–72.

33. A. S. SCHLESINGER, jr. u. a. (Hrsg.), The Dynamics of World Power: A Documentary History of United States Foreign Policy 1945–1973, 5 Bde., New York 1973, Nachdr. 1983.

34. W. WILSON, The Papers of Woodrow Wilson, Hrsg. A. S. LINK, 69 Bde., Princeton 1966–1994.

e) Sozial- und Wirtschaftsgeschichte

35. E. BORIS u. a. (Hrsg.), Major Problems in the History of American Workers: Documents and Essays, Lexington/MA 1991.

36. R. H. BREMNER u. a. (Hrsg.), Children and Youth in America: A Documentary History, 3 Bde., Cambridge/MA 1970–74.

37. J. R. COMMONS u. a. (Hrsg.), Documentary History of American Industrial Society, 10 Bde., New York 1958.

38. L. M. HACKER (Hrsg.), Major Documents in American Economic History, 2 Bde., Princeton 1961.

39. W. J. HELBICH u. a., Briefe aus Amerika: Deutsche Auswanderer schreiben aus der neuen Welt 1830–1930, München 1988.

40. R. HOFSTADTER u. a. (Hrsg.), American Violence: A Documentary History, New York 1970.

41. The Immigrant in America [kein Hrsg.], Serie von 264 Mikrofilmrollen, Vertrieb seit 1989 durch Research Publications International, Reading/England, gedrucktes Verzeichnis beim gleichen Verlag erschienen.

42. H. KEIL u. a. (Hrsg.), German Workers in Chicago: A Documentary History of Working Class Culture from 1850 to World War I, Urbana/IL 1988.

43. W. MOQUIN (Hrsg.), Great Documents in American Indian History, New York 1973.

44. W. D. Rasmussen (Hrsg.), Agriculture in the United States: A Documentary History, 4 Bde., New York 1975.

45. S. Terkel, Hard Times: An Oral History of the Great Depression, New York 1986.

46. S. Ware (Hrsg.), Modern American Women: A Documentary History, Chicago 1989.

f) Ideen- und Kulturgeschichte

47. D. A. Hollinger u. a. (Hrsg.), The American Intellectual Tradition: A Source Book, 2 Bde., 3. Aufl., New York 1997.

48. P. Lauter u. a. (Hrsg.), The Heath Anthology of American Literature, 2 Bde., 2. Aufl., Lexington/MA 1994.

49. N. Harris (Reihenhrsg.), The American Culture [1600–1945], 8 Bde. New York 1970; die Hrsg. der Bände VI-VIII sind Roderick Nash (1900–1916, Robert Sklar (1917–1930) und Warren Sussman (1929–1945)

B. LITERATUR

ALLGEMEINER TEIL

1. BIBLIOGRAPHISCHE HILFSMITTEL

Bibliographien, die einzelnen Sachgebieten oder Zeitabschnitten zuzuordnen sind, werden dort aufgeführt.

50. America: History and Life: A Guide to Periodical Literature, Vierteljahresschrift seit 1965; erfaßt ab 1974 auch Dissertationen und Rezensionen; Datenbank.

51. F. FREIDEL (Hrsg.), Harvard Guide to American History, 2 Bde., Cambridge/MA 1974.

52. L. HANKE (Hrsg.), Guide to the Study of United States History Outside the U.S., 19451980, 5 Bde., Millwood/NY 1985.

53. Journal of American History, laufend in jedem Heft der nach Fachgebieten geordnete Abschnitt „Recent Scholarship".

54. M. B. NORTON, The American Historical Association's Guide to Historical Literature, 2 Bde., New York 1995.

55. F. P. PRUCHA, Handbook for Research in American History: A Guide to Bibliographies and Other Reference Works, 1. Aufl., Lincoln/Neb. 1987 mit ausführlichen thematischen Bibliographien; 2. Aufl. 1994 mit mehr als Datenbanken gespeicherten Bibliographien.

2. NACHSCHLAGEWERKE

56. Atlas of American History, Hrsg. R. H. FERRELL u. a., New York 1987.

57. Dictionary of American Biography, 20 Bde., New York 1928–36.

58. Dictionary of American History, 7 Bde., New York 1976.

59. Encyclopedia of American History, Hrsg. R. B. MORRIS u.a., 7. Aufl., New York 1996.

60. Encyclopedia of American Political History, Hrsg. J. P. GREENE, 3 Bde., New York 1984.

61. Encyclopedia of the United States in the 20th Century, Hrsg. S. I. KUTLER u. a., 4 Bde., New York 1996.

62. Historical Atlas of the United States, Hrsg. W. E. GARRETT für die National Geographic Society, Washington, DC 1988.

63. W. JÄGER u. a. (Hrsg.), Regierungssystem der USA: Lehr- und Handbuch, München 1995.

64. Länderbericht USA, Hrsg. W. P. ADAMS u. a., 3. Aufl., Bonn 1999.

65. Notable American Women, 1607–1950: A Biographical Dictionary, Hrsg. E. T. JAMES u. a., 3 Bde., Cambridge/MA 1971.

66. The Reader's Companion to American History, Hrsg. E. FONER u. a., Boston 1991.

67. W. SAFIRE, Safire's New Political Dictionary, New York 1993.

68. USA Lexikon: Schlüsselbegriffe zu Politik, Wirtschaft, Gesellschaft, Kultur, Geschichte und zu den deutsch-amerikanischen Beziehungen, Hrsg. R. B. WERSICH, Berlin 1995.

69. USA-Ploetz: Geschichte der Vereinigten Staaten zum Nachschlagen, Hrsg. G. MOLTMANN u. a., 3. Aufl., Freiburg 1993.

3. HISTORIOGRAPHIE, GESAMTDARSTELLUNGEN, INTERPRETATIONEN

a) Geschichte der amerikanischen Nationalgeschichtsschreibung

70. J. APPLEBY u. a., Telling the Truth about History, New York 1994.

71. E. A. BREISACH, American Progressive History: An Experiment in Modernization [1890–1948], Chicago 1993.

72. A. S. EISENSTADT (Hrsg.), Reconsidering Tocqueville's Democracy in America, New Brunswick/NJ 1988.

73. E. FONER (Hrsg.), The New American History, Philadelphia 1990; 2. Aufl., 1997.

74. D. HARLAN, The Degradation of American History, Chicago 1997.

75. J. HIGHAM, History: Professional Scholarship in America, 2. Aufl., Baltimore 1989.

76. R. HOFSTADTER, The Progressive Historians: Turner, Beard and Parrington, Chicago 1979.

77. M. KAMMEN (Hrsg.), The Past Before Us: Contemporary Historical Writing in the United States, Ithaca/NY 1980.

78. M. KRAUS, überarbeitet von D. D. Joyce, The Writing of American History, 3. Aufl., Norman/OK 1985.

79. P. NOVICK, That Noble Dream: The ‚Objectivity Question' and the American Historical Profession, Cambridge/MA 1988.

80. [Mehrere Autoren in:] RAH 10 (Dez. 1982), Heftthema: The Promise of American History: Progress and Prospects.

81. A. DE TOCQUEVILLE, De la démocratie en Amérique, 2 Bde., Paris 1835, 1840; Übers. von Hans Zbinden: Über die Demokratie in Amerika, 2 Bde., Stuttgart 1959.

82. M. WAECHTER, ‚Scientific History' in den Vereinigten Staaten: Sozialer Evolutionismus als Theoriemodell, in: Comparativ 5 (1995) 32–49.

b) Gesamtdarstellungen und Interpretationen

Hand- und Lehrbücher

83. W. P. ADAMS (Hrsg.), Die Vereinigten Staaten von Amerika, Frankfurt a. M. 1977; Nachdr. 1997.

84. E. ANGERMANN, Die Vereinigten Staaten von Amerika als Weltmacht: Innen- und außenpolitische Entwicklung seit 1917, 9. Aufl., München 1995.

85. B. BAILYN u. a., The Great Republic: A History of the American People, 4. Aufl., Lexington/MA 1992.

86. P. S. BOYER u. a., The Enduring Vision: A History of the American People, Concise 3rd ed., Boston 1998.

87. H. R. GUGGISBERG, Geschichte der USA, 3. Aufl., Stuttgart 1993.

88. J. HEIDEKING, Geschichte der USA, Tübingen 1996.

89. S. E. MORISON u. a., The Growth of the American Republic, 2 Bde., 7. Aufl., New York 1980.

90. M. B. NORTON u. a., A People and a Nation: A History of the United States, 4. Aufl., Boston 1994.

91. U. SAUTTER, Geschichte der Vereinigten Staaten von Amerika, 5. Aufl., Stuttgart 1994.

92. H. ZINN, A People's History of the United States 1492-Present, 2. Aufl., New York 1995.

Interpretationen, Sammelbände, Vergleiche

93. E. ANGERMANN, Challenges of Ambiguity: Doing Comparative History, New York 1991, mit Kommentaren von CARL N. DEGLER und JOHN A. GARRATY.

94. C. und M. BEARD, The Rise of American Civilization, 4 Bde., New York 1927–1942.

95. W. CRONON, Changes in the Land: Indians, Colonists, and the Ecology of New England, New York 1983.

96. A. DAVIS, Conflict and Consensus in Modern American History [ab 1860], 8. Aufl., Lexington/MA 1992.

97. C. N. DEGLER, Out of Our Past: The Forces that Shaped Modern America, 3. Aufl., New York 1984.

98. G. M. FREDRICKSON, White Supremacy: A Comparative Study in American and South African History, New York 1981.

99. G. N. GROB u. a. (Hrsg.), Interpretations of American History, 2 Bde., 6. Aufl., New York 1992.

100. C. J. GUARNERI (Hrsg.), America Compared: American History in International Perspective, 2 Bde., New York 1997.

101. L. M. HACKER, The Triumph of American Capitalism: The Development of Forces in American History to the End of the 19th Century, New York 1940.

102. J. W. HALL (Hrsg.), Forging the American Character, New York 1971, Nachdruck 1980.

103. L. HARTZ, The Founding of New Societies: Studies in the History of the United States, Latin America, South Africa, Canada, and Australia, New York 1964.

104. R. HOFSTADTER, The American Political Tradition and the Men Who Made It, New York 1948, mehrfach nachgedruckt.

105. M. KAMMEN, The Problem of American Exceptionalism, in: AQ 45 (1993) 1–43.

106. P. KOLCHIN, Comparing American History [Sammelrezension von Fallstudien zur *frontier* und Sklaverei], RAH 10 (Dez. 1982) 64–81.

107. K. KRAKAU (Hrsg.), Lateinamerika und Nordamerika: Gesellschaft, Politik und Wirtschaft im historischen Vergleich, Frankfurt a.M. 1992.

108. S. M. LIPSET, The First New Nation: The United States in Historical and Comparative Perspective, 2. Aufl., New York 1979.

109. S. M. LIPSET, Continental Divide: The Values and Institutions of the United States and Canada, New York 1990.

110. S. M. LIPSET, American Exceptionalism, New York 1996.

111. D. M. POTTER, The Historian's Use of Nationalism and Vice Versa, AHR 67 (1962) 924–950; erweiterte Fassung in 112: POTTER, History, 61–108.

112. D. M. POTTER, History and American Society, Hrsg. D. E. FEHRENBACHER, New York 1973.

113. D. M. POTTER, People of Plenty: Economic Abundance and the American Character, Chicago 1954.

114. B. E. SHAFER (Hrsg.), Is America Different? A New Look at American Exceptionialism, Oxford 1991.

115. R. H. WIEBE, The Segmented Society: An Introduction to the Meaning of America, Oxford 1975.

116. W. A. WILLIAMS, The Contours of American History, New York 1962, 1988.

117. C. V. WOODWARD (Hrsg.), The Comparative Approach to American History, New York 1968, mit neuem Vorwort 1997.

c) Regionen, *frontier*

Einzelstaatsgeschichten der 50 Vereinigten Staaten nennt PRUCHA [55: Handbook (1987) 110–114, 215–218].

118. A. R. L. CAYTON u. a., The Midwest and the Nation: Rethinking the History of an American Region, Bloomington/IN 1990.

119. W. CRONON u. a. (Hrsg.), Under an Open Sky: Rethinking America's Western Past, New York 1992.

120. P. D. ESCOTT u. a. (Hrsg.), Major Problems in the History of the American South, 2 Bde., Lexington/MA 1990.

121. R. D. GASTIL, Cultural Regions of the United States, Seattle 1975.

122. C. A. MILNER u.a. (Hrsg.), The Oxford History of the American West [einschl. Alaska und Hawaii], New York 1994.

123. F. J. TURNER, The Significance of Sections in American History, New York 1932.

124. R. WHITE, ‚It's Your Misfortune and None of My Own': A New History of the American West, Norman/OK 1991.

125. C. G. WILSON u. a. (Hrsg.), Encyclopedia of Southern Culture, Chapel Hill/ NC 1989.

126. D. WORSTER, Under Western Skies: Nature and History in the American West, New York 1992.

4. SOZIALGESCHICHTE

a) Bevölkerungs- und Sozialgeschichte

127. E. D. BALTZELL, Philadelphia Gentlemen: The Making of a National Upper Class, Chicago 1971; Erstaufl. 1958.

128. R. D. BROWN, Modernization: The Tranformation of American Life 1600– 1865, New York 1976.

129. R. A. EASTERLIN, Population, in 296: Encyclopedia of American Economic History, 167–182.

130. Encyclopedia of American Social History, Hrsg. M. K. CAYTON u. a., 3 Bde., New York 1993.

131. J. B. GARDNER u. a. (Hrsg.), Ordinary People and Everyday Life: Perspectives on the New Social History, Nashville/Tenn. 1983.

132. H. JOAS u. a. (Hrsg.), Gewalt in den USA, Frankfurt a.M. 1994.

133. J. KOCKA, Angestellte zwischen Faschismus und Demokratie: Zur politischen Sozialgeschichte der Angestellten: USA 1890–1940 im internationalen Vergleich, Göttingen 1977.

134. P. NOLTE, Amerikanische Sozialgeschichte in der Erweiterung: Tendenzen, Kontroversen und Ergebnisse seit Mitte der 1980er Jahre, in: Archiv für Sozialgeschichte 36 (1996) 363–394.

135. W. NUGENT, Structures of American Social History, Bloomington 1981.

136. E. PESSEN, Three Centuries of Social Mobility in America, Lexington/MA 1974.

137. P. SCHÄFER, Alltag in den Vereinigten Staaten: Von der Kolonialzeit bis zur Gegenwart, Graz 1998.

138. R. STORY, Social Class, in 130: Encyclopedia of American Social History, Bd. 1, 467–482.

139. S. THERNSTROM, Poverty and Progress: Social Mobility in a Nineteenth-Century City, Cambridge/MA 1964.

140. M. A. Vinovskis (Hrsg.), Studies in American Historical Demography, New York 1979.

141. K. Voss, The Making of American Exceptionalism: The Knights of Labor and Class Formation in the 19th Century, Ithaca/NY 1994.

142. R. V. Wells, Uncle Sam's Family: Issues in and Perspectives on American Demographic History, Albany 1985.

b) Ethnische Gruppen und Einwanderer

143. L. H. Fuchs, The American Kaleidoscope: Race, Ethnicity, and the Civic Culture, Hanover/NH 1990.

144. S. Thernstrom (Hrsg.), Harvard Encyclopedia of American Ethnic Groups, Cambridge/MA 1980.

145. M. Walzer, What Does It Mean to Be an ‚American'?, in: Social Research 57 (Fall 1990) 591–614.

Ureinwohner

146. R. E. Bieder, Contemplating Others: Cultural Contacts in Red and White America: An Annotated Bibliography on the North American Indian, Berlin 1990.

147. K. Frantz, Die Indianerreservationen in den USA, 2. Aufl., Stuttgart 1995.

148. A. L. Hurtado u. a. (Hrsg.), Major Problems in American Indian History, Lexington/MA 1994.

149. W. Lindig u. a., Die Indianer: Kulturen und Geschichte der Indianer Nord-, Mittel- und Südamerikas, 4. Aufl., München 1987.

150. S. O'Brien, American Tribal Governments [1500–1988], Norman/OK 1989.

151. F. P. Prucha, American Indian Treaties: The History of a Political Anomaly, Berkeley 1994.

152. P. Stuart, Nations within a Nation: Historical Statistics of American Indians, Westport/CT 1987.

153. B. G. Trigger u. a. (Hrsg.), Cambridge History of the Native Peoples of the New World, Bd. 3: North America, New York 1993.

Einwanderer und ethnische Gruppen

154. T. J. Archdeacon, Becoming American: An Ethnic History, New York 1983.

155. J. Bodnar, The Transplanted: A History of Immigrants in Urban America, Bloomington 1985.

156. S. Chan, Asian Americans: An Interpretive History, Boston 1991.

157. R. Daniels, Coming to America: A History of Immigration and Ethnicity in American Life, New York 1990.

158. L. DINNERSTEIN u. a., Natives and Strangers: A Multicultural History of Americans, New York 1996.

159. H. L. FEINGOLD (Hrsg.), The Jewish People in America, 5 Bde., Baltimore 1992.

160. G. M. FREDRICKSON, The Arrogance of Race: Historical Perspectives on Slavery, Racism, and Social Inequality, Middletown/CT 1988.

161. M. A. JONES, American Immigration, 2. Aufl., Chicago 1992.

162. M. C. LeMAY, From Open Door to Dutch Door: An Analysis of U.S. Immigration Policy Since 1820, Westport/CT 1987.

Afroamerikaner

163. J. H. FRANKLIN u. a., From Slavery to Freedom: A History of African Americans, 7. Aufl., New York 1994; Von der Sklaverei zur Freiheit, übers. von A. ADAMS, Berlin 1999.

164. E. D. GENOVESE, Roll, Jordan, Roll: The World the Slaves Made, New York 1974.

165. P. KOLCHIN, Unfree Labor: American Slavery and Russian Serfdom, Cambridge/MA 1987.

c) Frauen, Familie, Sexualität

166. P. BAKER, The Domestication of Politics: Women and American Political Society 1780–1920, in: AHR 89 (1984) 620–647.

167. C. N. DEGLER, At Odds: Women and the Family in America, from the Revolution to the Present, Oxford 1980.

168. M. B. DUBERMAN u. a., Hidden From History: Reclaiming the Gay and Lesbian Past, New York 1989.

169. [Mehrere Autoren], Family History, in 130: Encyclopedia of American Social History, Bd. 3, 1923–2062.

170. E. FLEXNER, Century of Struggle: The Women's Rights Movement in the United States, 2. Aufl., Cambridge/MA 1975.

171. E. B. FREEDMAN, Sexuality in 19th-Century America: Behavior, Ideology, and Politics, in: RAH 10 (1982) 196–215.

172. C. GOLDIN, Understanding the Gender Gap: An Economic History of American Women, New York 1990.

173. L. GORDON, Woman's Body, Woman's Right: Birth Control in America, 2. Aufl., New York 1990.

174. T. K. HAREVEN, The History of the Family and the Complexity of Social Change, in: AHR 96 (1991) 95–124.

175. J. HOFF, Unequal Before the Law: A Legal History of U.S. Women, New York 1991.

176. L. K. KERBER u. a. (Hrsg.), U.S. History as Women's History: New Feminist Essays, Chapel Hill/NC 1995.

177. E. T. MAY, Expanding the Past: Recent Scholarship on Women in Politics and Work, in: RAH 10 (1982), 216–233.

178. M. B. NORTON (Hrsg.), Major Problems in American Women's History, 2. Aufl., Lexington/MA 1996.

5. HISTORISCHE GEOGRAPHIE, ÖKOLOGIE

a) Historische Geographie

179. M. P. CONZEN (Hrsg.), The Making of the American Landscape, Boston 1990.

180. M. P. CONZEN, Landschaften und Regionen: Naturräumliche Gegebenheiten und ihre Entwicklung durch den Menschen, in: 64: W. P. ADAMS u. a. (Hrsg.), Länderbericht USA, 477–500.

181. C. EARLE (Hrsg.), Geographical Inquiry and American Historical Problems, Stanford 1992.

182. D. W. MEINIG, The Shaping of America: A Geographical Perspective on 500 Years of History, Bd. 1 (1492–1800), Bd. 2 (1800–1867), New Haven/CT 1986, 1993.

183. R. D. MITCHELL u. a. (Hrsg.), North America: The Historical Geography of a Changing Continent, Totowa/NJ 1987.

Urbanisierung

184. H. GILLETTE u. a. (Hrsg.), American Urbanism: A Historiographical Review, Westport/CT 1987.

185. D. R. GOLDFIELD u. a., Urban America: A History, 2. Aufl., Boston 1989.

186. E. E. LAMPARD, American Historians and the Study of Urbanization, in: AHR 67 (1961) 49–61.

187. E. E. LAMPARD, Urbanization, in 296: Encyclopedia of American Economic History, 1028–1057.

188. S. A. RIESS, The City, in 130: Encyclopedia of American Social History, Bd. 2, 1259–1276.

189. S. B. WARNER, The Urban Wilderness: A History of the American City, New York 1972.

b) Ökologie

190. [Mehrere Autoren] The Natural Environment, in 130: Encyclopedia of American Social History, Bd. 2, 1145–1170.

191. A. W. CROSBY, The Past and Present of Environmental History, in: AHR 100 (1995) 1177–1189.

192. R. C. Davis (Hrsg.), Encyclopedia of American Forest and Conservation History, New York 1983.

193. C. Merchant (Hrsg.), Major Problems in American Environmental History: Documents and Essays, Lexington/MA 1993.

194. R. Nash (Hrsg.), American Environmentalism: Readings in Conservation History, 3. Aufl., New York 1989.

195. J. Opie, Nature's Nation: An Environmental History of the United States, Fort Worth/TX 1998.

196. J. M. Petulla, American Environmental History, 2. Aufl., New York 1988.

6. Politikgeschichte: Das Regierungssystem

a) Regierungssystem und Verfassung

197. D. C. Bacon u. a. (Hrsg.), The Encyclopedia of the United States Congress, 4 Bde., New York 1994.

198. A. M. Bickel, The Least Dangerous Branch: The Supreme Court at the Bar of Politics, 2. Aufl., New York 1986.

199. L. Fisher u. a. (Hrsg.), The Encyclopedia of the American Presidency, 4 Bde., New York 1994.

200. E. Fraenkel, Das amerikanische Regierungssystem: Eine politologische Analyse, 4. Aufl., Opladen 1981.

201. L. M. Friedman, Crime and Punishment in American History, New York 1994.

202. K. L. Hall u. a. (Hrsg.), The Oxford Companion to the Supreme Court of the United States, Oxford 1992; besonders 372–404: „History of the Court".

203. J. Heideking (Hrsg.), Die amerikanischen Präsidenten: 41 historische Porträts von George Washington bis Bill Clinton, München 1995.

204. R. Higgs, Crisis and Leviathan: Critical Episodes in the Growth of American Government [1893–1985], New York 1987.

205. R. Hofstadter, The Idea of a Party System: The Rise of Legitimate Opposition in the United States 1740–1840, Berkeley/CA 1969.

206. A. H. Kelly u. a., The American Constitution: Its Origins and Development, 7. Aufl., New York 1991.

207. K. Krakau, Der Supreme Court: Seine Funktion und Problematik im gewaltenteilenden demokratischen Staat, in: AmSt 34 (1989) 101–134.

208. G. T. Kurian (Hrsg.), A Historical Guide to the U.S. Government, Oxford 1998.

209. L. W. Levy u. a. (Hrsg.), The Encyclopedia of the American Constitution, 4 Bde., New York 1986.

210. T. J. Lowi u. a., American Government: Freedom and Power, 3. Aufl., New York 1994.

211. R. L. McCormick, The Party Period and Public Policy: American Politics from the Age of Jackson to the Progressive Era, New York 1986.

212. F. McDonald, The American Presidency: An Intellectual History, Lawrence/Kan. 1994.

213. R. E. Neustadt, Presidential Power and the Modern Presidents: The Politics of Leadership from Roosevelt to Reagan, New York 1989.

214. N. Polsby, Congress and the Presidency, 4. Aufl., Englewood Cliffs/NJ 1986.

215. P. V. Riper, History of the United States Civil Service, Evanston/IL 1958.

216. B. Schwartz, The Great Rights of Mankind: A History of the American Bill of Rights, erw. Aufl., Madison/Wisc. 1992.

217. K. L. Shell, Das politische System der USA, Stuttgart 1975.

218. S. Skowronek, The Politics Presidents Make: Leadership from John Adams to George Bush, Cambridge/MA 1993.

219. D. Thelen (Hrsg.), The Constitution and American Life, Ithaca/NY 1988; auch als Themenheft des JAH 74 (Sept. 1987).

220. J. Q. Wilson, American Government: Institutions and Policies, 6. Aufl., Lexington/MA 1995.

Presse

221. E. Emery u. a., The Press and America: An Interpretive History of the Mass Media, 8. Aufl., Englewood Cliffs/NJ 1992.

222. J. Folkerts u. a., Voices of a Nation: A History of Media in the United States, 2. Aufl., New York 1993.

223. W. D. Sloan u. a., The Media in America: A History, 3. Aufl. Northport/AL 1996.

b) Politische Bewegungen und Ideen

224. R. Bellah, The Broken Covenant: American Civil Religion in a Time of Trial, 2. Aufl., Chicago 1992.

225. M. J. Buhle u. a. (Hrsg.), The American Radical [seit dem 18. Jh.], New York 1994.

226. D. M. Chalmers, Hooded Americanism: The History of the Ku Klux Klan, 3. Aufl., Durham/NC 1987.

227. R. A. Dahl, Democracy and Its Critics, New Haven/CT 1989.

228. R. J. Ellis, American Political Cultures, New York 1993.

229. R. Gabriel, The Course of American Democratic Thought, 3. Aufl., Westport/CT 1986.

230. G. Gehrig u. a., American Civil Religion: An Assessment, West Lafayette/IN 1974.

231. L. Hartz, The Liberal Tradition in America: An Interpretation of American Political Thought Since the Revolution, New York 1955.

232. M. J. Heale, American Anticommunism: Combating the Enemy Within 1830–1970, Baltimore/MD 1990.

233. I. Howe, Socialism and America, San Diego 1985.

234. V. O. Key, Southern Politics in State and Nation, New York 1949.

235. G. Lewy, The Cause that Failed: Communism in American Political Life, New York 1990.

236. J. H. M. Laslett u. a. (Hrsg.), Failure of a Dream? Essays in the History of American Socialism, Berkeley 1984.

237. H. F. May, Protestant Churches and Industrial America, New York 1949.

238. J. R. Pole, The Pursuit of Equality in American History, 2. Aufl., Berkeley 1993.

239. R. G. Powers, Not Without Honor: The History of American Anticommunism, New York 1995.

240. J. Rawls, Political Liberalism, New York 1993.

241. R. E. Richey u. a. (Hrsg.), American Civil Religion, New York 1974.

242. D. T. Rodgers, Contested Truths: Keywords in American Politics Since Independence, 2. Aufl., Cambridge/MA 1998.

243. K. L. Shell, Der amerikanische Konservatismus, Stuttgart 1986.

7. Politikbereiche

a) Innenpolitik

244. M. B. Katz, In the Shadow of the Poorhouse: A Social History of Welfare in America, New York 1986.

245. J. T. Patterson, America's Struggle Against Poverty 1900–1994, Cambridge/MA 1994, 1995 „updated".

246. M. G. Yudof u. a., Educational Policy and the Law, 3. Aufl., St. Paul 1991.

b) Außenpolitik, internationale Beziehungen, Militärgeschichte

247. S. E. Ambrose u. a., Rise to Globalism: American Foreign Policy since 1938, 8. Aufl., Harmondsworth/ England 1997.

248. T. A. Bailey, A Diplomatic History of the American People, 10. Aufl., Englewood Cliffs/NJ 1980.

249. W. H. Becker u. a. (Hrsg.), Economics and World Power: An Assessment of American Diplomacy since 1789, New York 1984.

250. The Cambridge History of American Foreign Relations, 4 Bde., New York 1993; Bd. 1: B. Perkins, The Creation of a Republican Empire 1776–1865; Bd. 2: W. LaFeber, The American Search for Opportunity 1865–1913; Bd. 3:

A. IRIYE, The Globalizing of America 1913–1945; Bd. 4: W. I. COHEN, America in the Age of Soviet Power 1945–1991.

251. J. A. COMBS, American Diplomatic History: Two Centuries of Changing Interpretations, Berkeley 1983.

252. Encyclopedia of American Foreign Policy, Hrsg. A. DECONDE, 3 Bde., New York 1978.

253. L. C. GARDNER (Hrsg.), Redefining the Past: Essays in Diplomatic History in Honor of William Appleman Williams, Corvallis/OR 1986.

254. N. HILLMER (Hrsg.), Partners Nevertheless: Canadian-American Relations in the 20th Century, Toronto 1989.

255. M. J. HOGAN u. a. (Hrsg.), Explaining the History of American Foreign Relations, Cambridge/MA 1991.

256. M. J. Hogan (Hrsg.), America in the World: The Historiography of American Foreign Relations since 1941, New York 1995.

257. M. JONAS, The United States and Germany: A Diplomatic History, Ithaca/ NY 1984.

258. D. JUNKER, Von der Weltmacht zur Supermacht: Amerikanische Außenpolitik im 20. Jahrhundert, Mannheim 1995.

259. K. KRAKAU, Missionsbewußtsein und Völkerrechtsdoktrin in den Vereinigten Staaten von Amerika, Frankfurt a.M 1967.

260. K. KRAKAU, Amerikanische Außenpolitik – ein nationaler Stil? in: W.P. ADAMS u. K. KRAKAU (Hrsg.), Deutschland und Amerika: Perzeption und historische Realität, Berlin 1985, 57–79; engl. Fassung in: DH 8 (1984) 253–272.

261. W. LAFEBER, The American Age: United States Foreign Policy at Home and Abroad 1750 to the Present, 2. Aufl., New York 1994.

262. R. LECKER (Hrsg.), Borderlands: Essays in Canadian-American Relations, Toronto 1991.

263. G. MARTEL (Hrsg.), American Foreign Relations Reconsidered 1890–1993, London 1994.

264. T. J. MCCORMICK u. a. (Hrsg.), Behind the Throne: Servants of Power to Imperial Presidents 1898–1968, Madison/Wisc. 1993.

265. T. G. PATERSON u. a., American Foreign Policy, 2 Bde., 4. Aufl., Lexington/ MA 1995.

266. T. SMITH, America's Mission: The United States and the Worldwide Struggle for Democracy in the 20th Century, Princeton 1994.

267. K. R. SPILLMANN, Amerikas Ideologie des Friedens: Ursprünge, Formwandlungen und geschichtliche Auswirkungen des amerikanischen Glaubens an den Mythos von einer friedlichen Weltordnung, Bern 1984.

268. H.-U. WEHLER, Grundzüge der amerikanischen Außenpolitik 1750–1900, Frankfurt a.M. 1984.

269. W. A. WILLIAMS, A William Appleman Williams Reader: Selections from His Major Writings, Hrsg. H. W. BERGER, Chicago 1992.

Militärgeschichte

270. B. M. Blechman u. a., Force Without War: U.S. Armed Forces As a Political Instrument, Washington 1979.

271. K. J. Hagan, This People's Navy: The Making of American Sea Power [1776–1990], New York 1991.

272. P. A. C. Koistinen, Mobilizing for Modern War: The Political Economy of American Warfare 1865–1995, Lawrence/ Kans. 1997.

273. A. R. Millett u. a., For the Common Defense: A Military History of the United States of America, New York 1994.

274. D. C. Skaggs u. a. (Hrsg.), In Defense of the Republic: Readings in American Military History, Belmont/CA 1991.

8. Wirtschaftsgeschichte

a) Wirtschaftsgeschichte

275. J. Atack u. a., A New Economic View of American History from Colonial Times to 1940, 2. Aufl., New York 1994.

276. W. L. Bernecker u. a. (Hrsg.), Development and Underdevelopment in America: Contrasts of Economic Growth in North and Latin America in Historical Perspective, New York 1993.

277. A. G. Bogue, An Agricultural Empire, in 122: Milner u. a. (Hrsg.), Oxford History of the American West, 275–313.

278. S. Bruchey, Enterprise: The Dynamic Economy of a Free People, Cambridge/MA 1990.

279. A. D. Chandler, The Visible Hand: The Managerial Revolution in American Business, Cambridge/MA 1977.

280. A. D. Chandler, The Railroads, the Nation's First Big Business, New York 1965.

281. A. D. Chandler, The Dynamics of Industrial Capitalism [1870–1980], Cambridge/MA 1990.

282. R. Chernow, Titan: The Life of John D. Rockefeller, New York 1998.

283. T. C. Cochran, Railroad Leaders 1845–1890: The Business Mind in Action, Cambridge/MA 1953.

284. A. E. Eckes, Opening America's Market: U.S. Foreign Trade Policy since 1776, Chapel Hill/NC 1995.

285. M. Friedman u. a., A Monetary History of the United States, 1865–1960, Princeton 1963.

286. R. L. Heilbroner u. a., The Economic Transformation of America: 1600 to the Present, 2. Aufl., New York 1984.

287. C.-L. Holtfrerich (Hrsg.), Wirtschaft USA: Strukturen, Institutionen und Prozesse, München 1991.

288. J. Hughes, American Economic History, 3. Aufl., New York 1990.

289. M. Josephson, The Robber Barons: The Great American Capitalists 1861–1901, New York 1934.

290. C. P. Kindleberger, U.S. Foreign Economic Policy 1776–1976, in: Foreign Affairs 55 (1977) 395–417.

291. S. Kuznets, Two Centuries of Economic Growth: Reflections on the U.S. Experience, in: The American Economic Review 67 (Feb. 1977) 1–14.

292. C. Landauer, Sozial- und Wirtschaftsgeschichte der Vereinigten Staaten von Amerika, Stuttgart 1981.

293. S. Lebergott, The Americans: An Economic Record, New York 1984.

294. A. Nevins, Study in Power: John D. Rockefeller, Industrialist and Philanthropist, 2. Aufl., Norwalk/CT 1989.

295. P. Nolte, Der Markt und seine Kultur – ein neues Paradigma der amerikanischen Geschichte? in: HZ 264 (1997) 329–360.

296. G. Porter (Hrsg.), Encyclopedia of American Economic History, 3 Bde., New York 1980.

297. S. Ratner, The Tariff in American History, New York 1972.

298. J. T. Schlebecker, Whereby We Thrive: A History of American Farming 1607–1972, Ames/IW 1975.

299. G. M. Walton u. a., History of the American Economy, 7. Aufl., Fort Worth/TX 1994.

b) Arbeiter- und Gewerkschaftsgeschichte

300. D. Brody, Workers in Industrial America: Essays on the 20th Century Struggle, 2. Aufl., New York 1993.

301. F. R. Dulles u. a., Labor in America, 5. Aufl., Arlington Heights/IL 1993.

302. N. Lichtenstein u. a. (Hrsg.), Industrial Democracy in America: The Ambiguous Promise, Washington, DC 1993.

303. D. Montgomery, The Fall of the House of Labor: The Workplace, the State, and American Labor Activism 1865–1925, New York 1989.

304. J. C. Moody u. a. (Hrsg.), Perspectives on American Labor History: The Problem of Synthesis, DeKalb/IL 1989.

305. U. Sautter, Three Cheers for the Unemployed: Government and Unemployment before the New Deal, New York 1992.

306. C. L. Tomlins, The State and the Unions: Labor Relations, Law and the Organized Labor Movement in America 1880–1960, New York 1985.

307. R. H. Zieger, American Workers, American Unions [1920–1985], 2. Aufl., Baltimore 1994.

9. Ideen- und Kulturgeschichte

a) „Intellectual history" und nationale kulturelle Identität

308. J. Bodnar, Remaking America: Public Memory, Commemoration, and Patriotism in the Twentieth Century, Princeton 1992.

309. M. Curti, The Growth of American Thought, New York 1943, 3. Aufl. 1964.

310. M. Curti, Human Nature in American Thought, Madison/Wisc. 1980.

311. D. B. Davis (Hrsg.), The Fear of Conspiracy: Images of Un-American Subversion from the Revolution to the Present, Ithaca/NY 1971.

312. C. N. Degler, In Search of Human Nature: The Decline and Revival of Darwinism in American Social Thought, New York 1991.

313. R. W. Fox u.a (Hrsg.), A Companion to American Thought, Oxford 1995.

314. C. Geertz, Ideology as a Cultural System, in: Ideology and Discontent, Hrsg. David Apter, New York 1964, 47–76.

315. J. Higham u. a. (Hrsg.), New Directions in American Intellectual History, Baltimore 1979.

316. J. Higham, Beyond Consensus: The Historian as Moral Critic, in: AHR 67 (1962) 609–25.

317. J. Higham, Multiculturalism and Universalism: A History and Critique, in: AQ 45 (1993) 195–219.

318. R. Hofstadter, Anti-Intellectualism in American Life, New York 1962.

319. D. A. Hollinger, American Intellectual History: Issues for the 1980s, in: RAH 10 (1982) 306–317.

320. M. Lerner, America as a Civilization: Life and Thought in the United States Today, with a Postscript Chapter ‚The New America, 1957–1987‘, New York 1987; Erstaufl. 1957 übers. von Walter Theimer als Amerika – Wesen und Werden einer Kultur: Geist und Leben der Vereinigten Staaten von heute, Frankfurt a.M. 1960.

321. G. B. Nash u. a. (Hrsg.), The Great Fear: Race in the Mind of America, New York 1970.

322. R. Nash, Wilderness and the American Mind, 3. Aufl., New Haven/CT 1983.

323. M. D. Peterson, The Jefferson Image in the American Mind, New York 1960.

324. M. D. Peterson, Lincoln in American Memory, New York 1994.

325. G. Raeithel, Geschichte der nordamerikanischen Kultur, 3 Bde., überarb. Aufl., Stuttgart 1986–1989.

326. D. T. Rodgers, The Work Ethic in Industrial America 1850–1920, Chicago 1978.

327. H. Shapiro, Racism, in 130: Encyclopedia of American Social History, Bd. 3, 2089–2100.

328. H. N. Smith, Virgin Land: The American West as Symbol and Myth, Cambridge/MA 1950.

329. W. Sollors, Beyond Ethnicity: Consent and Descent in American Culture, Oxford 1986.

330. W. Sollors (Hrsg.), The Invention of Ethnicity, Oxford 1989.

331. W. Zelinsky, Nation into State: The Shifting Symbolic Foundations of American Nationalism, Chapel Hill/NC 1988.

b) „American Culture", Populärkultur

332. M. C. Carnes, The Rise of Bourgeois Culture, in 130: Encyclopedia of American Social History, Bd. 1, 605–620.

333. S. Coben u. a. (Hrsg.), The Development of an American Culture, 2. Aufl., New York 1983.

334. W. Fluck, ‚Amerikanisierung' der Kultur: Zur Geschichte der amerikanischen Populärkultur, in: H. Wenzel (Hrsg.) Die Amerikanisierung des Medienalltags, Frankfurt a.M. 1998, 13–52.

335. W. Fluck, Kultur, in: 64: W. Adams u. a. (Hrsg.), Länderbericht USA, 719–806

336. P. Freese u. a. (Hrsg.), Popular Culture in the United States, Essen 1994.

337. L. W. Levine, Black Culture and Black Consciousness: Afro-American Folk Thought from Slavery to Freedom, New York 1977.

c) Bildung und Wissenschaft

338. B. E. McClellan u. a. (Hrsg.), The Social History of American Education, Urbana/IL 1988.

339. S. A. Rippa, Education in a Free Society: An American History, 7. Aufl., White Plains/NY 1992.

340. L. Veysey, The History of Education, in: RAH 10 (1982) 281–291.

d) Religion und Kirchen

341. S. E. Ahlstrom, A Religious History of the American People, 2 Bde., mit neuem Vorwort, Garden City/NY 1975.

342. J. Butler, Awash in a Sea of Faith: The Christianization of the American People, Cambridge/MA 1990.

343. I. Kramnick u. a., The Godless Constitution: The Case Against Religious Correctness, New York 1996.

344. C. H. Lippy u. a. (Hrsg.), Encyclopedia of the American Religious Experience, 3 Bde., New York 1988.

345. M. A. Noll, A History of Christianity in the United States and Canada, Grand Rapids/MI 1992.

232 III. Quellen und Literatur

346. M. A. Noll (Hrsg.), Religion and American Politics from the Colonial Period to the 1980s, New York 1989.

347. F. G. Wood, The Arrogance of Faith: Christianity and Race in America from the Colonial Era to the 20th Century, Boston 1991.

e) Gesellschaftstheorie und Sozialethik

348. R. N. Bellah u. a., Habits of the Heart: Individualism and Commitment in American Life, Berkeley 1985; Übers.: Gewohnheiten des Herzens: Individualismus und Gemeinsinn in der amerikanischen Gesellschaft, Köln 1987.

349. H. Joas, Pragmatismus und Gesellschaftstheorie, Frankfurt a.M. 1992.

350. L. Menand (Hrsg.), Pragmatism: A Reader, New York 1997.

351. J. Rawls, A Theory of Justice, Cambridge/MA 1971, Übers.: Eine Theorie der Gerechtigkeit, Frankfurt a.M. 1996.

352. W. Reese-Schäfer, Grenzgötter der Moral: Der neuere europäisch-amerikanische Diskurs zur politischen Ethik, Frankfurt a.M. 1997.

353. H. Vorländer, Hegemonialer Liberalismus: Politisches Denken und politische Kultur in den USA 1776–1920, Frankfurt a.M. 1997.

354. M. Walzer, Spheres of Justice: A Defence of Pluralism and Equality, New York 1983, Übers.: Sphären der Gerechtigkeit: Ein Plädoyer für Pluralität und Gleichheit, 1998.

355. R. B. Westbrook, John Dewey and American Democracy, Ithaca/NY 1991.

LITERATUR ZU DEN CHRONOLOGISCH DEFINIERTEN KAPITELN

1. DIE NEUE WELTMACHT IN FRIEDEN UND KRIEG, 1900–1920

a) Überblicke, Interpretationen

356. T. BENDER, Community and Social Change in America, New Brunswick/NJ 1978.

357. R. HOFSTADTER, The Age of Reform: From Bryan to F.D.R., New York 1955.

358. G. KOLKO, The Triumph of Conservatism: A Reinterpretation of American History 1900–1916, Chicago 1963.

359. P. N. LIMERICK, The Legacy of Conquest: The Unbroken Past of the American West, New York 1987.

360. A. S. LINK, Woodrow Wilson and the Progressive Era 1910–1917, New York 1954.

361. R. L. McCORMICK, Public Life in Industrial America 1877–1917, in 73: FONER (Hrsg.), New American History, 93–117.

362. G. E. MOWRY, The Era of Theodore Roosevelt and the Birth of Modern America, New York 1958.

363. R. ROSENZWEIG u. a., Who Built America? From the Centennial Celebration of 1876 to the Great War of 1914, München 1995; Compact Disc des Verlags Systhema Voyager.

364. W. H. TRUETTNER (Hrsg.), The West as America: Reinterpreting Images of the Frontier 1820–1920, Washington, DC 1991.

365. R. H. WIEBE, The Search for Order 1877–1920, New York 1967.

366. C. V. WOODWARD, Origins of the New South 1877–1913, Baton Rouge/LA 1951.

b) Der Schmelztiegel: Bevölkerungswachstum, Einwanderung, Urbanisierung

367. P. BOYER, Urban Masses and Moral Order in America 1820–1920, Cambridge/MA 1978.

368. M. CARSON, Settlement Folk: Social Thought and the American Settlement Movement 1885–1930, Chicago 1990.

369. S. P. HAYS (Hrsg.), City at the Point: Essays on the Social History of Pittsburgh, Pittsburgh/PA 1990.

370. D. HOERDER (Hrsg.), ‚Struggle a Hard Battle': Essays on Working-Class Immigrants [1848–1922], DeKalb/IL 1986.

371. M. V. MELOSI (Hrsg.), Pollution and Reform in American Cities 1870–1930, Austin/TX 1980.

372. E. H. MONKKONEN, Urbanization, in 130: CAYTON u. a. (Hrsg.), Encyclopedia of American Social History, Bd. 1, 561–575.

373. A. H. Spear, Black Chicago: The Making of a Negro Ghetto 1890–1920, Chicago 1967.

374. D. Ward, Poverty, Ethnicity and the American City 1840–1925, New York 1989.

Einwanderer

375. W. P. Adams, Die Assimilationsfrage in der amerikanischen Einwanderungs-diskussion 1890–1930, in: AmSt 27 (1982) 275–291.

376. N. W. Cohen, Encounter with Emancipation: The German Jews in the United States 1830–1914, Philadelphia/PA 1984.

377. R. Daniels, Asian America, Seattle/WA 1988.

378. P. Davis (Hrsg.), Immigration and Americanization, Boston 1920.

379. R. R. Doerries, Iren und Deutsche in der Neuen Welt: Akkulturationspro-zesse in der amerikanischen Gesellschaft im späten 19. Jahrhundert, Stuttgart 1986.

380. O. Handlin, The Uprooted: The Epic Story of the Great Migrations that Made the American People, New York 1951.

381. D. Herrmann, „Be an American!‛: Amerikanisierungsbewegung und Theo-rien zur Einwandererintegration [1900–1925], Frankfurt a.M. 1996.

382. J. Higham, Strangers in the Land: Patterns of American Nativism 1860–1925, New York 1965.

383. H. Keil (Hrsg.), German Workers' Culture in the United States 1850–1920, Washington, DC 1988.

384. F.C. Luebke, Germans in the New World: Essays in the History of Immigra-tion, Champaign/IL 1990.

385. W. Nugent, Crossings: The Great Transatlantic Migrations 1870–1914, Bloomington/IN 1992.

386. B. Ottmüller-Wetzel, Auswanderung über Hamburg: Die H.A.P.A.G. und die Auswanderung nach Nordamerika 1870–1914, Diss. Freie Universi-tät Berlin 1986.

387. G. Sorin, The Jewish People in America: A Time for Building – The Third Migration 1880–1920, Baltimore/MD 1992.

388. V. Yans-McLaughlin (Hrsg.), Immigration Reconsidered: History, Socio-logy, and Politics, Oxford 1990.

c) Wirtschaftliche Grundlagen und die Grenzen der laissez-faire-Wirtschafts-politik

389. J. R. Commons u. a., History of Labor in the United States, 4 Bde., New York 1918–1935.

390. P. A. Cooper, Once a Cigarmaker: Men, Women, and Work Culture in American Cigar Factories 1900–1919, Urbana/IL 1987.

391. [L. BRANDEIS,] The Curse of Bigness: Miscellaneous Papers of Louis D. Brandeis, Hrsg. OSMOND K. FRAENKEL, Port Washington/NY 1965.

392. M. DUBOFSKY, The State and Labor in Modern America, Chapel Hill/NC 1994.

393. P. EDWARDS, Strikes in the United States 1881–1974, New York 1981.

394. D. M. EICHAR, Occupations and Class Consciousness in America, New York 1989.

395. S. FINE, Laissez Faire and the General-Welfare State: A Study of Conflict in American Thought 1865–1901, Ann Arbor/MI 1956.

396. P. S. FONER, History of the Labor Movement in the United States, 10 Bde., New York 1947–1988.

397. J. D. GREENSTONE, Labor in American Politics, New York 1969.

398. P. J. HILL, The Economic Impact of Immigration into the United States, New York 1975.

399. D. A. HOUNSHELL, From the American System to Mass Production: The Development of Manufacturing in the United States 1800–1932, Baltimore/MD 1984.

400. M. KELLER, Regulating a New Economy: Public Policy and Economic Change in America 1900–1933, Cambridge/MA 1990.

401. A. KESSLER-HARRIS, Out to Work: A History of Wage-Earning Women in the United States, Oxford 1982.

402. W. LEACH, Land of Desire: Merchants, Power, and the Rise of a New American [Consumer] Culture [1890–1930], New York 1993.

403. J. LIVINGSTON, Origins of the Federal Reserve System: Money, Class, and Corporate Capitalism 1890–1913, New York 1986.

404. M. V. MELOSI, Coping with Abundance: Energy and Environment in Industrial America, Philadelphia 1985.

405. D. MONTGOMERY, The Fall of the House of Labor: The Workplace, the State, and American Labor Activism 1865–1925, New York 1987.

406. G. PORTER, The Rise of Big Business 1860–1910, New York 1973.

407. A. REES, Real Wages in Manufacturing 1890–1914, Princeton 1961.

408. I. STEINISCH, Arbeitszeitverkürzung und sozialer Wandel: Der Kampf um die Achtstundenschicht in der deutschen und amerikanischen Eisen- und Stahlindustrie 1880–1929, Berlin 1986.

409. TAFT, Organized Labor in America, New York 1964.

410. J. WEINSTEIN, The Corporate Ideal in the Liberal State 1900–1918, Boston 1968.

411. R. H. WIEBE, Businessmen and Reform: A Study of the Progressive Movement, Chicago 1962.

412. O. ZUNZ, Making America Corporate 1870–1920, Chicago 1990.

Kriegswirtschaft 1914–1920

413. R. D. Cuff, The War Industries Board: Business-Government Relations During World War I, Baltimore/MD 1973.

414. M. W. Greenwald, Women, War, and Work: The Impact of World War I on Women Workers in the United States, Westport/CT 1980.

415. M. Urofsky, Big Steel and the Wilson Administration: A Study in Business Government Relations, Columbus/OH 1969.

d) Politische Parteien und Bewegungen im Wandel: Hochzeit der Progressives

416. N. V. Bartley u. a., Southern Politics and the Second Reconstruction, Baltimore/MD 1975.

417. M. Berg, ‚The Ticket to Freedom': Die National Association for the Advancement of Colored People und der Kampf für das Wahlrecht der Afroamerikaner, Frankfurt a. M. 2000.

418. D. W. Brady u. a., Sectional Differences in Partisan Bias and Electoral Responsiveness in U.S. House [of Representatives] Elections 1850–1980, in: British Journal of Political Science 21 (1991), 247–256.

419. N. Clark, Deliver Us From Evil: An Interpretation of American Prohibition, New York 1976.

420. D. R. Colburn u. a. (Hrsg.), Reform and Reformers in the Progressive Era, London 1983.

421. A. F. Davis, Spearheads for Reform: The Social Settlements and the Progressive Movement 1890–1914, New York 1967.

422. A. Dawley, Struggles for Justice: Social Responsibility and the Liberal State [1890–1940], Cambridge/MA 1991.

423. P. Filene, An Obituary for the ‚Progressive Movement', in: AQ 22 (1970) 20–34.

424. P. Kleppner, Continuity and Change in Electoral Politics 1893–1928, New York 1987.

425. J. T. Kloppenberg, Uncertain Victory: Social Democracy and Progressivism in European and American Thought 1870–1920, New York 1986.

426. J. M. Kousser, The Shaping of Southern Politics: Suffrage Restriction and the Establishment of the One-Party South 1880–1910, New Haven/CT 1974.

427. D. L. Lewis, W.E.B. DuBois: Biography of a Race 1868–1919, New York 1993.

428. R. L. McCormick, The Discovery That Business Corrupts Politics: A Reappraisal of the Origins of Progressivism, in: AHR 86 (1981), 242–274.

429. R. Muncy, Creating a Female Dominion in American Reform 1890–1935, Oxford 1991.

430. D. T. Rodgers, In Search of Progressivism, in: RAH 10 (Dec. 1982) 113–132.

431. D. Sarasohn, The Party of Reform: The Democrats in the Progressive Era, Jackson/Miss. 1989.

432. W. Sombart, Warum gibt es in den Vereinigten Staaten keinen Sozialismus? Tübingen 1906, reprografischer Nachdruck 1969.

433. J. C. Teaford, City and Suburb: The Political Fragmentation of Metropolitan America 1850–1970, Baltimore/MD 1979.

434. D. P. Thelen, The New Citizenship: Origins of Progressivism in Wisconsin, Columbia/MO 1972.

435. D. P. Thelen, Social Tensions and the Origins of Progressivism, in: JAH 56 (1969), 323–341.

436. C. V. Woodward, The Strange Career of Jim Crow, 3. Aufl., New York 1974.

e) „Starke" Präsidenten: Theodore Roosevelt und Woodrow Wilson

437. J. M. Cooper, The Warrior and the Priest: Theodore Roosevelt and Woodrow Wilson, Cambridge/MA 1983.

438. L. L. Gould, The Presidency of Theodore Roosevelt, Lawrence/Kan. 1991.

439. N. Miller, Theodore Roosevelt: A Life, New York 1992.

f) Außenpolitik vom Krieg gegen Spanien bis 1914

440. H. W. Brands, Bound to Empire: The United States and the Philippines, Oxford 1992.

441. M. L. Conniff, Panama and the United States: The Forced Alliance, Athens/GA 1992.

442. R. R. Doerries, Washington-Berlin 1908/1917: Die Tätigkeit des Botschafters Johann Heinrich Graf von Bernstorff in Washington…, Düsseldorf 1975.

443. R. R. Doerries, Imperial Berlin an Washington, in: Central European History 11 (March 1978) 23–49.

444. R. Fiebig-von Hase, Die USA und Europa vor dem Ersten Weltkrieg, in: AmSt 39 (1994) 7–41.

445. E. Fraenkel, USA – Weltmacht wider Willen, Berlin 1957.

446. M. Hunt, The Making of a Special Relationship: The United States and China to 1914, New York 1983.

447. A. Iriye, Across the Pacific: An Inner History of American-East Asian Relations, New York 1967, 2. Aufl. Chicago 1992.

448. E. C. Kollmann, Imperialismus und Anti-Imperialismus in der politischen Tradition Amerikas, in: HZ 198 (1963) 343–362.

449. W. LaFeber, The American Search for Opportunity 1865–1913, New York 1993.

450. R. LAMMERSDORF, Anfänge einer Weltmacht: Theodore Roosevelt und die transatlantischen Beziehungen der USA 1901–1909, Berlin 1994.

451. K. LARRES u. a. (Hrsg.), Deutschland und die USA im 20. Jh.: Geschichte der politische Beziehungen, Darmstadt 1997.

452. S. LEBERGOTT, The Returns to U.S. Imperialism 1890–1929, in: JEconH 40 (1980) 229–252.

453. E. R. MAY, American Imperialism: A Speculative Essay, 3. Aufl. Chicago 1991.

454. U. MEHNERT, Deutsche Weltpolitik und amerikanisches Zweifronten-Dilemma: Die „japanische Gefahr" in den deutsch-amerikanischen Beziehungen 1904–1917, in: HZ 257 (1993), 647–692.

455. J. OFFNER, An Unwanted War: The Diplomacy of the United States and Spain over Cuba 1895–1898, Chapel Hill/NC 1992.

456. T. G. PATERSON (Hrsg.), American Imperialism and Anti-Imperialism, New York 1973.

457. J. W. PRATT, America and World Leadership, 1900–1921, New York 1970.

458. R. SEAGER, Alfred Thayer Mahan: The Man and His Letters, Annapolis, MD 1977.

459. E. B. TOMPKINS, Anti-Imperialism in the United States: The Great Debate 1890–1920, Philadelphia 1970.

460. W. A. WILLIAMS, The Tragedy of American Diplomacy, Cleveland/OH 1959, revised and enlarged New York 1962.

g) Die Vereinigten Staaten und der Erste Weltkrieg

461. L. E. AMBROSIUS, The Orthodoxy of Revisionism: Woodrow Wilson and the New Left, in: Diplomatic History 1 (1977) 199–214.

462. L. E. AMBROSIUS, Woodrow Wilson and the American Diplomatic Tradition: The Treaty Fight in Perspective, New York 1987.

463. L. P. AYRES, The War with Germany: A Statistical Summary, Washington, DC 1919.

464. T. A. BAILEY, Woodrow Wilson and the Peace Makers, New York 1947.

465. G. T. BLAKEY, Historians on the Homefront: American Propagandists for the Great War, Lexington/KY 1970.

466. W. J. BREEN, Uncle Sam at Home: Civilian Mobilization, Wartime Federalism and the Committee for National Defense, Westport/CT 1984.

467. K. A. CLEMENTS, The Presidency of Woodrow Wilson, Lawrence/Kan. 1992.

468. E. M. COFFMAN, The War to End all Wars: The American Military Experience in World War I, New York 1968.

469. J. M. COOPER, The Vanity of Power: American Isolationism and the First World War 1914–1917, Westport/CT 1969

470. J. M. Cooper (Hrsg.), The Causes and Consequences of World War I, New York 1971.

471. P. Devlin, Too Proud to Fight: Woodrow Wilson's Neutrality, New York 1975.

472. R. H. Ferrell, Woodrow Wilson and World War I 1917–1921, New York 1985.

473. D. F. Fleming, The United States and the League of Nations, 1918–1920, New York 1968.

474. D. S. Fogelsong, America's Secret War Against Bolshevism: U.S. Intervention in the Russian Civil War 1917–1920, Chapel Hill/NC 1995.

475. E. Fraenkel, Das deutsche Wilsonbild, in: JbAmSt. 5 (1960) 66–120.

476. W. J. Helbich, American Liberals in the League of Nations Controversy, in: Public Opinion Quarterly 31 (1967) 568–96.

477. D. M. Kennedy, Over Here: The First World War and American Society, New York 1980.

478. J. M. Keynes, The Economic Consequences of the Peace, New York 1919.

479. T. J. Knock, To End All Wars: Woodrow Wilson and the Quest for a New World Order, Oxford 1992.

480. A. S. Link, Woodrow Wilson: Revolution, War, and Peace, Arlington Heights/IL 1979.

481. A. S. Link (Hrsg.), Woodrow Wilson and a Revolutionary World 1913–1921, Chapel Hill/NC 1982.

482. A. J. Mayer, Politics and Diplomacy of Peacemaking: Containment and Counterrevolution at Versailles 1918–1919, New York 1967.

483. J. Möckelmann, Deutsch-amerikanische Beziehungen in der Krise: Studien zur amerikanischen Politik im Ersten Weltkrieg, Frankfurt a.M. 1967.

484. M. Nassua, „Gemeinsame Kriegführung, Gemeinsamer Friedensschluß": Das Zimmermann-Telegramm vom 13. Januar 1917 und der Eintritt der USA in den Ersten Weltkrieg, Frankfurt a.M. 1992.

485. T. Oppelland, Reichstag und Außenpolitik im Ersten Weltkrieg: Die deutschen Parteien und die Politik der USA 1914–1918, Düsseldorf 1995.

486. C. Parrini, Heir to Empire: United States Economic Diplomacy 1916–1923, Pittsburgh/PA 1969.

487. R. Schaffer, America in the Great War: The Rise of the War Welfare State, Oxford 1991.

488. K. Schwabe, Woodrow Wilson. Ein Staatsmann zwischen Puritanertum und Liberalismus, Göttingen 1971.

489. K. Schwabe, Deutsche Revolution und Wilson-Frieden, Göttingen 1971; Übersetzung von Robert und Rita Kimber u.d.T. Woodrow Wilson, Revolutionary Germany, and Peacemaking 1918–1919: Missionary Diplomacy and the Realities of Power, Chapel Hill/NC 1985.

490. D. Trask, The American Expeditionary Force and Coalition Warmaking 1917–1918, Lawrence/Kan. 1993.

491. S. L. VAUGHN, Holding Fast the Inner Lines: Democracy, Nationalism, and the Committee on Public Information, Chapel Hill/NC 1980.

492. A. WALWORTH, Woodrow Wilson and His Peacemakers, New York 1983.

Deutschamerikaner im Ersten Weltkrieg

493. T. J. HOLIAN, The German-Americans and World War II, New York 1996.

494. F. C. LUEBKE, Bonds of Loyalty: German-Americans and World War I, DeKalb/IL 1974.

495. D. H. TOLZMANN (Hrsg.), German-Americans in the World Wars: A Documentary History, 5 Bde., München 1995 ff.

496. B. WIEDEMANN-CITERA, Die Auswirkungen des Ersten Weltkrieges auf die Deutsch-Amerikaner im Spiegel der New Yorker Staatszeitung, der New Yorker Volkszeitung und der New York Times 1914–1926, Frankfurt a.M. 1993.

h) Intellektuelle Reaktionen auf die Industriegesellschaft; Anzeichen einer Kultur der „ Moderne"

497. J. C. COBB, Industrialization and Southern Society 1877–1984, Lexington/KY 1984.

498. S. FOX, The American Conservation Movement: John Muir [1838–1914] and His Legacy, Madison/Wisc. 1985.

499. T. J. LEARS, No Place of Grace: Antimodernism and the Transformation of American Culture 1880–1920, New York 1981.

500. L. W. LEVINE, Highbrow/Lowbrow: The Emergence of Cultural Hierarchy in America, Cambridge/MA 1988.

501. H. F. MAY, The End of American Innocence: A Study of the First Years of Our Own Time 1912–1917, New York 1959.

2. DIE 1920ER JAHRE: SCHEINBARER WOHLSTAND, ILLUSIONÄRER ISOLATIONISMUS

a) Überblicke, Interpretationen, Historiographie

502. F. L. ALLEN, Only Yesterday: An Informal History of the 1920s, New York 1931.

503. S. BIEL, Frederick Lewis Allen's *Only Yesterday* and the Idea of the Decade, in: JAmSt 25 (1991) 259–266.

504. J. BRAEMAN u. a. (Hrsg.), Change and Continuity in 20th-Century America: The 1920s, Columbus/OH 1968.

505. A. BRINKLEY, Prosperity, Depression, and War 1920–1945, in: 73: FONER (Hrsg.) The New American History, 119–141.

506. L. Dumenil, The Modern Temper: American Culture and Society in the 1920s, New York 1995.

507. A. Feiler, Amerika-Europa: Erfahrungen einer Reise, Frankfurt 1926.

508. L. Galambos, America at Middle Age: A New History of the United States in the 20th Century, New York 1982.

509. E. W. Hawley, The Great War and the Search for a Modern Order: A History of the American People and Their Institutions 1917–1933, New York 1979.

510. J. D. Hicks, Republican Ascendancy 1921–1933, New York 1960.

511. B. Karl, The Uneasy State: The United States from 1915 to 1945, Chicago 1983.

512. D. M. Kennedy, Revisiting Frederick Lewis Allen's *Only Yesterday*, in: RAH 14 (1986) 309–318.

513. W. E. Leuchtenburg, The Perils of Prosperity 1914–1932, Chicago 1970.

514. B. Noggle, The Twenties: A New Historiographic Frontier, in: JAH 53 (1966) 299–314.

515. A. M. Schlesinger jr., The Age of Roosevelt, Bd. 1: The Crisis of the Old Order, Boston 1957.

b) Politisches System und Innenpolitik

516. P. Avrich, Sacco and Vanzetti: The Anarchist Background, Princeton 1991.

517. L. Cohen, Making a New Deal: Industrial Workers in Chicago 1919–1939, New York 1990.

518. M. L. Fausold, The Presidency of Herbert C. Hoover, Lawrence/Kans. 1985.

519. J. Hoff Wilson, Herbert Hoover: Forgotten Progressive, Boston 1975.

520. K. T. Jackson, The Ku Klux Klan in the City 1915–1930, New York 1967.

521. S. Lay (Hrsg.), The Invisible Empire in the West: Toward a New Historical Appraisal of the Ku Klux Klan in the 1920s, Urbana/IL 1992.

522. A. S. Link, What Happened to the Progressive Movement in the 1920s?, in: AHR 64 (1959) 833–851.

523. N. MacLean, Behind the Mask of Chivalry: The Making of the Second Ku Klux Klan, New York 1994.

524. R. K. Murray, Red Scare: A Study in National Hysteria, 1919–1920, New York 1955, 2. Aufl. 1964.

525. W. Preston, Aliens and Dissenters: Federal Suppression of Radicals 1903–1933, New York 1963, 2. Aufl. 1995.

526. P. Schäfer, Artikel zu Warren G. Harding und Calvin Coolidge und Herbert C. Hoover, in: 203: Heideking (Hrsg.), Präsidenten, 291–307.

527. R. Williams, The Politics of American Broadcasting: Public Purposes and Private Interests, in: JAmSt 10 (1976) 329–340.

c) Außenpolitik, Außenhandel

528. L. E. ELLIS, Republican Foreign Policy 1921–1933, New Brunswick/NJ 1968.

529. R. JEFFREYS-JONES, Changing Differences: Women and the Shaping of American Foreign Policy 1917–1994, New Brunswick/NJ 1995.

530. M. P. LEFFLER, Political Isolationism, Economic Expansion, or Diplomatic Realism: American Policy toward Western Europe, 1921–1933, in: Perspectives in American History 8 (1974) 413--461.

531. W. LINK, Die amerikanische Stabilisierungspolitik in Deutschland 1921–1932, Düsseldorf 1970.

532. K. L. NELSON, Victors Divided: America and the Allies in Germany 1918–1923, Berkeley 1975.

533. K. SCHWABE, Der amerikanische Isolationismus im 20. Jahrhundert: Legende und Wirklichkeit, Wiesbaden 1975.

534. W. A. WILLIAMS, The Legend of Isolationism in the 1920s, in: Science and Society 18 (1954) 1–20.

d) Wirtschaft, Börsenkrach

535. W. J. BARBER, From New Era to New Deal: Herbert Hoover, the Economist, and American Economic Policy 1921–1933, New York 1985.

536. A. D. CHANDLER, Giant Enterprise: Ford, General Motors, and the Automobile Industry, New York 1964.

537. J. K. GALBRAITH, The Great Crash 1929, Boston 1955, mit neuem Vorwort 1961.

538. J. A. GARRATY, The Great Depression, New York 1986.

539. D. HAMILTON, From New Day to New Deal: American Farm Policy from Hoover to Roosevelt 1928–1933, Chapel Hill/NC 1991.

540. J. HOFF WILSON, American Business and Foreign Policy 1920–1933, Lexington/KY 1971.

541. J. POTTER, The American Economy between the World Wars, London 1974.

e) Sozial- und Kulturgeschichte

542. L. BARITZ (Hrsg.), The Culture of the Twenties, Indianapolis/IN 1970.

543. D. M. BROWN, Setting a Course: American Women in the 1920s, Boston 1987.

544. W. H. CHAFE, The American Woman: Her Changing Social, Economic, and Political Roles 1920–1970, 2. Aufl., New York 1982.

545. N. H. CLARK, Deliver Us from Evil: An Interpretation of American Prohibition, New York 1976.

546. J. J. FLINK, The Car Culture, Cambridge/MA 1975.

547. N. F. FURNIS, The Fundamentalist Controversy 1918–1931, New Haven/
CT 1954.

548. J. R. GROSSMAN, Land of Hope: Chicago, Black Southerners, and the Great
Migration, Chicago 1989.

549. N. I. HUGGINS, Harlem Renaissance, New York 1971.

550. E. J. LARSON, Summer for the Gods: The Scopes Trial and America's Conti-
nuing Debate over Science and Religion, New York 1997.

551. R. S. und H. LYND, Middletown: A Study in Modern American Culture,
New York 1929; Nachfolgestudien: LYND, Middletown in Transition (1937);
THEODORE CAPLOW u. a., Middletown iii (1980).

552. R. MARCHAND, Advertising the American Dream: Making Way for Moder-
nity 1920–1940, Berkeley 1985.

553. L. MAY, Screening out the Past: The Birth of Mass Culture and the Motion
Picture Industry, mit neuem Vorwort, Chicago 1983.

554. R. NASH, The Nervous Generation: American Thought 1917–1930, Chica-
go1967.

555. G. OSOFSKY, Harlem: The Making of a Ghetto: Negro New York 1890–
1930, 2. Aufl., New York 1968.

556. J. S. RUBIN, The Making of Middlebrow Culture, Chapel Hill/NC 1992.

557. J. STEIN, The World of Marcus Garvey: Race and Class in Modern Society,
Baton Rouge/LA 1986.

558. W. I. SUSMAN, Culture as History: The Transformation of American Society
in the 20th Century, New York 1984.

559. W. D. WANDERSEE, Women's Work and Family Values 1920–1940, New
York 1981.

560. J. W. WARD, The Meaning of Lindbergh's Flight, in: AQ 10 (1958) 3–16.

561. C. V. WOODWARD, The Old World's New World, Oxford 1991.

3. DIE USA IN DER WELTWIRTSCHAFTSKRISE, 1930–1940

a) Überblicke, Interpretationen, Franklin und Eleanor Roosevelt

562. A. J. BADGER, The New Deal: The Depression Years 1933–1940, London
1989.

563. F. FREIDEL, Franklin D. Roosevelt: A Rendezvous with Destiny, Boston
1990.

564. H. G. GALLAGHER, FDR's Splendid Deception [Verheimlichung des Ausmaßes seiner Lähmung], New York 1985.

565. J. HOFF WILSON u. a. (Hrsg.), Without Precedent: The Life and Career of
Eleanor Roosevelt, Bloomington/IN 1984.

566. R. HOFSTADTER, Franklin D. Roosevelt: The Patrician as Opportunist, in:
104: DERS., The American Political Tradition, 315–352.

567. D. Junker, Franklin Delano Roosevelt, in 203: Heideking (Hrsg.), Präsidenten, 308–322.

568. D. Junker, Franklin D. Roosevelt in deutscher Geschichtsschreibung, in: W.P. Adams u. K. Krakau (Hrsg.), Deutschland und Amerika: Perzeption und historische Realität, Berlin 1985, 97–110.

569. W. E. Leuchtenburg, Franklin D. Roosevelt and the New Deal 1932–1940, New York 1963.

570. F. Perkins, The Roosevelt I Knew, New York 1946.

571. L. Scharf, Eleanor Roosevelt: The First Lady of American Liberalism, Boston 1987.

572. A. M. Schlesinger jr., The Age of Roosevelt, Bde. 2 und 3, Boston 1957–60.

b) Innenpolitik: New Deal

573. B. J. Bernstein, The New Deal: The Conservative Achievements of Liberal Reform, in: Bernstein (Hrsg.), Towards a New Past: Dissenting Essays in American History, New York 1968, 263–88.

574. J. Braeman u. a. (Hrsg.), The New Deal: The State and Local Levels, 2 Bde. Columbus/OH 1975.

575. A. Brinkley, Prosperity, Depression, and War 1920–1945, in 73: Foner (Hrsg.), New American History, 119–141.

576. A. Brinkley, The End of Reform: New Deal Liberalism in Recession and War, New York 1995.

577. W. R. Brock, Welfare, Democracy, and the New Deal, New York 1987.

578. J. C. Cobb u. a. (Hrsg.), The New Deal and the South, Oxford/Miss. 1984.

579. L. W. Dorsett, Franklin D. Roosevelt and the City Bosses. Port Washington/NY 1977.

580. R. Eden (Hrsg.), The New Deal and Its Legacy: Critique and Reappraisal, New York 1989.

581. S. Fraser u. a. (Hrsg.), The Rise and Fall of the New Deal Order 1930–1980, Princeton 1989.

582. F. Freidel, FDR and the South, Baton Rouge/LA 1965.

583. O. Graham (Hrsg.), The New Deal: The Critical Issues, Boston 1971.

584. J. T. Patterson, The New Deal and the States: Federalism in Transition, Princeton 1969.

585. R. Radosh, The Myth of the New Deal, in: Radosh u. a. (Hrsg.), A New History of Leviathan: Essays on the Rise of the American Corporate State, New York 1972, 146–87.

586. A. U. Romasco, The Politics of Recovery: Roosevelt's New Deal, New York 1983.

587. H. Sitkoff, Fifty Years Later: The New Deal Evaluated, New York 1985.

588. T. Skocpol u. a., State Capacity and Economic Intervention in the Early New Deal, in: PSQ 97 (1982) 255–278.

589. R. G. Tugwell, The Brains Trust, New York 1968.

590. N. J. Weiss, Farewell to the Party of Lincoln: Black Politics in the Age of FDR, Princeton 1983.

591. H. A. Winkler (Hrsg.), Die große Krise in Amerika: Vergleichende Studien zur politischen Sozialgeschichte 1929–1939, Göttingen 1973.

592. H. Zinn (Hrsg.), New Deal Thought, Indianapolis/IN 1966.

Gegner des New Deal

593. A. Brinkley, Voices of Protest: Huey Long, Father Coughlin, and the Great Depression, New York 1982.

594. M. E. Brown u. a. (Hrsg.), New Studies in the Politics and Culture of U.S. Communism, New York 1993.

595. S. A. Diamond, The Nazi Movement in the United States 1924–1941, Ithaca/NY 1974.

596. T. Draper, The Life of the [Communist] Party, in: NYRB (13. Januar 1994) 45–51.

597. S. Economides, Der Nationalsozialismus und die deutschsprachige Presse in New York 1933–1941, Frankfurt a.M. 1982.

598. H. Klehr, The Heyday of American Communism: The Depression Decade, New York 1984.

599. J. T. Patterson, Congressional Conservatism and the New Deal: The Growth of the Conservative Coalition in Congress 1933–1939, Lexington/KY 1967.

600. M. Schonbach, Native American Fascism during the 1930s and 1940s: A Study of Its Roots, Its Growth and Its Decline, New York 1985.

c) Sozialgeschichte

601. L. Cohen, The Great Depression and World War II, in: 130: Encyclopedia of American Social History, Bd. 1, 189–203.

602. J. B. Kirby, Black Americans in the Roosevelt Era: Liberalism and Race, Knoxville/Tenn. 1980.

603. G. D. Taylor, The New Deal and American Indian Tribalism: The Administration of the Indian Reorganization Act 1934–1945, Lincoln/Neb. 1980.

604. S. B. Ware, Holding Their Own: American Women in the 1930s, New York 1982.

d) Wirtschaft, Gewerkschaften

605. I. Bernstein, Turbulent Years: A History of the American Worker 1933–1941, Boston 1970.

606. M. Dubofsky, Not So Turbulent Years: Another Look at the American 1930s, in: AmSt 24 (1979) 5–20.

607. B. Eichengreen, Golden Fetters: The Gold Standard and the Great Depression 1919–1939, New York 1992.

608. D. R. Fusfeld, The Economic Thought of Franklin D. Roosevelt and the Origins of the New Deal [bis 1932], New York 1964.

609. L. Galambos u. a., The Rise of the Corporate Commonwealth: U.S. Business and Public Policy in the 20th Century, New York 1988.

610. E.W. Hawley, The New Deal and the Problem of Monopoly, Princeton 1966.

611. C. P. Kindleberger, Die Weltwirtschaftskrise 1929–1939, München 1973.

612. P. Lösche, Industriegewerkschaften im organisierten Kapitalismus: Der CIO in der Roosevelt-Ära, Opladen 1974.

613. H. Stein, The Fiscal Revolution in America, Chicago 1969.

614. P. Temin, Lessons from the Great Depression, Cambridge/MA 1989.

615. S. Vittoz, New Deal Labor Policy and the American Industrial Economy, Chapel Hill 1987.

e) Auswärtige Beziehungen

616. W. I. Cohen, The American Revisionists: The Lessons of Intervention in World War I, Chicago 1967.

617. W. S. Cole, Roosevelt and the Isolationists 1932–1945, Lincoln/Neb. 1983.

618. R. Dallek, Franklin D. Roosevelt and American Foreign Policy 1932–1945, New York 1979.

619. J. D. Doenecke, The Battle Against Intervention 1939–1941, Malabar/FL 1997.

620. B. R. Farnham, Roosevelt and the Munich Crisis: A Study of Political Decision-Making, Princeton 1997.

621. L. C. Gardner, Economic Aspects of New Deal Diplomacy, Boston 1964.

622. M. Hönicke, Das Nationalsozialistische Deutschland und die Vereinigten Staaten von Amerika 1933–1945, in 451: Larres u. a. (Hrsg.), Deutschland und die USA, 62–94.

623. T. B. Jacobs, Roosevelt's Quarantine Speech, in: Historian 24 (1962) 483–502.

624. M. Jonas, Isolationism in America 1935–1941, Ithaca/NY 1966.

625. D. Junker, Der unteilbare Weltmarkt: Das Ökonomische Interesse in der Außenpolitik der USA 1933–1941, Stuttgart 1975.

626. D. Junker, Kampf um die Weltmacht: Die USA und das Dritte Reich 1933–1945, Düsseldorf 1988.

627. D. E. Lipstadt, Beyond Belief: The American Press and the Coming of the Holocaust 1933–1945, New York 1986.

628. F. W. Marks, Wind over Sand: The Diplomacy of Franklin Roosevelt, Athens/GA 1988.

629. A. A. Offner, American Appeasement: United States Foreign Policy and Germany 1933–1938, Cambridge/MA1969.

630. A. A. Offner, Appeasement Revisited: The United States, Great Britain and Germany, 1933–1940, in: JAH 64 (1977) 373–393.

631. D.F. Schmitz u. a. (Hrsg.), Appeasement in Europe: A Reassessment of U.S. Policies, Westport/CT 1990.

632. H.-J. Schröder, Deutschland und die Vereinigten Staaten 1933–1939: Wirtschaft und Politik in der Entwicklung des deutsch-amerikanischen Gegensatzes, Wiesbaden 1970.

633. K. Schwabe, Die Regierung Roosevelt und die Expansionspolitik Hitlers vor dem Zweiten Weltkrieg: Appeasement als Folge des ‚Primats der Innenpolitik'?, in: K. Rohe (Hrsg.), Die Westmächte und das Dritte Reich 1933–1945, Paderborn 1982, 103–132.

f) Ideen- und Kulturgeschichte

634. D. Aaron u. a. (Hrsg.), The Strenuous Decade: A Social and Intellectual Record of the 1930s. Garden City/NY 1970.

635. A. Heilbut, Exiled in Paradise: German Refugee Artists and Intellectuals in America from the 1930s to the Present, New York 1983.

636. H. Ickstadt u. a. (Hrsg.), The Thirties: Politics and Culture in a Time of Broken Dreams, Amsterdam 1987.

637. M. Kazin, The Agony and Romance of the American Left, in: AHR 100 (1995) 1488–1512.

638. R.H. Pells, Radical Visions and American Dreams: Culture and Social Thought in the Depression Years, New York 1973.

639. W. Susman (Hrsg.), Culture and Commitment 1929–1945, New York 1973.

4. Die USA im Zweiten Weltkrieg und im Kalten Krieg bis 1960

a) Überblicke, Interpretationen, Historiographie

640. C. C. Alexander, Holding the Line: The Eisenhower Era 1952–1961, Bloomington/IN 1975.

641. S. E. Ambrose, Eisenhower: The President, New York 1984.

642. P. Boyer, Promises to Keep: The United States since 1945, Lexington/MA 1995.

643. W. H. Chafe, The Unfinished Journey: America Since World War II, 2. Aufl., New York 1991.

644. C. N. Degler, Affluence and Anxiety: America Since 1945, 2. Aufl. Glenview/IL 1975.

645. F. I. Greenstein, The Hidden-Hand Presidency: Eisenhower as Leader, New York 1982.

646. R. Griffith (Hrsg.), Major Problems in American History Since 1945, Lexington/MA 1992.

647. A. L. Hamby, Beyond the New Deal: Harry S. Truman and American Liberalism, New York 1973.

648. M. J. Lacey (Hrsg.), The Truman Presidency, New York 1989.

649. D. McCullough, Truman, New York 1992.

650. C. J. Pach u. a., The Presidency of Dwight D. Eisenhower, 2. Aufl., Lawrence/Kan. 1991.

651. J. T. Patterson, Grand Expectations: The United States 1945–1974, Oxford 1996.

b) Die amerikanische Gesellschaft und Wirtschaft im Krieg

652. J.M. Blum, V Was for Victory: Politics and American Culture During World War II, New York 1976.

653. A. Brinkley, The End of Reform: New Deal Liberalism in Recession and War, New York 1995.

654. R. Daniels, Concentration Camps, North America: Japanese in the United States and Canada During World War II, Malabar/FL 1981.

655. R. Daniels, Prisoners without Trial: Japanese Americans in World War II, New York 1994.

656. M. J. Harris u. a. The Home Front: America During World War II, New York 1984.

657. T. H. Holian, The German-Americans and World War II, Frankfurt a.M. 1996.

658. M. Honey, Creating Rosie the Riveter: Class, Gender, and Propaganda During World War II, Amherst/MA 1984.

659. M. H. Leff, The Politics of Sacrifice on the American Home Front in World War II, in: JAH 77 (1991) 1296–1318.

660. G. Myrdal, An American Dilemma: The Negro Problem in Modern Democracy, 2 Bde., New York 1944, mehrere Nachdrucke.

661. G. D. Nash, World War II and the West: Reshaping the Economy, Lincoln/Neb. 1990.

662. K. P. O'Brien u. a. (Hrsg.), The Home-Front War: World War II and American Society, Westport/CT 1995.

663. R. Polenberg, War and Society: The United States 1941–1945, New York 1972.

664. P. RHODE, The Nash Thesis Revisited: An Economic Historian's View, in: PHR Bd. 63 (1994) 363–392.

665. H. G. VATTER, The U.S. Economy in World War II, New York 1985.

Flüchtlingspolitik

666. BREITMAN u. a., American Refugee Policy and European Jewry 1933–1945, Bloomington/IN 1987.

667. H. L. FEINGOLD, The Politics of Rescue: The Roosevelt Administration and the Holocaust 1938–1945, 2. Aufl., New Brunswick/NJ 1970.

668. S. S. FRIEDMAN, No Haven for the Oppressed: United States Policy toward Jewish Refugees 1938–1945, Detroit/MI 1973.

669. D. S. WYMAN, Paper Walls: America and the Refugee Crisis 1938–1941, New York 1985.

670. D. S. WYMAN, The Abandonment of the Jews: America and the Holocaust 1941–1945, New York 1984; Übers.: Das unerwünschte Volk: Amerika und die Vernichtung der europäischen Juden, Frankfurt a.M. 1989.

c) Militärgeschichte und Kriegsdiplomatie (auch Kapitel 3)

671. J. H. BACKER, The Decision to Divide Germany, Durham/NC 1978.

672. J. G. CLIFFORD, Review Essay: Both Ends of the Telescope: New Perspectives on FDR and American Entry into World War II, DH 13 (1989) 213–230.

673. R. A. DIVINE, Roosevelt and World War II, Baltimore/MD 1969.

674. H. FEIS, Churchill-Roosevelt-Stalin: The War They Waged and the Peace They Sought. 2. Aufl., Princeton/NJ 1967.

675. S. FRÖHLICH, Amerikanische Geopolitik: Von den Anfängen bis zum Ende des Zweiten Weltkriegs, München 1998.

676. B. GREINER, Die Morgenthau-Legende: Zur Geschichte eines umstrittenen Plans, Hamburg 1995.

677. P. J. HEARDEN, Roosevelt Confronts Hitler: America's Entry into World War II, DeKalb/IL 1987.

678. J. HEIDEKING u. a., Geheimdienstkrieg gegen Deutschland: Subversion, Propaganda und politische Planungen des amerikanischen Geheimdienstes im Zweiten Weltkrieg, Göttingen 1993.

679. W. HEINRICHS, Threshold of War: Franklin D. Roosevelt and American Entry into World War II, New York 1988.

680. M. HÖNICKE, Das nationalsozialistische Deutschland und die Vereinigten Staaten von Amerika 1933–1945, in: 451: LARRES u. a. (Hrsg.), Deutschland und die USA (1997) 62–94.

681. A. IRIYE, Power and Culture: The Japanese-American War 1941–1945, Cambridge/MA 1981.

682. A. Iriye, The Origins of the Second World War in Asia and the Pacific, New York 1987.

683. J. KEEGAN, The Battle for History: Re-Fighting World War Two, London 1995.

684. W. F. KIMBALL, Swords or Ploughshares? The Morgenthau Plan for Defeated Germany 1943–1946, New York 1976.

685. W. F. KIMBALL, The Juggler: Franklin Roosevelt as Wartime Statesman, Princeton 1991.

686. G. LUNDESTAD, The American Non-Policy Towards Eastern Europe 1943–47, Tromsö 1978.

687. W. MAUSBACH, Zwischen Morgenthau und Marshall: Das wirtschaftspolitische Deutschlandkonzept der USA 1944–1947, Düsseldorf 1996.

688. G. MOLTMANN, Amerikas Deutschlandpolitik im Zweiten Weltkrieg, Kriegs- und Friedensziele 1941–1945, Heidelberg 1958.

689. B. SCHÖBENER, „Unconditional Surrender": Entwicklung, Inhalt und Konsequenzen der sog. Casablanca-Formel, in: Der Staat 34 (1995) 163–181.

690. H. C. SHULMAN, The Voice of America: Propaganda and Democracy 1941–1945, Madison/Wisc. 1991.

691. C. G. STEFAN, Yalta Revisited: An Update on the Diplomacy of FDR and His Wartime Partners, in: PresStQ 23 (1993) 755–770.

692. M. A. STOLER, A Half Century of Conflict: Interpretations of U.S. World War II Diplomacy, in: DH 18 (1994) 375–403.

693. G. L. WEINBERG, A World at Arms: A Global History of World War II, Cambridge/England 1994.

694. H. P. WILLMOTT, The Great Crusade: A New Complete History of the Second World War, New York 1990.

Atombombenabwurf 1945

695. G. ALPEROVITZ, Atomic Diplomacy: Hiroshima and Potsdam, 2. Aufl., New York 1994.

696. G. ALPEVORITZ, Hiroshima: Historians Reassess, in: Foreign Policy, Heft 99 (Summer 1995), 15–34.

697. G. ALPEVORITZ, The Decision to Use the Atomic Bomb, New York 1995.

698. B.J. BERNSTEIN, Roosevelt, Truman, and the Atomic Bomb, 1941–1945, in: PSQ 90 (1975) 23–69.

699. M. DREYER, Historische Realitäten benötigen keinen Revisionismus [zu Alperovitz], Das Parlament (16. Februar 1996) 19.

700. R. J. MADDOX, Weapons for Victory: The Hiroshima Decision Fifty Years Later, Columbia/MO 1995.

701. The New Yorker, July 31, 1995, Heftthema „Hiroshima" mit Beiträgen von HENDRIK HERTZBERG, „The Nuclear Jubilee" 6–7, MURRAY SAYLE, „Did The Bomb End the War?" 40–64, JOHN HERSEY, „The Day the Bomb Fell" 65–67.

d) Besatzungspolitik, Marshallplan, die USA und Deutschland bis 1955

702. J.M. DIEFENDORF u. a. (Hrsg.), American Policy and the Reconstruction of West Germany 1945–1955, New York 1993.

703. D. FELKEN, Dulles und Deutschland: Die amerikanische Deutschlandpolitik 1953–1959, Bonn 1993.

704. W.-U. FRIEDRICH (Hrsg.), Die USA und die deutsche Frage, Frankfurt a.M. 1991.

705. A. FROHN, Neutralisierung als Alternative zur Westintegration: Die Deutschlandpolitik der Vereinigten Staaten von Amerika, 1945–49, Frankfurt a.M. 1985.

706. M. GÖRTEMAKER, John Foster Dulles und die „Neuorientierung" der amerikanischen Deutschland- und Europapolitik 1952/53, in: AmSt 39 (1994) 111–136.

707. H.-J. GRABBE, Unionsparteien, Sozialdemokratie und Vereinigte Staaten von Amerika 1945–1966, Düsseldorf 1983.

708. W. F. HANRIEDER, Deutschland, Europa, Amerika: Die Außenpolitik der Bundesrepublik Deutschland 1949–1994, 2. Aufl., Paderborn 1995.

709. M. HEINEMANN (Hrsg.), Umerziehung und Wiederaufbau: Die Bildungspolitik der Besatzungsmächte in Deutschland und Österreich, Stuttgart 1981.

710. K.-D. HENKE, Die amerikanische Besetzung Deutschlands [1945], München 1995.

711. W. KRIEGER, General Lucius D. Clay und die amerikanische Deutschlandpolitik 1945–1949, Stuttgart 1987.

712. R. L. MERRITT, Democracy Imposed: U.S. Occupational Policy and the German Public 1945–1949, New Haven/CT 1995.

713. F. A. NINKOVICH, Germany and the United States: The Transformation of the German Question since 1945, 2. Aufl., New York 1995.

714. Der Parlamentarische Rat 1948–1949: Akten und Protokolle, Bd. 8: Die Beziehungen des Parlamentarischen Rates zu den Militärregierungen, bearbeitet von MICHAEL F. FELDKAMP, hrsg. vom Deutschen Bundestag und vom Bundesarchiv unter Leitung von RUPERT SCHICK und FRIEDRICH KAHLENBERG, Boppard 1995.

715. H.-J. RUPIEPER, Der besetzte Verbündete: Die amerikanische Deutschlandpolitik 1949–1955, Opladen 1991.

716. H.-J. RUPIEPER, Die Wurzeln der westdeutschen Nachkriegsdemokratie: Der amerikanische Beitrag 1945–1952, Opladen 1993.

717. K. SCHWABE (Hrsg.), Adenauer und die USA, Bonn 1994.

718. T.A. SCHWARTZ, America's Germany: John McCloy and the Federal Republic of Germany, Cambridge/MA 1991.

719. A. SHLAIM, The United States and the Berlin Blockade 1948–1949, Berkeley/CA 1983.

720. W. STIVERS, The Incomplete Blockade: Soviet Zone Supply of West Berlin 1948–49, in: DH 21 (1997) 569–602.

721. J. F. Tent, Mission on the Rhine: Reeducation and Denazification in American-Occupied Germany, Chicago 1972.

Marshallplan

722. W. Abelshauser, Hilfe und Selbsthilfe: Zur Funktion des Marshallplans beim westdeutschen Wiederaufbau, in: VfZ 37 (1989) 85–113.

723. H. Berger u. a., Die Rekonstruktion der Arbeitsteilung in Europa: Eine neue Sicht des Marshallplans in Deutschland 1947–1951, in: VfZ 43 (1995) 473–519.

724. K. Borchardt u. a., Die Wirkung der Marshallplan-Hilfe in Schlüsselbranchen der deutschen Wirtschaft, in: VfZ 35 (1987) 317–347.

725. A. W. Dulles, The Marshall Plan, Hrsg. Michael Wala, Oxford 1993.

726. J. Gimbel, The Origins of the Marshall Plan, Stanford 1976.

727. H. L. Hitchens, Influences on the Congressional Decision to Pass the Marshall Plan, in: Western Political Quarterly 21 (1968) 51–68.

728. M. J. Hogan, The Marshall Plan: America, Britain, and the Reconstruction of Western Europe 1947–1952, New York 1987.

729. S. Jackson, Prologue to the Marshall Plan: The Origins of the American Commitment for a European Recovery Program, in: JAH 65 (1979) 1043–1068.

730. H.-J. Schröder (Hrsg.), Marshallplan und westdeutscher Wiederaufstieg: Positionen, Kontroversen, Stuttgart 1990.

e) Internationale Beziehungen ab 1945, Kalter Krieg bis 1960

732. B. M. Blechman u. a., Force without War: U.S. Armed Forces as a Political Instrument [1946–1975], Washington, DC 1978.

733. G.H. Chang, Friends and Enemies: The United States, China, and the Soviet Union 1948–1972, Stanford 1990.

734. W. I. Cohen, America in the Age of Soviet Power 1945–1991, New York 1993; Bd. 4 der Cambridge History of American Foreign Relations.

735. J. L. Gaddis, The United States and the Cold War, New York 1992.

736. T. P. Ireland, Creating the Entangling Alliance: The Origins of NATO, Westport/CT 1981.

737. A. Iriye u. a. (Hrsg.), The United States and Japan in the Postwar World, Lexington/KY 1989.

738. L. S. Kaplan (Hrsg.), American Historians and the Atlantic Alliance. Kent/OH 1991.

739. K. Krakau, Die Kubanische Revolution und die Monroe-Doktrin: Eine Herausforderung der Außenpolitik der Vereinigten Staaten, Frankfurt a.M. 1968.

740. W. KRIEGER, General Lucius D. Clay und die amerikanische Deutschlandpolitik 1945–1949, Stuttgart 1987.

741. W. LaFEBER, America, Russia, and the Cold War, 7. Aufl., New York 1993.

742. M. P. LEFFLER, A Proponderance of Power: National Security, the Truman Administration and the Cold War, Stanford 1992.

743. E. MARK, The Question of Containment: A Reply to John Lewis Gaddis, in: Foreign Affairs 56 (1978) 430–441.

744. E. R. MAY (Hrsg.), Amerian Cold War Strategy: Interpreting NSC 68, Boston 1993.

745. M. MEDICK-KRAKAU, Amerikanische Außenhandelspolitik im Wandel: Handelsgesetzgebung und GATT-Politik 1945–1988, Berlin 1995.

746. D. MERRILL (general editor), The Documentary History of the Truman Administration, 20 Bde., Bethesda/MD 1995 ff.

747. A. R. MILLETT, Living with the Bomb: Nuclear Stategy and the Cold War, in: DH 18 (1994) 281–283.

748. Y. NAGAI u. a. (Hrsg.), The Origins of the Cold War in Asia, New York 1977.

749. J. NYE, Bound to Lead: The Changing Nature of American Power, New York 1990.

750. T.G. PATERSON u. a. (Hrsg.), The Origins of the Cold War, 3. Aufl., Lexington/MA 1991.

751. G. SMITH, The Last Years of the Monroe Doctrine 1945–1993, New York 1994.

752. W. STUECK, The Korean War: An International History, Princeton 1995.

753. D. YERGIN, Shattered Peace: The Origins of the Cold War and the National Security State, 2. Aufl., New York 1990; Übers. der 1. Aufl.: Der zerbrochene Frieden, Frankfurt a.M. 1979.

754. V. M. ZUBOK u.a., Inside the Kremlin's Cold War: From Stalin to Khrushchev, Cambridge/MA 1996.

f) Innenpolitik, Wirtschaft und Gesellschaft

755. K. BOYLE, The UAW [United Automobile Workers] and the Heyday of American Liberalism 1945–1968, Ithaca/NY 1995.

756. D. CALLEO, The Imperious Economy, Cambridge/MA 1982.

757. E. F. GOLDMAN, The Crucial Decade and After: America 1945–1960, New York 1960.

758. V. O. KEY, Public Opinion and American Democracy [in the 1950s], New York 1961

759. E. T. MAY, Homeward Bound: American Families in the Cold War Era, New York 1988.

Afroamerikaner, Bürgerrechtsbewegung

760. T. BRANCH, Parting the Waters: America in the King Years 1954–63, New York 1988.

761. R. M. DALFIUME, Desegregation of the U.S. Armed Forces: Fighting on Two Fronts 1939–1953, Columbia/MO 1969.

762. D. R. GOLDFIELD, Black, White, and Southern: Race Relations and Southern Culture, 1940 to the Present, Baton Rouge/LA 1991.

763. S. F. LAWSON, Running for Freedom: Civil Rights and Black Politics in America since 1941, Philadelphia/PA 1991.

764. H. SITKOFF, The Struggle for Black Equality 1954–1992, 2. Aufl., New York 1994.

765. J. H. WILKINSON, From Brown to Bakke: The Supreme Court and School Integration 1954–1978, New York 1979.

766. N. A. WYNN, The Afro-American and the Second World War, London 1976.

Antikommunismus, McCarthyismus

767. E. R. BAYLEY, Joe McCarthy and the Press, Madison/Wisc. 1981.

768. D. CAUTE, The Great Fear: The Anti-Communist Purge under Truman and Eisenhower, London 1978.

769. R. M. FRIED, McCarthyism, the Great American Red Scare: A Documentary History, Oxford 1997.

770. S. I. KUTLER, The American Inquisition: Justice and Injustice in the Cold War, New York 1982.

771. E. LATHAM (Hrsg.), The Meaning of McCarthyism, 2. Aufl., Lexington/MA 1973.

772. D. OSHINSKY, A Conspiracy So Immense: The World of Joe McCarthy, New York 1983.

773. N. W. POLSBY, Towards an Explanation of McCarthyism, in: Political Studies Bd. 8 (Oxford, 1960), 250–271.

774. T. C. REEVES, The Life and Times of Joe McCarthy, New York 1982.

775. R. H. ROVERE, Senator Joe McCarthy, New York 1959.

776. E. SCHRECKER, The Age of McCarthyism: A Brief History with Documents, Boston 1994.

777. J. TUCK, McCarthyism and New York's Hearst Press: A Study of Roles in the Witch Hunt, New York 1995.

778. A. WEINSTEIN, Perjury: The Hiss-Chambers Case, New York 1978.

g) Mentalitäten, Intellektuelle Reaktionen

779. P. BOYER, By the Bomb's Early Light: American Thought and Culture at the Dawn of the Atomic Age, mit neuem Vorwort, Chapel Hill/NC 1994.

780. W. S. GRAEBNER, The Age of Doubt: American Thought and Culture in the 1940s, Boston 1991.

781. J. D. H. MATHEWS, Art and Politics in Cold War America, in: AHR 81 (1976) 762–787.

782. L. MAY (Hrsg.), Recasting America: Culture and Politics in the Age of the Cold War, Chicago 1989.

783. J. MEYEROWITZ, Beyond the Feminine Mystique: A Reassessment of Postwar Mass Culture 1946–1958, in: JAH 79 (1993) 1455–1482.

784. S. J. WHITFIELD, The Culture of the Cold War, 2. Aufl., Baltimore/MD 1996.

785. A. M. WINKLER, Life Under a Cloud: American Anxiety About the Atom, New York 1993.

786. R. WUTHNOW, The Restructuring of American Religion: Society and Faith Since World War II, Princeton 1988.

5. DIE VEREINIGTEN STAATEN SEIT 1960

a) Überblicke, Sammelbände, Historiographie (siehe auch Kapitel 4)

787. W. CHAFE, America Since 1945, in 73: FONER (Hrsg.), New American History (1990) 143–160.

788. R. A. DIVINE (Hrsg.), The Johnson Years, Bd. 1: Foreign Policy, the Great Society, and the White House, Lawrence/Kan. 1987.

789. T. GITLIN, The Sixties: Years of Hope, Days of Rage, 2. Aufl., New York 1993.

790. J. HEATH, Decade of Disillusionment: The Kennedy-Johnson Years, Bloomington/IN 1975.

791. M. ISSERMAN, The Not-So-Dark and Bloody Ground: New Works on the 1970s, in: AHR 94 (1989) 990–1010.

792. A. J. MATUSOW, The Unraveling of America: A History of Liberalism in the 1960s, New York 1984.

793. M. VIORST, Fire in the Streets: America in the 1960s, New York 1979.

b) Regierungssystem, Innenpolitik

(Präsidentenbiographien von Kennedy bis Clinton mit Literaturangaben in 203: Heideking (Hrsg.), Die amerikanischen Präsidenten.)

794. W. BERMAN, America's Right Turn: From Nixon to Bush, Baltimore/MD 1994.

795. W. BREINES, Whose New Left?, in: JAH 75 (1988) 528–545.

796. A. BRINKLEY, The Problem of American Conservatism, in: AHR 99 (1994) 409–429.

797. J. Freeman (Hrsg.), Social Movements of the 1960s and '70s, New York 1983.

798. M. Gerson (Hrsg.), The Essential Neo-Conservative Reader, New York 1996

799. B. Goldwater, The Conscience of a Conservative, mit neuer Einleitung von Patrick J. Buchanan, Washington, DC 1990.

800. J. L. Himmelstein, To the Right: The Transformation of American Conservatism, Los Angeles 1990.

801. D. McKay, Domestic Policy and Ideology: Presidents and the American State 1964–1987, New York 1989.

802. J. Miller, Democracy Is in the Streets: From Port Huron to the Siege of Chicago, New York 1987.

803. A. M. Schlesinger jr., The Imperial Presidency, mit neuem Nachwort, Boston 1989.

804. M. Teodori (Hrsg.), The New Left: A Documentary History, Indianapolis/ IN 1969.

805. I. Unger, The Movement: A History of the American New Left 1959–1972, New York 1974.

Kennedy

806. I. Bernstein, Promises Kept: John F. Kennedy's New Frontier, New York 1991.

807. J. N. Giglio, The Presidency of John F. Kennedy, Lawrence/Kan. 1992.

808. F. I. Greenstein, Coming to Terms with Kennedy, in: RAH 20 (1992) 96–104.

809. D. Halberstam, The Best and the Brightest, New York 1972.

810. M. Holland, After Thirty Years: Making Sense of the Assassination, in: RAH 22 (1994) 191–209.

811. K. Krakau, John F. Kennedy: 22. November 1963, in: A. Demandt (Hrsg.), Das Attentat in der Geschichte, Köln 1996.

812. M. L. Kurtz, Crime of the Century: The Kennedy Assassination from a Historian's Point of View, 2. Aufl., Knoxville/Tenn. 1993.

813. H. S. Parmet, The Presidency of John F. Kennedy, New York 1983.

814. G. Schild, John F. Kennedy: Mensch und Mythos, Göttingen 1997.

815. A. M. Schlesinger jr., A Thousand Days, Cambridge/MA 1965.

816. T. C. Sorensen, Kennedy, New York 1965.

817. Warren Commission Report/Report of President's Commission on the Assassination of President John F. Kennedy, New York 1992.

818. B. Zeliser, Covering the Body: The Kennedy Assassination, the Media, and the Shaping of Collective Memory, Chicago 1992.

Johnson

819. I. Bernstein, Guns or Butter: The Presidency of Lyndon Johnson, Oxford 1996.

820. V. D. Bornet, The Presidency of Lyndon B. Johnson, Lawrence/Kans. 1983.

821. R. A. Caro, The Years of Lyndon Johnson, 3 Bde. New York 1982–94.

822. R. Dallek, Lone Star Rising: Lyndon Johnson and His Times 1908–1960, Oxford 1991

823. R. Dallek, Flawed Giant: Lyndon B. Johnson 1960–1973, Oxford 1998.

824. D. M. Welborn u. a., Intergovernmental Relations in the American Administrative State: The Johnson Presidency, Austin/TX 1989.

Nixon

825. S. E. Ambrose, Nixon, 3 Bde., New York 1987–91.

826. Congressional Quarterly, Inc., Watergate: Chronology of a Crisis, Washington, DC 1975.

827. F. Emery, Watergate: The Corruption and Fall of Richard Nixon, London 1994.

828. M. A. Genovese, The Nixon Presidency: Power and Politics in Turbulent Times, Westport/CT 1990.

829. C. S. Griffin, The Magic of Richard Nixon, in: RAH 10 (1982) 269–274.

830. H. R. Haldeman, The Haldeman Diaries: Inside the Nixon White House, New York 1994.

831. S. Hartman, In the Grip of Watergate, in: RAH 21 (1993) 710–716.

832. J. Hoff, Nixon Reconsidered, New York 1994.

833. S. I. Kutler, The Wars of Watergate: The Last Crisis of Richard Nixon, New York 1990.

834. S. I. Kutler, Abuse of Power: The New Nixon Tapes, New York 1997.

835. R. M. Nixon, RN: The Memoirs of Richard Nixon, New York 1978; deutsche Übers. von A. und W. P. Adams, Berlin 1981.

836. H. S. Parmet, Richard Nixon and His America, Boston/MA 1990.

Ford und Carter

837. J. Cannon, Time and Chance: Gerald Ford's Appointment with History, New York 1994.

838. J. R. Greene, The Presidency of Gerald R. Ford, Lawrence/Kan. 1995.

839. B. I. Kaufman, The Presidency of James Earl Carter Jr., Lawrence/Kan. 1993.

840. H. D. Rosenbaum u. a. (Hrsg.), The Presidency and Domestic Policies of Jimmy Carter, Wesport/CT 1994.

Reagan und Bush

841. L. BERMAN (Hrsg.), Looking Back on the Reagan Presidency, Baltimore/MD 1990.

842. L. CANNON, President Reagan: The Role of a Lifetime, New York 1991.

843. R. DALLEK, Ronald Reagan: The Politics of Symbolism, Cambridge/MA 1984.

844. J. HOGAN (Hrsg.), The Reagan Years: The Record in Presidential Leadership, Manchester 1990.

845. M. SCHALLER, Reckoning with Reagan: America and Its President in the 1980s, New York 1992.

846. W. SCHNEIDER, The Political Legacy of the Reagan Years, Berlin 1988.

c) Sozialpolitik, ethnische Minderheiten

847. J. CITRIN u. a., American Identity and the Politics of Ethnic Change, in: Journal of Politics 52 (1990) 1124–1153.

848. P. A. CORNING, The Evolution of Medicare from Idea to Law, Washington, DC 1969.

849. M. GEHLEN, Das amerikanische Sozialnetz im Umbruch: Die Welfare-Reform von 1996 aus europäischer Perspektive, Münster 1997.

850. N. GLAZER, The Limits of Social Policy, Cambridge/MA 1988.

851. A. HACKER, Two Nations: Black and White, Separate, Hostile, Unequal, 2. Aufl., New York 1995.

852. M. HARRINGTON, The Other America: Poverty in the United States, New York 1962; mit neuer Einleitung von Irving Howe, New York 1994.

853. M. B. KATZ (Hrsg.), The Underclass Debate. Princeton/NJ 1993.

854. J. T. KLOPPENBERG, ‚Who's Afraid of the Welfare State?', in: RAH 18 (1990) 395–405.

855. W. LINDIG (Hrsg.), Indianische Realität: Nordamerikanische Indianer in der Gegenwart, München 1994.

856. T. R. MARMOR u. a., America's Misunderstood Welfare State, New York 1992.

857. E. T. MAY, Homeward Bound: American Families in the Cold War Era, New York 1988.

858. D. MOYNIHAN, Maximum Feasible Misunderstanding: Community Action in the War on Poverty, New York 1969.

859. M. NOVAK, The Rise of the Unmeltable Ethnics: Politics and Culture in the Seventies, New York 1972.

860. J. S. OLSON u. a., Cuban Americans, New York 1995.

861. K. PHILLIPS, The Politics of Rich and Poor: Wealth and the American Electorate in the Reagan Aftermath, New York 1990.

862. C. PIERSON, Beyond the Welfare State? The New Political Economy of Welfare, University Park/PA 1991.
863. R. SIDEL, Keeping Women and Children Last: America's War on the Poor, Harmondsworth/England 1996.
864. J. C. TEAFORD, The Rough Road to Renaissance: Urban Revitalization in America 1940--1985, Baltimore/MD 1990.
865. S. and A. THERNSTROM, America in Black and White: One Nation Indivisible, New York 1998.

Afroamerikaner, Bürgerrechte, Südstaaten

866. N. V. BARTLEY, The New South 1945--1980, Baton Rouge/LA 1995.
867. C. DAVIDSON u. a. (Hrsg.), Quiet Revolution in the South: The Impact of the Voting Rights Act 1965–1990, Princeton 1994.
868. J. DITTMER, Local People: The Struggle for Civil Rights in Mississippi, Urbana/IL 1994.
869. A. FAIRCLOUGH, Martin Luther King Jr., Athens/GA 1995.
870. J. W. FLYNT, Dixie's Forgotten People: The South's Poor Whites, Bloomington/IN 1979.
871. D. J. GARROW (Hrsg.), Martin Luther King Jr., 3 Bde., New York 1989.
872. D. R. GOLDFIELD, Black, White, and Southern: Race Relations and Southern Culture 1940 to the Present, Baton Rouge/LA 1991.
873. H. D. GRAHAM, The Civil Rights Era: Origins and Development of National Policy, New York 1990.
874. MALCOLM X, with the assistance of ALEX HALEY, The Autobiography of Malcolm X, New York 1965.
875. R. WEISBROT, Freedom Bound: A History of America's Civil Rights Movement [1954–1989], New York 1990.

d) Außenpolitik, Kriege

876. M. BESCHLOSS, The Crisis Years: Kennedy and Krushchev 1960–1963, New York 1991.
877. H. BIERMANN, John F. Kennedy und der Kalte Krieg: Die Außenpolitik der USA und die Grenzen der Glaubwürdigkeit, Paderborn 1997.
878. L.H. BRUNE, America and the Iraqi Crisis 1990–1992: Origins and Aftermath, Claremont/CA 1993.
879. H. DITTGEN, Amerikanische Demokratie und Weltpolitik: Außenpolitik in den Vereinigten Staaten, Paderborn 1998.
880. R.A. DIVINE, Historians and the Gulf War: A Critique, in: DH 19 (1995) 117–134.
881. L. FISHER, Presidential War Power, Lawrence/Kan. 1995.
882. J. L. GADDIS, The Tragedy of Cold War History, in: DH 17 (1993) 1–16.

883. J. L. Gaddis, We Now Know: Rethinking Cold-War History [to 1962], Oxford 1996.

884. C. Hacke, Zur Weltmacht verdammt: Die amerikanische Außenpolitik von Kennedy bis Clinton, Berlin 1997.

885. M. J. Hogan (Hrsg.), The End of the Cold War: Its Meaning and Implications, New York 1992.

886. W. Isaacson, Kissinger: A Biography, New York 1992.

887. H. A. Kissinger, The White House Years [1968–73], Boston 1979.

888. H. A. Kissinger, Years of Upheaval [1973–74], Boston 1982.

889. R. N. Lebow u. a., We All Lost the Cold War [ab 1962], Princeton 1994.

890. W. LaFeber, Inevitable Revolutions: The United States in Central America, 2. Aufl., New York 1993.

891. R. S. Litwak, Détente and the Nixon Doctrine: American Foreign Policy and the Pursuit of Stability 1969–1976, Cambridge/MA 1984.

892. T. P. Maga, John F. Kennedy and New Frontier Diplomacy 1961–1963, Malabar/FL 1994.

893. W. A. McDougall, The Heavens and the Earth: A Political History of the Space Age, New York 1985.

894. A. G. Mower, Human Rights and American Foreign Policy: The Carter and Reagan Experiences, New York 1987.

895. T. G. Paterson (Hrsg.), Kennedy's Quest for Victory: American Foreign Policy 1961–1963, New York 1989.

896. A. W. Schertz, Die Deutschlandpolitik Kennedys und Johnsons, Köln 1992.

897. R. D. Schulzinger, Henry Kissinger: Doctor of Diplomacy, New York 1989.

898. C. Simpson (Hrsg.), National Security Directives of the Reagan and Bush Administrations: The Declassified History of U.S. Political and Military Policy 1981–1991, Boulder/ Col. 1995.

899. G. Smith, Morality, Reason, and Power: American Diplomacy in the Carter Years, New York 1986.

Kuba-Raketenkrise

900. J. G. Blight u. a., On the Brink: Americans and Soviets Reexamine the Cuban Missile Crisis, New York 1989.

901. L. Chang u. a. (Hrsg.), The Cuban Missile Crisis 1962: A National Security Archive Documents Reader, New York 1992.

902. E. May u. a. (Hrsg.), The Kennedy Tapes: Inside the White House During the Cuban Missile Crisis, Cambridge/MA 1997.

903. J. A. Nathan (Hrsg.), The Cuban Missile Crisis Revisited, New York 1992.

Vietnamkrieg

904. J. ARENTH, Johnson, Vietnam und der Westen: Transatlantische Belastungen 1963–1969, München 1994.

905. R. P. ARNOLDT, Vietnam Insights: A Guide to the American Experience in Vietnam 1940 to the Present, Dundee/IL 1991.

906. L. BERMAN, Coming to Grips with Lyndon Johnson's War, in: DH 17 (1993) 519–537.

907. R. A. DIVINE, Vietnam Reconsidered, in: DH 12 (1988) 79–93.

908. J. W. FULBRIGHT, The Pentagon Propaganda Machine, New York 1970.

909. L. C. GARDNER, Pay Any Price: Lyndon Johnson and the Wars for Vietnam, Chicago 1995.

910. G. C. HERRING, America's Longest War: The United States and Vietnam 1950–1975, 3. Aufl., New York 1996.

911. G. C. HERRING, Vietnam Remembered [Sammelrezension], in: JAH 73 (1986) 152–164.

912. S. KARNOW, Vietnam, 2. Aufl., New York 1997.

913. G. KOLKO, Anatomy of a War: The United States, Vietnam, and the Modern Historical Experience, New York 1994.

914. R. J. McMAHON (Hrsg.), Major Problems in the History of the Vietnam War, 2. Aufl., Lexington/MA 1995.

915. R. S. McNAMARA, In Retrospect: The Tragedy and Lessons of Vietnam, New York 1995.

916. J. M. MOORE (Hrsg.), The Vietnam Debate: A Fresh Look at the Arguments, Lanham/MD 1990.

917. J. S. OLSON, Where the Domino Fell: America and Vietnam, 1945–1990, New York 1991.

918. G. PORTER (Hrsg.), Vietnam: The Definitive Documentation of Human Decisions [1941–1975], 2 Bde., London 1979.

919. R. D. Schulzinger, A Time for War: The United States and Vietnam 1941–1975, Oxford 1997.

920. W. L. und P. W. SPERLICH, American Public Opinion and the War in Vietnam, in: The Western Political Quarterly 32 (1979) 21–44.

921. K. J. TURNER, Lyndon Johnson's Dual War: Vietnam and the Press, Chicago 1985.

922. T. WELLS, The War Within: America's Battle over Vietnam [1965–1975], Berkeley/CA 1994.

923. L. S. WITTNER, Rebels against War: The American Peace Movement, 1933–1983, Philadelphia/PA 1984.

924. M. B. YOUNG, The Vietnam Wars 1945–1990, New York 1991.

Zusammenbruch der Sowjetunion und Vereinigung Deutschlands

925. H. Bortfeldt, Washington-Bonn-Berlin: Die USA und die deutsche Einheit, Bonn 1993.

926. V. A. Walters, Die Vereinigung war voraussehbar: Hinter den Kulissen eines entscheidenden Jahres – die Aufzeichnungen des amerikanischen Botschafters, Berlin 1994.

927. P. Zelikow u. a., Germany Unified and Europe Transformed: A Study in Statecraft, Cambridge/MA 1995; dt. Übers. 1997.

e) Wirtschaftspolitik

928. A. S. Campagna, The Economic Consequences of the Vietnam War, New York 1991.

929. J. Espenhorst, Arbeitsgesellschaft USA, Schwerte 1995.

930. M. Feldstein (Hrsg.), American Economic Policy in the 1980s, Chicago 1994.

931. G. Gilder, Wealth and Poverty, New York 1981.

932. W. Heller, New Dimensions of Political Economy, New York 1966.

933. C.-L. Holtfrerich, Reaganomics und Weltwirtschaft, in: M. Knapp (Hrsg.), Transatlantische Beziehungen, Stuttgart 1990, 37–61.

934. W. A. Niskanen, Reagonomics: An Insider's Account of the Policies and the People, New York 1988.

935. N. H. Rosenthal, The Nature of Occupational Employment Growth 1983–93, in: Monthly Labor Review (June 1995) 45–54.

936. B. J. Schulman, From Cotton Belt to Sunbelt: Federal Policy, Economic Development, and the Transformation of the South 1938–1980, New York 1991.

937. H. G. Vatter u. a. (Hrsg.), History of the U.S. Economy since World War II, Armonk/NY 1996.

f) Mentalitäten, soziokultureller Wandel, Medien

938. L. Baritz, Backfire: A History of How American Culture Led Us Into Vietnam and Made Us Fight the Way We Did, New York 1985.

939. J. L. Baughman, The Republic of Mass Culture: Journalism, Filmmaking, and Broadcasting in America since 1941, Baltimore/MD 1992.

940. P. Boyer, When Time Shall Be No More: Prophecy Belief in Modern American Culture, Cambridge/MA 1993.

941. T. Engelhardt, The End of Victory Culture: Cold War America and the Disillusioning of a Generation, New York 1995.

942. D. C. Hallin, The ‚Uncensored War': The Media and Vietnam, New York 1986.

943. M. Herr, Dispatches [aus Vietnam], New York 1978.

944. D. Hollinger, Postethnic America, New York 1995.

945. J. D. Hunter, Culture Wars: The Struggle to Define America, New York 1991.

946. C. Lasch, The Culture of Narcissism: American Life in an Age of Diminishing Expectations, New York 1991.

947. C. Lasch, The True and Only Heaven: Progress and Its Critics, New York 1991.

948. A. M. Melzer u. a. (Hrsg.), Multiculturalism and American Democracy, Lawrence/Kan. 1998.

949. G. B. Nash u. a., History on Trial: Culture Wars and the Teaching of the Past, New York 1997.

950. M. A. Noll, One Nation Under God? Christian Faith and Political Action in America, San Francisco 1988.

951. W. J. Rorabaugh, Berkeley at War, New York 1989.

952. T. Roszak, The Making of a Counter Culture: Reflections on the Technocratic Society and Its Youthful Opposition, 2. Aufl., New York 1995.

953. C. I. Waxman, The End of Ideology Debate, New York 1968.

Frauen, Geschlechtergeschichte

954. M. F. Berry, Why ERA [Equal Rights Amendment] Failed: Politics, Women's Rights, and the Amending Process of the Constitution, Bloomington/IN 1986.

955. S. Evans, Personal Politics: The Roots of Women's Liberation in the Civil Rights Movement and the New Left, New York 1979.

956. B. Friedan, The Feminine Mystique, New York 1963; dt. Übers.: Der Weiblichkeitswahn.

957. D. Garrow, Liberty and Sexuality: The Right to Privacy and the Making of Roe v. Wade, New York 1994.

958. D. Horowitz, Rethinking Betty Friedan and The Feminine Mystique: Labor Union Radicalism and Feminism in Cold War America, AQ 48 (1996) 1–42.

Naturschutz, Ökologie

959. C. W. Allin, The Politics of Wilderness Preservation, Westport/CT 1982.

960. R. Carson, Silent Spring, Boston 1962; 25th anniversary edition 1987.

961. S. P. Hays u. a., Beauty, Health, and Permanence: Environmental Politics in the United States 1955–1985, New York 1987.

962. S. B. Hunt, The Energy Crisis: A Critical Analysis of the Energy Policy of the United States, Skokie/IL 1978.

963. A. Leopold, A Sand County Almanac, New York 1989, Erstaufl. 1949.

964. K. SALE, The Green Revolution: The American Environmental Movement 1962–1992, New York 1993.
965. V. B. SCHEFFER, The Shaping of Environmentalism in America, Seattle/WA 1991.

Anhang

ABKÜRZUNGEN

Die Jahrhundertangaben in den Titeln werden in Zahlenform abgekürzt. Statt „in the Nineteenth Century" heißt es z. B. „in the 19th Century." Das deutsche „Jahrhundert" wird im Text und in Titeln abgekürzt zu „Jh."*

AgHist	Agricultural History, 1927-
AHR	American Historical Review, 1896-
AJH	American Jewish History, 1910-
Ala.	Alabama
Alas.	Alaska
AmSt	Amerikastudien/American Studies, 1974-
APSR	American Political Science Review, 1906-
AQ	American Quarterly, 1949-
AZ	Arizona
Ark.	Arkansas
CA	California
CHR	Canadian Historical Review, 1920-
CJH	Canadian Journal of History, 1966-
CO	Colorado
CT	Connecticut
CWH	Civil War History, 1955-
D.C.	District of Columbia
Del.	Delaware
DH	Diplomatic History, 1977-
EconHR	Economic History Review, 1927-
EnvironHR	Environmental History Review 1977-
FL	Florida
GA	Georgia
GWU	Geschichte in Wissenschaft und Unterricht, 1950-
HZ	Historische Zeitschrift, 1859-

* Hinter den Zeitschriftentiteln ist das Ersterscheinungsjahr mit offenem Bindestrich angegeben, wenn die Zeitschrift 1998 noch erschien.

H&T	History and Theory, 1960-
Ill.	Illinois
IMR	International Migration Review, 1966-
Ind.	Indiana
JAEH	Journal of American Ethnic History, 1981-
JAH	Journal of American History, 1964-
JAmSt	Journal of American Studies, 1967-
JbAmSt	Jahrbuch für Amerikastudien, 1956–73
JEconH	Journal of Economic History, 1941-
JERep	Journal of the Early Republic, 1980-
JHI	Journal of the History of Ideas, 1940-
JintH	Journal of Interdisciplinary History, 1970-
JNH	Journal of Negro History, 1916-
JPolH	Journal of Policy History, 1989-
JSocH	Journal of Social History, 1967-
JSouH	Journal of Southern History, 1935-
JUH	Journal of Urban History, 1974-
JWH	Journal of Women's History, 1989-
Kan.	Kansas
Ky.	Kentucky
LA	Louisiana
LH	Labor History, 1960-
MA	Massachusetts
MD	Maryland
Mi.	Michigan
Minn.	Minnesota
Miss.	Mississippi
MO	Missouri
Mont.	Montana
MVHR	Mississippi Valley Historical Review, 1944–1963
NC	North Carolina
ND	North Dakota
NH	New Hampshire
NJ	New Jersey
NM	New Mexico
NY	New York (Staat)
NYRB	New York Review of Books, 1963-
Neb.	Nebraska
NEQ	New England Quarterly, 1928-
Nev.	Nevada
Okla.	Oklahoma
Ore.	Oregon
PaMag	Pennsylvania Magazine of History and Biography, 1877-

PA	Pennsylvania
PAH	Perspectives in American History, 1967–1979; neue Serie, 1984–1986
PHR	Pacific Historical Review, 1932-
PSQ	Political Science Quarterly, 1886-
PresStQ	Presidential Studies Quarterly, 1974-
RAH	Reviews in American History, 1973-
RI	Rhode Island
RHAF	Revue d'histoire de l'Amérique française, 1947-
RHR	Radical History Review, 1973-
SC	South Carolina
SD	South Dakota
SM	Scripta Mercaturae: Zs für Wirtschafts- und Sozialgeschichte, 1967-
Tenn.	Tennessee
Tex.	Texas
VA	Virginia
VjHZG	Vierteljahrshefte für Zeitgeschichte, 1953-
VT	Vermont
WA	Washington (Staat)
Wisc.	Wisconsin
WMQ	William and Mary Quarterly, 3rd Series, 1944-
WSt	Women's Studies, 1972-
Wy.	Wyoming
YbGASt	Yearbook of German-American Studies, 1965-

ZEITTAFEL

28 000 v. C.	Früheste erhaltene Spuren menschlichen Lebens in Amerika nördlich des Rio Grande
1000 n. C.	Älteste erhaltene Pueblo-Siedlung der Acoma und Hopi
1000–01	Leif Erikson erkundet Küste Neufundlands
1492	Admiral Cristobal Colon landet auf Bahama-Insel
1565	Spanisches Fort St. Augustine an Floridas Atlantikküste wird älteste städtische Siedlung der Europäer auf dem nordamerikanischen Festland
1607	Londoner Kaufmannsgesellschaft mit königlicher Charter gründet Jamestown/Virginia, die erste überlebensfähige englische Siedlung in Nordamerika
1608	Quebec erste dauerhafte französische Siedlung in Nordamerika
1614	Holländische Ostindienkompanie gründet Fort Nassau am Hudson
1619	Siedler von Jamestown kaufen erstmals gefangene Afrikaner; Fixierung ihres Rechtsstatus als Sklaven um 1660
1620	Separatistische Puritaner gründen Plymouth Plantation; Mayflower Compact konstituiert „civil body politic"
1624	Nieuw Amsterdam von der Ostindienkompanie gegründet; ab 1664 als „New York" in britischer Hand
1630–42	20 000 Puritaner siedeln in Neuengland
1635/36	Pfarrer Roger Williams aus Massachusetts verbannt; praktiziert religiöse Toleranz in neuer Kolonie Rhode Island
1651	Navigation Act: Reglementierung des Kolonialhandels im Sinne des nationalwirtschaftlichen Merkantilsystems beginnt
1682	William Penn gründet Pennsylvania als Eigentümerkolonie
1683	13 Quäkerfamilien aus Krefeld unter Franz Daniel Pastorius gründen Germantown bei Philadelphia als erste deutsche Siedlung in Amerika
1690	John Locke rechtfertigt im *Second Treatise of Government* die konstitutionell-parlamentarisch beschränkte Monarchie mit der Gesellschaftsvertragslehre der Whigs; Basis des freiheitlichen Selbstregierungsanspruchs der Kolonisten
1692/93	Hexenprozesse in Salem, Massachusetts
1735–55	Great Awakening: emotionaler Evangelikalismus verdrängt verstandesbetonten kalvinistischen Puritanismus
1743	American Philosophical Society in Philadelphia von Benjamin Franklin gegründet; Teil der amerikanischen Aufklärung
1754–60	French and Indian War, Teil des europäischen Siebenjährigen Krieges, Niederlage 1759 vor Quebec beendet Frankreichs Kolonialherrschaft auf dem nordamerikanischen Kontinent

1765–83	Koordinierter Widerstand gegen englische Kolonialherrschaft steigert sich zur Amerikanischen Revolution
1765/66	Stamp Act-Krise
1768	Stationierung königlicher Truppen in Boston
1770	„Massaker" von Boston mit 5 Toten
1773	„Tee-Party" der „Söhne der Freiheit" von Boston vernichtet 342 Kisten Tee
1774	Coercive Acts zur Bestrafung von Massachusetts Erster Kontinentalkongreß von 12 Kolonien beschließt Einfuhrboykott und Ausfuhrembargo gegen England
1775	19. April: Unabhängigkeitskrieg beginnt bei Lexington und Concord; George Washington Oberkommandierender der Kontinentalarmee; Invasion Kanadas scheitert; Frankokanadier halten zu England
1776	Thomas Paines Flugschrift *Common Sense* fordert Unabhängigkeit und republikanische Regierung 4. Juli: Kontinentalkongreß rechtfertigt Unabhängigkeit mit Naturrecht und Gesellschaftsvertragslehre der Whigs
1776–80	Republikanische Einzelstaatsverfassungen und Grundrechteerklärungen ersetzen königliche Gründungsurkunden
1778	Völkerrechtliche Anerkennung der USA durch Frankreich; französische Militärhilfe (Waffen, Flotteneinsatz) ist kriegsentscheidend
1781	Articles of Confederation: Verfassung des Staatenbundes Kapitulation der britischen Armee bei Yorktown/Virginia
1783	Im Friedensvertrag von Paris erkennt Großbritannien die Souveränität der USA an
1785	Handels- und Freundschaftsvertrag mit Preußen
1786	Virginia trennt Staat und Kirchen (Statute for Religious Freedom)
1787	Philadelphia Convention entwirft Verfassung des Bundesstaates
1787/88	Alexander Hamilton, James Madison und John Jay rechtfertigen Bundesverfassung in 85 „Federalist"-Artikeln
1788	21. Juni: Ratifizierung im 9. Staat setzt Bundesverfassung in Kraft
1789	George Washington erster Präsident der USA, Thomas Jefferson Außenminister, Alexander Hamilton Finanzminister.
1791	Die zehn ersten Verfassungsänderungen (*amendments*) kodifizieren Grundrechte und Machtverteilung zwischen Bund und Einzelstaaten
1793	Baumwollentkernungsmaschine Eli Whitneys erhöht Gewinne durch Sklavenarbeit
1798	Alien and Sedition Acts: Federalists unter Präsident John Adams behindern Oppositionspresse
1800	Thomas Jefferson als Oppositionsführer der Republican Democrats zum Präsidenten gewählt

1803	Napoleon verkauft den USA „Louisiana", ein Drittel der heutigen Landfläche der USA
	Fall Marbury gegen Madison: Oberstes Bundesgericht erklärt erstmalig ein Bundesgesetz für verfassungswidrig
1804/6	Expedition von Lewis und Clark erkundet Landweg zum Pazifik
1808	Sklaveneinfuhr durch Bundesgesetz verboten
1812–15	War of 1812: Der zweite Krieg gegen Großbritannien endet militärisch und diplomatisch unentschieden, wird als Sieg gefeiert
1813	Frühindustrialisierung: Boston Manufacturing Company betreibt erste Textilfabrik (Baumwollspinnerei und -weberei)
1820	Missouri-Kompromiß: Der Kongreß nimmt Missouri als potentiellen Sklavenhalterstaat und Maine als sklavenfreien Staat in die Union auf
1823	Monroe-Doktrin: Präsident James Monroe warnt europäische Großmächte vor weiteren Interventionen in Lateinamerika über die bestehenden Kolonien hinaus
1829–37	„Jacksonian Democracy": Präsident Andrew Jackson macht den „Glauben an den einfachen Mann" zu seinem politischen Programm; die meisten euroamerikanischen Männer haben das Wahlrecht
1830	Indian Removal Act: Jackson erwirkt das Gesetz zur gewaltsamen Vertreibung von etwa 100 000 Indianern aus den Südstaaten in Reservate im heutigen Oklahoma und in den Dakotas *(trail of tears)*
1831	William Lloyd Garrison fordert in The Liberator die sofortige Freilassung aller Sklaven *(abolitionism)*
	Der letzte Sklavenaufstand in Virginia unter Nat Turner endet mit 177 Toten, davon 120 Sklaven
1836	Texas erklärt sich zur von Mexiko unabhängigen Republik
1845	Der von den Anglotexanern geforderte Anschluß von Texas an die Union wird in der Presse mit „our manifest destiny to overspread the continent" gerechtfertigt
1846–48	Im Krieg gegen Mexiko erobern die USA die späteren Staaten New Mexico, Arizona, Nevada, Utah und Kalifornien
1848	Erste landesweite Delegiertenversammlung der Frauenrechtsbewegung in Seneca Falls/New York verlangt Gleichheit von Frau und Mann vor dem Gesetz und das Wahlrecht für Frauen
1848/49	Entdeckung von Gold in Kalifornien verstärkt den Überlandtreck durch die Indianergebiete der *plains*; Einwanderung chinesischer *coolies* nach Kalifornien
1850	Bundesgesetz verlangt die Verfolgung flüchtender Sklaven auch in den Nordstaaten
1852	Harriet Beecher Stowes Anti-Sklaverei-Roman Onkel Toms Hütte wird zum Bestseller

1854	Das Kansas-Nebraska-Gesetz erlaubt die Ausbreitung der Sklavenhaltung nördlich der Linie des Missouri-Kompromisses; Gründung der Republikanischen Partei im Norden und Mittelwesten als Koalition der Gegner der weiteren Ausbreitung der Sklavenhaltung im Westen, nicht für ihre Abschaffung in den Südstaaten
1857	Fall Dred Scott gegen Sandford: Oberstes Bundesgericht beschließt, Sklaven und ihre Nachkommen seien keine Bürger der USA und hätten kein Klagerecht in Bundesgerichten
1860/61	Wahlsieg Abraham Lincolns und der Republikanischen Partei löst die Sezession von elf Südstaaten aus
1861–65	Sezessionskrieg, genannt „Civil War" im Norden, „War between the States" im Süden
1862	Homestead Act: Der Kongreß ermöglicht fast kostenlosen Erwerb von Bundesland im Westen
1863	Emancipation Proclamation: Lincoln erklärt nur die Sklaven im Machtbereich der Südstaatenarmee für frei; Freilassung aller Sklaven 1865 durch die 13. Verfassungsänderung
1865	Die Südstaatenarmee kapituliert bei Appomattox/Virginia; Lincoln erliegt einem Attentat
1868	14. Verfassungsänderung garantiert „equal protection of the laws" und gibt allen in den USA geborenen Afroamerikanern die U.S.-Staatsbürgerschaft.
1865–77	Reconstruction: Periode der Wiedereingliederung der Südstaaten
1866	Gründung des Geheimbundes Ku Klux Klan in Tennessee
1869	Transkontinentale Eisenbahnstrecke fertiggestellt
1870	John D. Rockefeller gründet die Standard Oil Company
1872	Yellowstone National Park; Anfang der Naturschutzbewegung
1875	Alexander Graham Bell baut ersten praktikablen Fernsprechapparat in Boston
1878	Die Gewerkschaft Knights of Labor organisiert gelernte und ungelernte Lohnarbeiter und Handwerker
1879	Thomas Edison verbessert die Glühlampe und baut 1882 das erste Elektrizitätswerk in New York
1882	Bundesgesetz verbietet Einwanderung ungelernter chinesischer Arbeiter; Pogrome gegen Juden in Rußland lösen neue Welle der Nordamerikaauswanderung aus
1886	In der American Federation of Labor organisieren sich die Facharbeiter
1889	Die Sozialarbeiterin Jane Addams gründet in Chicago die Sozialhilfestation „Hull House"
1890	Letztes Gefecht der U.S.-Kavallerie gegen Indianer bei Wounded Knee in South Dakota; Reportagen des Fotografen Jacob Riis, How

	the Other Half Lives, dokumentieren das Elend in New Yorker Slums; Sherman Antitrust-Gesetz erklärt Trusts zu illegalen „Verbindungen, die den Handel behindern"
1890–96	Populismus: People's Party artikuliert den Protest verschuldeter Farmer und verlangt Ende des *Laisser-faire*-Kapitalismus
1893–97	Tiefe Konjunkturkrise; erste „Great Depression"
1894	Nationaler Streik der Eisenbahner gegen Pullmans Waggonfabrik
1896	Fall Plessy gegen Ferguson: Oberstes Bundesgericht bestätigt Verfassungsmäßigkeit der Rassentrennung in öffentlichen Verkehrsmitteln; das Prinzip „separate but equal" rechtfertigt bis 1954 auch nach Rassen getrennte öffentliche Schulen
1898	Krieg gegen Spanien beendet spanische Kolonialherrschaft über Kuba, Puerto Rico, Guam und die Philippinen und etabliert die USA als imperiale Macht
1901	J. Pierpont Morgan u. a. organisieren United States Steel Corporation
1903	Henry Ford baut seine erste Automobilfabrik in Dearborn/Michigan; ab 1909 Fließbandverfahren zur Massenproduktion eines Volksautos
1909	National Association for the Advancement of Colored People beginnt Rechtsvertretung diskriminierter Afroamerikaner; Herbert Crolys, The Promise of American Life artikuliert die soziale und demokratische politische Theorie der Sozialreformer des Progressive Movement
1912	Richtungswahlkampf: Sieg des Demokraten Woodrow Wilson
1913	Die 17. Verfassungsänderung verlangt die Direktwahl der Senatoren
1914	Panamakanal eröffnet
1915	Transkontinentale Telefonschaltung verbindet New York und San Francisco
1915	Deutsches U-Boot versenkt britischen Passagierdampfer „Lusitania" auf Fahrt von New York nach England
1916	Margaret Sanger gründet erste Beratungsstation für Empfängnisverhütung in New York
1917	Zimmermann-Telegramm: Deutscher Außenminister bietet Mexiko Allianz im Fall des Krieges gegen die USA an; USA erklären dem Deutschen Reich den Krieg
1918	Wilson legt idealistischen Friedensplan in 14 Punkten vor
1919	Wilson kann sich bei den Friedensverhandlungen in Paris nur teilweise durchsetzen
1919–20	„Red Scare": über 4 000 des Kommunismus oder Anarchismus Verdächtigter verhaftet
1920	Senat lehnt Versailler Friedensvertrag ab, die USA bleiben dem Völkerbund fern; Verfassungsänderung ermöglicht Frauenwahlrecht

1920–33	Prohibition: Herstellung, Verkauf und öffentlicher Verzehr alkoholischer Getränke durch Bundesgesetz verboten
1924	Alle in den USA geborenen Indianer erhalten U.S.-Staatsbürgerschaft; Einwanderungsgesetz kontingentiert Einwanderungsvisa für Europäer; Dawes-Plan regelt Reparationszahlungen des Deutschens Reichs; 1929 revidiert durch Young Plan
1925	„Affenprozeß": Christliche Fundamentalisten erreichen Verbot der Evolutionslehre Darwins in Tennessees Schulen
um 1925	Harlem Renaissance: Neues Selbstbewußtsein afroamerikanischer Künstler und Intellektueller
1926	Erster landesweiter Rundfunksender: die private National Broadcasting Corporation
1927	Erster Tonfilm, The Jazz Singer, in New York aufgeführt; Charles Lindbergh fliegt alleine non-stop von New York nach Paris
1928	Mickey Mouse von Walt Disney als Trickfilmfigur kreiert Kellogg-Briand Kriegsächtungsvertrag
1929	Zusammenbruch der New Yorker Börse löst Weltwirtschaftskrise aus
1933	Diplomatische Anerkennung der Sowjetunion durch die USA
1933–38	New-Deal-Gesetze: Franklin D. Roosevelts aktive Wirtschafts-und Sozialpolitik
1935	Social Security Act: Beginn der Sozialstaatsgesetzgebung auf Bundesebene
1935–37	Neutralitätsgesetze verhängen u. a. Waffenembargo
1938	Congress of Industrial Organizations (CIO) als Gewerkschaftsdachverband der Industriearbeiter gegründet
1941	7. Dezember: Japanische Bomber zerstören amerikanischen Marinestützpunkt Pearl Harbor auf Hawaii 8. Dezember: Der Kongreß erklärt Japan den Krieg. 11. Dezember: Das Deutsche Reich und Italien erklären den USA den Krieg.
1942	Internierung von 112 000 Amerikanern japanischer Herkunft
1943	Landung der Alliierten in Italien
1944	Landung der Alliierten in Frankreich
1945	12. April: Roosevelt stirbt, Vizepräsident Harry S. Truman übernimmt Präsidentschaft; 8. Mai: Deutsche Streitkräfte kapitulieren; 15. Juli-2. August: Konferenz von Potsdam; 6. und 10. August: Atombomben auf Hiroshima und Nagasaki; 10. August: Japanische Streitkräfte kapitulieren, 24. Oktober: Charta der Vereinten Nationen ratifiziert
1947	Truman-Doktrin zur Unterstützung freier Völker; Marshallplan (European Recovery Program)
1948–49	Berlin-Blockade, Luftbrücke

1949	Gründung der North Atlantic Treaty Organization (NATO)
1950–53	Krieg in Korea
1950–54	McCarthyismus: antikommunistische Verleumdungskampagne durch den Republikanischen Senator Joseph McCarthy
1954	Fall Brown gegen Board of Education of Topeka: Oberstes Bundesgericht erklärt die Rassentrennung in öffentlichen Schulen für verfassungswidrig
1955–56	Erfolgreicher Boykott der segregierten Busse in Montgomery/Alabama durch Bürgerrechtsbewegung der Afroamerikaner
1957	Sputnik-Schock: Erste Raumsonde der Sowjetunion umkreist die Erde; amerikanische Weltraumforschung, Rüstung und Grundlagenforschung intensiviert
1961	Präsident Eisenhower warnt vor Abhängigkeit vom „military-industrial complex"
1961	„Peace Corps" auf Initiative John F. Kennedys gegründet; Invasion Kubas an der Schweinebucht durch Exilkubaner mit amerikanischer Unterstützung scheitert 13. August: Mauerbau in Berlin; Kennedy weist Berlin-Ultimatum Chruschtschows zurück und verstärkt die 5000 US-Infantristen um 1500
1962	Kuba-Krise: Sowjetischer Versuch, Raketen auf Kuba zu stationieren, führt an die Schwelle einer militärischen Konfrontation der beiden Supermächte; Port Huron Statement: Gründung der neu-linken Students for a Democratic Society, Beginn der studentischen Protestbewegung
1963	Betty Friedans Bestseller The Feminine Mystique (Der Weiblichkeitswahn) wird Manifest der neuen Frauenbewegung; Martin Luther King spricht zu Bürgerrechtlern in Washington gegen Rassendiskriminierung („I Have a Dream"); Erster Atomwaffentestvertrag mit der Sowjetunion; 22. November: Kennedy wird in Dallas erschossen
1964	Economic Opportunity Act: Teil von Lyndon Johnsons „Krieg gegen die Armut"; Bürgerrechtsgesetz beendet rechtliche Duldung des Apartheidsystems; Golf-von-Tonkin-Beschluß des Kongresses gibt Präsident Johnson ohne verfassungsmäßige Kriegserklärung freie Hand zur Verstärkung der Truppen in Vietnam
1965–68	Rassenunruhen in den Armenvierteln mehrerer Großstädte
1966	Black Panther-„Partei" fordert Autonomie für Afroamerikaner; National Organization for Women (NOW) fordert Chancengleichheit für Frauen
1968	Martin Luther King und Präsidentschaftskandidat Robert Kennedy erschossen; die bürgerliche „schweigende Mehrheit" wählt Richard M. Nixon zum Präsidenten

1969	Mondlandung krönt das unter Kennedy begonnene Raumfahrtprogramm „Apollo"
1970	Environmental Protection Agency: Erste Bundesbehörde für den Natur- und Umweltschutz
1972	Erster Vertrag zur Rüstungsbegrenzung mit der Sowjetunion, genannt Strategic Arms Limitation Talks (SALT I) Nixon reist als erster Präsident der USA nach China, Wiederaufnahme der diplomatischen und Handelsbeziehungen.
1973	Nixon zieht U.S. Truppen nach massiven Antikriegsdemonstrationen in den USA und anderen Ländern aus Südvietnam ab
1973	Ölpreisschock nach dem Yom-Kippur-Krieg; Fall Roe gegen Wade: Oberstes Bundesgericht erklärt Schwangerschaftsabbruch im ersten Trimester für straffrei
1974	Rücktritt Präsident Nixons vor zu erwartender Amtsenthebung
1977	Präsident Jimmy Carter macht die Beachtung der Menschenrechte zum Kriterium außenpolitischer Entscheidungen
1979	Carter vermittelt israelisch-ägyptischen Friedensvertrag (Camp David Accords); NATO-Doppelbeschluß: Stationierung zusätzlicher Raketen in Westeuropa und Verhandlungen mit der Sowjetunion
1981	Präsident Ronald Reagan steigert Rüstung und Rhetorik gegen die repressive Herrschaft der Sowjetunion in Mittel- und Osteuropa
1987	Reagan und Gorbatschow vereinbaren Vernichtung aller atomaren Mittelstreckenraten (INF-Vertrag); Ende des Kalten Krieges zeichnet sich ab
1989	Haushaltsdefizit und Gesamtbundesschuld erreichen Höchststände
1990	Nach dem Zusammenbruch der Sowjetherrschaft über Mittel- und Osteuropa unterstützt Präsident George Bush die sofortige Vereinigung der beiden deutschen Staaten
1991	Gulf War: Das durch den Diktator des Irak, Saddam Hussein, eroberte Kuwait wird im Auftrag der UNO vor allem durch amerikanische Truppen befreit
1993-	Präsidentschaft des zentristischen Demokraten William Jefferson („Bill") Clinton

DIE PRÄSIDENTEN DER VEREINIGTEN STAATEN

Die Amtszeit begann bis 1933 am 4. März, seither beginnt sie am 20. Januar. Die Wahl der Elektoren fand jeweils am ersten Dienstag nach dem ersten Montag im November des vorangegangenen Jahres statt.

	Heimat-staat als Politiker	Partei	Regie-rungszeit
1 George Washington (1732–1799)	VA		1789–1797
2 John Adams (1735–1826)	MA	Federalist	1797–1801
3 Thomas Jefferson (1743–1826)	VA	Dem. Rep.[1]	1801–1809
4 James Madison (1751–1836)	VA	Dem. Rep.	1809–1817
5 James Monroe (1758–1831)	VA	Dem. Rep.	1817–1825
6 John Quincy Adams (1767–1848)	MA	Dem. Rep.	1825–1829
7 Andrew Jackson (1767–1845)	SC	Democrat	1829–1837
8 Martin Van Buren (1782–1862)	NY	Democrat	1837–1841
9 William Henry Harrison (1773–1841)	Ohio	Whig	1841
10 John Tyler (1790–1862)	VA	Whig	1841–1845
11 James Knox Polk (1795–1849)	Tenn.	Democrat	1845–1849
12 Zachary Taylor (1784–1850)	Ky	Whig	1849–1850
13 Millard Fillmore (1800–1874)	NY	Whig	1850–1853
14 Franklin Pierce (1804–1869)	NH	Democrat	1853–1857
15 James Buchanan (1791–1868)	PA	Democrat	1857–1861
16 Abraham Lincoln (1809–1865)	Ill.	Republican	1861–1865
17 Andrew Johnson (1808–1875)	Tenn.	Republican	1865–1869
18 Ulysses S. Grant (1822–1885)	Ill.	Republican	1869–1877
19 Rutherford B. Hayes (1822–1893)	Ohio	Republican	1877–1881
20 James A. Garfield (1831–1881)	Ohio	Republican	1881
21 Chester A. Arthur (1830–1886)	NY	Republican	1881–1885
22 Grover Cleveland (1837–1908)	NY	Democrat	1885–1889
23 Benjamin Harrison (1833–1901)	Ind.	Republican	1889–1893
24 Grover Cleveland (1837–1908)	NY	Democrat	1893–1897
25 William McKinley (1843–1901)	Ohio	Republican	1897–1901

---

[1] „Democratic Republicans" setzte sich nach 1800 als Bezeichnung der von Jefferson und Madison angeführten Partei durch, der Vorläuferin der heutigen Demokratischen Partei. Seit Jackson wurde der Name auf „Democratic Party" verkürzt. Die Republikanische Partei Lincolns wurde 1854 neu gegründet und hat sich seither als organisatorische Einheit erhalten, trotz allen inhaltlichen Wandels.

26 Theodore Roosevelt (1858–1919)	NY	Republican	1901–1909
27 William H. Taft (1857–1930)	Ohio	Republican	1909–1913
28 Woodrow Wilson (1856–1924)	NJ	Democrat	1913–1921
29 Warren G. Harding (1865–1923)	Ohio	Republican	1921–1923
30 Calvin Coolidge (1872–1933)	Vt.	Republican	1923–1929
31 Herbert C. Hoover (1874–1964)	Iowa	Republican	1929–1933
32 Franklin D. Roosevelt (1882–1945)	NY	Democrat	1933–1945
33 Harry S. Truman (1884–1973)	MO	Democrat	1945–1953
34 Dwight D. Eisenhower (1890–1969)	Kansas	Republican	1953–1961
35 John F. Kennedy (1917–1963)	MA	Democrat	1961–1963
36 Lyndon B. Johnson (1908–1973)	Texas	Democrat	1963–1969
37 Richard M. Nixon (1913–1994)	CA	Republican	1969–1974
38 Gerald R. Ford (1913-	Mich.	Republican	1974–1977
39 Jimmy Carter (1924-	GA	Democrat	1977–1981
40 Ronald Reagan (1911-	CA	Republican	1981–1989
41 George Bush (1924-	Texas	Republican	1989–1993
42 William Jefferson („Bill") Clinton (1946-	Ark.	Democrat	1993-

REGISTER

OLDENBOURG GRUNDRISS DER GESCHICHTE

Herausgegeben von Jochen Bleicken, Lothar Gall und Hermann Jakobs

Band 16: *Eberhard Kolb*
Die Weimarer Republik
4., durchges. und erg. Aufl. 1998. 310 S.
ISBN 3–486–49794–4

Band 17: *Klaus Hildebrand*
Das Dritte Reich
5. Aufl. 1995, 323 S.
ISBN 3–486–49095–8

Band 18: *Andreas Hillgruber*
Europa in der Weltpolitik der Nachkriegszeit 1945–1963
4. Aufl., durchges. und wesentl. erg.
von Jost Dülffer. 1993. 253 S.
ISBN 3–486–49104–0

Band 19: *Rudolf Morsey*
Die Bundesrepublik Deutschland.
Entstehung und Entwicklung bis 1969
4., überarb. und erw. Aufl. 2000. 343 S.
ISBN 3–486–52354–6

Band 20: *Hermann Weber*
Die DDR 1945–1990
3., überarb. und erw. Aufl. 2000. 355 S.
ISBN 3–486–52363–5

Band 21: *Horst Möller*
Europa zwischen den Weltkriegen
1998. 278 S. ISBN 3–486–52321–X

Band 22: *Peter Schreiner*
Byzanz
2., überarb. und erw. Aufl. 1994. 260 S.
ISBN 3–486–53072–0

Band 23: *Hanns J. Prem*
Geschichte Altamerikas
1989. 289 S.
ISBN 3–486–53031–3

Band 24: *Tilman Nagel*
Die islamische Welt bis 1500
1998. 312 S.
ISBN 3–486–53011–9

Band 25: *Hans J. Nissen*
Geschichte Alt-Vorderasiens
1999. 276 S., 4 Karten
ISBN 3–486–56373–4

Band 26: *Helwig Schmidt-Glintzer*
Geschichte Chinas bis zur mongolischen
Eroberung 250 v. Chr.–1279 n. Chr.
1999. 235 S., 7 Karten
ISBN 3–486–56402–1

Band 27: *Leonhard Harding*
Geschichte Afrikas im 19.
und 20. Jahrhundert
1999. XV, 272 S., 4 Karten
ISBN 3–486–56273–8

Band 28: *Willi Paul Adams*
Die USA vor 1900
2000. 294 S.
ISBN 3–486–53081–X

Band 29: *Willi Paul Adams*
Die USA im 20. Jahrhundert
2000. 296 S.
ISBN 3–486–53439–0